EXPLOITS

ARIO SCIOLARI

IL SOGNO DEL LUPO

Disegni e fotografie dell'autore

A Eva
e Marek
Amici dei Sogni
e dei Lupi!
Ario

CORBACCIO

I edizione luglio 2005
II edizione settembre 2005

ISBN 88-7972-744-3

A Mohawk.

A Chinook.

... per avermi guidato.

Chinook (*pronuncia* Scianùc) *ha gli occhi profondi, intelligenti e buoni.*
È un grande essere.
Lui e suo fratello Mohawk (Mohòc) *sono due splendidi lupi delle Montagne Rocciose canadesi.*

L'altra sera hanno ululato per la prima volta nella loro vita.

L'ululato di un lupo è la voce stessa della grande natura selvaggia. Della grande terra che sono venuto a conoscere e a tentare di assimilare in me nella sua stagione più dura: l'inverno.

I «miei» lupi ululano:
per loro è un mondo nuovo, anche se lo hanno dentro da milioni di anni.

Un po' come lo è in me.

Sono quassù per questo:
per ritrovare quello che sembra «perduto», ma che non mi ha mai lasciato.

OCEANO ARTICO
NORDKINN, 3 Aprile 20
71°08' lat. No
Roren 2.04.01
1° apr.
31 mar.
30 mar.
29 mar.
28 mar.
27 mar.
24 mar.
Skoganvarre, 25 mar.
Lago di Iesjarvi, 23 marzo.
KARASJOK
Masi.
20 mar.
19 mar.
18 marzo.
16 mar.
13 mar.
Tenomuokta, 17 marzo.
Kilpisjärvi, 14/15 marzo.
12 mar.
11 mar.
10 mar.
9 mar.
Abisko, 7/8 marzo.
6 mar.
5 mar.
4 mar.
Campo di Nila ed Ailo, 3 marzo.
2 marzo.
1° marzo.
27 e 28 feb.
Sulitjelma, 19 feb.
18 feb.
Argalad, 16/17 febbraio.
15 feb.
14 feb.
13 feb.
Circolo Polare Artico - 66°33' lat. N
12 feb.
11 feb.
10 feb.
Tärnaby, 9 febbraio.
7 e 8 feb.
6 feb.
4 feb.
5 feb.
2/3 feb.
1° febbraio.
Johkegaske, 31 gennaio 2001.
Grandi Laghi
Røyrvik.
Nordli, 25 gennaio.
24 gen.
23 gen.
Gjevsjøen, 22 gennaio.
18
17
Lago di Tørron, 21 gennaio.
19 gen.: rottura sci!!
16 gen.
Meråker, 14/15 gennaio.
5 gen.
4 gen.
"Rotla", 7/13 gennaio.
2 gen.
3 gen.
30 dic.
31/1° gennaio 2001.
29 dic.
23 e 24 dic.
25 e 2 dic.
Lago di Femund
Brimi, 19 dic.
Dovre, 20/22 dic.
Spiterstulen, 16 dic.
17/18 dic.
15 dic.
12 dic.
Gjendebu, 13/14 dicembre.
Lago di Tyin, 11 dic.
10 dic.
8/9 dic.
6 e 7 dic.
5 dic.
Finse, 3/4 dic.
1/2 dicembre.
30 nov.
29 nov.
Hellevassbu, 27/28 nov.
Haukeliseter, 25/26
OSLO
Hovden, 24 nov.
Øse, 23 nov.
Eiken, 22 nov.
Lindesnes, 21 Novembre 2000
57°58' Lat. Nord
MARE del NORD
Legenda
: Tentativi dell'89 (in sci) e del '99 (a piedi), attraverso le Montagne del Setesdal.
: Pernottamenti in baita o rifugio.
: Pernottamenti in tenda.
: Pernottamenti in paese.
Golfo di BOTNIA
N
FINLANDIA
HELSINKI
SVEZIA
STOCCOLMA
MAR BALTICO

Prologo

Sarei dovuto salire più in alto sulla montagna,
sarei dovuto scendere più in profondità nell'oceano,
o avrei dovuto spingermi più in là nel deserto...
La prossima volta...
La prossima volta percorrerò l'ultimo miglio con i piedi gonfi.
E troverò qualcosa di grande.
Alvah Simon, *A Spiritual Odyssey in the Arctic*

25 ottobre 1999, da qualche parte a nord di Haukeliseter (Norvegia meridionale), durante il mio terzo tentativo di traversare la Norvegia in inverno e da solo
16° giorno

Il mondo intorno a me sfugge a ogni definizione: sfuma, svanisce. Il breve chiarore del giorno si consuma con rapidità esasperante nel biancore della neve; continuo a camminare quasi alla cieca. Il vento mi assorda rovesciandomi addosso neve umida, e spesso perdo l'equilibrio. A tratti cammino su zone rocciose pelate dal vento e subito dopo, inevitabilmente, affondo fino allo stomaco in giganteschi cumuli di neve bagnata. I laghi e i torrenti sono tutti nascosti dalla neve. Alcuni non sono ancora gelati ed è difficilissimo riuscire a scorgerli, ogni volta me ne accorgo solo quando la crosta si rompe e con un grande sforzo tiro via lo scarpone bagnato.

Spesso, mentre avanzo in questo biancore, è come se mi osservassi da lontano. Vedo un microscopico puntolino che tenta di non cedere, che ha sfidato un gigante e ora il gigante si è infuriato. Altre volte mi fermo esausto, mi piego in avanti poggiando i gomiti sulle cosce in modo da scaricare le spalle dal peso insopportabile dello zaino. Chiudo gli occhi: c'è solo il mio cuore che batte; poi si calma e allora resta solo il vento, la neve che mi turbina attorno, il freddo; d'un tratto mi viene da piangere: non mi vedo più da lontano, sono io adesso, qui, ora e vedo e sento quanto amo questo sogno, quanto stia dando tutto per realizzarlo.

Qualche ora più tardi, siedo sullo zaino presso il lato protetto di un gigantesco masso di granito. Ascolto il vento furioso con il naso nascosto tra le ginocchia, mentre le braccia cingono le gambe. Sono immerso nella nebbia; ho l'impressione di essere naufragato, di essermi perso. Sono giorni che vago nel nulla. È assolutamente folle trovarmi qui con questa tormenta che non accenna a diminuire, senza sci e senza *pulka.** Col poco cibo che riesco a portarmi nello zaino, sento che sto ficcandomi nei guai: se mi perdo definitivamente o la bufera dovesse costringermi in tenda per chissà quanti giorni, sarei spacciato.

Sono troppo vulnerabile quassù; in più, ogni volta che chiudo gli occhi, c'è casa, le persone che amo, il calore del mio mondo. Non sono *qui*, non lo sono mai stato, non ho la forza necessaria per affrontare questa scalata gigantesca, ne sono schiacciato. Da quando sono partito dal faro di Lindesnes (il punto più meridionale della Norvegia), ormai oltre due settimane fa, non ho fatto altro che tentare di resistere, di oppormi alla volontà di tornarmene a casa. Per questo ho saputo solo correre, andare senza sosta, stordirmi nella foga e nella fatica. Era inevitabile che finisse così. Eppure non voglio ancora prendere la decisione di tornare indietro. Poiché so che, se lo farò, non mi fermerò a Haukeliseter ad attendere che il tempo si

* *Pulka*, termine norvegese, è la piccola slitta che prende il posto dello zaino nelle grandi traversate ove non è possibile rifornirsi almeno ogni cinque o sei giorni circa. Essa viene tirata grazie a un imbrago a bretelle e a un traino semirigido; lo scafo è in vetroresina o in kevlar, e un grosso telo rosso chiude il contenuto con un sistema a elastici incrociati. È possibile trasportarvi, senza sforzi eccessivi, tra i sessanta e gli ottanta chili (peso improponibile con uno zaino!), con un'autonomia di diverse settimane nei territori selvaggi.

rimetta e ad attrezzarmi al meglio. So che continuerò verso casa, andrò via. E questo, per ora, non riesco ad accettarlo.

Non posso abbandonare il mio sogno, penso; *potrei proseguire ancora per un pezzetto; poi magari, attendo in tenda.* La decisione è presa, farò così. Mi rialzo. Il vento è davvero forte appena fuori dal sasso. Mi sistemo per bene lo zaino sulle spalle, stringo la cintura e mi incammino. *Sì, ancora un pezzettino verso nord; poi si vedrà, non posso mollare, non posso...* Ma in quell'istante mi rendo conto che sto scendendo verso valle, che sto tornando indietro. *Come? Avevo detto...?!* Qualcosa *dentro* ha deciso anche per... me: la mia avventura è finita.

Il giorno dopo, dai vetri appannati della corriera che mi riporta a casa, fisso le montagne del Setesdals filare veloci sotto il mio sguardo. I laghi non ancora gelati, sono arruffati dal vento teso. Le nubi basse corrono e si nascondono tra le cime innevate e giocano a nascondino col sole.

Conosco bene quel vento. È il vento del *Nord*, è il vento della grande terra selvaggia che amo e che sono venuto ad attraversare da solo. È il vento che mi ha accarezzato, spinto, stordito, respinto e parlato durante le ultime settimane. A tratti mi colmava di pace, sussurrando tra le conifere e tra i boschi di betulle ormai spoglie. Altre volte invece l'ho avuto contro, così carico di neve umida da accecarmi o così forte da rendermi difficile l'avanzare.

Sì, conosco bene quel vento, mi dico mentre il paesaggio mi scorre sotto gli occhi, *conosco la terra sulla quale passa, ne conosco il freddo, la neve, la solitudine, il grande silenzio*. Eppure sto tornando a casa. Mentre guardo, è come riconoscere ogni piega del terreno, ogni tratto di lago più o meno ghiacciato, ogni zona ove la neve umida potrebbe sostenere il mio peso: ormai appartenevo a tutto questo, ma ho rinunciato. *È ottobre*, mi sono detto, *la stagione non è quella giusta, troppo maltempo, una neve dove non si riesce né a sciare né a camminare*. Forse è vero, ma io so che sono solo scuse: è *dentro* che non c'è la forza.

Ho scelto quest'avventura per crescere. Non importa se sia già stata compiuta da altri oppure no. Ciò che conta è l'esperienza interiore, è esplorare me stesso là dove non sono mai stato, là dove nulla conosco di me. Ogni crescita vera, come scrisse Enrico Camanni, presuppone un salto nel vuoto. Nessuna certezza, nessun appiglio, lasciarsi dietro ogni porto sicuro; attraversare da solo una grande terra selvaggia nel cuore del suo buio inverno nordico, mi era sembrato il modo più idoneo per andare e *capire*, per affrontare questa ricerca. Ma dopo due settimane tornavo indietro, stavo rientrando in porto, non avevo avuto la forza di compiere il grande balzo.

Fisso fuori e d'un tratto scorgo qualcosa. *O è qualcuno?...* Un puntino nero, piccolo piccolo, insignificante nell'immensità bianca che lo circonda eppure gigantesco per come resiste, per come, passetto dopo passetto, come una formichina, riesce ad avanzare, per come si adatta, piegandosi senza spezzarsi nel grande spazio selvaggio battuto dalle tempeste, fino a divenirne parte, fin quasi a svanire in simbiosi con la grande Natura; lo fisso a lungo: sì, sarebbe stato bello riuscirci, provare a resistere, a lottare; tutto piuttosto che questo dolore. Ma la corriera corre verso valle e le montagne svaniscono tra le nubi.

Prima parte

L'incontro

Tempo fa, Anishinabe (il primo uomo), percorse la Terra dando un nome a ogni cosa. Era solo e il Creatore gli mise accanto il lupo affinché divenisse suo amico e fratello. E il Creatore disse che quello che sarebbe successo a uno di loro, sarebbe successo anche all'altro. Così è stato nel passato: siamo stati privati della Terra e spinti verso l'estinzione. E adesso vediamo che il lupo ritorna e riprende forza nei suoi antichi luoghi. Forse il lupo ci guiderà sul cammino di una vita più naturale, e insegnerà ai nuovi venuti, a rispettare la Madre Terra. E forse anche Anishinabe tornerà, come il lupo.

Ann Dunn, anziana dei Chippewa

Il primo istante che vidi il lupo, lui aveva già visto me. Mi era corso incontro travolgendo i suoi otto fratelli, piccole pallottole pelose che scodinzolavano all'unisono. Raggiunta la rete del recinto, vi aveva premuto contro il muso e mi aveva fissato intensamente: i suoi occhi! Aveva uno sguardo che sorrideva, che parlava da solo... Ricordo questo piccolo essere, poco più grande delle mie mani, quasi una palla color crema dalla quale spuntavano, come lumini accesi, due occhietti che esprimevano affetto e dolcezza. A dire il vero, ciò che colpiva l'attenzione, era anche una «mascherina» grigio chiaro che sembrava incorniciargli lo sguardo. Partiva a punta dalle orecchie, si allargava sulla fronte, e andava a finire, di nuovo a punta, proprio in mezzo agli occhi. Aveva l'aria di un essere speciale, quasi un re tra i lupi. Quando infine lo presi tra le mani e lo avvicinai, lui allungò il musetto e cominciò a ricoprirmi di baci con la sua piccola lingua e a mordicchiarmi la barba sotto il mento. Fu così che ci conoscemmo.

Quando, un mese più tardi, tornai a visitare la cucciolata, la scena si ripeté; come la volta precedente, Chinook mi venne incontro come ci conoscessimo da sempre e io l'avessi lasciato appena la sera prima. Ormai non avevo più alcun dubbio:

questo è il «mio» lupo, pensai, *perché* lui, *come dicono i nativi delle Montagne Rocciose, ha scelto me.* Ora, quasi un anno dopo, Chinook, il lupo, è qui che riposa al mio fianco col muso appoggiato sulle mie gambe. Siamo a casa, siamo tornati. Fuori, oltre la porta aperta sul bosco, c'è la sera di fine maggio che s'attarda, la luce pacata che accompagna gli ultimi rumori del bosco. C'è tanta neve, e sulle cime dei monti o nelle valli meno esposte al sole essa sopravviverà fino a estate inoltrata.

Il lupo apre gli occhi; le sue orecchie ritte sentono ciò che io non riesco a udire. Era così anche quando, assieme a suo fratello Mohawk, risalivamo i vasti altopiani del Sud a fine novembre, o attraversavamo dopo Natale i boschi di conifere tra Svezia e Norvegia; o quando, sulle montagne, imperversava la bufera. Mentre carezzo il suo manto chiaro, grossi ciuffi di sottopelo invernale mi restano tra le dita. È la prima muta della sua vita: è il mantello, che ha preso a perdere da pochi giorni, che lo ha protetto durante i lunghi mesi della nostra avventura invernale nel *Grande Nord.*

Chinook richiude gli occhi. Fuori, tra i larici sempre più verdi, gocciola il temporale appena passato e una leggera brezza fa sussurrare il bosco. Ora che le gelide bufere sono solo un ricordo, anch'io socchiudo gli occhi e, inspirando a fondo l'aria tiepida, assaporo la pace di essere tornato a casa. Osservo dalla finestra della mia baita le ardite cime dolomitiche colorate dall'ultimo sole; una cincia dal ciuffo emette il suo melodioso richiamo. Sorrido e resto in ascolto: ogni sera, quassù, si chiude con un incanto. La cosa curiosa è che ogni giorno è come se accadesse per la prima volta. Il torrente impetuoso giù nella valle, gli ultimi cinguettii: tutto parla di una pace senza tempo, come quella che conobbero i nativi, persone meravigliose nate, cresciute e morte nella natura incontaminata. Gente per la quale questa pace, questo silenzio, questa comunicazione costante ed esclusiva con la natura, era l'unico mondo. Non conoscere altro che questo sin dalla nascita è qualcosa che mi ha sempre affascinato. Che ho sempre ricercato e considerato quale l'unica vera condizione dell'essere umano e alla quale ambisco da sempre. Mai come ora ce ne siamo allontanati. Mai come ora abbiamo distrutto ciò che riguarda la natura, il nostro legame con essa e quindi con noi stessi. Casa dei nativi era lo spazio sconfinato dei boschi, delle montagne, degli altopiani: era l'energia primordiale che emana da essi, quel sussurro della Terra al contempo potente e dolcissimo che ho definito con «Wrrrrr»... L'ho sentito anch'io a volte. E da quel momento non ho mai più cessato di cercarlo.

«Wrrrr»...; la prima volta ho quasi avuto paura; qualcosa è tremato in fondo all'animo e ho sussultato. Era come un ronzio costante, o meglio un rombare sommesso ma di potenza arcaica e mi ero appena inoltrato in una terra che da lì prendeva a estendersi verso nord per migliaia e migliaia di chilometri, una terra ricoperta solo dalle conifere e popolata dai suoi animali selvaggi. Cosa sarebbe successo dentro di me, mi sono chiesto, se mi fossi inoltrato in quella vastità e in quel sussurro della Terra, se mi fossi *perso* per giorni e giorni, addirittura per mesi, dentro quel rombo di tuono d'un silenzio cristallino? Forse avrei sperimentato ciò che avevano conosciuto tutti i nativi; se per loro era stata vita quotidiana per milioni di anni, perché non poteva tornare a esserlo anche per me? O forse sarei semplicemente rimasto schiacciato da qualcosa di ormai troppo distante da me, qualcosa a cui non ero più abituato né pronto; non restava altro da fare che provare. «Momenti di presa» è stata la mia traduzione del rapporto prolungato con quel «Wrrrr», con la grande Madre Natura. Alla fine, ho scoperto, ciò che resta dentro è un vuoto di luce riempito da una pace così forte che a tratti fa male dentro il petto. È quanto viene fuori quando ci siamo liberati da tutte le inutilità che abbiamo indossato. Cristallino, riemerge il nostro volto originario, senz'altra distrazione, conosciamo solo ciò che siamo *davvero*.

Sin da bambino ero infastidito da quanto non scaturiva da me. Da quanto voleva essere imposto dagli altri, dai «detentori di spiritualità» soprattutto, presso i quali ho dovuto studiare fino all'età di dodici anni. Come potevano altri pretendere di indirizzare il flusso del mio sentire? Come potevo accettare che mi si imponesse un credo a cui rivolgere e dedicare il mio cuore, quando solo nel silenzio di un bosco, o osservando le stelle steso sul prato dietro casa, potevo *sentire* davvero a cosa apparteneva la mia anima? Come avrei potuto, più tardi, sprecare tempo nelle futilità che facevano impazzire i miei coetanei, come la discoteca o il correre per tutto il giorno su un motorino? L'unica cosa che trovavo importante era vivere secondo il flusso di ciò che sentivo dentro e per questo fui da sempre una pecora nera a scuola e per i vari zii che avrebbero tanto voluto vedermi stupidamente sorridente, ben vestito e educato! Ahimè, non ho mai potuto accontentarli!

C'era così tanto dentro di me da dover svelare, che restavo e resto tuttora inorridito dallo sciupare anche un solo istante: in un istante si può morire, in un istante si può *capire*. Già a quindici anni questa urgenza di essere e di comprendere mi aveva dato l'aspetto e i modi di un asceta. Un itinerario per nulla semplice da seguire in un mondo che andava da tutt'altra parte. Non a caso mi ci volle del tempo per capire che non ero nato «sbagliato» e che non seguivo una strada errata. È da quell'epoca, dunque, che intrapresi il mio percorso verso il semplice «essere umano» (lo definii la «Via», sull'esempio del dharma buddista) e cominciai a seguire ciò che scaturiva diretto e limpido dal fondo del mio cuore: non poteva esistere nulla di più importante al di fuori di questo. La montagna e gli spazi selvaggi divennero il mio tempio, il mezzo attraverso il quale esprimermi; anche in questo caso mi scostai dal sentire comune: se per gli altri contava il grado di difficoltà di una scalata o la vetta più elevata o più di moda, quel che affascinava me era il silenzio più profondo, la nevicata più fitta, era *restare in ascolto*.

Dai miei primi passi di bambino tra i boschi e le rocce delle Dolomiti, questa ricerca di contatto con la natura cominciò a portarmi in luoghi sempre più lontani. D'un tratto, le montagne che per anni erano state il mio terreno di gioco, divennero troppo piccole; avevo infine colto la voce della *wilderness*, una voce troppo spesso soffocata dalla vicinanza dell'uomo, dalla sua smania di accumulare sempre più denaro: troppi impianti per portare troppe persone irrispettose a sciare, e quindi, troppi rifugi, troppe strade. Spesso avevo l'impressione che le montagne, private della loro maestà di cattedrali indisturbate, stessero a osservare ammutolite, relegate a fare da sfondo «pittoresco» a un gigantesco parco giochi. Avevo dunque bisogno di spazi più ampi per ritrovare quella voce e continuare a seguirla, luoghi dove la natura incontaminata respirasse ancora senza ostacoli, ove poter camminare senza udire altro che il vento.

Gradualmente, iniziai così a conoscere i vasti spazi selvaggi della Terra. Respirai l'aria gelida del mar Glaciale Artico, l'immenso oceano congelato che porta al Polo Nord, nel tentativo di raggiungerlo con gli sci. Restai senza fiato e senza parole traversando gli spazi bianchi senza fine delle Icefields Ranges tra le montagne del Canada, uno stupore che sentii implodere dentro il mio petto, tanto era incontenibile, e che solo in parte riuscii a esternare urlando. Ricordo la sensazione vivissima e quasi cosciente avuta in sogno mentre dormivo su quei ghiacci sconfinati: ero io e riposavo sulla Terra, ed era come se l'abbracciassi mentre la percepivo immensa, quale è, e quasi affondavo in *lei* tanto era grande questa sensazione di appartenenza. E un'altra volta, tra le montagne di Brooks in Alaska; qui lo spazio che avevo attorno, dopo settimane di cammino, era vivo, verde e per migliaia e migliaia di chilometri attorno a me, in un pianeta abitato da miliardi di persone, c'ero solo io, circondato da abeti, montagne e fiumi e dall'assoluto silenzio che calava tutt'intorno ogni notte, mentre il sole estivo, senza tramontare, lambiva le punte degli alberi, i contorni delle montagne lontane.

Ecco il silenzio del cosmo, casa del nostro pianeta, percepii una notte; e nel sogno, in quel silenzio che mi si amplificava dentro come una luce, in esso ero io qui, sulla Terra, ossia nell'immenso spazio circostante. Questo ho percepito: il silenzio dell'universo, la mia appartenenza a esso. Di pari passo con la mia volontà di sperimentare la natura selvaggia, crebbe il desiderio di conoscerne i nativi, cosa che divenne spesso l'elemento più importante della mia ricerca. Gli incontri fatti nel corso degli anni lasciarono un segno dentro di me. Sara Koktelash, per esempio, una giovane ragazza Gwich'in dell'Alaska settentrionale, mi aveva mostrato il vero significato di *appartenere*: circondati da una natura incontaminata che si estendeva su una superficie grande quanto intere regioni italiane, mi aveva parlato della connessione del suo popolo con la Terra e con gli animali. Nel sole basso della sera che in primavera, a quelle latitudini, non tramonta più, si era improvvisamente fatta cupa e aveva fissato lontano.

«E ora vorrebbero venire qui...» mi aveva detto con gli occhi sempre più lucidi. «Vorrebbero tirar fuori dalla terra il poco petrolio che c'è qui sotto. Sei mesi di petrolio in tutto hanno detto; distruggerebbero tutto ciò che qui è da sempre, per soli sei mesi di petrolio... I nostri caribù che percorrono queste terre da oltre ventimila anni per andare a partorire sulla costa a nord, non potrebbero più sopravvivere. Noi viviamo qui da sempre; questa Terra ce l'hanno consegnata così i nostri padri e a loro volta essi l'hanno ricevuta dai loro padri. Così è sempre stato: essa non è nostra, ci è solo stata data in prestito...» Nel pronunciare queste ultime frasi, mentre a stento io trattenevo l'emozione, aveva abbracciato con lo sguardo e con un gesto delle mani le creste delle montagne e i boschi che si perdevano nell'orizzonte; quello era *appartenere*: i piedi saldi sulla propria terra, la vita esclusivamente secondo la propria vera natura.

Avevo conosciuto altri nativi, come gli Inuit di Qausuittuq, sull'isola di Cornwallis a ovest della Groenlandia, o gli abitanti delle montagne del Perú e del Tibet o i Sami. Nella loro povertà, ogni volta, avevo colto la ricchezza più grande. Non avevano «nulla», *eppure* avevo di fronte a me persone *vere*, persone la cui sola presenza era in grado di trasformare la mia vita. Questo fu quanto accadde con Pekka; tra tutti penso che il segno più grande lo lasciò lui. I suoi occhi, i suoi silenzi, le parole pronunciate con parsimonia in un primo momento non fecero altro che confermare la mia convinzione che nella natura e nella saggezza dei nativi, fosse racchiuso «tutto». Ciò che sto per narrare lo riguarda, o meglio, riguarda ciò che lui «accese» in me, indirizzando quasi quindici anni della mia vita: il tempo che mi ci è voluto, dopo vari tentativi, per portare a compimento il «sogno» di traversare le montagne della Scandinavia da solo e durante il periodo invernale.

Pekka, dunque, era un nativo sami; così i lapponi chiamano se stessi. Seduti attorno al fuoco del *lavvu*, la loro tipica tenda conica, presso l'immenso lago di Iesjar'vi nell'estate del 1987, mi aveva raccontato del suo popolo, di come in epoche ancestrali esso avesse seguito il ritirarsi dei ghiacci fino all'estremo limite settentrionale della terraferma e di come, più tardi, fosse stato fermato e respinto dai coloni e attaccato, nella sua identità, dai missionari. Mi raccontò alcune leggende, e di come divennero allevatori di renne solo in epoche recenti, circa quattrocento anni fa, costretti dal continuo avanzare di nuovi coloni sulle loro terre. Mi parlò della loro religione che era tutt'uno con la natura, del Noaj'de, lo sciamano col suo tamburo sacro e della persecuzione cui essi furono sottoposti da parte della chiesa.

Mi disse che ognuno a quei tempi era un po' Noaj'de, e con ciò, penso, non intendesse dire altro se non che tutti erano uomini autentici, vicini agli animali e alla terra. Mi raccontò che il Noaj'de, il grande maestro spirituale di ogni gruppo sami, aveva un suo rapporto misterioso col lupo, il grande essere del popolo animale, secondo le loro credenze. Mi spiegava che i lupi assomigliano ai nativi, poiché appartengono alla pista della propria vita dalla nascita alla morte; alla fine aveva accennato alla misteriosa saggezza segreta degli antichi Noaj'de, quello che egli aveva definito il «Sogno del Lupo». Pekka aveva pronunciato queste ultime parole quasi in un sussurro; quindi aveva alzato lo sguardo verso il *riehpen*, l'apertura della tenda dalla quale fuoriesce il fumo, ed era rimasto così, in silenzio, come a fissare le stelle. «Di cosa si tratta, Pekka?» avevo infine chiesto.

Sempre senza proferir parola, con estrema lentezza egli aveva abbassato lo sguardo e mi aveva osservato per un interminabile istante. Fu quella la sua risposta e anche il suo congedo: era ormai mezzanotte quando egli si alzò e uscì dalla tenda. Non sapevo che l'avrei rivisto molti, molti anni dopo. Sul momento riuscii solo a pensare che ero stato capace di rovinare una fiducia creatasi con pazienza e lunghi silenzi. Capii solo in seguito che la risposta avrei dovuto trovarla da me. Come non compresi sul momento, che il desiderio di traversare la *sua* terra, in inverno e da solo, nacque quella notte. Mi ci sarebbero voluti anni di tentativi e, infine, cinque durissimi mesi attraverso le terre del Nord, per realizzare il *mio* sogno e, soprattutto, « capire ». Quanto infine accadde pochi mesi prima di partire per questa traversata, fu per me come un segno decisivo: venni « casualmente » a sapere di una cucciolata di autentici lupi canadesi in cerca di adozione. La visione fu immediata: questa volta sarei arrivato fino in cima e avrei... capito, grazie a loro, e grazie a Pekka.

Pochi giorni dopo, mi recai dalla cucciolata e conobbi Chinook e il suo sorriso. I genitori, Cheyenne e Nanook, erano due splendidi animali selvaggi delle Montagne Rocciose canadesi, salvati dai bracconieri, poco più che cuccioli, da un nativo *Salish* della Columbia Britannica. Il suo nome era Gerard ed era venuto sulle Alpi su invito di qualche associazione ambientalista e organizzava, nel suo Campo Indiano tra i boschi di conifere, « Giornate di vita nativa ». I partecipanti erano soprattutto bambini per i quali l'attrattiva principale, forse ancor più dei *tepee* e dei disegni che Gerard creava con grande cura sui loro volti, erano senza dubbio i due splendidi lupi grigi e i loro scatenatissimi dieci cuccioli nati ai primi di giugno.

Quando ripartii dal Campo Indiano, decisi, su consiglio di Gerard, di lasciare altri due mesi Chinook insieme ai fratelli e ai genitori e di prenderlo definitivamente con me solo all'inizio di settembre. Nel frattempo, sarei andato di tanto in tanto a visitarlo così da poter rafforzare gradualmente il nostro legame. Poi sarebbe cresciuto tra i boschi di casa, poco distanti da quelli nei quali era nato e quindi, a fine autunno, all'età di ormai sei mesi, saremmo partiti assieme per la Norvegia. Quale compagno migliore di un lupo per passare cinque mesi attraverso l'inverno del Grande Nord, pensai. Cosa avrei appreso da un essere così speciale, legato alla natura in modo ancestrale, legame che gli esseri umani hanno ormai dimenticato da tempi immemori? Quale privilegio stavo per vivere? Mi rendevo di certo conto che, abituandolo a me, avrei inevitabilmente intaccato lo spirito selvaggio e genuino con il quale era nato. Ma quale alternativa avrebbe avuto questo cucciolo se non restare tutta la vita chiuso in un recinto, oppure finire al guinzaglio di qualche signora lungo le strade chic di una grande metropoli? Ero convinto che sarebbe stato mille volte meglio offrirgli la possibilità di conoscere il suo mondo, anche se in compagnia di un uomo!

Fu solo alla mia terza visita che decisi di prendere con me Chinook per un paio di giorni. In quell'occasione ero in compagnia di Liv, la mia compagna norvegese, che così ricorda l'incontro con Cheyenne, la splendida lupa canadese, madre della cucciolata: «Ricordo molto bene, avevo forse diciassette anni, alcune immagini rubate dal mio cuore, durante la visione di un film nel quale un uomo che viveva in una baita sperduta nel mezzo della foresta, credo canadese, parlava con i lupi. Ho ancora negli occhi l'immagine della telecamera che stringe lenta sulla sua mano; dall'altra parte dello schermo un intimidito meraviglioso muso di lupo, due occhi pieni di desiderio di contatto, le orecchie abbassate, quasi a testimoniare l'inconsuetudine del gesto e la sua calda e delicata lingua che lambisce con dolcezza infinita la mano protesa verso di lui. L'emozione e la gioia provocate da quell'evento hanno accompagnato per anni il sogno di poter incontrare veramente un 'animale' come quello, e hanno infuso in me quella forza e fermezza nell'affrontare ciò che mi sta accadendo: Cheyenne esce dal recinto e accede alla radura nella quale sono seduta ad aspettarla (da quasi... vent'anni!); le sono di fronte a circa trenta metri.

«Incontro i suoi occhi che mi guardano dritta nel cuore e un universo mi si spalanca dentro; un viaggio ancestrale fatto di pulsioni, sensazioni e di 'qualcos'altro' che va oltre le parole e i pensieri, ma così vero e assoluto da sovrastare tutto. Il tempo si dilata, si espande a dismisura, tanto da non essere più percepibile secondo il comune sentire. Cheyenne continua il suo cammino; trotterellando, attraversa il prato disegnando una mezzaluna perfetta, sicura nel suo incedere. Nulla la distrae: non i suoi cuccioli che ruzzolano tra l'erba giocando, né la presenza del suo 'compagno umano' Gerard che, a fatica e su mia insistenza, ha aperto la porta esprimendo una certa preoccupazione: 'Non so come potrà reagire, non vi conosce e ci sono i cuccioli!', né desta il suo interesse un altro umano, il mio amato Ario, che forse non sa che grande regalo mi ha fatto portandomi con sé, oggi.

« Tira dritto Cheyenne, quasi a percorrere un sacro sentiero che la richiama in un luogo antico, conosciuto nel tempo. Resto ferma, immobile, tutto tace in me. Solo il cuore batte, vibrante il ritmo di questo evento che si compie, il rumore del sogno che cala nella realtà. Tra pochi istanti un lupo vero mi sarà vicino; vicino così tanto da non poter evitare nulla. I suoi occhi così feroci nella loro totale sincerità ed essenza avanzano inesorabili verso di me! Eppure una pace profonda mi avvolge, permea l'aria d'intorno.

« Il suo muso preme forte contro la mia pancia, se non fossi seduta cadrei a terra per l'impatto: 'Sono qui', mi ha detto. Un attimo dopo sulle mie ginocchia giace, dolcemente appoggiata, un'enorme testa di lupa, in attesa di un mio gesto; e la mia mano parte in una carezza che comprende il mondo intero, affondo le dita nel pelo fitto e chiaro; le mie mani scivolano senza sosta quasi a volerle infondere tutta la mia gratitudine, lei mi bacia leccandomi ripetutamente le dita, gli occhi le si chiudono, in un'espressione di totale amore. Per qualche momento un colloquio di gesti reciproci unisce i nostri esseri come se non ci fossimo mai lasciate. Una notte di stelle, l'odore del branco, il freddo sulla pelle, io sono con loro... »

Quel giorno, quando prendemmo Chinook, affinché non si sentisse troppo solo durante il fine settimana, portammo con noi anche un altro cucciolo, una graziosa e giocosa creatura che, più tardi, avremmo chiamato Mohawk.

Mohawk era suo fratello; aveva il pelo grigio, meraviglioso, da *vero* lupo. Due macchie scure a punta, come due triangoli rovesciati, gli decoravano la parte inferiore delle guance, completamente bianca, mentre il resto del muso, striato di grigio chiaro, dava risalto ai suoi occhietti dolci, allegri e, come avrei ben avuto modo di conoscere più tardi, propri di un lupacchiotto assai ribelle. Li portai a casa; camminammo tra i boschi, dormirono tra le mie braccia mentre sedevo per terra al riparo dei temporali estivi. Erano così piccoli che potevo tenerli in braccio entrambi. Diventammo amici, nacque l'amore.

Quando li riportai indietro, i fratelli li accolsero con grandi feste, circondandoli e soffocandoli gioiosamente mentre Cheyenne annusò il sedere a entrambi, come a dire: «Uhmm... qui è un paio di giorni che non si fanno pulizie!» Una scena davvero comica! Tornai ancora una volta durante il mese di agosto; avevo con me alcuni bambini che portai in gita nei paraggi. Con quale gioia tornarono a casa la sera raccontando ai genitori: «Oggi siamo stati coi lupi!»

Ai primi di settembre arrivò il grande giorno. Intanto, era inevitabile, avevo deciso che anche Mohawk sarebbe rimasto con me e non solo per il fatto che mi ero chiaramente affezionato anche a lui, ma, soprattutto, affinché quei due fratelli si facessero l'un l'altro una compagnia un po' più «lupesca» di quella che avrei potuto offrire io.

«Qual è il Sogno del Lupo, Pekka?...» sorrisi dentro di me mentre viaggiavo verso la cucciolata. Ebbi un forte impulso di chiamarlo, di avvisarlo che stavo per partire e di raccontargli dei miei nuovi amici a quattro zampe. Ma mi trattenni: ero certo che lui sapeva già tutto. Quando arrivai al Campo Indiano non c'era nessuno. Nel bosco di abeti rossi regnava la pace della sera imminente. Solo qualche ultimo uccellino si attardava coi suoi richiami solitari. I lupi erano immobili, le orecchie tese, grandi e piccini che mi osservavano attenti mentre mi avvicinavo. Sembrava che tutti *sapessero* e si fossero preparati a quel momento importante.

Esitai un attimo, come a voler ponderare per un'ultima volta questo mio grande passo o, forse, intimidito dalla serietà e dall'intensità del portamento dei lupi stessi. Un piccolo torrente gorgogliava poco distante; chiusi gli occhi e respirai a fondo, quel tanto che basta per sgomberare la mente. Pochi istanti dopo, quasi senza accorgermene, ero chino sul recinto mentre, per l'ultima volta, sollevavo Chinook oltre quella rete. Tornai quindi a osservare i cuccioli: « Chi ora, tra tutti questi lupi grigi, sarà mai Mohawk? »

Lui, col suo pelo grigio, assomigliava alla maggior parte dei suoi fratelli senza contare che, a quell'età, i lupacchiotti crescono in fretta e cambiano da un giorno all'altro. Così restai per un po' a osservare, indeciso. Tutti mi scodinzolavano festosi, apparentemente desiderosi di passare al di qua della rete, come Chinook. Poi mi venne un'idea: mi sporsi di nuovo dentro il recinto, allungai le braccia verso un lupacchiotto a caso e, nel momento in cui stavo per sollevarlo, un altro sulla mia sinistra si fece avanti tutto ansioso e forse anche un po' offeso. Si appoggiò deciso alle mie braccia con le zampe anteriori e mi guardò con uno sguardo che infine riconobbi.

« Sì, Mohawk, scusa; non volevo lasciarti qui. Anche stavolta ti porterò con me e con tuo fratello Chinook; è che volevo solo salutare gli altri... » Lo sollevai, lui mi riempì di baci. Il nostro incredibile viaggio era appena cominciato.

Cosa furono quei primi tre mesi assieme, neppure un libro a parte riuscirebbe a descriverlo. Mentre l'autunno trasformava i larici in meravigliosi giganti dorati vivemmo tra i boschi delle mie montagne come mai avevo fatto in vita mia: già in questo i due lupi presero a essermi maestri. Io vivevo per loro, avevo organizzato ogni istante affinché potessero crescere da... lupi. Dimenticai me stesso, scesi a casa sempre meno o forse, grazie a ciò, presi a vivermi come mai prima.

Avevo trovato una radura a circa 1600 metri di quota intorno a uno splendido laghetto, circondata da abeti rossi, pini cembri e larici. Presso uno di questi alberi secolari avevo creato

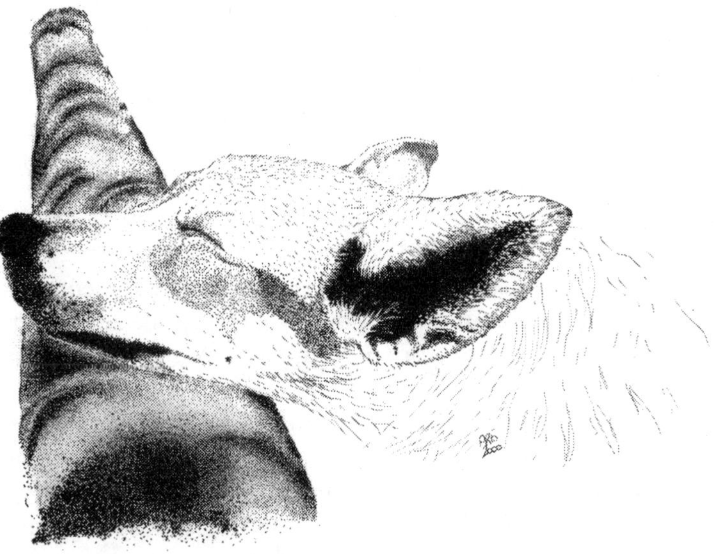

Mohawk a quattro mesi

il mio focolare e, poco distante, avevo montato una piccola tenda per le notti piovose, altrimenti, coi cuccioli che mi si intrufolavano dentro il sacco a pelo, dormivamo fuori, sotto il limpido cielo autunnale. Questo divenne il «Campo» dove Chinook e Mohawk sono cresciuti. Qui i loro giochi insaziabili, il «putum putum» del loro rincorrersi attorno al grosso masso presso la radura, le nostre escursioni via via sempre più impegnative, il freddo sempre più pungente, il mio grande viaggio che si avvicinava.

Tenevo il loro cibo sotto le gelide acque dell'impetuosa cascata, parte dell'ampio torrente che scendeva a circa ottocento metri dalla radura e che riempiva la notte del suo canto pacato, denso di pace. Si trattava di ossa e avanzi di carne che il macellaio, giù in paese, mi metteva da parte. Una volta a settimana uscivo con sacchi di quindici, venti chili che mi caricavo poi nello zaino fin su al nostro Campo, quasi un paio d'ore a piedi dall'auto. Con le prime gelate di fine ottobre non fu più necessario l'utilizzo della cascata come frigorifero e potei tenere la loro carne vicino alla radura, ma appesa ben in alto sui rami degli alberi, fuori della portata dei salti di oltre mezzo metro che i miei «spettacolini», così li chiamavo, erano già in grado di compiere.

Infine arrivò la neve, la loro prima neve, un momento che non scorderò mai. Dopo i primi istanti di curiosità, Chinook e Mohawk presero a giocare e a rincorrersi con un'energia mai vista prima. Capii subito che era questo il loro vero elemento. Il giorno dopo compimmo una lunga escursione su, oltre il limite del bosco. D'un tratto, tornando al Campo, mi fermai: le improntine dei miei piccoli amici zampettavano allegre lungo il sentierino che portava alla radura. Sorrisi e poi pensai alla lunga pista che avremmo lasciato da lì a breve attraverso i grandi spazi norvegesi. Una *pista* che, ancora non lo sapevo, avrebbe continuato a condurre il resto della mia vita. Quelle improntine sono per sempre qui, conservate nel mio cuore, assieme alla dolcezza di quei giorni al Campo, quando tutto era appena cominciato.

Una folata furtiva mi riscuote con un brivido leggero sulla pelle. Riapro gli occhi. Fuori, il bosco è avvolto dal silenzio assoluto; non più cinguettii, né alitare del vento. Tutto tace immobile, pronto per la notte imminente. Ma non è ancora buio. Mohawk fa capolino oltre l'ingresso della baita; mi fissa con fare interrogativo. Come gli sorrido, abbassa le orecchie e socchiude gli occhi avvicinandosi: è il suo modo di sorridere a sua volta e di avvicinarsi per un bacio. Cosa che non manca di fare neppure stavolta. Quindi si accuccia, componendo con gran cura le zampe anteriori ben distese di fronte a sé, fissa per un istante il fratello e infine torna a scrutarmi dritto negli occhi. «... è forse tempo di cena...?» sembra ora volermi far notare. Chinook non si è mosso; mi è sempre vicino, il muso poggiato sulle mie gambe. Solo adesso, intercettata la richiesta del fratello, ha rizzato le orecchie e ha aperto gli occhi. Dopo ormai un anno assieme ci capiamo con pochi sguardi: evidentemente è giunto il momento di sfamare i miei due amici lupi.

E, per me, è ormai tempo di metter via i ricordi o, meglio, di cominciare a trascriverli nell'ordine giusto. Prendo il diario della traversata mentre Chinook e Mohawk divorano il loro pasto; lo apro alla prima pagina e, sfruttando i pochi minuti che ho a disposizione prima che gli... spettacolini tornino a cercare (invano) nuovo cibo, leggo per l'ennesima volta:

21 novembre 2000
Faro di Lindesnes, Norvegia, a picco sul mare del Nord

Sono sdraiato nella mia tenda sul verde prato di Lindesnes, mentre il vento potente ne scuote i teli con forza; domani comincia il nostro lungo cammino. Adesso che sono pronto, ora che non posso più tornare indietro, ripercorro tutto quanto è stato fino a ora, risalgo passo passo il lungo sentiero che mi ha condotto infine qui, in questo momento. Ogni frammento mi riattraversa in un lampo, come un'aquila che plana veloce sopra gli alberi. Poi si blocca, scende lentamente, come la neve, e in silenzio si posa sul larice. È quello di casa mia, quello di fronte all'ingresso e la neve scende fitta sul bosco di conifere che circonda la mia piccola baita. Rivedo ogni istante.

Ho appena terminato di mettere tutto in ordine e di chiudere per bene ogni buco. L'inverno quassù sarà lungo e duro senza di me. E duro, oltre ogni immaginazione, ora, è partire. La sera prima, col mio amico Mattia, il cineoperatore che filmerà il primo tratto della traversata, «festeggiamo» la partenza con un'ultima grande cena all'italiana. Poi, prima di dormire, sono uscito nel freddo della notte e ho scritto queste righe a Liv: «Ultima sera a casa. Ha smesso di nevicare e fuori spuntano le stelle, come nel mio cuore. C'è un silenzio di emozione e serenità denso d'attesa. Forse sto per nascere per la prima volta, e qualcosa, dentro di me, già lo sa». La mattina dopo, appena l'altro ieri, nevica fitto. Mattia è già sceso, sono solo io adesso, che indugio. Poggio la fronte sulla porta già chiusa, sento l'odore di casa per l'ultima volta, lo aspiro fino in fondo; poggio la fronte sul grosso larice e resto lì a lungo. Quando tornerò, come tornerò?

Ho tanta paura adesso, quasi mi tremano le gambe. Sto partendo verso mesi di solitudine, di nulla, di silenzio e spazi sconfinati: ce la farò col mio piccolo essere, a non soccombere? Vorrei non essere mai giunto a questo punto... E, se restassi, che bisogno c'è? Stacco la fronte dal tronco. Sì, si parte. Mentre mi allontano nella neve che scende fitta, mi giro spesso a osservare casa. Ora l'emozione è di nuovo in me, forte. L'energia è selvaggia, sono già in cammino! No, per nulla al mondo tornerò indietro!

Faro di Lindesnes, 57° 58' di latitudine nord, punto più meridionale della Norvegia
22 novembre 2000, 1° giorno

È il 22 novembre, la mattina della partenza. Sono ancora nel sacco a pelo e ascolto e osservo il vento che gioca coi teli della tenda. Nonostante la sua forza, riesco a tratti a cogliere anche il ruggire delle onde contro le scogliere, duecento metri più in basso. Il cielo è scuro e minaccioso, come il mare che intravedo dalla zip semiaperta. Sto per partire. Un anno fa, nel corso dell'ultimo tentativo, avevo paura soprattutto, dubbio. Ora c'è solo una silenziosa, profonda emozione.

Come esco dalla tenda, Chinook e Mohawk, si alzano per venirmi incontro. Come sempre è Chinook che viene a baciarmi per primo, scodinzolando. Preparo lo zaino smontando la tenda mentre il vento tenta di strapparmela di mano. Poi scendo al mare, giù, dove le onde dell'oceano si infrangono contro le scogliere di granito con una forza incredibile. Sono alle ultime rocce: più giù di così non posso andare. Già gli schizzi mi raggiungono di continuo. Col pesante zaino sulle spalle, rischio anzi di perdere l'equilibrio, investito da improvvise ondate più forti. *Sì, è questo il punto più a sud della Norvegia, questa è la vera base della «parete». Ora, non mi resta altro che cominciarne l'ascesa, andare verso nord.*

Lo spettacolo è impressionante; a un nulla dagli scogli spumeggianti, scosso dal vento furioso e dalla pioggia sottile e pungente, ho l'impressione di respirare all'unisono col grigio mare del Nord, nel costante sollevarsi e abbassarsi del suo moto ondoso. Chinook è al mio fianco, anch'egli sballottato dalle raffiche di vento. Fissa le onde sconosciute con un misto di timore e curiosità; più che altro, ho l'impressione che sia preoccupato per me, che non veda l'ora che mi tolga da quel posto; e io, finalmente sono pronto. La paura, in ogni grande scalata, la senti sempre poco prima di partire. A volte sembra schiacciarti, ameresti tanto percepire il benevolo ticchettio della pioggia sul tetto del rifugio, per poterti girare dall'altra parte e continuare a dormire caldo e sicuro, ma se si riesce a partire, tutto si dissolve.

Le folate di Lindesnes mi scuotono e io resto a lungo con gli occhi chiusi nel fragore della risacca, ad ascoltare. Non esiste più meta, è così remota che non è possibile neanche immaginarsela. Ora c'è solo questo istante, la Natura che ho attorno e che mi avvolge e che comincia a denudarmi. E percepisco, come un bimbo che ritrova sicuro le sue biglie in fondo alla tasca, la grande forza, la grande energia e determinazione che ho dentro quest'anno; l'energia che vuole, perentoria, *tutto ciò che sono*: me stesso, senza compromessi.

Mattia mi raggiunge. Vuole fare alcune riprese della partenza. Ha passato la notte nella rientranza all'aperto di una costruzione bianca nei pressi del faro con vista diretta sul mare, una posizione invidiabile e anche un po' comica. Filma mentre risalgo le chiare scogliere di Lindesnes. In alto, mi fermo e mi giro per un'ultima volta. Non vedrò più il mare per i prossimi mesi; quando tornerò a scorgerlo, vorrà dire che la mia meta sarà ormai vicina, la rocca di Nordkinn a 71° 08′ di latitudine nord, estremo lembo d'Europa, a picco sull'oceano Artico. Volto le spalle ai quasi 58° del faro di Lindesnes e, ormai già fradicio di mare e di pioggia, mi incammino verso nord.

Percorro quella prima tappa a piedi seguendo lo stesso iti-

Io e Chinook a Lindesnes

nerario dei tentativi precedenti. Abbandonate le rocce granitiche di Lindesnes, ben presto mi ritrovo a percorrere assieme ai lupacchiotti stradine forestali quasi cancellate da erbe e steli avvizziti di fiori estivi. Il rado bosco di betulle, alternato a gruppetti di abeti, si agita e rumoreggia nel vento teso che proviene dalla costa. L'oceano continua ad accompagnarmi a lungo, sparendo e ricomparendo di continuo alla vista. Solo più tardi, dopo aver percorso un lungo tratto tra boschi più fitti e aver costeggiato una piccola insenatura protetta ove il mare carezzava dolcemente i sassolini bruni della spiaggia, e aver risalito un ripido pendio attraverso l'intricato sottobosco, raggiunta la sommità di un'altura, tra placche di granito ed erbe basse, scorgo nuovamente l'oceano, ma è ormai lontano. Quasi intuisco l'esile forma allungata della penisola di Lindesnes dalla quale sono partito. La guardo per un istante ancora, poi, con l'oscurità ormai imminente, riprendo la marcia verso nord.

Raggiungiamo la strada nel buio e sotto la pioggia fitta. Mi domando se sia normale tutta questa pioggia in questa stagione nel Sud della Norvegia. Me lo sono chiesto anche poco prima,

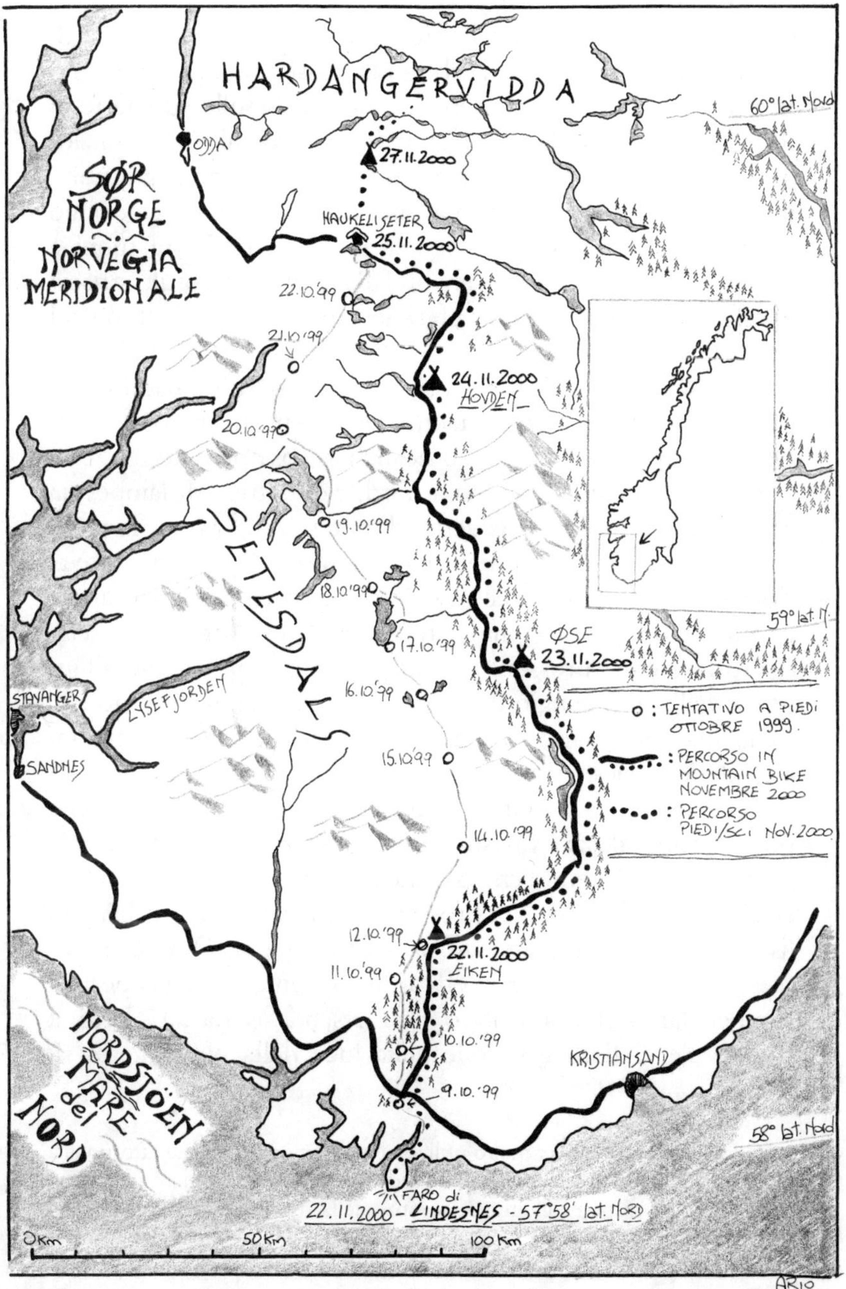

L'itinerario iniziale

mentre ero alle prese con l'ultima ripida discesa tra i massi di granito ricoperti da un dito abbondante di muschio verdissimo alternati a scivolosissimi tronchi marci di betulla. Un terreno davvero impraticabile. Per di più, con la frontale* che funzionava male (come poteva essere altrimenti il primo giorno?), d'un tratto mi sono ritrovato a gambe all'aria con un ginocchio dolorante e la pioggia che veniva giù torrenziale tra tuoni e vento: un inizio davvero esaltante! Raggiungo la sottile striscia di asfalto nel buio più nero. I fari delle rare auto si riflettono nel muro di pioggia che scende compatto e che si infrange sulla strada ruvida con infinite piccole esplosioni. Mi domando cosa penseranno di me queste persone. Ma non me ne importa nulla. Del resto al momento non so neanch'io cosa pensare.

Un paio di chilometri più a nord, c'è Mattia. Mi lampeggia coi fari. Sono felice di rivederlo, di potermi togliere dalla pioggia martellante e sono contento, soprattutto, di poter mettere al riparo i lupi. Per me invece è giunto il momento di inforcare la mountain bike e di cominciare a pedalare; è questo ciò che dovrò fare per i prossimi tre giorni. Mentre mi cambio all'interno dell'auto, mangio qualcosa. Il morale non è proprio alle stelle, ma prima parto e prima mi tolgo questa tappa. Mattia mi attenderà al paese di Eiken, quaranta chilometri più a nord.

Sono di nuovo per strada, di nuovo sotto l'acqua. Ciò che più mi demoralizza è questo tempo anomalo. Troverò la neve? A giudicare dal freddo che comincio ad avvertire non dovrebbe essere tanto distante. Nei prossimi giorni, poi, fino ad Haukeliseter, andrò continuamente salendo di quota. *O sono io che comincio a essere stanco?* In effetti, nonostante sia ben coperto e stia pedalando di buon ritmo, non riesco a scaldarmi. Certo, il freddo c'è, il fiato è visibile nella luce della bici (questa sì,

* La lampada frontale, molto utilizzata in alpinismo, è fissata attorno alla testa con una fascia elastica, consentendo così di avere le mani completamente libere e di poter illuminare sempre nella direzione dei propri occhi, quasi si avesse un faro in mezzo alla fronte. La luce inoltre può essere regolata grazie a uno zoom che allarga o allunga il fascio luminoso.

funziona), ma mi rendo conto di essere ormai alle ultime energie. Mi consolo pensando che tra breve sarò da Mattia nella baita che avrà provveduto a surriscaldare come sa fare solo lui. Conosco Eiken e non ci metto molto a raggiungere la piccola casetta illuminata presso il bel lago. Sono un pezzo di ghiaccio e a stento mi reggo sulle gambe. Per oggi è finita e sono solo al primo giorno. Come entro i cuccioli mi seppelliscono di feste e la cena è già pronta.

La mattina dopo e per i tre giorni successivi, sotto la pioggia incessante, risalgo la lunga e boscosa valle del Setesdals pedalando sulla mia mountain bike: questo è il compromesso al quale sono giunto per questo nuovo tentativo. L'anno scorso ho abbandonato al passo di Haukeliseter, dopo quindici giorni di marcia da Lindesnes attraverso le montagne del Setesdals; lo stesso tratto lo avevo già percorso con un amico durante il primo tentativo dell'89, quello che mi avrebbe portato fino a 62° nord in un mese circa di sci, presso il villaggio di Oppdal. Poi avevo dovuto rinunciare per il disgelo: a causa della mia inesperienza ero partito troppo tardi. Da Lindesnes avevo compiuto anche un altro tentativo, nel novembre del '96, ma questo si era concluso dopo neppure... un giorno: ero letteralmente scappato via, braccato dalla mia paura. E ancora, nel '90, ci avevo provato partendo da Nordkinn, vale a dire dalla *cima*, ma ero riuscito a camminare verso sud solo quattro o cinque giorni prima di rinunciare. Quest'anno, lo sentivo, sarebbe stato quello giusto; inizialmente avevo pensato di ripartire da Haukeliseter, al fine di evitarmi per la terza volta il tratto da Lindesnes fino a lì; ma poi mi sono detto che ogni scalata deve riprendere dalla base della parete, e che l'idea era quella di traversare *tutta* la Norvegia, metro dopo metro, proprio come in arrampicata, non importa quante volte avessi già percorso il tratto iniziale! Così è venuto fuori il compromesso della bici: tre giorni sui pedali al posto di quindici a piedi, per raggiungere velocemente il passo di Haukeliseter, e da lì proseguire con gli sci attraverso le montagne, per i restanti tremila chilometri circa. Una scelta di certo dolorosa, ma necessaria, viste anche le cattive condizioni di innevamento del primo tratto.

Haukeliseter sotto la neve

Pedalo dunque per tre giorni sotto l'acqua, risalendo questa valle chiusa tra scure e lisce pareti di granito e ricoperta da fitti boschi di abete rosso e pino silvestre. Solo verso la fine dell'ultimo giorno, salendo di quota verso il passo di Haukeliseter, l'acqua si tramuta in neve. Ci avviciniamo al passo nel nevischio e nel vento teso con le ultime luci. Mattia mi precede in auto e spesso si ferma per filmarmi. Fisso le montagne a sud, mentre percorro le ultime centinaia di metri. Da lì sbucai un anno fa prima di rinunciare. Scendevo nella tormenta zigzagando tra i sassi fin qui al ponte, al torrente. Devo fermarmi un attimo, ascoltare. Risentire questo vento che conosco così bene. *Eccomi, sono tornato...* Le case di Haukeliseter sono avvolte da metri di neve. Il vento ha creato forme bizzarre ovunque, muri impressionanti, cornici gigantesche. Soddisfatto, conficco la bici nella neve: è giunto il momento di scartare la pulka ancora imballata e di preparare la fase in sci dei prossimi quattro o cinque mesi. Ci concediamo una cena lussuosa nella sala del rifugio principale. Dormiamo nella stessa piccola baita ove dormii un anno fa. Tutto deve ripartire da dove si è interrotto.

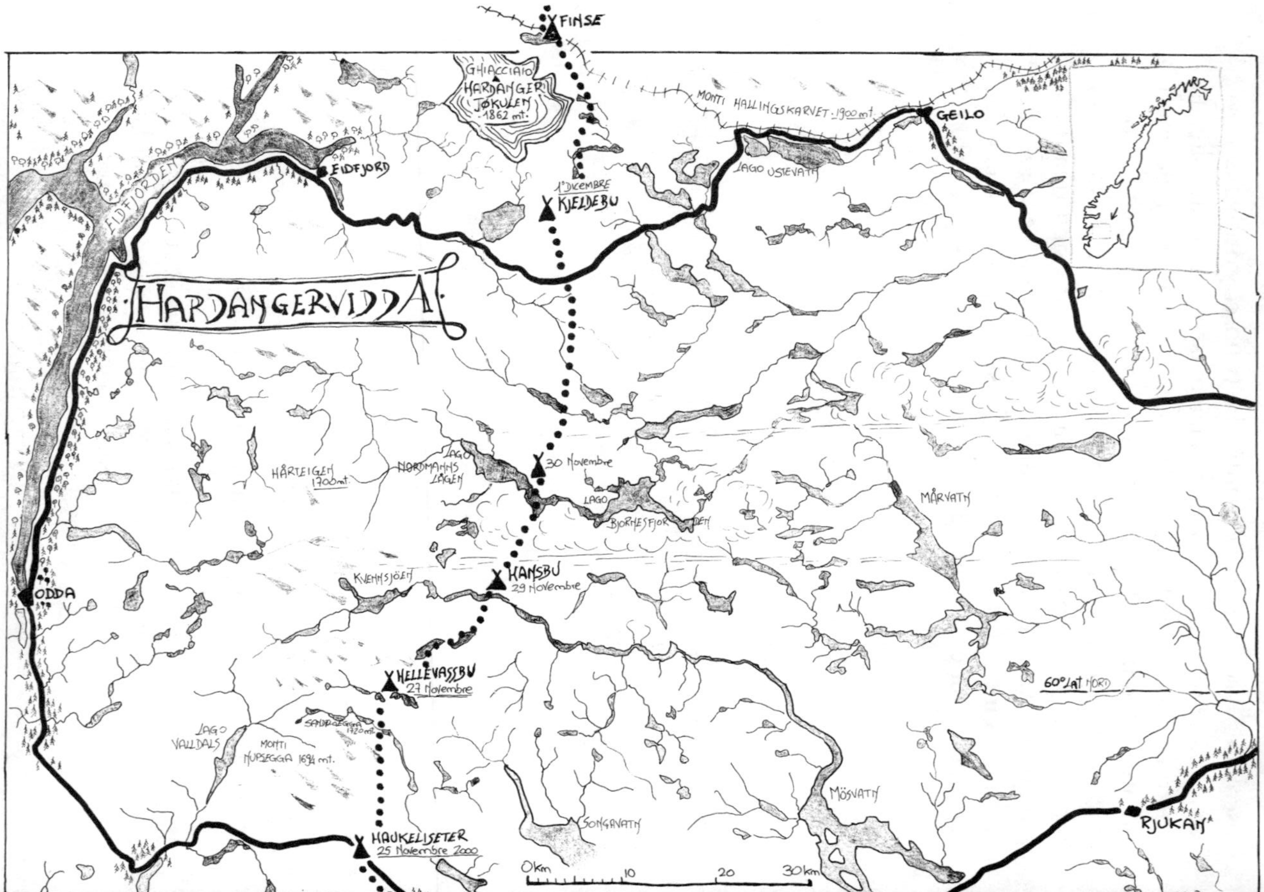

FINSE
GHIACCIAIO
HARDANGER JØKULEN
1862 mt.
MONTI HALLINGSKARVET 1900 mt.
GEILO
EIDFJORD
EIDFJORDEN
LAGO USTEVATN
1° Dicembre
KJELDEBU
HARDANGERVIDDA
30 Novembre
HÅRTEIGEN
1700 mt.
LAGO
NORDMANNSLÅGEN
LAGO
BJORNESFJORDEN
MÅRVATN
KVENNSJØEN
HANSBU
29 Novembre
ODDA
HELLEVASSBU
27 Novembre
60° LAT NORD
LAGO
VALLDALS
MONTI
HUPSEGGA 1694 mt.
MÖSVATN
SONGAVATN
HAUKELISETER
25 Novembre 2000
RJUKAN
0 km
10
20
30 km

Hardangervidda

Come descrivere in breve un viaggio così lungo? Io me lo figuro come la scalata di un'immensa montagna (la Norvegia) di cui subito si perda di vista la base e la cui cima sia così lontana da restare a lungo dimenticata e che, anziché nel cielo, si «innalzi» verso nord: il superamento di un gruppo montuoso diviene un semplice passaggio e l'interminabile giornata in cui si svolge l'ascensione è in realtà composta dal variare delle stagioni.

Franco Michieli, geografo

26 novembre, 5° giorno
Passo di Haukeliseter

Ho sistemato per bene la pulka stamattina mentre Mattia ancora dormiva. Un rito tutto mio che ho sognato per un inverno intero. L'ho posata sul tavolo dietro al quale lo scorso anno fissavo la tormenta correre violenta e orizzontale contro le case di legno e decidevo di rinunciare al mio sogno per la terza volta. Stamattina, oltre le baite che scorgo dalla finestra, intravedo le acque azzurre del grande lago di Ståvatn. Il cielo è coperto come sempre, ma non c'è vento e non nevica. I cuccioli hanno già cosparso delle loro impronte buona parte della riva; ora, nella quiete della baita, Mohawk sgranocchia il suo osso quasi sapesse che, nei giorni futuri, ad attenderlo ci saranno solo crocchette! Mi chino su di lui e lo accarezzo. Con frasi affettuose lo rimprovero per il fatto che non stia spartendo il cibo con il fratello; Chinook, come interpellato, fa capolino di lato, ma non si fida ad avvicinarsi mentre Mohawk è impegnato con l'osso: si ritrae e, a sorpresa, mi monta sulla schiena fino a posarmi le zampe sulle spalle, gioco che non manca mai di fare ogni qualvolta mi trova accovacciato sui polpacci, quasi fosse un abbraccio tutto suo; da «lassù», ora, può scrutare meglio mentre scodinzola lentamente.

Continuo quindi a sistemare con cura le etichette che ho preparato per la slitta. Nulla di che, ma è un lavoro che per me significa molto, un rito per l'appunto, come il nativo delle Montagne Rocciose che nel silenzio del *tepee* si pittura il volto prima della battuta di caccia. Si tratta di due strisce adesive una per lato sulle quali, a bei caratteri, ho scritto: «*Norge på Langs 2000/2001*», vale a dire, «la Norvegia in lungo». Dovranno resistere a quasi cinque mesi di traversata, per questo lavoro con estrema cura, prendendomi tutto il tempo che mi occorre. È meglio dire che sono istanti che vorrei poter prolungare all'infinito. Assaporo il silenzio che mi circonda, la pace profonda nella quale ho dormito stanotte tra le antiche travi della stanza di legno: non ci sono barriere tra qui dentro e l'energia che mi giunge dal di fuori, voce e respiro delle montagne, dell'inverno, di questa vasta terra di Norvegia nella quale ci si sente ospiti della Natura, come si fosse invitati a conoscerla, a penetrarne gli spazi e i segreti. E io sono pronto. O quasi. Ora che la pulka è a posto, ho un'altra piccola «cosa» da sistemare. Mi vesto, infilo finalmente gli scarponi, un paio di scarpe da telemark in cuoio leggero, prendo gli sci; nell'istante in cui sto per afferrarli, non posso fare a meno di rivedere questi sci blu nuovi di zecca fermi e dritti nell'angolo di casa ove sono rimasti in attesa per tutto il lungo inverno. Prendo i miei sci, dunque, do un'occhiata alla stanza di Mattia immersa nel silenzio ed esco.

Scio per una ventina di minuti prima di fermarmi. Le luci di Haukeliseter si intravedono confuse e distanti tra le nubi che scendono leggere a sfiorare la terra e che lasciano passare la bruma grigio-azzurra del primo pomeriggio; sono sorpreso da come il giorno si spenga rapidamente. Poco più tardi mi trovo accanto al torrente di un anno fa: un gorgoglio pacato, indifferente all'inverno e al ghiaccio. Contro le sue acque scure distinguo ora con maggior chiarezza la neve che da qualche minuto scende, silenziosa e senza vento. Non potevo partire da qui senza un breve saluto: il torrente, il ponte, il punto esatto in cui ero sbucato dalle montagne del Setesdals per poi fare ritorno a casa. Respiro a fondo e socchiudo gli occhi. I lupi giocano più in là e a tratti scendono presso la riva; annusano l'acqua, tentano qualche timido passo... *Sì, avanti...*, sospiro mentre osservo i lupi con un sorriso. *Da domani si riprende. Non c'è altro nella mia vita ora se non andare a nord. È questo adesso ciò che «devo» fare.*

Impugno i bastoncini con le mani guantate e torno verso Haukeliseter. La neve è perfetta, sembra quasi di rimbalzarvi sopra tanto è compatta e scorrevole. Anche gli sci si dimostrano davvero degli ottimi attrezzi. Chinook e Mohawk, che non mi hanno mai visto utilizzarli, hanno accolto la novità con grande interesse e divertimento. Non potevano credere che d'un tratto il loro lento «padrone» andasse così veloce! Scivolo rapido verso Haukeliseter nell'ultimo chiarore azzurro e nella neve che scende. Nel farlo, scaccio via dalla mente il doloroso ricordo di un anno fa; spero per sempre.

Mohawk e Chinook curiosano nel torrente

27 novembre 2000, 6º giorno
Prima tappa con gli sci

Dall'alto del pendio che domina le case e il lago di Haukeliseter, circa quattrocento metri più in basso, attendo che Mattia mi raggiunga. La vista sul lago, perla azzurra circondata dal cielo e dalle montagne bianche, è impareggiabile. Un anno fa a ottobre, mentre tornavo indietro, avevo di fronte i miei occhi lo stesso panorama, ma i pensieri erano assai diversi. Oggi provo solo una grande gioia, un'energia che mi sospinge.

La partenza della nostra piccola «spedizione» attraverso le poche case di Haukeliseter stamattina è stata abbastanza movimentata; Morten, il giovane gestore, era presso l'ingresso per salutarci mentre un timido sole, bassissimo dietro i tetti d'erba faceva capolino di tanto in tanto tra le nubi; *un buon auspicio*, ho sentito dentro di me... La fase più complicata è stata la sistemazione delle borse da viaggio sulla schiena dei lupi. Non abbiamo avuto modo di sperimentarle prima e quindi per loro è tutta una novità. Chinook, dopo qualche esitazione, le accetta, e prende a trotterellarmi attorno sbandando goffamente sotto il suo lieve fardello mentre tento di fare altrettanto con Mohawk. Ma quest'ultimo, che è sempre il più ribelle tra i due, non ne vuole sapere e finiamo spesso a gambe all'aria nella neve, aggrovigliati tra le cinghie, il velcro che mi si attacca al pile e Chinook che, come al solito, deve rimproverare il fratello perché non fa come gli dico io... Un vero disastro!

Infine quando è bello e sistemato con le sue borse marroni, una per parte, Mohawk se ne resta lì in piedi a guardare Mattia mentre io ancora lo tengo fermo; quindi, come lo lascio e mi allontano, lui indietreggia, quasi non sapesse se o come può camminare con quella novità sulla schiena. Quindi si ferma a osservare il fratello, come a tentare di comprendere il modo di riuscire a muoversi con le borse. Persino Chinook sembra sorridere di questa scenetta! Quando alla fine tutto sembra in ordine, ci allacciamo le pulke agli imbraghi, ci infiliamo gli sci e partiamo. Sfiliamo come in parata di fronte a Morten che alza il braccio in segno di saluto. Non so ancora che l'avrei rivisto di lì a pochi minuti.

Cominciamo ad affrontare la lunga e ripida salita con le slitte pesanti ma, quando mi volto indietro, vedo che i lupi si sono messi a giocare! Non è possibile, non hanno un minimo di ritegno! Il pensiero che questa sia la prima partenza con gli sci della traversata, un momento importante, non sembra minimamente sfiorarli! Mohawk pancia all'aria, è sotto l'« attacco » di Chinook. Li chiamo e, quando infine si decidono a raggiungermi, la sacca marrone di Mohawk, resta lì per terra sulla neve. Grande partenza! Devo staccarmi dalla slitta e tornare giù fino a pochi metri da Morten; so già che queste borse non faranno molta strada. Dall'alto del pendio che dà accesso all'altopiano dell'Hardangervidda, do un'ultima occhiata al lago e, come Mattia mi raggiunge, senza troppe esitazioni ci incamminiamo verso nord.

Attraversiamo una serie di laghi ghiacciati. C'è una bella luce nonostante il giorno stia rapidamente finendo. Abbiamo perso forse un po' di tempo per effettuare diverse riprese, ma ora ci siamo messi in cammino decisi. Del resto è il « compito » di Mattia durante questa prima settimana di marcia attraverso l'altopiano dell'Hardangervidda, a maggior ragione oggi che è il primo giorno sugli sci, anche se per me ciò che conta è la compagnia di un grande amico prima dei lunghi mesi di solitudine che mi attendono. Per lui si tratta di una vera « prova »: non ha mai fatto nulla del genere e non ha di certo né il fisico né l'allenamento per tirarsi dietro una slitta pesante. Ma ha una grande volontà e, soprattutto, un'ottima capacità di adattamento; è questo quel che conta.

Nelle ultime ore del pomeriggio continuiamo a salire mentre la nebbia ci avvolge sempre più fitta. Non si vede nulla ed è un alternarsi continuo di pendii ripidi, conche, massi giganti, discese e nuove salite, laghi o corsi d'acqua ghiacciati. Più in alto mi fermo ad attendere il mio amico rimasto un po' indietro. La prima tappa è sempre la più dura, in particolar modo quando non si è proprio allenati. Quando mi raggiunge, infatti, ha già l'aria abbastanza affranta, anche se negli occhi c'è la gioia del bambino che scopre il mondo per la prima volta. Ormai l'oscurità è pressoché completa. C'è un vento teso che ha sollevato un po' la bassa coltre di nubi e, al riparo di un grosso masso, studiamo la carta. Ci siamo prefissati come obiettivo il rifugio incustodito di Hellevassbu, in tutto diciannove chilometri da Haukeliseter. Ora siamo in marcia da circa quattro ore e ne abbiamo percorsi sì e no cinque anche se tutti in salita: da qui in avanti l'altopiano vero e proprio si apre e i rilievi si addolciscono, ma dubito che riusciremo a raggiungere il rifugio entro stasera.

Riprendiamo la marcia; la neve è perfetta e ora che non c'è più tanto da salire procediamo più spediti. Presto ognuno prende a seguire il proprio ritmo, il passo del proprio cuore che, incantato, ha bisogno di restare da solo per tacere e ascoltare.

È pomeriggio ed è buio. Le punte degli sci si alternano di fronte a me sulla neve soffice e bianchissima: il fascio di luce della lampada frontale le illumina e illumina la neve che a tratti scende fitta. Mi fermo... C'è un silenzio adesso, un silenzio di piombo così forte che quasi piango. È come se udissi il mio cuore, o forse il cuore stesso dell'universo. Non sento neppure

Chinook, un portatore veramente eccellente!

il frusciare degli sci che avanzano, e se non fosse per la lieve tensione che avverto ai fianchi, non mi accorgerei neppure della slitta che mi tiro dietro. Non posso crederci, sono quassù e cammino, non importa per dove, forse verso me stesso. Del resto, in questo buio fitto, è come camminare nel nulla, camminare e basta, «esserci» per l'appunto.

Più la neve scende, più il silenzio sembra crescere. Mi fermo di tanto in tanto per osservarla e per ascoltare. Il mio fiato si disperde nell'aria in nubi di vapore. Su nel cielo scorgo di nuovo qualche stella. Riprendo la marcia e lo faccio quasi senza peso, tanto essa mi sostiene. E d'un tratto vedo questo omino che fa scivolare i suoi sci nel buio dell'inverno, tutto solo attraverso la terra selvaggia. Sento l'intera Norvegia sotto di me, di fronte a me, a ogni passo che faccio ed è un'emozione profonda. Scivolerò così, in silenzio; per tante settimane, mesi, sarà come stasera: solo questo stupore e buio e stelle e neve. *Cosa accadrà dentro di me?* Brividi di gioia intensa mi attraversano: potrei andare avanti all'infinito stanotte.

Ogni volta che attendo Mattia, resto fermo anche per interi quarti d'ora. I lupi ne approfittano per acciambellarsi uno contro l'altro ed è con disappunto che mi fissano quando mi rimetto in marcia. Chinook parte quasi subito, mentre Mohawk indugia sempre un po' più a lungo, è un vero pigrone. Osservo i miei due amici silenziosi durante le soste. Sono contento che siano quassù nel loro habitat naturale e sono certo che sapranno tirare fuori al meglio la loro natura di lupi. Scivoliamo ancora a lungo nell'incanto di questa prima tappa. Numerosi salti ci sbarrano improvvisi il cammino, ripidi pendii che al buio prendono l'aspetto di veri e propri baratri, ma che, alla fine, si rivelano essere null'altro che docili dossi orlati dal vento: un diversivo divertente per me e i lupi, in queste ultime ore di marcia.

Quando d'un tratto l'esteso altopiano finora attraversato comincia a degradare verso un grande lago, mi fermo poiché non sono più tanto sicuro di trovarmi ancora sulla strada giusta. Non vedo più Mattia da tempo, ma non è un problema poiché le mie tracce restano ben impresse sulla neve. Dopo quasi nove ore di marcia da Haukeliseter il rifugio di Hellevassbu non è più distante. La fioca luce della lampada non può nulla contro l'oscurità che avvolge le montagne: mi accorgo che, tenendola spenta, riesco anzi a distinguere meglio le forme del paesaggio, elemento fondamentale per poter stabilire la mia posizione sulla carta. Scendo lungo quello che sembra essere l'alveo di un piccolo torrente e per un po' di tempo non scorgo altro che grossi pendii di neve tutt'attorno. Quando raggiungo un improvviso spazio aperto, mi rendo conto di trovarmi su di un lago solo perché sotto gli sci ora la superficie è liscia e regolare.

Ma sarà quello giusto..., quello sulla cui riva orientale dovrebbe trovarsi il rifugio? Per quanto ne so, l'Hardangervidda è ricoperto da migliaia di laghi! Spengo spesso la lampada nel tentativo di riconoscere le forme indistinte che occupano la notte. Per mezz'ora cerco, decifro i dati che raccolgo nel buio e tento di inserirli sulla carta che tengo al collo. Alla fine, dopo aver scambiato non so quanti massi per il rifugio che cerco, mi appare per davvero. Entro e il silenzio improvviso mi stordisce. I lupi mi precedono nella sala principale e si mettono a curiosare in ogni angolo. Mi siedo e resto a lungo immobile per riprendere fiato. È strano trovarmi tutto d'un tratto separato dal vento e dalla neve e dal mondo che per tutta la giornata ho avuto attorno. Qui dentro è come se ne respirasse l'essenza, il silenzio puro; un posto dal quale, protetto dagli elementi, è quasi possibile percepirli meglio, cogliendo fino in fondo il respiro della grande terra selvaggia. Del resto, come facesse un tutt'uno con me, ogni frammento di quanto appena vissuto continua a pulsarmi dentro come fosse vivo, come se continuassi a trovarmi lì fuori, in marcia sotto la neve e le stelle.

Mi avvicino alla cucina e mentre sfamo i cuccioli, che festeggiano la loro prima tappa della traversata, e mi preparo del tè, non vedo né sento altro: tutto quanto ho dentro gli occhi del mio essere sfinito è il fascio di luce della mia lampada frontale, gli sci che si alternano sulla neve soffice, la neve che a tratti viene giù fitta, il buio attorno, le stelle, il gran silenzio. Inoltre, c'è il ricordo del mio primo incontro con la Norvegia, qui, attraverso gli altopiani del Sud, tanti anni fa. *Questo rifugio..., questa atmosfera già mi avvolge e mi riscalda, questo silenzio creato dal vento che corre libero e soffia attorno, tutto ciò è parte del mio cuore.*

Ci sono dei biscotti che mangio con della marmellata tra i densi vapori del tè bollente. Che pace, che pace; come potrò dimenticare questa prima tappa e soprattutto, mi chiedo, se saranno tutte così, *che incanto sto per vivere?* L'immagine di poche ore prima, io *omino* che attraverso tutto solo la buia e immensa terra, mi torna dentro con forza e mi illumina fino in fondo. *Passerò come stasera senza far rumore quasi galleggiando e senza pesare su di essa. Passerò e non vi sarà altro che questo silenzio.*

L'acqua sul fornello mi riscuote dal torpore, dai frammenti appena vissuti e dalla pace che mi penetra da ogni parte: Mattia! Pochi minuti dopo sono di nuovo sugli sci mentre ripercorro le tracce attraverso il lago. Sarà passata ormai un'ora da quando ho raggiunto il rifugio e inizio a esser un po' preoccupato per lui. Per precauzione ho acceso diverse candele dietro la grande finestra del rifugio che ora, man mano che mi allontano, assomiglia sempre più a un faro nella notte, visto dal mare. Ripercorro interamente il lago fino in fondo e poi, contornando un'ultima isoletta, me lo trovo improvvisamente di fronte a pochi metri di distanza. È seduto sulla sua slitta e pare più morto che vivo, quasi come la flebile luce della sua lampada frontale. Mi domando come sia riuscito a scorgere le mie tracce con quella luce così debole.

Barcollando sugli sci e dopo essersi ristorato col tè che ho portato, si rimette in marcia mentre io lo seguo con la sua slitta. Le luci in fondo sembrano salutarci e attenderci. Ora sì è davvero giunto il momento di chiudere questa lunga e indimenticabile prima giornata. Saranno state più o meno le tre di mattina quando infine sprofondiamo entrambi e i lupi con noi, nella pace profonda che ci culla e ci avvolge. *Finalmente i miei sci scivolano verso nord!*, ho appena il tempo di annotare sul diario; il mio lungo viaggio è cominciato sul serio o forse è meglio dire, il mio lungo sogno?

A un sogno assomigliano anche i brani di memoria che ap-

Un Sami di fronte al suo lavvu

partengono a quell'unica giornata trascorsa nel *lavvu* di Pekka, un sogno che ha accompagnato ogni mio passo durante tutti questi lunghi anni: guidandoli, fino a oggi, ormai ne sono certo. Per questo ogni singolo frammento di quel lontano giorno continua a farmi compagnia durante queste prime settimane di traversata: i ricordi riaffiorano come mai prima d'ora.

Lago di Iesjar'vi, Sàpmi (Lapponia), 20 luglio 1987
Primo ricordo all'alba

Quella mattina mi svegliai molto presto, complice il sole di mezzanotte che non cessava di ruotare attorno l'orizzonte; avevo dormito fuori, presso le rive dell'immenso lago di Iesjar'vi. La quiete era perfetta, l'aria frizzante. Nubi sfilacciate si alternavano ad ampi tratti di cielo blu che sul lago sconfinato diventavano macchie di luce in movimento: non ero abituato a quel silenzio, né ero abituato a quegli spazi... Furono i passi del mio amico sami a riscuotermi dal profondo senso di meraviglia; egli avanzava sul soffice terreno di ginepro nano e di genzianella lapponica, col tipico passo ondulato della sua gente. L'impressione che ne ebbi fu che tra le sue gambe e la terra non vi fosse alcuna differenza.

Egli rimase immobile a fissare le acque del lago su cui galleggiavano alcune anatre in cova. Quando calò lo sguardo e mi fece cenno di seguirlo all'interno della sua tenda, il mio cuore prese a battere forte... «Immagina il silenzio...» Ricordo queste sue prime parole e come esse risuonarono ancor più irreali nella quiete del mattino presto. «Non un suono che disturbi la quiete di una notte d'autunno; un silenzio così vasto che quasi riesci a cogliere il rumore delle stelle che cadono.»

Io, fanciullo ancora adesso, non potevo fare a meno, a vent'anni, di socchiudere gli occhi e farmi trasportare da quelle parole e dalla luce tenue del fuoco che Pekka aveva appena acceso, indietro di quasi cinquemila anni e anche più, quando l'immensa calotta di ghiaccio che ricopriva l'Europa isolava sulle coste dell'oceano Artico gli audaci progenitori del popolo dei Sami. «Non c'è un rumore che attraversi la terra» continuò lui. «Non ci sono satelliti in giro per la volta celeste, né onde radio che disturbino l'atmosfera, né le luci o il rombo lontano di un aereo... Immagina questo silenzio.»

Osservo estasiato e a bocca aperta l'infinito oceano di stelle che mi sovrasta... Oggi, 28 novembre, abbiamo trascorso l'intera giornata a Hellevassbu. I lupacchiotti, pieni di energia, non hanno fatto altro che rincorrersi attraverso il lago, ma soprattutto attorno al rifugio. È stato uno spettacolo osservarli mentre si tendevano agguati sbucando improvvisi da dietro un angolo o una cornice di neve e sorprendendosi a vicenda...

Ha tirato vento per tutto il giorno e le nubi, basse a sfiorare la terra, hanno mandato pigri fiocchi di neve nell'aria. Verso sera, quando sono uscito coi cuccioli, resto senza fiato: il cielo è stellato! Un leggero impercettibile accenno di aurora boreale si muove basso, verso nord, lungo il profilo di un rilievo lontano: sembra cercare, vagare qua e là... Non mi è difficile cogliere *questo* silenzio, anche se stento a immaginare come potesse essere vivere a diretto contatto con l'assoluto silenzio della terra non ancora sporcata dall'uomo. Quale sensazione di infinita riverenza ma anche timore, potesse suscitare nell'uomo arcaico. Una sensazione che, certo, lo connetteva con tutto quanto lo circondava. *Sì, cos'altro conta quando in ogni cellula del proprio corpo e in ogni frammento del proprio essere si appartiene, in modo assoluto, alla grande Madre Terra e quindi a se stessi?*, sospiro aspirando l'aria gelida. Continuo a osservare l'immensa volta notturna sovrastare questa terra antica. A essa sono tornato, per riscoprire queste antiche tracce.

Sono sdraiato, stretto tra Chinook e Mohawk, nel calore della loro folta pelliccia; d'improvviso, una stella attraversa il cielo in un lampo. Forse, per un istante, ne ho colto anch'io il rapido, impercettibile sussurro...

29 novembre, 8° giorno

Due giorni dopo l'indimenticabile tappa del 27 novembre, io e Mattia calziamo gli sci per la seconda volta. Abbandoniamo il rifugio di Hellevassbu attorno al quale i lupacchiotti hanno continuato a giocare, a esplorare e a rincorrersi per tutta la mattina. Le nubi sono basse ad avvolgere la terra bianca e ben presto ci ritroviamo nel bel mezzo di una tormenta.

Ci addentriamo attraverso gli altopiani del Sud. I lupi mi seguono e dobbiamo spesso sostare ad attendere che Mattia ci raggiunga. Con questo vento, le mie tracce sulla neve vengono presto cancellate e lui rischierebbe di perdersi. A ogni attesa i lupi si acciambellano per difendersi dal vento e dal nevischio. Chinook lo fa quasi subito, senza indugiare; Mohawk, invece, si esibisce in una scenetta davvero divertente che ho definito «balletti acciambellatori»... Sceltosi un punto, prende a girarvi in tondo saltando e pestando a ogni movimento la neve prima con le zampe davanti, poi con quelle di dietro, alternando questa energica rotazione con momenti nei quali scava per brevi istanti. Quindi riprende a girare, spesso inarcando il collo: un vero rituale che ha come fine quello di crearsi una specie di cuccia nella neve e lui, da gran comodone qual è, vi pone sempre un impegno sorprendente. Non sempre poi quando si è infine accucciato si mostra soddisfatto del suo lavoro: a volte si rialza quasi subito e ricomincia daccapo! Chinook, acciambellato ormai da tempo, ogni volta lo osserva con un misto di rassegnazione e curiosità.

Io tento invece di ripararmi dietro qualche grosso masso; attendo Mattia e osservo le punte degli sci dove il vento soffia i cristalli di neve. Sento come mi viene incontro e come scivola via dalla giacca. Quassù sembra esistere solo *lui*, non c'è nulla che ne ostacoli la corsa attraverso i vasti altopiani. Quando riprendiamo la marcia, non c'è un riferimento attorno a noi; tutto è bianco nella tormenta, mentre svalichiamo una specie di passo. Scendiamo sul versante opposto fino a raggiungere un lago vastissimo. Mangiamo qualcosa seduti sulle slitte presso le rive. Fortunatamente il vento è calato e, in una quiete irreale, l'unico rumore resta il dolce «croc croc» dei lupacchiotti impegnati con le loro crocchette. Quando ripartiamo attraverso il lago, il mondo ha il colore dell'ultima luce del giorno che si impasta alla nebbia con tonalità indefinite. Noi stessi sembriamo creature trasparenti attraverso questa bruma densa. Più che degli occhi, ho bisogno dei miei sensi per procedere, soprattutto di quelli che ancora non conosco. Quando tocco la riva è già buio.

Iniziamo a risalire una specie di ampia vallata verso un colle. Nel buio e nella nebbia, non riesco a decifrare il territorio che ci circonda. Sembra di salire attraverso un labirinto. Intuisco cornici di neve gigantesche e salti improvvisi. *Dove siamo finiti?* Le nostre lampade sono impotenti in questa oscurità. Servono solo a renderci ancor più impressionante e invalicabile ciò che riusciamo a malapena a distinguere. Zigzaghiamo con infinita pazienza e attenzione, al punto da non accorgerci che ha cominciato a piovere! Non appena sembra che il terreno torni tranquillo e sciabile, ecco una poltiglia terribile incollarsi sotto gli sci: *dobàdat*, direbbero i Sami, neve bagnata!

Qualche ora più tardi attraversiamo con cautela il ghiaccio sottile di un torrente. Siamo bagnati e continua a piovigginare. Dopo un'ultima salita, raggiungiamo infine la meta di oggi: un campo di pastori, abbandonato durante l'inverno, una serie di capanne e di ricoveri fatti con le pietre. Un villaggio fantasma avvolto nel buio e quasi cancellato sotto la neve. Ci fermiamo di fronte al rifugio principale, una costruzione bassa e larga, fatta con grossi massi di granito sovrapposti. L'ingresso, sepolto nella coltre bianca, è sovrastato da un gigantesco palco di corna di renna. Liberata la porta, preceduti dai cuccioli impazienti e curiosi, entriamo. Dentro è tutto in ordine come se quel luogo ci attendesse. Due brande di legno una sopra all'altra, la stufa, della legna, alcuni utensili da cucina e un silenzio profondo, come se fossimo scesi nelle viscere della terra. Avvolti da questo nido inatteso, mentre i lupi dormono sereni, accendiamo il fuoco, ci asciughiamo, prepariamo la cena e scriviamo. Non servono molte parole: entrambi, storditi dalla stanchezza, assorbiamo la quiete perfetta, ogni frammento di pace.

Qui è un'invernale dopo l'altra*, scrivo alla luce delle candele. *Si arriva ogni sera esausti ma poi, mentre si attende la cena o mentre osservo le braci nella stufa, tutto ciò che resta è un silenzio dentro che rimbomba senza far rumore, un'energia scon-*

* Espressione che deriva dal gergo alpinistico, con la quale si intende una scalata a una montagna durante il periodo invernale. Una «solitaria» definisce invece l'ascensione compiuta da una persona in completa solitudine. Il termine «solitaria invernale», tra gli alpinisti e gli esploratori, descrive quindi la più ardua e pericolosa delle condizioni.

finata che cresce. Ogni giorno, ogni sera, la pace si espande, la vasta terra che attraversiamo ci penetra e mi domando ancora una volta, con una gioia intensa nel cuore: la somma di tutto questo, giorno dopo giorno, dopo settimane, dopo mesi, a cosa porterà?

30 novembre, 9° giorno

Stamattina, durante una delle nostre soste, Mohawk ha trovato una zampa di renna. È meraviglioso l'olfatto di questi animali. Ne ha colto l'odore a diverse centinaia di metri di distanza e la zampa era sotto mezzo metro di neve. E pensare che non è questo il senso più raffinato dei lupi, bensì l'udito. La capacità di rilevare suoni acuti li aiuta a localizzare un roditore sotto un metro di neve; mi chiedo se Mohawk non abbia dunque intercettato il topolino, piuttosto che l'odore della zampa. Ho sentito dire che i lupi cacciano grosse prede grazie all'udito più che all'olfatto e che non siano tanto sensibili agli odori deboli, per i quali il naso umano è anche migliore, ma che siano capaci di distinguere tra tanti odori simili. Per gli indiani Pawnee, l'udito di un lupo è così raffinato, da essere in grado di... *sentire una nuvola passare*! Il vento teso è una costante dell'altopiano, come lo è il silenzio. A tratti, attraverso le nubi sfilacciate, riesco a scorgere il sole basso, sempre più lontano. Non solo io vado a nord, ma per di più *lui* accorcia la sua traiettoria e la sua durata nel cielo man mano che ci avviciniamo al solstizio di inverno.

La temperatura è di nuovo di qualche grado sotto lo zero anche se, col vento teso, il freddo sembra molto più intenso: per lo meno la giornata bagnata di ieri adesso è solo un ricordo. Vorrei restare vicino al mio amico che stamattina è davvero lento, di certo si starà fermando spesso per filmare. Dopo dieci minuti che me ne resto immobile sugli sci, il freddo sembra penetrarmi attraverso ogni indumento e sono costretto, mio malgrado, a rimettermi in marcia. Siamo saliti leggermente di quota rispetto al rifugio in pietra di stanotte; ora scio attraverso un lago dove il vento gioca con la neve. Al mio fianco corre verso nord un ultimo rilievo. Oltre, in una luce confusa e sfumata, il mondo sembra svanire in un nulla sconfinato, ampio come un mare. Stavolta attendo Mattia un po' più a lungo, e quando mi raggiunge sono così intirizzito che mi rimetto in marcia con difficoltà. Il vento è un po' calato e il cielo si è nuovamente chiuso.

Più tardi, quando mi ritrovo da solo, svanito il rilievo che correva alla mia sinistra come un'ultima costa, mi trovo a entrare in quel mare sconfinato che avevo intravisto prima. Ecco che, come per incanto, svanita ogni forma del terreno, i vasti spazi dell'altopiano si aprono di fronte a me. E nella luce soffusa come una nebbiolina impercettibile alla quale lentamente si amalgama il grigiore del giorno che finisce, ho la sensazione di navigare attraverso un mare sconosciuto e denso di arcani segreti, un oceano che nasconde terre mai viste e abitate da esseri favolosi. Ben presto ogni riferimento svanisce e mi sento solo. Del mio amico, nonostante la terra piatta, non riesco neppure a distinguere la sagoma. Oppure la confondo con una delle mille pietre disseminate qua e là.

Attendo a lungo immobile come i massi di granito che mi circondano. Ora che non c'è più vento non sento freddo. E mentre, senza vederlo, fisso lontano verso Mattia, ripenso ad altre avventure vissute assieme, a quella forse più bella finora e a come spesso, anche quella volta, mi fermassi per intere mezz'ore nella speranza di vederlo apparire, speranza che poi pian piano si tramutava in timore, proprio pochi istanti prima di riuscire finalmente a scorgere la sua presenza, un puntino lontano in avvicinamento. Quella volta tra di noi non c'era il vasto altopiano dell'Hardangervidda, bensì il gelido oceano Pacifico settentrionale, mentre coi nostri kayak, in compagnia di foche, balene e orsi, risalivamo la selvaggia costa sudorientale dell'Alaska, tra isole e fiordi ricoperti da fitti boschi di conifere. Ricordo che spesso lo attendevo smettendo semplicemente di pagaiare e, sballottato dalle onde, riposavo braccia e schiena e contemplavo... Altre volte, invece, se avevo la fortuna di raggiungere un facile approdo per il kayak presso un'insenatura protetta, schiacciavo dei veri e propri pisolini sul soffice prato verde cosparso di fiori. Poi, quando aprivo gli occhi, dal nulla del mare scuro ove solo di tanto in tanto si aveva l'onore di vedere riflesso il sole, appariva lui. Sento ancora quel leggero beccheggiare del kayak sotto di me, il respiro dell'oceano immenso che viene a cullarmi; ricordo anche il terrore di trovarmi in balia delle sue onde nere sotto il cielo di piombo, quando il vento soffiava infuriato sfrangiando le creste più alte.

Ma ecco finalmente un puntolino nero che non è un masso, poiché impercettibilmente si muove, apparire lontano in fondo all'altopiano; sono qui ora ed è bello avere i piedi poggiati saldamente sulla terraferma.

1° dicembre, 10° giorno

Oggi ci attende una lunga tappa. Partiamo verso le otto di mattina anche se la luce è ancora assai scarsa. *Dove mi troverò quando questo nuovo mese starà volgendo al termine?* mi sorprendo a pensare mentre muoviamo i primi passi lungo una lieve salita; *forse già oltre le grandi montagne dello Jotunheimen, giù attraverso i boschi, verso la grande wilderness tra Norvegia e Svezia? Chi lo sa? Francamente è così bello essere qui in questo momento che non voglio pensare ad altro.*

La piattezza sconfinata dell'Hardangervidda continua a scorrere sotto i nostri sci anche se, circondati da tanto spazio, sembriamo quasi immobili. Verso il pomeriggio, il terreno torna ad accennare qualche rilievo; colline, piccole valli, un lieve saliscendi prende a condurci come tra le tranquille onde di un lago le cui sponde si perdono in lontananza. A oriente, la luce del sole, che stenta a comparire oltre l'orizzonte, ha iniziato a colorare le nubi alte e stratiformi di un colore arancio, quasi rosso. Non si capisce se si tratta di un'alba o di un tramonto. Quel che è certo è che non si tramuterà mai in giorno. La neve è perfetta e ho l'impressione di galleggiarvi sopra, di procedere senza peso come se la terra scorresse sotto di noi oppure, appunto, come se fosse lei stessa a condurci.

I lupi, quando non impegnati a rincorrersi, mi zampettano

vicini, a volte anche troppo: Mohawk infatti mi finisce spesso sopra le code degli sci e non sembra intenzionato a farsi passare questa fastidiosa abitudine. A volte si fa anche male, ferendosi con le lamine affilate; quando questo succede, come ogni altra volta che inavvertitamente faccio male ai miei cuccioli, si scatena una scenetta meravigliosa: l'infortunato, in questo caso Mohawk, prende a saltarmi addosso tutto sorridente, nel tentativo di raggiungere la bocca per un bacio; ogni volta resto interdetto, è come se fossero *loro* a volersi scusare. O, più probabile, cercano solo una coccola di conforto. Chi lo sa; fatto sta che, quando questa da parte mia (ormai ho imparato) arriva, la gioia diviene incontenibile e contagia anche il fratello «illeso», il quale si unisce alle grandi feste. Se poi, per qualche motivo, io non rispondo immediatamente alla richiesta di affetto, i miei lupacchiotti sembrano restarci un po' male; ma di sicuro continueranno per diversi minuti ad attirare la mia attenzione: non si dimenticano facilmente di quanto gli è... dovuto!

Pochi minuti più tardi, Chinook e Mohawk finiscono in corsa contro la slitta. Probabilmente Chinook ha sbattuto con forza da qualche parte facendosi male ma io, sulle prime, non me ne sono reso conto; tuttavia, nei minuti successivi, noto che lui continua a trottarmi di fianco fissandomi col suo usuale sorriso discreto. Tardo a capire cosa voglia; mi sembra dire: «*Che meraviglia starcene quassù solo noi a vagabondare attraverso questi spazi, vero?*» Per un buon tratto, indifferente al fratello e a tutto il resto, continua a seguirmi e a guardarmi, le orecchie basse e aperte verso l'esterno, la lingua un po' fuori, i suoi occhietti dolci: il suo sorriso, appunto. Improvvisamente intuisco; poco dopo, infatti, di fronte alla sua insistenza, mi fermo e lo chiamo a me per un bacio: nel giro di pochissimo mi monta sulle spalle e inizia a leccarmi tutto festoso! Qualche istante dopo Mohawk, che è un tipo assai geloso, ci corre incontro per ricevere anche lui un po' di coccole. Chinook, allora, che amerebbe indugiare ancora un po' sulle mie spalle, si allontana subito. Accade così ogni volta che c'è Mohawk; è come se non volesse farlo soffrire! Ma, appena l'occasione si presenta propizia, Chinook mi corre incontro e si riprende quanto gli spetta: del resto, non ha mai bisogno di tanto... «Animali»...?! *Sì, Animali, animali meravigliosi!*

Tra cielo e terra avanziamo senza fretta, fermandoci spesso. Mattia mi filma di continuo, oggi non voglio assolutamente distanziarlo come nei giorni precedenti. Del resto, come si potrebbe andar di fretta quassù. Ma soprattutto so che questa di oggi potrebbe essere la penultima tappa insieme. La sua preziosissima compagnia tra breve sarà solo un ricordo. Per questo voglio assaporare fino in fondo ogni istante della sua presenza. Un'esplosione di luce improvvisa, così bassa che pare scaturita da qualche punto al di sotto dell'orizzonte, squarcia le nubi unite e compatte e come per incanto si riflette sui rilievi, sulla neve. Restiamo ammutoliti per la meraviglia, pare l'alba ma è quasi mezzogiorno. I rilievi più alti sono appena sfiorati dalla luce che proviene da sud. Con sgomento e stupore osserviamo l'astro scivolare lontano sulle creste più basse. A ogni istante esso pare prossimo a precipitare oltre l'orizzonte, inghiottito dal cielo turchino carico di gelo ove l'oscurità ristagna anche in quei brevi momenti. È una scena che toglie il fiato. Con il dissolversi dell'ultimo raggio, si ha l'impressione di restare più

Il sorriso di Chinook

soli che mai. A sud il sole è alto e riscalda la terra, ma qui non riesce ad arrivare come se i suoi raggi restassero intrappolati dal freddo.

Racconto a Mattia della piccola ma importante cerimonia con la quale i Sami celebrano il ritorno del sole dopo l'inverno, uno dei momenti più importanti dell'anno presso di loro: un anello di legno viene cosparso di sangue e si guarda all'astro attraverso di esso, come a simboleggiare una rinascita, per aiutare « coloro che avevano perso i sensi ». Per la stessa occasione, si accende un gran fuoco di ossa, un rito antichissimo, come mi aveva spiegato Pekka. « Peive o Beaivvi era chiamato il sole dalla mia gente; era una delle nostre principali divinità », mi raccontò. « Al sole veniva offerta un'altra importante cerimonia in occasione del solstizio d'estate col sacrificio di giovani renne femmine. Come avviene presso molte altre popolazioni artiche, anche noi pensavamo che, tramontando ogni giorno e allontanandosi nel periodo invernale, esso morisse, scendendo in un suo regno non visibile, nel quale, però, avrebbe attinto a nuove forze per risorgere più potente e più splendente di prima. » Osserviamo silenziosi l'astro fantasma... *È un lembo di terra esposto per lunghi mesi al gelo e all'oscurità delle stelle*, penso tra me prima di riprendere la marcia; *ci si sente abbandonati, quassù..., per quel che mi riguarda, si tratta di un'esperienza impareggiabile!*

Avanziamo attraverso gli spazi bianchi e sconosciuti. Ci siamo solo noi qui, sull'orlo della terra! Le nubi inghiottono anzitempo gli ultimi raggi, un'apparizione fugace, chissà quando la prossima! E, distratti dalle luci, non ci siamo accorti che il terreno è mutato. La pianura totale è ormai alle nostre spalle. Abbiamo da poco salito un ampio pendio e adesso stiamo di nuovo affrontando una lunga graduale discesa nella penombra grigio-azzurra. Poco prima, dal punto più elevato, abbiamo scorto la grossa mole del ghiacciaio dell'Hardangerjøkulen, un « panettone » a 1800 metri di quota. Oltre, ancora più a nord, altri rilievi. Non ho dubbi, so che si tratta delle montagne dello Jotunheimen, la catena alpina per eccellenza della Scandinavia, forse il tratto più impegnativo della traversata. Riprendiamo a scendere dopo aver scavalcato la dorsale successiva. Quando ci fermiamo di nuovo mangiamo biscotti in silenzio con i lupacchiotti che attendono di fronte a me; ormai quasi per gioco durante le soste ho preso l'abitudine di offrire loro il cibo dalla mia bocca, come facevo già al Campo: è meravigliosa, anche stavolta, la delicatezza con la quale Chinook e Mohawk si avvicinano e prendono il biscotto dalle mie labbra.

Le nubi sono come un corpo unico con la terra. Qualche fiocco di neve prende a turbinare nell'aria. Con il chiarore che sfuma nel buio, scendiamo quasi alla cieca mentre i lupi ci inseguono divertiti. Nella luce lattiginosa che amalgama tutto, è praticamente impossibile riconoscere le forme del terreno. Un peccato quindi dover rallentare questa discesa nella quale poche ore prima avremmo potuto sfrecciare senza problemi. Ma è necessario farlo, per evitare di andarci a fracassare da qualche parte. È ormai buio da un'ora e da tempo non ci siamo più fermati per scambiare qualche parola. Il vento è teso ed è meglio concentrarsi sulla marcia. Non so neppure se Mattia stia continuando a seguirmi. L'ultima volta che mi sono girato la fioca luce della sua lampada frontale era a un centinaio di metri, ma non sono preoccupato: nonostante il vento forte, le tracce non si cancellano. Oggi ha dato prova di grande tenacia; siamo in cammino da quasi dieci ore ed è più che comprensibile che sia stanco.

Riposo in cima a un pendio. Da qui, di giorno, dovrei riuscire a scorgere la valle di Bjoreidalen con la strada che attraversa il passo di Dyranut, chiusa durante l'inverno. Per questo, non riesco a credere a ciò che vedo; anche i lupi sono sorpresi e fissano con le orecchie tese la luce che passa giù in fondo; non avrei mai pensato di trovare ancora aperta al «traffico» questa strada! Per un attimo, l'incanto si rompe: la continuità, di cui eravamo certi, dei grandi spazi che stiamo attraversando, viene interrotta da questa inattesa intrusione. Poco più tardi, sballottato dal vento carico di neve, mi fermo a una ventina di metri dalla strada. Passa un'auto, un velo luminoso che attraversa la tormenta che si è scatenata. C'è una piccola costruzione in legno alla mia sinistra. Si direbbe uno di quei ricoveri privi di porta dentro i quali si attende la corriera in estate. In alto a sinistra, infatti, incrostata di ghiaccio, scorgo la tabella con gli orari... « Valido dal 15 giugno al 15 settembre », riesco a leggere e sorrido: ora all'interno non c'è altro che neve, fino al soffitto. Non ho alcuna voglia di mettermi a spalare, anche se sarebbe un riparo eccellente per poter accendere il fornello protetti dalla tormenta. Provo a girargli attorno. Anche sul lato sottovento, le raffiche arrivano forti e fastidiose... Non ho alternative; venti minuti dopo sono alle ultime palate di neve. Dentro è quasi *confortevole*, anche se dall'ingresso entra a tratti qualche refolo gelido.

Quando Mattia mi raggiunge, ci sistemiamo alla meglio. Tutto è tappezzato di neve e il fiato esce denso nella luce delle lampade. Attendiamo senza fretta che il potente fornello a benzina fonda la neve necessaria per farci da bere e da mangiare. Il suo fragore si alterna con quello della tormenta come se fossero in competizione. Siamo entrambi stanchi con ormai venticinque chilometri nelle gambe e poter rilassare la schiena, anche se solo contro un muro di neve, è meraviglioso. Non è di certo la stanza di un albergo a quattro stelle, ci sono un po' troppi spifferi e qualche altro inconveniente, ma noi siamo felici. L'acqua che bolle riempie l'aria di vapore così denso che non si vede più nulla. Al buio mangiamo in silenzio la minestra di riso per evitare che si raffreddi. Ogni cucchiaiata attraverso la barba impastata di ghiaccio e poi giù, lungo la gola bruciata dall'aria gelida, ha un gusto intenso, quasi il palato mi solletica per il piacere. Altro che ristorante di lusso! Abbiamo deciso, nonostante la stanchezza, di continuare per altri cinque chilometri, fino al rifugio di Kjeldebu: attraversiamo la strada in un lampo, come fugaci figure aliene che si dissolvono nella notte così come sono apparse.

Mattia è davanti e sprona i cuccioli a seguirlo, loro seguono in mezzo, e io chiudo la fila. Siamo illuminati dai fari di un'automobile a circa trecento metri da noi. Vedo le allegre zampette dei lupi trotterellare fiduciose contro luce, la neve sollevata dal vento gli turbina intorno; Mattia è poco più avanti con la lampada che ondeggia nella tormenta: pochi istanti in tutto, ma che

La corsa di Chinook e Mohawk nella tormenta

bastano a provocarmi un brivido di gioia: sì, siamo noi il nostro mondo quassù! Poi tutto si spegne, ci ritroviamo nel buio fitto, la strada si allontana e torniamo a salire verso le montagne.

Qualche ora più tardi, penso di essermi perso. Anche i lupi non ne possono più. Abbiamo svalicato diversi crinali pelati dal vento furioso. Alla fine sono sceso per un pendio abbastanza ripido mentre Mattia restava indietro. D'un tratto la tormenta è svanita e ho quasi l'impressione che faccia caldo. Ma devo concentrarmi sulla discesa. Ora la pendenza s'è fatta molto ripida, con la frontale non riesco a valutare bene il pendio di fronte a me, vedo solo scuro... Del resto mi basta fidarmi di ciò che sentono i piedi. Mi sfilo gli sci e scendo con cautela un passetto alla volta, incidendo per bene la neve con i talloni, mentre la slitta mi precede. Se non mi fossi accorto di questo brusco cambiamento di pendenza, sai che salto!

Scendo fino in fondo e mi ritrovo tra alcuni bassi arbusti che sbucano dalla neve. Decido di fermarmi per attendere Mattia e per avvisarlo non appena lo vedrò arrivare. Seduto sulla pulka, sorseggio un po' di tè caldo e, fissando i cespugli tra gli scarponi, d'un tratto mi rendo conto che c'è pochissima neve! È per questo che vedo sbucare rocce e piante e il terreno si è fatto così irregolare. E fa caldo, forse zero gradi. *Com'è possibile così di punto in bianco?* Mattia ora è in cima al pendio. Gli urlo di fare attenzione e poco dopo mi raggiunge. Non ne possiamo più, dopo quindici ore sugli sci siamo a pezzi. E ora ci mancava pure questa. Continuiamo ancora per un po' sul terreno accidentato.

Quando raggiungiamo il lago presso il quale dovrebbe trovarsi il rifugio, costeggio, scendo sul ghiaccio, ma non trovo nulla. La superficie del lago è ricoperta da un sottile velo d'acqua sotto il quale c'è il ghiaccio. Affondo spesso fino a metà scarpone mentre fuori, sul terreno, la neve è poca ed è bagnata. Cerco nell'arco di duecento metri lungo l'intera circonferenza. Al buio è pressoché impossibile capire dove ci troviamo, anche se la carta dice chiaramente che qui, sulla sponda destra del lago, a non più di venti metri dall'acqua, sorge il rifugio. So che le carte norvegesi sono molto precise, quindi è più che certo che mi sono sbagliato io. Cosa posso pretendere, in piena notte e dopo trenta chilometri di cammino?

Continuo a maledirmi per essere stato così cocciuto da proseguire. Ma me la prendo più che altro con le condizioni che ho attorno. Mi chiedo come sarà nei prossimi giorni, se tornerà l'inverno e la neve o se invece resterà tutto così, nel qual caso sarebbe impossibile continuare. Lo spettro di una nuova rinuncia si affaccia per un attimo tra i miei pensieri (è questo, dopo ormai quattro tentativi, ciò che mi assilla), ma non gli lascio il tempo di rafforzarsi, lo scaccio via con forza e mi concentro sulla ricerca. Percorro un'ampia valle ricoperta di sassi ma non trovo nulla. Inutile sprecare altre energie, finirei col vagare per tutta la notte e i lupacchiotti, che mi trottano vicini, sebbene esausti sembrano tranquilli. A volte vengono distratti da alcune tracce nella neve e spariscono per un po'. In questo momento preferirei che invece mi aiutassero nella ricerca.

Ormai ho deciso, arrivo a quel masso e torno indietro... Avrò percorso già due chilometri dal lago sul quale ho lasciato la pulka e ne ho abbastanza. Ma raggiunto il masso, non riesco a fermarmi, continuo ancora per un po'. *Avanti fino al prossimo, ancora fino a lì...* A ogni passo vorrei fermarmi, ma poi gli sci continuano nel buio come andassero da soli. E come riesco a vederlo nel buio fitto, non lo so. Forse ormai ho le pupille dilatate a tal punto da consentirmi di perforare la notte. Dapprima una massa densa, una specie di roccia più grande delle altre, poi il rifugio, ma già so che è *lui*, ancor prima di riconoscerne le forme. È come se ne percepissi l'energia, diversa da quella delle rocce, degli arbusti e della neve sulla quale ho marciato per tutto il giorno. Apro la porta ed entro. Aspiro a fondo il profumo che ben conosco di questi rifugi norvegesi. La gioia è ancora più intensa per il fatto che qui ci arrivai dodici anni fa nel corso del mio primo tentativo di traversare questa terra. Accendo subito alcune candele vicino i vetri delle finestre e riparto verso Mattia. Mi ci vuole un po' per trovarlo. Raggiunto il lago, vago nuovamente come un dannato sulle sue

Un lavvu in controluce negli spazi della Lapponia

tracce che presto si confondono alle mie. Inizio a pensare che si sia perso. Oggi sembra non si debba mai finire! Ma poco più tardi siamo entrambi accanto alla stufa. Dubito che domani saremo in grado di rimetterci in marcia.

Oggi, secondo giorno di dicembre, abbiamo passato una tranquilla giornata di riposo qui a Kjeldebu. Ne avevamo bisogno tutti, cuccioli compresi! Ho vagato a lungo sotto il cielo plumbeo in loro compagnia nel paesaggio desolato e spelacchiato. Infine, trovata una liscia roccia di granito, mi ci sono disteso e ho chiusi gli occhi. Passo delicatamente la mano sulla ruvida superficie, e penso allo scorrere degli antichi ghiacciai che la plasmarono a questo modo: i pensieri tornano al mio amico. Quando eravamo insieme sul lago il 20 luglio dell'87. Di mattina presto.

Lago di Iesjar'vi, Sàpmi (Lapponia), 20 luglio 1987
Mattino presto

«Tra gli anziani del mio popolo sopravvivono ancora le storie dell'epoca dei ghiacci», aveva ripreso a raccontare Pekka dopo una breve colazione. Il campo era ancora silenzioso. Dagli altri sei lavvu che lo componevano non usciva alcun fumo. Durante quei giorni avevo compreso l'importanza di questo elemento capace di rivelare molte cose: come per esempio, se e chi c'era in *casa*, quando era l'ora di cena, chi, per l'appunto, dormiva un po' più a lungo e così via. Con fumo denso, invece, era plausibile sperare che si stesse cucinando il pane.

«Tra gli anziani sopravvivono ancora quelle storie...» aveva dunque spiegato Pekka in un inglese più che comprensibile. «Di come, un poco alla volta, la terra si era fatta verde e si era ricoperta di piante e popolata di animali. Una di queste riguarda Biegolmai (letteralmente 'Uomo del Vento'), una divinità presente ovunque sulle montagne, sul mare e nei boschi, particolarmente abile nel rendere il tempo cattivo... Si credeva che

Biegolmai custodisse i venti tenendoli imprigionati all'interno di una caverna gigantesca e scatenandoli a suo piacere. Solo il Noaj'de, il potente sciamano dei Sami, poteva sperare di contrastarlo. Ma prima avrebbe dovuto compiere la disperata impresa di legare i venti in tre nodi! Biegolmai al contrario aveva due gigantesche pale con le quali li governava, liberandoli o richiudendoli nella caverna. Se la terra fu così a lungo ricoperta dai ghiacci, fu a causa del lungo e indisturbato dominio di Biegolmai», continuava il mio narratore. «Era lui che lasciava imperversare per giorni e giorni le violente tempeste di neve e di vento; a quell'epoca la nostra terra conobbe un unico interminabile inverno. Per questo, ancora oggi, alcuni dei nostri anziani temono di non vedere più riapparire il sole al termine della lunga notte invernale; è una credenza antichissima, fa parte delle nostre radici. Noi ormai sappiamo che non è così, ma secondo alcuni anziani, prima o poi, Biegolmai tornerà a farsi potente come un tempo...»

La leggenda continua e racconta che, a un certo momento, seppur in modo impercettibile, la furia delle tormente cominciò a scemare. Lentamente l'inverno cessò, i ghiacci presero a fondersi e, pian piano, dalla terra emersa spuntò il primo verde e apparvero i primi animali. Certo, il clima rimase rigido lassù in Lapponia, soprattutto durante il periodo invernale, ma per lo meno, ora, era cominciata la vita. «Questo» concluse Pekka, «avvenne perché un giorno, avendo rotto una delle sue due pale, Biegolmai non fu più in grado di gestire i venti e le bufere a suo piacimento.»

Questo racconto, come del resto accade per ogni mito, non poteva non riflettere ciò che in effetti avvenne, penso tra me mentre continuo a passare le dita sulla ruvida roccia di granito. I lupacchiotti giocano ed esplorano i dintorni; mi tiro su per alcuni istanti e li osservo con un sorriso. Poi, pressato da altri ricordi, torno a distendermi; stavolta sono le parole scritte da Walter Marsden nel suo *Lapponia** che vengono a farmi compagnia. «È incredibile pensare che, al termine dell'ultima glaciazione, quella avviatasi due milioni di anni fa e conclusasi cento secoli or sono, il ghiaccio copriva la Scandinavia, le isole britanniche e buona parte della Germania, con un'area di 2200 per 1500 chilometri, e con una crosta a cupola che, nel suo centro, doveva raggiungere i tre chilometri di spessore! I mari erano scesi a un livello inferiore ai novanta metri rispetto a quello attuale, ma non per questo era aumentata l'estensione delle terre emerse che sotto il peso schiacciante cedettero, formando una depressione profonda novecento metri...» Apro gli occhi come d'istinto; quante deve averne passate la roccia sulla quale sono comodamente sdraiato!

«Nessuno è in grado di determinare con assoluta sicurezza le concause che portarono all'Era Glaciale», scrive ancora Walter Marsden, «... una diminuzione temporanea delle radiazioni solari, un'eruzione vulcanica immane che con la sua cenere oscurò il sole, un leggero spostamento dell'asse terrestre..., sarebbero tutti fattori attendibili per spiegare la caduta della temperatura annua media, che dovette essere la premessa cui seguì la formazione della crosta ghiacciata. Certo è che, qualunque ne fosse il motivo, la troposfera si raffreddò, le estati divennero sempre più brevi e più fresche, gli inverni sempre più lunghi e rigidi e s'incominciarono a formare i ghiacciai, dapprima nelle regioni artiche, e poi via via, nella zona oggi temperata.

«In Scandinavia, tali ghiacciai discesero dalle montagne e si diffusero verso il mare, scavando ampie valli che diedero origine ai fiordi norvegesi. Nell'avanzata verso est, smussarono le asperità delle brulle alture lapponi, trasformandole in gobbe allungate e levigate. Quand'ebbe inizio lo scioglimento dell'immensa calotta glaciale», conclude Marsden, «circa ventimila

* Walter Marsden, *Lapponia*, Mondadori, Milano, 1973.

anni fa, la terra cominciò a emergere lentamente ma con regolarità, mentre il mare si alzò di cento metri. Alcune parti della Lapponia continuano ancora oggi a innalzarsi di un centimetro l'anno...» Alcuni fiocchi di neve umida prendono a scendere pigramente; mi tiro a sedere e osservo il paesaggio levigato dai ghiacci. Mi sento infinitamente piccolo qui. Ripenso ancora al dispettoso Biegolmai, quasi mi pare di vederlo all'opera mentre scaglia in giro con la foga dei suoi venti i vari massi di granito che sembrano tappezzare interamente questo posto...

Ricordo le ultime affascinanti parole di Pekka riguardo quei tempi antichi... «La fusione dei ghiacci si completò diecimila anni fa», disse mentre il sole compariva attraverso le nubi e l'ingresso semiaperto del lavvu, «ma già prima, larghi tratti erano liberi e mandrie di renne cominciarono a vagarvi. Non c'è dunque da sorprendersi se l'origine del popolo dei Sami sia strettamente legata alle vicende dell'ultima glaciazione: c'è chi sostiene che essi abbiano 'svernato' sulle coste rimaste libere dell'oceano Artico, circondati dall'immensa calotta di ghiaccio europea che li isolò dal resto del mondo. E c'è invece chi è convinto che i Sami vennero da sud, al seguito delle mandrie di renne che seguivano, a loro volta, il graduale ritirarsi dei ghiacci verso nord, lasciando libero il terreno adatto al loro cibo, il lichene. Oggi sembrerebbe che i vari studiosi concordino nell'accettare entrambe queste ipotesi. Comunque sia andata, sta di fatto che sono i ghiacci e l'antico tempo in cui la terra fu preda dell'interminabile inverno i fattori che rimasero riflessi per sempre nelle prime leggende del mio popolo.»

Rientro nella neve umida che prende a scendere con maggior convinzione, accompagnato dai miei pensieri... Più tardi, dopo cena, all'interno del piccolo rifugio, Chinook e Mohawk ci offrono un'altra scenetta indimenticabile per la contesa di un piccolo osso. Rischiarati dalla tenue luce della candela, e accompagnati dal pacato borbottio della stufa, i due fratelli sono sdraiati su di un piccolo materasso in gommapiuma. Chinook, tranquillo, rosicchia il suo osso, un antico pezzo di femore, forse di una renna, che è riuscito a scovare chissà dove. Mohawk, le orecchie ritte, osserva il fratello; anche lui ha il suo trofeo, un piccolo corno, probabilmente della stessa renna, che lui tuttavia considera senza dubbio meno appetitoso dell'osso di Chinook; per questo non fa altro che fissare quest'ultimo con estrema attenzione e interesse. Sa però che il fratello non gli permetterebbe mai di portarglielo via e che, in caso di uno scontro diretto, lui, Mohawk, avrebbe come al solito la peggio. Resta così per un po' di tempo indeciso sul da farsi; lo osserva con sguardo intenso, tenta di ignorarlo, oppure mordicchia il materasso: è evidente che non sa come affrontare la... questione.

D'un tratto Chinook che, pur continuando a rosicchiare il suo osso, non ha tolto per un sol istante gli occhi dal fratello, si alza, gli si avvicina con la coda bella dritta, da vero capobranco, e, come a dirgli «Non stare a guardarmi; non provarci neanche!» gli monta sopra e gli prende il muso con la bocca. Lo fa con delicatezza, ma è questo un «segnale» tra i lupi, che non lascia spazio a errori di interpretazione. A volte può indicare affetto, ma in questo caso la motivazione è ben diversa! Mohawk, poco dopo, riesce però ad approfittare di un attimo di distrazione del fratello: si alza e, scavalcatolo per metà, viene a trovarsi col muso a meno di venti centimetri dall'osso. Chinook non si lascia sorprendere: intuita la mossa, benché in posizione supina, prende a ringhiare lievemente, con gli occhi ben piantati in quelli di Mohawk. Questo, colto in fallo, sempre in piedi a cavalcioni di Chinook, sembra restare imbarazzato per alcuni istanti; poi, da furbacchione qual è, tenta di mettere tutta la faccenda sullo scherzo: come nulla fosse, inizia a scodinzolare con cautela e con cautela prende a rispondere ai tentativi del fratello di mordicchiarlo sulla bocca, mordicchiandolo a sua volta con lievi moine del capo. Finiscono così con un «bocca a bocca, zanne a zanne» pacato, il tutto accompagnato da gemiti e ringhi; una scenetta di splendida comicità ma, anche, di incredibile espressività che va avanti per un bel pezzo.

Solo qualche minuto più tardi, Mohawk sembra rinunciare ai suoi giochetti da finto tonto: resta ancora un po' in silenzio, a osservare il fratello, mordicchiando di tanto in tanto il materasso come a voler sfogare la sua frustrazione. Alla fine, rassegnatosi, torna al suo piccolo corno e comincia a rosicchiarselo.

Adesso però è la volta di Chinook, che si avvicina e si siede di fronte a Mohawk; lo guarda con occhietto complice come a dirgli «dai..., me lo fai assaggiare...?» sottolineando il tutto con la zampa sinistra che pone sulla spalla di Mohawk, oppure fissa l'osso con particolare intensità, quasi tentasse di portarlo a se con lo sguardo. Essendo, però, il più saggio tra i due, desiste rapidamente e se ne torna al suo di osso: finalmente, Chinook e Mohawk possono rosicchiare entrambi, in santa pace, i rispettivi «trofei». Una scenetta davvero meravigliosa e accompagnata da espressioni e guaiti e movenze che mi riesce difficile descrivere ma che ci lasciarono, ancora una volta, ammirati e sorpresi.

3 dicembre, 12° giorno

Dopo l'intera giornata di riposo a Kjeldebu (c'era da aspettarselo!), riprendiamo la marcia sotto il solito cielo plumbeo. Ieri ha addirittura piovuto e non ho nascosto il mio sconforto a Mattia. L'idea di un inverno anomalo e quindi di un'ennesima rinuncia mi ha tirato giù il morale; proprio quest'anno che

«Dài... me lo fai assaggiare?»

invece ho dentro di me tutta l'energia che serve! Per questo partiamo presto, non posso restare qui un minuto di più. Con la luce del giorno le condizioni del terreno si sono rivelate addirittura peggiori. Verso ovest si intravede una profonda valle che scende fino ai fiordi. Laggiù, addirittura, non c'è affatto neve. I pendii scuri sono quasi neri! Voglio allontanarmi il più rapidamente possibile e vedere come sarà più in là: un'urgenza che in questo momento mi mette le ali ai piedi. Precedo Mattia nelle prime due ore di cammino. Oggi dovremmo raggiungere Finse, un piccolo scalo ferroviario tra le montagne, poche case, nessuna strada. Ed è lì, ai piedi del gigantesco ghiacciaio dell'Hardangerjøkulen che saluterò il mio amico e resterò solo. Questo pensiero mi folgora improvviso; *è dunque questa l'ultima giornata che passiamo assieme?!* Mi fermo di botto e mi giro: di Mattia nessuna traccia. Quasi mi prenderei a calci per averlo lasciato così indietro proprio oggi. *Al diavolo la neve, sarà come deve essere! Che io corra o meno, non cambierà nulla, oggi dobbiamo stare assieme!*

Siamo saliti di un po' rispetto al rifugio e nonostante si debba continuare a zigzagare tra i massi, le condizioni della neve sono decisamente migliorate. Le nubi basse e grigie avvolgono tutto, ogni minimo rilievo ne viene inghiottito. Ciò nonostante, è un posto bellissimo. Il terreno è irregolare, giganteschi massi erratici ovunque e pendii ripidi. Stiamo costeggiando l'Hardangerjøkulen, e in una giornata di cielo sereno potremmo vederne i ghiacciai sulla sinistra, vicinissimi. Tutti questi sassi testimoniano che stiamo camminando su di un antico letto glaciale. Milioni di anni fa, all'epoca del briccone Biegolmai, qui scorrevano le acque di fusione sovrastate da centinaia di metri di ghiaccio. Ora i massi sparsi un po' ovunque, sono i resti di questa ritirata, frammenti alla deriva di un esercito di giganti assai forte un tempo. È un luogo solenne. Le nubi che di rado si aprono sulle montagne attorno, sembrano celare magie nascoste o creature di incredibile forza. La quiete avvolge tutto; un monito a chiunque osi avvicinarsi.

Mangiamo qualcosa di fronte l'Hardangerjøkulen. D'un tratto le nubi si sono aperte quel tanto da lasciarci scorgere una delle sue impressionanti lingue di ghiaccio. Si tratta del Matskardnipa, una seraccata gigantesca di circa seicento metri tormentata da un fitto dedalo di crepacci. Dopo gli ampi spazi dell'altopiano questa visione decisamente alpina ci coglie impreparati. Osserviamo con rispetto. Nell'aria c'è il lontano rumore di una cascata, canto pacato che si fonde al silenzio profondo. Le nebbie giocano con i ghiacci, salgono e scendono e infine tornano a inghiottire tutto. Per l'intera giornata è un alternarsi di salite e discese, a tratti anche ripide, o di vasti laghi. Il ghiaccio non è sempre convincente e in certi punti traversiamo ben distanziati l'uno dall'altro col cuore in gola. Ma procediamo bene: ormai dopo sette giorni (e il recupero di ieri) il fisico comincia a prendere il ritmo. Non più piedi dolenti o schiena spaccata, ricordo dei primissimi giorni. Anche i lupacchiotti sono più in forma che mai, giocano in continuazione e tentano di cacciare le pernici. Ma quelle danno l'impressione di prendersi gioco di loro, mentre si allontanano improvvise col loro strano verso.

Più tardi siamo fermi nel buio mentre nevica fitto. I lupi, rimasti indietro, mi raggiungono poco dopo, due paia di lumini che saltellano nella luce della mia lampada dai quali, poi, si materializzano i loro corpi quando ormai mi sono vicini... Chinook, dopo il breve saluto, si accuccia subito; il fratello, puntualmente, si produce nel meglio dei suoi... «balletti acciambellatori»... La neve è di nuovo perfetta. La osservo scendere leggera e fitta illuminata dalla frontale. Penso a quella parte di mondo che a quest'ora è chiusa in casa davanti al televisore: la notte è lontana, l'inverno ben isolato fuori e questo giorno dopo giorno, per tutta la vita.

Come si può lasciar trascorrere la propria esistenza ignorando le stelle che ogni sera brillano nel cielo, senza conoscere il buio fitto delle montagne o la neve o il vento che accarezzano il volto? Per noi ora è meraviglioso poterci «aggirare» al buio e sotto la neve tra queste montagne sconosciute. Ci sentiamo a nostro agio. *Questo* è il mondo nel quale sono nato e voglio conoscerlo, non allontanarlo, isolarlo da me! Il guaio principale, penso mentre ripartiamo, è che non si conosce più il silenzio, non si è più in grado di ascoltarlo. Poiché esso parla di noi, di ciò che siamo davvero. E nonostante ogni sforzo, non si potrà mai ignorarlo. Anch'io ho questa paura adesso. Ma è giusto aver paura, fa parte del «gioco». Quel che conta però è non rinunciare mai all'ignoto, a voler capire, a volersi addentrare in regioni inesplorate del nostro essere, nonostante la paura. È questo ciò che più di tutto il resto ho cercato di far comprendere a quanti mi hanno chiesto il perché della mia traversata. A quanti mi chiedevano se il mio obiettivo fosse stabilire un record o essere il primo a compiere questa impresa non ho mai prestato troppa attenzione e ho sempre ravvisato una certa ottusità in loro di fronte alle mie spiegazioni, come se affrontare gli spazi selvaggi per un puro e semplice bisogno di semplicità interiore, per amarli e comprenderli quindi, non fosse una motivazione «accettabile» in un mondo che ha trasformato anche la montagna e l'avventura in un terreno di competizione.

Al mio ritorno, un amico commentò così la mia traversata: «Secondo me hai sbagliato a scegliere questa spedizione per diventare famoso. Dovresti fare come noi, andare su un 8000, quello sì che è di moda!» Aveva sintetizzato in poche parole il rapporto moderno dell'uomo con la natura, lasciandomi così strabiliato da non riuscire a controbattergli nulla. Non sapevo da dove cominciare o, più semplicemente, capii che non c'era speranza! Ripenso agli antenati dei Sami che percorsero lentamente verso nord questa stessa terra sulla quale mi trovo ora... *Una «prima»? Che senso ha essere i primi, o i centesimi, o gli ultimi?! Quel che conta, è che per quel che ti riguarda*, tu *stai compiendo questa esperienza per la prima volta!* Mi par quasi di sentire quella gente antica che dovette attraversare questa terra per necessità e che era tutt'uno con essa. Quanto siamo ridicoli noi, oggi, con queste «prime», con questo volerci imporre sulla natura stabilendo dei record.

Ricordo l'infinita distesa di massi di poche ore fa. Fisso la neve sulla quale mi trovo in questo istante... *Quanti ne saranno passati per di qua prima di me quando la terra era giovane e pulita?* E osservando la mia slitta, i miei begli sci e gli abiti supertecnologici che indosso, mi rendo conto di come quegli antichi Sami fossero assai più capaci di me di sostentarsi con le proprie forze e quindi di quanto appartenessero davvero a questa terra. Se dunque dobbiamo proprio continuare a parlare di «prime», mi piacerebbe sentir raccontare di «prime interiori». Ma quanti lo capirebbero?

«*Non sono qui per stabilire alcun ridicolo record*», avrei dovuto rispondere a quel mio amico, «*bensì per tornare sulle loro tracce, sulle 'tracce'*». E per farlo vado verso nord, terminando,

Sosta nel primo pomeriggio sotto la neve al buio

non a caso, nel cuore della terra di *Sàpmi*, la Lapponia. Il pensiero mi coglie di sorpresa e mi riscuote dal flusso di pensieri; la neve scende fitta nella notte e io l'osservo ancora per qualche istante, prima di riprendere il cammino. *Attraverso la loro terra, mi preparerò all'incontro. Riuscirò in pochi mesi a ritrovare la semplicità dei nativi sami? Riuscirò a ritrovare la voce del vento e del silenzio e a far sì che essa diventi la guida di tutta la mia vita?*

Assaporo ogni passo, scivolo con gli sci accarezzando la terra, passo su di essa come il vento leggero, veloce, la sfioro appena; tra breve lo farò in completa solitudine, per tanti mesi. Per questo continuo a centellinare ogni istante di compagnia, a percepire la presenza di Mattia anche quando non lo vedo, a scorgerne la meravigliosa lucina ogni volta che mi giro, a parlare, a scherzare. Raggiungo un colle nella notte e d'un tratto scorgo una luce soffusa, un chiarore tenue assorbito dalla nebbia e dalla distanza: le luci di Finse! Un centro abitato che ha tutto l'aspetto di una base lunare avvolta dal silenzio gelido dello spazio, e noi la stiamo raggiungendo dopo una lunga traversata nel nulla.

Impieghiamo due ore prima di toccare il grande lago gelato in fondo al quale si trova questo scalo ferroviario. Ora distinguo ogni singola luce, i grossi fari che illuminano i binari e il chiarore che proviene da qualche casa. Il ghiaccio sul lago non ci appare troppo sicuro, non tanto per il suo spessore, quanto per alcune fratture o zone di pressione che hanno sollevato grosse placche di ghiaccio grigio. Cerchiamo quindi, per quanto possibile, di costeggiarlo. Con qualche difficoltà passiamo oltre un grosso argine di cemento, un numero non proprio facile con la slitta dietro. Poi il ghiaccio diviene più regolare, la superficie torna liscia e scorrevole.

Le luci di Finse illuminano la neve attorno a noi, più che altro è il riflesso che si crea con le nubi basse. Mi dirigo verso di esse come ne fossi attratto e respinto al contempo: sono felice di aver concluso al meglio questo prima tratto della traversata. Mentre avanzo mi tornano in mente i mille momenti appena vissuti. Cinque giorni in tutto, eppure a me sembrano già molti di più. Rivedo ogni tappa: la prima, nel silenzio della notte e sotto la neve. Scorgo ancora la frontale ormai spenta di Mattia mentre gli vado incontro e lo aiuto con la slitta. Affiancati, percorriamo gli ultimi quattrocento metri verso le candele che ho lasciato accese nel rifugio; rivedo la sera nel ricovero dei pastori, quello in pietra, o penso alla paura che provai il giorno dopo al pensiero che il mio amico si fosse perso; e ancora mi tornano in mente la cena nella fermata dell'autobus, o il fugace passaggio della strada nella tormenta. Ma soprattutto, continuerò a vedere la fioca lucc della sua lampada, esile presenza dietro di me ogni volta che tornerò a voltarmi.

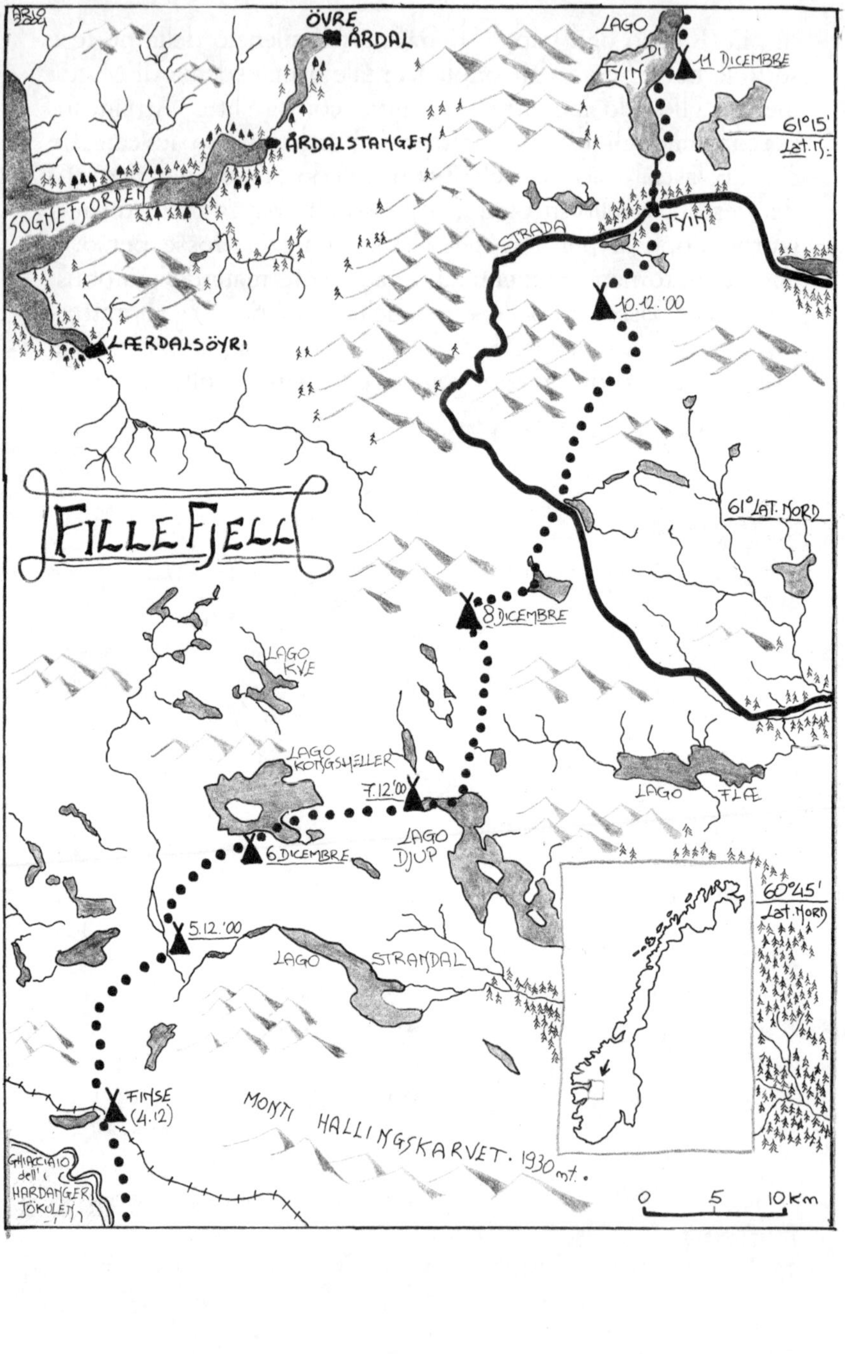

ARLO 2004
ÖVRE ÅRDAL
ÅRDALSTANGEN
SOGNEFJORDEN
LÆRDALSÖYRI
LAGO DI TYIN
11 DICEMBRE
61°15' Lat. N.
TYIN
STRADA
10.12.'00
FILLEFJELL
61° LAT. NORD
8 DICEMBRE
LAGO KVE
LAGO KONGSHELLER
7.12.'00
LAGO DJUP
6 DICEMBRE
LAGO FLÆ
60°45' Lat. NORD
5.12.'00
LAGO STRANDAL
FINSE (4.12)
MONTI HALLINGSKARVET. 1930 mt.
GHIACCIAIO dell' HARDANGER JÖKULEN
0 5 10 Km

Solo

La solitudine è una forza che ti travolge se erompe da te impreparato; che ti porta al di là dei tuoi orizzonti se sai sfruttarla per te stesso.
Reinhold Messner, *Everest*

4 dicembre, 13° giorno
Finse

Incredibile quanta paura si possa provare di fronte alla solitudine. Quanto timoroso sia diventato il nostro essere, non più abituato a un contatto diretto col proprio silenzio. Siamo troppo distratti, la confusione ci è diventata troppo familiare; il nostro centro si è spostato irrimediabilmente al di fuori di noi. E vivere senza un centro, è come divenire foglie d'autunno che cadono lentamente e vengono girate e rigirate e disperse e portate via lontano, dal vento leggero... Siamo ormai a tal punto abituati a questa dimensione che non possiamo più fare a meno di circondarci da distrazioni continue. Il nostro mondo così disordinato, caotico, bombardato a ogni istante, da ogni direzione, da mille messaggi di ogni genere che affollano la nostra mente e la tengono occupata...; questo stesso mondo è dunque fatto su misura per noi, l'abbiamo creato a questo modo poiché noi siamo diventati così! Dobbiamo affogarci, non possiamo concederci la minima pausa: è questo il punto, tenerci occupati..., perché se solo ci accorgessimo dello scempio...

Rabbrividisco nel vento leggero. Un senso di nausea mi attraversa ma poi, di fronte allo spazio bianco, svanisce. Osservo la vasta distesa del lago ghiacciato di Finse che si perde a sud verso i confusi pendii glaciali dell'Hardangerjøkulen. Le nubi, come sempre, poggiano sulla terra, aprendosi solo di tanto in tanto come sipari misteriosi, fondendosi ai colori del sole già sceso, a improvvise pareti scure, o a lingue di ghiacciai lontani. Sono contento di trovarmi qui. Qui è *giusto*. Questo vento, questo silenzio...; sì, qui è come i miei due lupi che giocano a rincorrersi tra le nebbie del lago, o è come i nostri bambini che nascono ancora puliti, ancora parte di questa poesia; la nausea mi riassale al pensiero di come poi, anch'essi, un po' alla volta vengano uniformati, appiattiti... È come strappar loro l'anima dal petto... Questo è uno scempio che si perpetua ogni giorno, in ogni luogo, senza sosta, senza che nessuno se ne accorga o dica nulla! Perché *così* è normale... Socchiudo gli occhi e resto a lungo senza pensieri. Un brivido mi percorre, un senso di vuoto che provo da stamattina e che, temo, non mi lascerà tanto presto. Sì, è paura; è la paura di restare da solo: tra poche ore Mattia mi lascerà, e allora? Allora avrò di fronte a me il grande Re Inverno e l'intera terra selvaggia...; non ci sarò che io per affrontare tutta questa immensità, ciò che è racchiuso nei confini della mia pelle. Dovrà bastare; io e i miei amici lupi... I quali, quasi dimenticavo, oggi compiono sei mesi! Penso, anche se non so se in bene o in male, che non dimenticheranno tanto presto questo loro... compleanno. Il lato positivo di questa giornata di riposo, e non dubito che per loro sia stato come un vero regalo, resterà nel «ritrovamento» di due pernici appena cacciate e lasciate appese per la coda presso l'ingresso della mensa della stazioncina; ancor prima che mi rendessi conto di cosa stessero combinando, Chinook e Mohawk erano già alle ultime penne... Forse d'ora in avanti metteranno maggiore energia nel dare la caccia a questo appetitoso volatile.

La parte di certo per loro meno attraente di oggi è stata la lunga corsa effettuata come cani da slitta attraverso il lago, legati assieme a una muta di scatenatissimi husky. Tutto è successo in seguito all'invito quasi scherzoso di Fridtjof, il *musher* che tiene qui la sua scuola di *sledog*. Spero che i miei due cuccioli non se la siano presa troppo; in fondo, correndo e ululando, un po' per la novità e un po' per la protesta, penso che alla fine si siano divertiti anche loro... Una folata più forte ci investe sollevando la neve tutta attorno. Richiamo i cuccioli e mi incammino verso le casette colorate di questa microscopica stazioncina ferroviaria dispersa tra le montagne. Mattia ormai deve aver ultimato i preparativi per la partenza. Lui ora se ne va nel paese di Karasjok, su in Lapponia e lassù, in compagnia della sua ragazza Sara, svernerà attendendo il mio arrivo e realizzando un documentario sui Sami. Sorrido al pensiero di poterlo raggiungere. Quasi mi sembra una barzelletta! Eppure, se l'hanno fatto loro, i Sami, seppur con tempi ben diversi, potrò riuscirci anch'io.

Mattia è partito in una furiosa tormenta di neve e di vento che pareva inghiottirsi il treno. Io, inginocchiato a pochi metri, sono rimasto a fissarlo fino all'ultimo tenendo i lupi legati con una corda. Chinook, seduto alla mia sinistra, osserva con attenzione quel lungo verme rosso spostarsi lentamente. Mohawk, invece, come suo solito mi è montato sulla schiena e, le zampe ben appoggiate sulla mia spalla destra, osserva distrattamente, come un signore in prima fila. *No, non sarò solo...*, sorrido tra me; *e poi, oltre ai... Sami, ci sono loro, Chinook e Mohawk, i miei «spettacolini»!* Come diceva il mistico Gibran: «In questa solitudine è la compagnia. In questa povertà è la ricchezza».

5 dicembre, 14° giorno

Stamattina sono partito sotto la pioggia. È il 5 dicembre e dovrebbe esserci una temperatura media di –8°, e invece piove! Non posso immaginarmi di peggio per la prima tappa in solitaria della mia traversata. Questo non giova di certo al morale già basso. Mi allontano a testa china da Finse, le poche case colorate inghiottite dalle nubi mentre la neve mi si impasta come poltiglia a ogni passo sotto gli sci. Risalgo un lungo pendio del quale non riconosco alcun contorno. Maledico questa mia cattiva sorte, la pioggia, il sudore e tutto il resto. *Dovevo proprio beccarmi l'unico inverno anomalo della Norvegia per il tentativo decisivo della mia avventura?* Per di più, prima di partire, ho sentito Mattia per telefono che non mi ha dato notizie rassicuranti in seguito al sopralluogo da lui appena compiuto nella zona che dovrò raggiungere all'incirca tra due settimane, scendendo dalle montagne dello Jotunheimen: pare

Con i miei lupi a Finse

che la neve manchi del tutto, così come il ghiaccio sui laghi. Con questa *bella* notizia e sotto l'acqua, stamattina ho affrontato la mia prima tappa da solo.

Nel primo pomeriggio il pendio si addolcisce, si alza un forte vento e lentamente prendo a scendere. Non piove più per il momento e la neve, comunque abbondante, è una specie di crosta il cui rumore mi accompagna a ogni passo. Scendo verso un grande lago, c'è ancora luce e potrei continuare per un altro paio d'ore. Dovrei salire in diagonale un lungo pendio frammisto a rocce per scavalcare la massiccia montagna che mi sbarra la strada. Ma non appena mi ci avvicino, al vento teso torna a unirsi la pioggia. Stavolta è più fitta di quando sono partito da Finse. Non ne posso più. Decido di trovarmi un buon punto riparato e, di lì a poco, monto la tenda mentre le raffiche di pioggia inzuppano tutto quanto finora era riuscito a restare asciutto. *Non vale a nulla dannarsi per fare più strada possibile come ho fatto nei giorni precedenti con Mattia. A Finse ho deciso di prendermela con calma. Soprattutto adesso sarebbe assurdo correre e poi trovarmi poco più a nord con la neve non ancora arrivata!* È stata la decisione di oggi, mentre marciavo sotto l'acqua: comincerò a dimezzare la lunghezza di ogni singola tappa. Questo mi consentirà di risparmiare energie, ma più che altro consentirà all'inverno (me lo auguro!) di insediarsi anche a nord dello Jotunheimen. Una tattica come un'altra per fronteggiare questa situazione anomala e per dire: *mi adeguo ma non mollo!*

Sono chiuso in tenda tra le raffiche di vento e di pioggia, scrivo sul diario; *i lupacchiotti dormono come se nulla fosse. Ora che posso rilassarmi, steso nel calore del sacco a pelo, percepisco nuovamente il profondo amore che mi lega a quest'avventura. Quest'anno, lo sento con ogni cellula del mio essere, arriverò fino in fondo, a costo di dovermela fare in canoa o a nuoto!* Le *punte dei miei sci che ogni giorno si alternano davanti a me, so che prima o poi arriveranno ad affacciarsi sull'oceano Artico, dall'alto della rocca di Nordkinn!* Ascolto il ticchettio martellante della pioggia e aggiungo: *Grande Natura... soffia via questa spazzatura calda e umida!*

6 dicembre, 15° giorno

Risalgo un ampio vallone diretto al passo del Bolhovd dopo aver percorso il lungo e ripido versante occidentale del Sundheller Skarvet. Qualcuno deve aver ascoltato la mia preghiera di ieri sera poiché, per lo meno, non piove più. Le nubi sono sempre cupe e basse e mi domando come con un vento così forte possano restare sempre lì, ferme, avvinghiate alle montagne come vi avessero messo radici. Ho degli amici invisibili da quando sono entrato in quest'ampia valle. Tracce fresche sulla neve di gente scesa stamattina dal passo: due persone e un cane e, a giudicare dai disegni ingarbugliati che hanno lasciato sulla neve, devono aver fatto i loro bei numeri per raggiungere il fondovalle! È un peccato non esserci incrociati. Sarebbe stato il primo incontro da quando sono partito. Sarei stato contento di poter vedere in volto altre persone, curioso di scoprire chi, oltre a me, vaga quassù in questa stagione.

Su al passo, pur restando chiuso dalle nubi, il cielo crea sulle montagne giochi di luci azzurro, violetto e arancione: è il momento dell'ultimo sole. Poco più tardi, avvolto nella nebbia, mentre risalgo un lungo altopiano, prende a nevischiare. Mi fermo a mangiare seduto sulla pulka e ascolto il silenzio nella luce soffusa che mi circonda. *Eccomi qua sperso nel nulla, io e le mie poche cose*, sorrido tra me; *pochi giorni e già le amo. Gli sci, la slitta coi suoi primi graffi, la giacca coi primi segni di sporco... Come arriverò su?* Quella sera mi fermo poco prima del buio dopo esser salito fino a 1500 metri circa. La neve è abbondante e fa freddo: per lo meno, stanotte, dormo circondato dall'inverno!

7 dicembre, 16° giorno

È una giornata grigia e ventosa, come sempre da quando sono partito! Per di più oggi la nebbia c'è fin dalla mattina. La temperatura è di pochi gradi sotto lo zero. Almeno questo, penso, ricordando la tappa dell'altro ieri sotto la pioggia... ma ancora troppo «caldo» per essere all'inizio di dicembre. Per di più oggi devo scendere di qualche centinaio di metri il che mi fa temere che incontrerò di nuovo condizioni *umide*... Parto un po' tardi, lentamente e con poca voglia: sempre questa mancanza di visibilità, questo biancore. Ora alla nebbia si aggiunge la neve; scende quasi invisibile in un mondo che è già troppo bianco, ma per lo meno scende, bella asciutta e farinosa. Sono contento, ma so che non durerà molto... Percorro una valle che si fa sempre più ripida mentre io ci vedo sempre di meno. *White Out*: bianco in cielo, bianco in terra, nessun riferimento, peggio che al buio, dove per lo meno se puoi hai il fascio luminoso della frontale! Qui è come andare alla cieca. Ed è rischioso. Ho la carta ma non mi serve a nulla. Anche la bussola è uno strumento del tutto inutile; pende dal mio collo mentre io protendo ogni senso nel bianco assoluto pronto a captare il primo accenno di pericolo, un salto, un dosso qualsiasi.

A volte è quasi comico; non appena sotto gli sci intuisco un cambiamento della pendenza, mi arresto di colpo e tento di capire. Allungo il più possibile il bastoncino di fronte a me per tastare il terreno. Ma questo non basta quasi mai. Allora, codardamente, provo a incitare i lupi invitandoli ad andare avanti, cosa che fanno sempre, tranne che in questi frangenti... Chissà perché! Fallito anche questo tentativo non mi resta che l'ultima delle prove: prendo un po' di neve con la rondella della racchetta e la lancio di fronte a me come a crearmi una traccia appena visibile che si opponga al nulla totale...; spesso ho percorso interi tratti a questo modo. Due passi, raccolta della neve, lancio e via così. Ma ora il terreno si fa sempre più ripido, intravedo una leggera ombra poco più in là, forse un piccolo avvallamento, lì potrei fermarmi se prendo troppa velocità... Accidenti se è duro scendere al «buio» e tentare di curvare a spazzaneve e di frenare con la slitta dietro! ...*Wush!* L'imprecazione mi si spezza a mezz'aria; all'improvviso il terreno sparisce da sotto i piedi, lo stomaco mi finisce in gola e io volo nel nulla. Ora è davvero tutto buio. Ho la faccia affogata nella neve ma soprattutto ho le costole in fiamme. La slitta mi è piombata addosso e il traino rigido si è frantumato contro la schiena... O è la schiena a essersi disfatta? Resto per alcuni istanti immobile maledicendo la mia stupidità. Non riesco neanche a capire come sia combinato qui a terra, mi sento un groviglio di gambe, ginocchia, sci e costole doloranti. E infatti, quando decido di farlo, rialzarmi si rivela una vera impresa. Fortunatamente non c'è nulla di rotto, almeno per quel che mi riguarda. Tuttavia ho danneggiato il traino della pulka: è il mio mondo quassù, la mia sopravvivenza. Tutto quello che succede a lei è come succedesse a me. In più quando riprendo la marcia, e questa volta con gli sci in mano fino alla fine del pendio, mi accorgo che la punta di cuoio dello scarpone destro sta iniziando a cedere...

Raggiungo il fondo della valle e, come avevo temuto, la temperatura è più alta e la neve appena scesa si trasforma in un impasto colloso e pesante; sono demoralizzato... Rimessi gli sci, a ogni passo formo zoccoli giganteschi tali da darmi l'impressione di sollevare intere zolle di terreno: lavoro infame! La slitta stessa mi frena, anch'essa impastata a questa schifezza. Mi fermo nella nebbia opprimente e respiro. Sudo come un dannato, cosa che d'inverno è una di quelle che più mi innervosiscono, nonostante sia rimasto con la sola canottiera di capilene. E in più nevica questa roba umida. Fradicio, a faticare come un mulo, e con quel volo da cretino poco fa! Ho i nervi a fior di pelle e urlo: non sono propriamente in sintonia con il luogo.

Continuiamo ancora per un po'. Io e i lupi adesso siamo davvero fradici. Ma loro non sembrano darci troppo peso. Mi sento un idiota a essermela presa a quel modo poco fa. *Devo calmarmi.* Ora la neve scende fitta. Il silenzio è impressionante e magico... Mi fermo. *Questa è pace... Questa è la Grande Madre che riposa, che respira nel suo profondo sonno sereno chiamato inverno.* È come se udissi meglio dentro di me, vedo tutto con maggiore chiarezza... o meglio, semplicemente, ascolto. Ma d'un tratto il silenzio profondo pare cambiare la sua tonalità: si aggiunge una nota quasi impercettibile, densa di tale bellezza da colpire diretta in fondo all'animo. Ora la riconosco; ancora pochi passi, la visibilità pare migliorare appena e infine ci sono: un torrente, libero dai ghiacci, gorgoglia sommesso tra i muri di neve soffice. Resto senza fiato. *Qui abita la grande wilderness, qui il tempo non esiste, qui tutto* è. *Come ho potuto comportarmi così stupidamente poco fa?... Non sono qui per lottare o per dar sfogo ai miei stupidi nervi, sono qui per... questo.*

Sembra un posto sacro, è un momento sacro. Mi tolgo gli sci e mi siedo sulla slitta a pochi metri dall'acqua scura. Sarà un tratto di non oltre cinque metri libero dalla coltre bianca. L'acqua esce dalla neve e poco più in là torna a scomparirvi, come inghiottita. Di fronte a me una paretina di roccia è l'unica altra forma di colore oltre a quella del torrente. Il silenzio, il gorgogliare sommesso, la neve che scende fitta e che ora distinguo con chiarezza contro lo scuro dell'acqua, polvere che precipita senza fretta, il mio trovarmi qui, in quest'istante, da solo; chiudo gli occhi e *so* che questo è il dialogo giusto. Sono qui per essere e respirare. Resto a lungo in ascolto, poi ne approfitto per placare la sete. Mi avvicino cauto all'acqua, sul ghiaccio ricoperto dalla neve; Chinook, un metro dietro, copiando le mie movenze, fa altrettanto: come mi fermo, si ferma anche lui, come riparto lui mi viene dietro. Mohawk osserva immobile accanto alla pulka. Ma come raggiungo l'acqua, anche lui si avvicina. Restano in attesa mentre bevo quindi, come mi sposto, si sporgono anche loro a leccare l'acqua fredda.

Sarò stato un buon babbo per i miei cuccioli? sorrido tra me. Di certo sarebbe impossibile eguagliare ciò che accade in natura; per di più, si sa, il genitore lupo è, tra gli animali, quello più sorprendentemente affettuoso, premuroso e in grado di istruire al meglio la prole. Io spero solo di aver fatto del mio meglio... Torniamo alla slitta ove offro loro qualche biscotto dalla mia bocca; non andrei più via da questo luogo... Un'ora dopo raggiungo un grande lago grigio. Nevica fitto e ne ho abbastanza di fare la traccia nella neve collosa. Potrei continuare ancora per un po', ma l'aspetto del lago con questa temperatura non mi convince affatto. Molto meglio aspettare la luce del giorno e soprattutto sperare che durante la notte torni un po' di freddo. Monto la mia tendina contento come un bimbo e infine mi ci ficco dentro soddisfatto.

Sì, per oggi basta, adesso ascolterò per un po' il lieve frusciare della neve sul telo poi, più tardi, penserò alla cena e a scrivere il diario... Cosa si può desiderare di più? La pace più profonda mi avvolge. Forse per un po' mi addormento. La vita è semplice quassù. È *giusta...*, forse come quella degli animali. Più tardi smette di nevicare. Come mi sporgo oltre l'ingresso, un disco pallido mi saluta da sopra le montagne. *Fuori la luna splende alta nel cielo e le stelle brillano luminose come solo quassù sanno fare!* Quello che mi ci voleva per il lago, perché stanotte farà freddo sul serio!

8 dicembre, 17° giorno

La carta oscilla appesa a un chiodo. Mi sono fermato al riparo dal vento dietro una vecchia e solitaria baita di legno. Le folate

Un pranzo condiviso

qui arrivano intermittenti e pacate, ma se appena esco allo scoperto il vento mi investe in pieno. Attorno a me vasti altopiani in graduale ascesa cosparsi qua e là da diversi massi di granito che la neve non riuscirà mai a coprire del tutto. Poco più su il pendio si perde di nuovo nel nulla, nelle nubi basse ove ora, e quasi ne percepisco il fragore lontano, ruggisce la bufera. Lassù dovrò salire tra breve, terminata questa sosta, su nel vento e nel nevischio e ne sono contento... Sono venuto qui per questo e oggi questa prima vera «botta» di inverno mi ha ridato coraggio e il morale è tornato alto.

Il vento accarezza leggero la carta che ho appeso alla parete di legno. I miei guanti rossi sono sistemati invece su di un altro chiodo. I lupi, acciambellati, riposano. È più che altro per loro che, durante queste prime settimane, faccio queste soste. Hanno da poco compiuto sei mesi e devo tentare il più possibile di rispettare i loro ritmi. Del resto è incredibile di quanto poco abbiano bisogno per ricaricarsi: ogni due, tre ore di marcia dopo dieci minuti circa di riposo si risvegliano arzilli e più freschi di prima e non c'è condizione o situazione che possa spaventarli! Ma se la sosta a volte salta per qualche motivo, allora ne soffrono un po'. Ricordo con affetto i nostri giorni al Campo, quando crollavano ogni venti minuti!

Osservo la pulka sulla quale sono seduto, imbiancata di neve che è un piacere e sorseggiando del tè caldo ascolto il vento. Mi sorprendo a sorridere al pensiero che quanto mi circonda, alla maggior parte della gente potrebbe apparire il luogo più inospitale della Terra, solo biancore e desolazione e freddo. Un luogo dove non c'è *nulla*..., ove nessuno andrebbe neanche nei sogni più brutti. Eppure quassù ora per me è casa, è un luogo ricco e denso di vita proprio perché grazie a questo *nulla*, e quindi alla mancanza di ogni distrazione, riesco ad ascoltare meglio dentro e fuori di me. È questa semplicità, questo modo essenziale e di povertà assoluta nel quale sono *costretto* a vivere ciò che ora mi rende felice, ciò che illumina il mio cuore e lo riscalda nonostante il freddo e il sole inesistente.

Fisso con affetto la carta che oscilla nel vento, solitaria testimone della mia presenza in questo luogo: non ho bisogno di altro. Siamo di nuovo in marcia. La vecchia baita di legno poco più in basso è già sparita nella nebbia. Come sempre attorno a me c'è solo bianco e in più nevica e tira vento forte. Sono alle stelle! Finalmente dalla partenza da Lindesnes oggi è la prima giornata di inverno vero e quasi mi sorprende, mentre avanzo leggero, non udire più il disastroso raschiare degli sci sulla neve crostosa o congelata; ora scivolo in silenzio sulla neve farinosa mentre la barba mi si impasta di ghiaccio: sono queste le condizioni necessarie per la mia traversata!

9 dicembre, 18° giorno

Giornata di tormenta passata tra il dormiveglia, la lettura, l'ascolto del vento e un po' di coccole ai miei lupacchiotti. Nel primo pomeriggio, quando il vento ha accennato a diminuire, siamo usciti e loro, nelle raffiche di nevischio comunque ancora impetuose, hanno giocato a rincorrersi e a tendersi agguati con la consueta inesauribile energia e felicità.

Quindi, finiti in cima a un grosso masso di granito chiaro, si sono calmati per alcuni minuti e hanno preso a curiosare e a esplorare. Chinook trova un pezzo di ghiaccio rotondo, saldamente ancorato alla roccia; prova a staccarlo usando un po' i denti, un po' le zampette con le quali lo gratta tutto concentrato. Mohawk gli si avvicina per dargli man forte o, con maggior probabilità, per contenderglielo: difatti Chinook accenna a un brontolio sommesso, poco convinto, che fa allontanare, ma per pochi secondi, il fratello. Sono buffissimi visti dal basso, su quella roccia, mentre sgranocchiano il pezzo di ghiaccio; sono splendidi quando poi, d'un tratto, qualcosa giunge a distrarli: rizzano il capo e le orecchie e restano immobili nel vento, ad ascoltare... Quindi, come se nulla fosse, tornano a contendere il pezzo di ghiaccio alla roccia di granito, e, con maggior energia, a contenderselo l'un l'altro... È di giornate come queste che ogni tanto i due cuccioli hanno bisogno anche se, qualsiasi sia la situazione, per loro, quassù è sempre tutto un gioco e un motivo per saziare l'inesauribile curiosità che li anima.

Chinook sulla roccia

10 dicembre, 19° giorno

Sono volato per la seconda volta stamattina, sempre a causa del *White Out.* E, rispetto al volo dell'altro ieri, benché oggi non mi sia fatto nulla, lo spavento è stato davvero forte perché per alcuni secondi ho temuto di precipitare sul serio, tanto è durata la mia caduta. L'unica conseguenza è stata che il traino, già danneggiatosi nel volo precedente, oggi si è disintegrato del tutto. Un bel guaio visto che in discesa mi era assolutamente indispensabile grazie alle sue due sbarre rigide; ora dovrò ripararlo con degli spezzoni di corda, il che vuol dire che in ogni discesa, anche la più lieve, la slitta verrà a sbattermi contro i talloni, rendendomi il tutto ancora più complicato e rischioso.

Man mano che scendo, la tormenta diminuisce e la nebbia si dirada appena. Raggiungiamo un ampio lago. La temperatura si è alzata; mi fermo per spogliarmi un po' e ne approfitto per sfamare i cuccioli. Seduto sulla pulka, tiro fuori il pezzo di lardo semicongelato regalatomi a Finse da Fridtjof e, spezzatolo in due con i denti, lo getto a Chinook e Mohawk che hanno osservato e atteso con particolare intensità...

Un'ora più tardi, abbandonato il lago, continuiamo a scendere lungo l'ampia vallata. Di fronte a me intravedo delle montagne con pareti verticali di roccia scura. La nebbia le avvolge rivelandone la presenza solo a tratti. Mi sto avvicinando allo Jotunheimen e il territorio comincia a mutare. Più tardi, dall'alto, domino la valle principale di Mörkedalen (la «Vallata Buia»), dove passa una strada. Dopo tanti giorni di solitudine, mi fa un certo effetto rivedere le luci delle auto in lontananza. Ci fermiamo per alcuni istanti a osservare. La discesa è lunga e difficile con la pulka sempre tra le gambe che a tratti rischia di travolgermi. Inoltre a ogni minimo rilievo si ribalta. A tratti mi verrebbe voglia di prenderla a calci, impreco oscenità e vorrei urlare. Come ho appena fatto; ma in questo caso perché ho appena visto la strada e le auto... Non è la vicinanza della gente che mi fa sentire così. Più che altro è questa loro presenza improvvisa, qui, ora...; mi rendo conto del privilegio che sto vivendo, di quanto sia lontano da tutto, solo tra montagne selvagge e ciononostante, a mio agio, senza alcun bisogno d'altro; non provo alcuna invidia per quelle persone laggiù chiuse nelle proprie auto...

La strada sparisce verso est tra montagne alte e imponenti. Penso ci sia una galleria da qualche parte. Tutto in quella direzione è avvolto dalla bruma scura del pomeriggio che muore veloce e da spazi di cielo infine sgombro dalle nubi, d'un blu scuro intenso nel quale ora, una stella limpidissima s'è appena accesa. Il mondo è sepolto di bianco, non c'è nulla che ne interrompa il dominio, forse ogni tanto qualche roccia isolata che emerge o quelle pareti scure, laggiù a ovest. La discesa è ripida e penso che se qualcuno potesse vedere i miei numeri con la slitta che mi segue libera e impazzita, potrebbe mettersi a ridere o forse preoccuparsi un poco... Ho messo le pelli di foca per rallentarmi, ma la discesa a spazzaneve dritto per dritto, ovvero la tecnica che utilizzavo col traino rigido ancora funzionante, ora posso scordarmela. Scendo allora con lunghe diagonali, di qua e di là da una parte all'altra della valle. Per lo meno così la slitta non mi finisce addosso ma resta di lato. Il problema però è che ora con questo sistema si ribalta di continuo ed è davvero difficile trattenere i nervi. Alla fine, non ne posso più di fermarmi per rimetterla ogni volta in sesto, è del tutto inutile. La lascio capovolta e mi rendo conto che è questo il modo migliore per scendere poiché, così messa, assume l'utilissima funzione di freno! Attraversiamo la strada in un lampo. Il brevissimo contatto con la superficie dura e ghiacciata mi riporta per un istante nel mondo degli uomini, il mondo nel quale sono nato. Ma l'istante dopo, risalita la piccola sponda, scivolo nuovamente sulla neve soffice verso le montagne, verso un mondo che anch'esso m'appartiene, ma che avevo dimenticato, e che voglio tornare a conoscere.

Più tardi, sceso il buio, *Akse*, la magnifica luna piena dei Sami, si riflette sulla terra innevata. Un vento gelido e potente s'è alzato liberando del tutto il cielo dalla cappa grigia che lo avvolgeva da giorni. Ora le nubi corrono impetuose come lembi stracciati in fuga e l'ombra si alterna alla luce argentea sulla neve. Sembra una festa selvaggia dove mi sento invitato anch'io e, soprattutto, spronato a correre o per lo meno a procedere con buon ritmo, prolungando la mia marcia ben oltre il consueto orario. C'è forse anche la speranza che più tardi il vento possa calmarsi: di fermarmi con questo gelo a montare la tenda col rischio che possa sfuggirmi di mano, non ne ho alcuna voglia. Verso le otto decido di fare una breve sosta, giusto il tempo di preparare una minestra calda. Da stamattina ho mangiato solo un pacco di biscotti con i soliti 700 ml di tè caldo.

Visto che sono in marcia da oltre dieci ore, non sarebbe una cattiva idea mandare giù qualcosa. Ho trovato una baita privata. Poco distante, a circa una cinquantina di metri, c'è il solito gabbiotto del bagno. La porta non è chiusa, ma come la apro, dentro ci trovo la neve fino al soffitto. Mi sistemo allora il più sottovento possibile contro una delle sue pareti di legno. La protezione principale mi viene comunque dal muro di neve che ho attorno. Alto almeno un metro e mezzo, circonda interamente la piccola costruzione del WC. Questo la dice lunga sulla violenza delle tormente. Lo stesso *giochino* lo si nota anche attorno ai massi più grossi che incontro mentre cammino; ovunque il vento trovi un ostacolo, pare si diverta a circondarlo, quasi a incatenarlo con questi «fortini» di neve.

Accendo il fornello a benzina. Mentre attendo mi alzo in piedi. Il bordo del muro di neve così, mi arriva all'incirca all'altezza del collo. Devo sembrare una foca da lontano! Osservo brevemente lo spettacolo delle nubi in fuga mentre la luna, immobile, pare purezza scolpita nel cielo scuro. Le folate di nevischio mi investono in pieno, così torno a inginocchiarmi sul fornello in attesa della cena. Fa freddo e quando più tardi mi ritrovo con la scodella bollente tra le mani, sono costretto a ustionarmi lingua e palato per evitare che la zuppa si congeli. Le ultime cucchiaiate infatti, pochi minuti dopo, sono già quasi fredde.

Quella sera ho corso col vento fino alle undici, inseguendo le ombre delle nubi sulla neve. Non mi sarei più fermato. Di fronte a me, mentre monto la tenda, ancora distanti ma ormai riconoscibili nella notte argentata, distinguo i primi rilievi delle montagne dello Jotunheimen. Probabilmente le raggiungerò domani dopo un'ultima discesa a valle... Chiuso in tenda, ascolto il vento pregustando l'ingresso alla «Casa dei Giganti» (questo il significato di *Jotunheimen*), soddisfatto per aver passato oggi, in questa lunga tappa, la linea dei 61° nord (più o meno all'altezza della strada). Piano piano procedo!

11 dicembre, 20° giorno

Emergo dalla nebbia dopo una lunga discesa alla cieca dall'altopiano sul quale ho dormito ieri sera. Anche nell'89, nel corso del primo tentativo di traversata, non vedevo nulla oltre le punte dei miei sci, mentre percorrevo più o meno lo stesso itinerario. Ora, tutto d'un tratto, il mondo mi riappare. Il cielo è sempre nuvoloso ma la visibilità finalmente è buona. Le montagne dello Jotunheimen sono vicinissime di fronte a me, quasi non posso crederci. Non mi resta che quest'ultima discesa, l'attraversamento di un microscopico centro abitato e poi ci sarò dentro.

Raggiungo la cima di una collina e, improvvisa, appare la lunga discesa. Chinook e Mohawk, come accade di fronte a ogni nuova vallata, mi hanno preceduto: hanno raggiunto l'orlo del pendio e, alti sul loro belvedere, si sono fermati: fissano con attenzione il nuovo vasto territorio che si apre di fronte ai loro occhi. Sono magnifici e indugio a osservarli, forme immobili con le orecchie ben dritte stagliate contro il vuoto sullo sfondo delle

Ci stiamo per inoltrare in una nuova valle

montagne lontane; sembrano completarsi a vicenda, sia per i colori del loro mantello, sia perché si trovano sempre uno di fianco all'altro. Costeggiamo l'ampia collina e raggiungiamo il suo versante opposto. Coi soliti numeri a zigzag affronto la lunga e ripida discesa che attraversa un bosco di betulle tutto ricoperto di neve e di cristalli grandi come le ali di una farfalla. È uno spettacolo unico. Soprattutto perché sono giorni che non incontro più una pianta. Finalmente sbuco su una stradina. Ci sono metri di neve che avvolgono tutto. Quella che su in alto viene strapazzata e lavorata dal vento, qui invece riposa tranquilla, intatta, così com'è scesa. La pace mi entra dentro improvvisa. Tutto è immobile, silenzioso. La densa nube del mio alito è l'unico movimento in quanto mi circonda. Sono immobile anch'io. Adesso nell'aria gelida respiro un profumo che ben conosco e che mi riscalda il cuore. È il dolce aroma della betulla che brucia nelle stufe. Chi è stato quassù d'inverno, dopo averlo sentito una volta, non lo dimenticherà mai più.

Mi sto avvicinando al «centro abitato»: qualche casetta in legno disseminata qua e là nel bosco. La soffice luce che dall'interno illumina le finestre s'intrufola nel grigio-azzurro del pomeriggio, attraversa il gelo tra i rami spogli e bianchi delle betulle e giunge fino a me. *Tra breve è Natale*, penso mentre riprendo il cammino. Immagino il calore di quelle case riscaldate dalle persone che le abitano, dai bambini che preparano l'albero, dai ciocchi di betulla che bruciano nelle grosse stufe «Jøtul», quelle che trovi in ogni casa o rifugio norvegese. Sullo sportellino c'è una poesia che recita: «Eg grev ned min eld, sent om kveld, når dagen er slut. Gud gje min eld alder slokna ut». Ormai l'ho imparata a memoria pur senza comprenderne il significato (me la sono fatta tradurre solo mesi dopo) anche se, conoscendo qualche parola, riuscivo comunque a farmi un'idea del significato: «Preparo il mio fuoco quando è sera e il giorno è finito. Che Dio mi aiuti a non spegnere mai il mio fuoco».

La sera cala e io invece mi trovo fuori tra le case nel gelo e tento di intrufolarmi con lo sguardo dentro quella luce, tento di «rubarne» un po' di calore. Alcune di esse fuori hanno l'albero di Natale tutto acceso. Mentre attraverso il villaggio, tutta la baldanza che avevo ieri, poco prima di attraversare la strada, adesso mi ha abbandonato. Ora non mi sento più tanto sicuro e amerei con ogni fibra del mio essere trovarmi all'interno di una di quelle case, tra i miei simili. D'un tratto, l'avventura che sto vivendo mi schiaccia. La stessa sensazione che m'ha colto stamattina come ho aperto gli occhi. Era lì ad attendermi, come un avvoltoio pronto a ripiombare sulla preda: ho avuto la netta percezione fisica dell'intera terra sulla quale sto camminando, la Norvegia. M'è parsa così immensa, così sconfinata e io così piccolo, insignificante e vulnerabile, quasi ridicolo col mio impercettibile avanzare, che m'è mancato il respiro, ho vacillato per un attimo come se mi fossi destato da un incubo e ho pensato: *No, non può esser vero, che follia sarebbe... Ora mi sveglio per bene e mi renderò conto che non devo temere nulla, perché sono al caldo e al sicuro nel mio letto, a casa.* Invece la brina sui teli della tenda mi fissava, come in attesa...

Mi allontano il più in fretta possibile dalla luce delle finestre, dall'odore del fuoco di betulla e dal Natale. Ora sto costeggiando la strada, dove non passa neanche un'auto. Solo un piccolo camion poco fa. Il freddo è intenso e la neve profonda, mi arriva alle ginocchia. Sarebbe meglio di certo camminare sulla strada e l'avrei fatto senza indugio se fossi stato solo. Ma sulla strada devo tenere legati i lupi e il rischio di perdere l'equilibrio e di non esser visto da un'auto è troppo grande. Anche se, pur restandone fuori, sono comunque costretto a tenerli al guinzaglio per evitare che mi scappino via.

C'è di nuovo nebbia, una luce azzurrina che accentua il gelo nel quale sono immerso. Sono gli ultimi spiccioli di luce, poi mi ritroverò al buio e sotto sotto non vedo l'ora. Non ho voglia di essere visto dalla gente; ora mi sento tagliato fuori dalla vita «normale», quasi fossi un evaso. La debolezza che ho dentro in questo momento mi fa sentire così. Non vedo l'ora di tornare tra le montagne. Queste discese continue (lo sperimenterò sempre più in seguito), spezzano la *tensione* positiva che creo tra me e la natura selvaggia: ogni volta mi ritrovo vulnerabile, soffocato dal richiamo di casa. Quando poi risalgo sulle montagne e a fatica ricreo il feeling, torno forte, la mia avventura riacquista il suo senso. Un'altalena continua tra ciò che conosco e mi dà sicurezza da una parte e ciò che dall'altra mi fa crescere, l'ignoto: paura da tagliare le gambe ma, una volta in «volo», orizzonti mai sognati prima, che mettono le ali.

Finalmente le ultime case sono sparite alle mie spalle. Ho preso adesso la strada che sale al lago di Tyin, il primo dei grandi laghi dello Jotunheimen. Ormai ci sono e mi aggrappo a questa piccola gioia (poterlo raggiungere stasera e piantarvi la tenda) per farmi forza e affrontare questo lungo tratto di strada in salita. Non è possibile seguirne i bordi stavolta e quindi sono costretto, sempre con gli sci ai piedi, a camminarci sopra. È molto più agevole certo, ma il traffico s'è fatto più «intenso» ora che è sera (un'auto ogni dieci minuti circa!) e dover camminare così in salita tenendo legati i lupi è un vero supplizio. Mi domando che effetto mi farebbe se una sera d'inverno passassi con la mia auto, lungo i tornanti di un passo alpino, e d'un tratto mi si presentasse la scena che ora io offro a queste persone. Mi viene da ridere perché so che sì, quel tipo con gli sci e con la lampada in fronte, lo invidierei. Mi conosco troppo bene! Non per quell'istante in sé, ma in generale per quanto quella persona sta vivendo di speciale mentre io non faccio altro che starmene seduto al volante... Questo è quanto provo ogni volta di fronte a chiunque viva senza che altri lo facciano al posto suo, *altri* che ci impongono ciò che è «giusto» e ciò che «conta» (soldi, sesso e religione, per esempio?), persone che non si accontentano di un'esistenza scontata, *già scritta*. Anche se questo a tratti è duro e difficile. Ma meglio così che in pantofole!

Raggiungo il bordo del lago senza ancora vederlo e, come per incanto, tutto lo sconforto e le imprecazioni delle ultime ore svaniscono. Da qui entro nella «Casa dei Giganti», le Alpi di Norvegia, il che vuol dire non più strade, di nuovo tanti giorni tra le montagne, tutti per me. Come prima cosa, non appena valico il bordo della strada, libero i lupi che sfrecciano via come razzi. In più ho la fortuna di trovare subito la traccia di una muta di cani con slitta al seguito che costeggia l'immenso lago di Tyin. Questo, però, mi fa presagire ciò che temevo. E difatti, subito dopo, ne ho la conferma: non c'è ghiaccio sul lago. L'acqua, appena increspata da una leggera brezza, riflette la luce della luna che ora regna di nuovo incontrastata nel cielo libero. La bellezza che ho di fronte cancella però ogni altra cosa. I laghi, liberi dai ghiacci, vorranno dire tappe lunghissime per aggirarli e massacranti risalite di ripide forcelle, tanto temute sin dall'inizio. Intuisco in un istante che sarà una vera lotta uscire da queste montagne. Ma ora non voglio pensarci. Neanche al fatto che dovrei rifletterci forse un po' prima di addentrarmi verso il cuore di questa impervia catena montuosa con queste condizioni sfavorevoli (vale a dire rifornendomi maggiormente di cibo in previsione di una più lunga permanenza). Ma la luna riflessa sul lago spazioso, le vette ardite e appuntite a farle da corona nella luce argentata, il cielo blu nero, io solo quassù e... *questo mondo è tutto per me!...*, la traccia che va nella direzione giusta (che poi è l'unica possibile, lungo la sponda destra del lago verso nord), tutto è troppo bello e non voglio per nulla al mondo turbare questa quiete con altri pensieri. Del resto non servirebbe a nulla. L'avevo già detto lasciando Haukeliseter settimane prima: «*Non c'è altro ora nella mia vita se non andare a nord*».

Scio a lungo fiancheggiando l'acqua. Potrei fermarmi ovunque per la notte. Un posto vale l'altro e stasera non dovrò fondere la neve per cucinare. Cammino come in un sogno nel paesaggio lunare. Il lago manda i riflessi di una fiaba e io sento di esserne il protagonista. Quasi dodici anni fa lo attraversai nel suo bel mezzo, su neve ottima, impiegandoci un'ora circa. Stavolta penso che ci vorranno quasi due giorni! Quando mi fermo per montare la tenda, il cielo è di nuovo velato. Scendo al lago per riempire la pentola d'acqua. Resto un attimo in silenzio presso la riva. Più tardi, quando spengo il fornello, e mi chiudo nel sacco a pelo, avverto il debole frusciare della neve che accarezza la tenda.

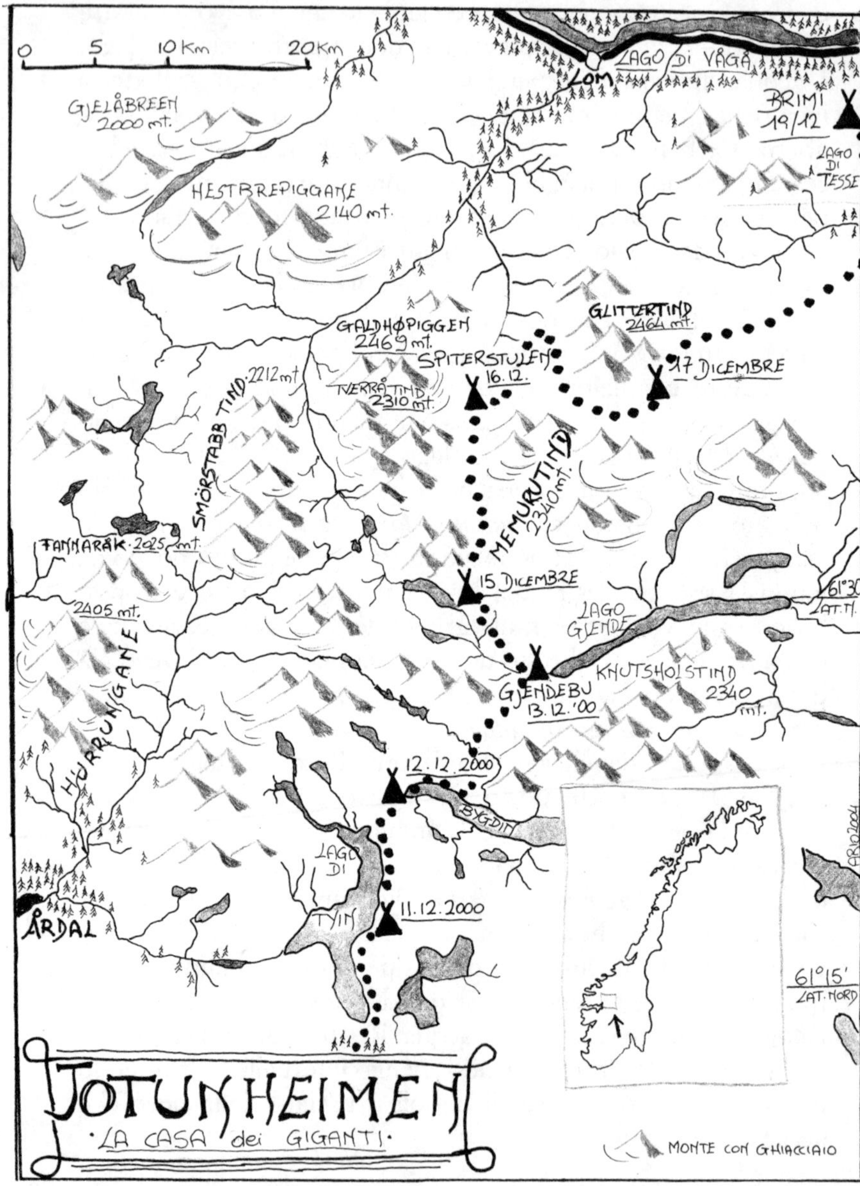

0 5 10 Km 20 Km
LOM
LAGO DI VÅGÅ
BRIMI 19/12
LAGO DI TESSE
GJELÅBREEN 2000 mt.
HESTBREPIGGANE 2140 mt.
GALDHØPIGGEN 2469 mt.
GLITTERTIND 2464 mt.
SPITERSTULEN
16.12.
17 DICEMBRE
TVERRÅTIND 2310 mt.
2212 mt.
SMÖRSTABB TIND
MEMURUTIND 2340 mt.
FANNARÅK 2025 mt.
15 DICEMBRE
61°30' LAT. N.
LAGO GJENDE
2405 mt.
HURRUNGANE
GJENDEBU 13.12.'00
KNUTSHOLSTIND 2340 mt.
12.12.2000
BYGDIN
LAGO DI TYIN
11.12.2000
ÅRDAL
61°15' LAT. NORD
JOTUNHEIMEN
·LA CASA dei GIGANTI·
MONTE CON GHIACCIAIO

La Casa dei Giganti

La maggior parte degli uomini sta a guardare le montagne spirituali per tutta la vita e non ci si avventura mai, accontentandosi di ascoltare quelli che ci sono stati, e risparmiandosi così ogni avversità. Alcuni vanno sulle montagne accompagnati da guide esperte, altri si sforzano di trovare da soli la loro via. Pochi di questi hanno successo, ma talvolta qualcuno, aiutato dall'ostinazione, dalla fortuna e dalla grazia, ce la fa.

Robert M. Pirsig, *Lo Zen e l'arte della manutenzione della motocicletta*

Oggi ho pensato a lungo ai Sami mentre marciavo. Essi, come intuito a Finse, continuano ad accompagnarmi lungo il loro cammino... Spesso riesco a sentirmi meno solo e a ritrovare un senso, quando, durante i momenti più difficili, arrivo a dubitare di quello che sto facendo. Più che altro è come se, a volte, pensare alle remote vicende della loro terra, la Lapponia, meta finale del mio viaggio, così ancora distante da me, mi aiuti a farmi sentire un po' più vicino a essa e a ritrovare quindi un briciolo di energia. Oggi, per l'appunto, attraverso le case sparse nel bosco e su, lungo l'infinita strada, è stato uno di quei giorni. Ora che mi sono finalmente disteso nel buio e che, pur senza vederlo, avverto il respiro sereno del lago, ogni parola scambiata con Pekka risuona limpida e precisa, come se lui fosse qui, con me, ora. Ho ripensato all'affascinante storia dei primi uomini che vissero sulle coste dell'oceano Artico con l'immensa calotta di ghiaccio che li isolava dal resto del mondo. Per questo, ho ricordato all'improvviso la leggenda dei due primi Sami.

Lago di Iesjar'vi, Sàpmi (Lapponia), 20 luglio 1987
Mattina

«Si racconta che un tempo, prima dell'arrivo dei ghiacci, vivessero in Lapponia due fratelli», narrava Pekka; ancora lo ricordo, lo sguardo assorto, intenso, le fiamme del fuoco a illuminargli il volto... «Un giorno, un'improvvisa e violenta tempesta di neve si abbatté sulla loro terra. Ogni forma vivente e ogni cosa venne ricoperta da una spessa coltre di neve che lentamente si trasformò in ghiaccio. I due fratelli sopravvissero tenacemente ma, dopo un po' di tempo, uno di loro si arrese e prese un'improvvisa decisione: si sarebbe rifugiato all'interno di una profonda caverna, e lì avrebbe atteso che la bufera passasse. L'altro, invece, rimasto all'aperto, combatté deciso a sopravvivere e ci riuscì. Il fratello, che alla fine si vide costretto ad abbandonare la caverna per mancanza di cibo, partì invece verso il caldo e fu da lui che discesero gli 'uomini del Sud', tra i quali, dicono i Sami con una punta di umorismo, i norvegesi: quello che rimase, deciso a non abbandonare la sua terra, fu il primo uomo del forte popolo dei Sami.»

Seguì un lungo silenzio al racconto di Pekka. Poi, lentamente, egli si volse appena verso la piccola catasta di legna al suo fianco e ne prese due tronchetti di betulla. Occupò quindi i successivi minuti a sistemare con estrema cura la nuova legna sopra la brace ardente dell'*arran*, il focolare. E uguale cura, tempo addietro, era stata posta nel disporre le pietre che lo costituivano, quasi a formare un disegno, una specie di sole con due raggi, uno volto verso l'ingresso e l'altro in direzione opposta, verso il *possjo* (o *boasso*), il luogo sacro del lavvu, riservato al capofamiglia. Osservavo Pekka quasi incantato; notai che disponeva i due tronchi di betulla, con la parte della cima dell'albero rivolta verso l'ingresso: fare altrimenti, mi aveva spiegato, irrita i Sami. Si muoveva come al rallentatore, con gesti misurati, come se il passare del tempo non lo preoccupasse, e mutando il gesto più umile in una specie di rito. *Questo è appartenere*, mormoravo tra me...

Sempre, e non solo a ogni racconto, ma spesso a ogni frase,

seguiva un lungo silenzio. Le parole non erano tutto... «Ma chi erano in realtà questi Sami?» osai infine chiedere dopo che Pekka ebbe terminato di sistemare la legna sul fuoco. Egli si fece serio e, dopo un'altra lunga pausa, cominciò a raccontare la storia della sua gente. «A lungo si pensò che i Sami avessero origine dalle popolazioni del lontano Est, in particolare, dalla zona dei monti Urali. Questa è una teoria però ormai accantonata da tempo; oggi, gli scienziati hanno compreso ciò che i nostri anziani raccontano dall'alba dei tempi. Storie narrate attorno al fuoco durante le lunghe sere d'inverno, storie con le quali ognuno di noi è cresciuto... Alcuni gruppi di Sami, dunque, raggiunsero questa terra seguendo lo scioglimento dei ghiacci e i branchi di renne selvatiche, quelle che noi chiamiamo le *goode*, molto più grandi, snelle e lucenti di quelle addomesticate..., è quasi come se avessero il pelo d'argento...»

Pekka sembrò per alcuni istanti seguire altri pensieri, poi riprese. «Altri gruppi, invece, forse i più numerosi, passarono il lungo tempo di Biegolmai, vale a dire l'era glaciale, sulle impervie coste dell'oceano Artico, quelle che circondano e custodiscono l'intera terra di Sàpmi. Essi erano attorniati dall'immensa calotta bianca: l'arrivo degli 'uomini vestiti di nero', cioè i colonizzatori, i mercanti e i missionari, era ancora molto lontano; di certo fu un bel periodo...» Queste parole terminarono con un sospiro appena percettibile; io calai lo sguardo sulle tenui fiamme del fuoco e attesi nel più assoluto silenzio. In seguito, ricordai le parole del mio amico sami quando venni a sapere che le tracce di queste popolazioni, rinvenute ad Hammerfest, nei pressi di Capo Nord, risalgono addirittura a diecimila anni fa: qui, in seguito a scavi archeologici, si è potuto stabilire che vi era una comunità di circa cento individui. Alcuni ritrovamenti, sempre sulle coste dell'oceano Artico e risalenti a circa seimila anni fa, mostrano numerosi disegni perfettamente conservati all'interno di ampie grotte. Quelli rinvenuti nel fiordo di Alta nel 1973 furono dichiarati dall'UNESCO patrimonio culturale dell'umanità.

Nelle scene, molto realistiche, vi sono in primo luogo rappresentate le renne. Esse si trovano sia isolate sia in fila, una dietro l'altra mentre risalgono un pendio, o attraversano un fiordo a nuoto. Vi sono orsi, raffigurati in letargo o durante una battuta di caccia; una scena rappresenta l'orsa che emerge dalla sua tana invernale seguita dai cuccioli, mentre un cacciatore si prepara a scoccare l'arco. Le persone, infine, non solo sono disegnate durante la caccia o la pesca, ma anche in occasione di danze rituali e nel fare l'amore. «Noi abbiamo sempre abitato questa terra», riprese d'un tratto Pekka. «Quella dei Sami è una delle più antiche razze attualmente esistenti...»

A questo proposito Johan Turi, il primo sami che prese la penna in favore della sua gente, scrisse: «Nessuno ha mai sentito che i lapponi siano venuti in questa terra da nessun'altra parte. Sin dai tempi più antichi, essi sono stati qui; e quando all'inizio i lapponi vivevano sulla costa, non c'era nessun'altra persona che vivesse qui, e questo fu un bel periodo per i lapponi. Nei tempi antichi, essi vivevano anche al Sud: allora non c'erano i coloni e i lapponi neppure sapevano che ci fossero altri popoli al mondo».

Quando infine novemila anni fa la Lapponia cominciò a liberarsi dai ghiacci, la gente, via via che la terra emergeva, cominciò ad andare verso gli altopiani. Pietre lavorate e armi sono state trovate lungo le coste, risalenti fino a ottomila anni fa mentre, all'interno, sono emerse un po' ovunque armi e siti abitativi (per lo più grotte o capanne interrate, solo più tardi, *lavvu* e *kohte*, le tipiche tende coniche), di gente che viveva di caccia e pesca, risalenti a quattromila anni fa. Gli uomini erano abili nell'intagliare osso e corno e nel lavorare il legno di pino col quale facevano la chiglia e i bordi della slitta e gli sci da neve dura o crostosa; con la betulla creavano invece i secchi per il latte, i piccoli contenitori domestici e gli sci per la neve molle (umida o farinosa). Per quel che riguarda lo sci dei Sami, è fuori di dubbio che esso abbia da sempre fatto parte della quotidianità di questo popolo. Un dipinto rupestre scoperto a Rödöy, in Norvegia settentrionale, raffigura difatti un piccolo uomo che scia: l'immagine risale a circa 4500 anni fa! Questi antichi attrezzi erano più larghi degli sci odierni, avevano punta sia davanti che dietro, ma erano molto più corti, quasi una via di mezzo tra lo sci e la racchetta da neve, una sorta di tavola a tre punte (al contrario dei nativi americani o dei siberiani, i Sami non hanno mai utilizzato le racchette da neve, visto il loro carattere di nomadi, la necessità di dover seguire le renne, e la neve spesso indurita dal vento, tipica dei loro altopiani). Gli sci dei Sami erano inoltre uno più corto dell'altro e avevano la zona centrale più spessa per il fissaggio del piede: l'« attacco » era una semplice striscia di cuoio attaccata a ponte, dentro la quale, con estrema rapidità, essi infilavano le punte arricciate delle loro tipiche scarpe, le *skaller*.

Nel 1924, nei pressi del villaggio di Kalvträsk, in Svezia, venne ritrovato il più antico bastone da sci, datato circa 4000 anni fa; esso, come tutti gli altri rinvenuti, aveva un'estremità a forma di vanghetta o pala che, si ritiene, venisse utilizzata per rompere la neve crostosa o ghiacciata, al fine di aiutare la renna nella ricerca del cibo. Da ciò, anche se resta solo un'ipotesi, si può dedurre l'antichità dell'allevamento o dell'addomesticare la renna. Sembra dunque fuori discussione che la sopravvivenza del lappone, da sempre popolo cacciatore e pescatore, sin dai tempi più antichi sia stata legata alla renna anche se, pastori veri e propri quali essi furono poi conosciuti in tutto il mondo, lo divennero assai più tardi, attorno al 1600 e per motivi, come si vedrà, purtroppo assai tristi da ricordare. Sembra comunque che già nel passato essi tenessero in cattività alcuni capi di renne, al fine di mungerle o come animale da traino (erano stati i cani, infatti, a precederle come « mezzo » di trasporto), o quale richiamo per catturare le renne selvagge dalle quali, appunto, dipendeva in larga misura la loro sussistenza.

« Il lappone cominciò a desiderare le *goode*, ossia le renne selvatiche » scriveva sempre Johan Turi, « e quando ne ebbe domata e ammansita qualcuna fu più facile prenderne delle altre. » Dalla renna essi traevano tutto e nulla veniva buttato:

le pelli e la pelliccia per vestirsi in ogni stagione, il pelo delle zampe per le calzature, le corna e le ossa per ricavarne utensili, i tendini come robustissimo strumento per cucire e, ovviamente, la carne, in gran parte essiccata e conservata per il lungo inverno. La principale tecnica preistorica per catturare alci e renne consisteva nello scavare delle buche sui loro itinerari principali. Più tardi, assieme a queste fosse, l'arma più utilizzata nella caccia divenne l'arco. Si cacciavano inoltre l'orso, l'alce che dà ottima carne, soprattutto se affumicata e conservata in custodie di legno stagionato, i galli selvatici e le pernici artiche, colpite queste ultime con una specie di boomerang, il *ballak*.

«La gente se la cavava bene su questa terra», diceva Pekka misurando le parole «nonostante le furiose tempeste di neve e i lunghi e bui mesi invernali. Si imparava presto a riconoscere i luoghi dove si trovava la selvaggina, quelli dove le renne selvatiche pascolavano o le acque maggiormente pescose dei fiumi. A volte si doveva patire la fame ed era terribile. Ma quei periodi venivano rapidamente dimenticati quando la caccia alla renna aveva successo. In quei momenti, si ringraziavano le divinità per la loro benevolenza... Si visse a lungo così, nella pace, nel grande silenzio, come ogni altro popolo nativo della terra.»

Queste ultime parole echeggiano in me interrompendo ogni pensiero. Ha smesso di nevischiare. Il silenzio più assoluto circonda la mia tendina dispersa nella notte. Una notte così buia che pare inghiottirsi le stelle o le stelle avvolgere la terra... Un senso di profonda appartenenza mi dà l'impressione di affondare in essa attraverso il tempo, radici lontanissime che riaffiorano e per un attimo sembrano carezzarmi, riportarmi a casa. Osservo l'uomo antico in una notte come questa. Lo osservo nella caverna rischiarata appena dalle braci del fuoco; l'unico impercettibile rumore è quello dei suoi compagni che riposano sui giacigli di pelli. E lo vedo seduto nel suo tepee, circondato dalla vastità delle Grandi Pianure o ancora, all'interno del lavvu, in attesa che il sole torni a comparire oltre l'orizzonte, segnalando che il lungo inverno non durerà più a lungo. Il nativo sta nella tenda...

Me lo immagino così nel grande silenzio, per millenni. Sento come impara a conoscere il vento, il grande respiro che lo attornia e lo permea... Non conosce altro! E lo vedo arrivare

Chinook al lago

al disgelo di aprile, ai prati, ai fiori, quando è tempo di smontare il campo per riprendere la pista degli animali. Tutto ciò che egli è, si trova lì, dentro di lui: tutto è vissuto col cuore... Mi sveglio il mattino dopo con un profondo senso di pace. Comprendo come potesse, ogni atto, essere un atto *sacro*, come quelli di Pekka; quando si *appartiene*, è questo ciò che si sente.

12 dicembre, 21° giorno

Stamattina Chinook era seduto di fronte al lago. Fissava lontano, quasi incantato. Poi, distratto dal delicato sciacquio delle piccole onde sulle rocce ghiacciate, calava di tanto in tanto i suoi occhi incuriositi sulla riva di fronte a sé. Osservo a lungo il mio piccolo angelo, sporgendomi con la testa appena oltre l'ingresso della tenda. Quando lui alla fine se ne accorge, si gira, e mi restituisce lo sguardo. L'istante dopo si alza e mi corre incontro. Non c'è stata mattina, durante questi primi quattro mesi assieme, che non mi abbiano seppellito di feste e di baci a ogni risveglio. E anche stavolta, la carica dei miei cuccioli non è da meno.

Più tardi, mentre attendono pazientemente che io emerga dalla tenda per riprendere la marcia, uno alla volta si affacciano all'interno attraverso l'ingresso semiaperto. Sto sorseggiando la mia tazza di cioccolata calda e Chinook, al quale la cioccolata non piace, dopo aver accennato un breve invito al gioco mordicchiandomi la mano, si ritrae, e lascia il posto al fratello. Mohawk, che invece è ghiotto di cioccolata, si protende maggiormente per annusare il contenuto della tazza, e sembra assai contrariato quando capisce che quella ghiottoneria per lui è troppo calda.

Pomeriggio. Nevica fitto ora. Che l'inverno abbia finalmente deciso di insediarsi anche se al solstizio manca ancora una settimana? Ho visto le nubi scure che si avvicinavano da sud mentre, smontata la tenda, ho ripreso a costeggiare il lago. Le vette intraviste ieri sera adesso riesco ad ammirarle in tutta la loro selvaggia bellezza. Sono le montagne più alte di tutta la Scandinavia, con numerosi ghiacciai e vette che superano i 2000-2400 metri. Sono ardite, aguzze, ognuna di esse varrebbe un'avventura, soprattutto se in inverno: una per raggiungerle, un'altra per salirle e un'altra ancora per tornare indietro... Altro che Himalaya! E che creste affilatissime, che pilastri! Ma devo smorzare i miei entusiasmi alpinistici come più di una volta mi troverò a dover fare nel corso di questa traversata.

Le punte degli sci si alternano una alla volta di fronte a me. Appaiono e scompaiono ora a ogni passo nella neve fresca. Le fisso, mi concentro sul ritmo come ogni volta che l'avanzare si fa penoso. D'un tratto penso che continueranno ad alternarsi a questo modo, precedendomi sempre, fino in cima. Le distanze che riesco a percorrere ora sono davvero misere, veri passettini da formica in un oceano così vasto. Ma so che presto andrà meglio. E so, fissando quelle punte, che prima o poi esse arriveranno ad affacciarsi sull'oceano Artico dall'alto della rocca di Nordkinn: da lì non potranno andare oltre. Lo sento con certezza. Lo vedo come una fotografia nella mia mente. Le punte blu dei miei sci affacciate sull'azzurro cupo del mare che porta al Polo... È una certezza che mi stupisce, poiché Nordkinn ora è così lontana e irraggiungibile da sembrarmi improbabile, una pura illusione.

Mi giro spesso a controllare il cielo sempre più scuro; potrei facilmente restare bloccato da una fitta nevicata. Quando mi avvicino al termine settentrionale del grande lago di Tyin, finalmente il ghiaccio fa la sua prima comparsa. Qui dove l'acqua è più protetta dal vento e la distanza da una sponda all'altra assai minore, il lento processo di congelamento ha preso il via. A guardare il lago ora alle mie spalle, così vasto che stento a riconoscerne il punto in cui ieri sera ho toccato la riva meridionale, mi domando come potrà mai riuscire a gelare del tutto una simile distesa d'acqua. Prodigi della natura! Non mi fido comunque a scendere sulla superficie liscia: l'aspetto grigio e a chiazze non mi piace per nulla. In più ho da sempre avuto il terrore di camminare sulle superfici gelate, quando so che sotto ho decine di metri d'acqua. Chinook e Mohawk invece, attratti dalla novità, sono già giù da un bel pezzo e si divertono a correre e ad ascoltare gli scricchiolii sotto le loro zampe. Sorrido al ricordo del loro primo ghiaccio sul laghetto del Campo pochi mesi fa...

Mi volto di nuovo verso sud. Ora il cielo è nero. Un nero da far paura. Non passa molto tempo che i primi fiocchi cominciano a danzare nell'aria. Poco dopo nevica fitto. Fiocchi leggerissimi, come se il cielo rovesciasse miliardi di piume leggere. In pochi minuti la slitta è già bianca mentre siedo su di essa. Ho bevuto un po' di tè e ora, semplicemente, resto qui in silenzio. I lupi, come sempre, si acciambellano l'uno vicino all'altro e si addormentano di colpo. Li osservo... *Il silenzio assoluto che percepisco in queste creature... Basterebbe questo per comprendere, ogni volta, quali maestri io abbia il privilegio di avere al mio fianco*, penso colmo di affetto. *Loro sono un tutt'uno col proprio respiro, coi propri occhi, coi propri passi... Tutt'uno col bosco, col cielo, col vento... Hanno il silenzio che doveva essere proprio anche dell'uomo un tempo. È bello poter pensare che al mondo, in questo mondo frastornato e caotico, esistano ancora creature simili, capaci di ricondurci al fianco della grande Madre Terra, al fianco di noi stessi, senza più distrazione alcuna, se solo sapessimo rispettarle, e quindi, amarle e ascoltarle...*

Cala l'inverno sul folto manto chiaro di Chinook e Mohawk, cala l'inverno sulla grande terra selvaggia. Per tanti mesi tutto resterà così, sepolto di bianco nel silenzio più assoluto. E io ho il privilegio di esserne testimone, di trovarmi qui in questo istante. Fatico e sudo. La neve alta rallenta il cammino. Ora non c'è più la quiete di un'ora fa. S'è alzato il vento e con esso la neve scende di sbieco. Un muro bianco compatto. Grande fatica. Sto percorrendo il tratto di terra che divide il lago di Tyin da quello di Bygdin. Ormai sono certo che troverò scongelato anche quello. Domani questo mi costringerà a una salita alla quale ora non voglio pensare...

Ore più tardi, chiuso nella tenda strapazzata dal vento, riesco a udire lo spumeggiare del lago arruffato dalla tormenta a poche decine di metri da me. Non è stato facile raggiungerlo e quindi costeggiarlo per un breve tratto. Ho dovuto cercare un luogo il più possibile riparato e pianeggiante visto che attorno è tutto un caos di sassi e avvallamenti. La neve correva pungente dritta dal lago e montare la tenda è stata una vera lotta. Sdraiato nel sacco a pelo, attendo la cena sfinito dalla stanchezza. I lupi ai miei piedi si leccano il pelo umido liberandolo dai grumi di neve ghiacciata e mordicchiandosela via dai polpastrelli.

Non ci sono pensieri nella mia mente. Tutto ciò che percepisco è questa forza selvaggia e incontrollabile che ho attorno e che, dopo tante ore di marcia, continua a permeare ogni mio respiro. Se la lascio scendere dentro di me a tratti mi fa paura; sto per entrare tra le grandi montagne e, per la prima volta da quando sono partito, avverto con chiarezza il forte isolamento che mi circonda e che mi attende nei prossimi giorni. Mi addormento quasi subito, nonostante il fragore del vento che scuote e investe tutto.

13 dicembre, 22° giorno

La mattina dopo il vento non è ancora cessato. Ma c'è qualcosa di strano adesso nel suo attutito fragore. Non mi ci vuole molto per capire: la neve ha cambiato voce, ha un altro tono, non fruscia più con delicatezza sul telo esterno, nonostante la violenza della sua corsa. Ora sono fiocchi grossi e umidi, quelli che corrono dal lago verso di me. Guardo fuori: la visibilità non è male. Ma la meravigliosa neve di ieri adesso è bagnata, appesantita, quasi piove. Per un po' non trovo la forza di muovermi. Continuo a giacere nel sacco a pelo nella vana ricerca di un qualche briciolo di energia. I lupi fuori già giocano e si rincorrono e io vorrei imitarli. Per loro non cambia mai nulla, va sempre bene comunque... Ma non devono preoccuparsi di dover tirare la slitta. È questo ciò che ora mi fa sentire impotente; i laghi scongelati mi costringeranno dapprima a costeggiarli e poi a dover affrontare numerose e ripide salite, a partire da quella che mi attende oggi. Non avrei mai pensato di incontrare queste condizioni attraverso lo Jotunheimen. Eppure avrei dovuto sospettarlo, visto l'andamento piovoso e mite del tempo fino a ora. È stato proprio questo lo sbaglio, mi rendo conto adesso. Nella presunzione di poter attraversare veloce queste montagne grazie ai vasti laghi ghiacciati, mi sono tenuto leggero come scorte di cibo; una leggerezza imperdonabile comunque, anche in condizioni favorevoli; ora ho praticamente esaurito le scorte: *come ho potuto esser così imprevidente?!*

Il rifornimento successivo è il rifugio di Gjendebu nel cuore dello Jotunheimen, incustodito ma con viveri a disposizione: lì contavo di arrivare ieri sera se avessi potuto sciare sui laghi. Stamattina invece sono ancora qui con questo tempaccio umido nel quale non ho alcuna intenzione di uscire e adesso con questa nuova ansia per il cibo. Poiché raggiungere il rifugio, con questa neve e la salita che m'attende, sarà davvero difficile! Mi faccio coraggio e parto. Costeggio il lago mentre la neve umida mi corre incontro con la furia del vento. Il terreno è tutto un su e giù, spesso sfioro gli arbusti sottostanti, le rocce, gli avvallamenti. In più a ogni passo la neve collosa mi si impasta sotto gli sci, è come averli immersi in blocchi di cemento. Più di una volta mi fermo a ripulirli col coltello. Ma poi è lo stesso e quindi, alla fine, ci rinuncio. La slitta, senza più il traino rigido, si ribalta una volta sì e una anche. Basta il minimo dosso, una pianticella, un sasso. E qui non posso lasciarla capovolta. In discesa è un conto e alla fine mi torna utile poiché funge da freno. Ma qui non posso. Dubito di arrivare lontano oggi. Eppure avanzo e, nonostante la grande fatica e lo sconforto, riesco comunque ad ammirare la bellezza selvaggia di questo posto: il lago blu profondo arruffato dal vento che verso est si perde nelle nubi basse tra pareti ripide e scure, le montagne bianchissime che si innalzano decise dalla sua sponda meridionale, quella opposta alla mia; e la sensazione forte di lasciarmi alle spalle ogni porto sicuro mentre mi addentro sempre più nel nulla. Come ieri sera, sento l'isolamento che cresce a ogni passo nonostante siano passi da formica: è questo, paradossalmente, ciò che più di tutto il resto mi dà forza. Lentamente, sto cominciando a salire. La sella che dovrò raggiungere, se non mi sbaglio visto che mi baso sull'unica carta che ho, in scala 1:100.000, è ancora molto distante. Ma preferisco evitare di prenderla dal di sotto in modo brusco, così ho iniziato a salire con una lunga, ampia diagonale.

Salgo da più di un'ora, eppure ho l'impressione di non riuscire a spostarmi. Cerco di prenderla come si deve, un passettino alla volta. Mai guardare su, mai pensare alla vetta. Sudo e sono inzuppato ormai dalla neve umida... *Quale vetta, intendi Nordkinn?...* Mi sorprendo a parlare tra me e me. *Nordkinn? Come potrei solo riuscire a pensarci? Se non riesco neppure a spostarmi di un metro qui, senza che questo mi costi sforzi enormi! Un passo alla volta, qui, ora, questo intendevi dire, vero? Mai guardare su, quando arrivi arrivi...*

Come in arrampicata, un appiglio dopo l'altro, un centimetro alla volta. La salita si fa ripida. Il terreno stesso prende a farsi roccioso, scavato. Non ho spazio per zigzagare. D'altronde, ormai con gli sci non riesco più a salire; quassù la furia del vento ha pelato le rocce dalla neve e la poca rimasta si nasconde sottovento dietro i sassi più grandi. *Bieggagaikkohat*, la chiamerebbero i Sami... *Bene. Allora a noi due adesso*, penso mentre mi sfilo gli sci e li sistemo sulla pulka. *Dritto per dritto!*

L'acqua scroscia impetuosa in splendide cascate giù lungo la gola alla mia destra. Io la costeggio tirando come un ossesso. A tratti, la neve, che con gli sci sembrava inesistente, cede sotto il mio peso e io affondo di un bel po'. In certi punti, dove la pulka si impunta e non ne vuole sapere di farmi proseguire, sono costretto a protendermi in avanti con tutto il peso finché si smuove. *Dove sto andando, che senso ha tutto questo? Ero venuto quassù per una lotta leale, non per questa assurdità! Dov'è l'inverno?* Tiro per dieci, venti passi, incido la neve o la crosta ghiacciata con la parte laterale degli scarponi, colpi secchi, precisi. Tiro la slitta quando questa si incastra o si ribalta. Continuo senza più raddrizzarla, me la trascino dietro e lei, così inclinata, mi segue, un peso morto che pare scuotere la testa e dirmi, « dove vuoi che andiamo a questo modo, dove pensi di portarmi così? » Ma non posso fare altrimenti. È come tirarmi dietro uno dei tanti macigni di granito che ho attorno. A volte la tensione sui fianchi è insopportabile, ho l'impressione che prima o poi qualcosa cederà. Solo allora sarò costretto a fermarmi, a lasciar perdere tutto. Ma non prima! Dovessi tirarmi dietro l'intera Norvegia!

Dieci, venti passi, non c'è ostacolo che mi tenga. *Cos'è questa forza sconosciuta?* Spesso impreco oscenità o forse è solo un urlo nel vento teso. Poi mi fermo a riprendere fiato. Mi viene da ridere... *Proprio la Casa dei Giganti. Io formichina coi miei passetti ridicoli oso lottare contro di essi!* Sono fermo, chino sulle racchette. Di nuovo chiudo gli occhi e spengo la mente: come ogni volta che sono nel *peggio*. Me ne vado da questo posto, dalla fatica, dalla lotta alienante. Torno dentro me stesso, ascolto il cuore che si calma, il respiro che torna regolare. Mi ritrovo. È come tornare a casa, *ecco qui dentro c'è di nuovo calore, c'è qualcosa che conosco, che ha senso.* Sorrido con affetto ed è questo ciò che conta.

Ha smesso di nevicare quella robaccia umida. Quassù, quattrocento metri sopra il lago il vento è teso e a tratti squarcia il cielo avvolto dalle nubi. Ho raggiunto il termine della salita e finalmente posso ammirare quello che ho « conquistato ». Il lago giù in basso è un riflesso celeste. Tra le rocce di granito che mi circondano e le acque arruffate laggiù in fondo, pare non esserci alcuna distanza tanto il pendio che ho salito scende ripido e improvviso pochi metri più in là. I lupi ora riposano vicino alla slitta rossa; la grande montagna che ho di fronte, quella che ore fa mi ha guidato con le sue forme, appare ora in tutta la sua selvaggia bellezza. La vetta, ardita e bianchissima, va e viene tra le nubi veloci. A volte appare il cielo. O il chiarore del sole che alle due del pomeriggio sta ormai tramontando. Sono incantato da queste luci. Quassù alti sul mondo sembriamo approdati su un altro pianeta.

Sto entrando tra i giganti e che biglietto d'ingresso ragazzi! Alle mie spalle il terreno torna sciabile, una specie di altopiano che si perde nella nebbia. Poi un passo facile da svalicare e quindi giù, una lunga vallata da scendere fino al rifugio, al cibo... Ma ora sono stanco. Un ultimo biscotto con un po' di tè: era tutto quanto mi restava da mangiare nella pulka. *Sbaglio imperdonabile!* continuo a ripetermi. Ora so che devo assolutamente farcela entro stasera. Mi incammino e presto navigo nel bianco. La visibilità non è male. Ma non ci sono più i colori di poco fa... Non c'è più il lago, non c'è più il cielo. E nel biancore la marcia diviene più pesante, tutto sembra immobile, sempre allo stesso posto.

Cammino come se sognassi; gli sci davanti a me, il rumore soffice della neve. I cucciolotti mi stanno più vicini. Non l'hanno mai fatto prima. Forse perché non hanno mai avuto così fame. Ma io non ho più nulla nella slitta. Anch'io ho fame. Una morsa silenziosa che avanza e che mi svuota le gambe. Mentre salgo, gradualmente le nubi si fanno sempre più vicine. Poi più su, mi ritrovo avvolto nella nebbia. Il passo non deve essere distante ormai... Mi fermo sempre più spesso. A volte mi siedo sulla slitta e mi *perdo* nel nulla che mi sta inghiottendo. Ora ho la paura che mi cresce dentro, mille dubbi, non solo di non farcela, ma anche di essermi sbagliato riguardo al cibo nel rifugio; oppure di perdermi con questa nebbia, con l'oscurità in arrivo e non riuscire a trovarlo. In più, la carta che ho, è usurata proprio in corrispondenza del passo che devo attraversare per imboccare la vallata giusta. *Non è assurdo e ridicolo?* Forse è questa paura ciò che ora mi taglia le gambe, questo terrore d'essere finito in trappola e di non aver più forze per uscirne: è qualcosa che mi toglie il fiato. Quando osservo i miei due lupacchiotti che mi trottano vicini, penso che è più per loro che mi dispiace. Loro non hanno scelto di venire quassù. Mi hanno semplicemente seguito, fiduciosi.

Altri venti minuti, un'altra mezz'ora. La spossatezza e la

fame mi fanno vacillare. *Almeno fino al passo, almeno fino al passo*, mormoro dentro di me come in una preghiera buddista. *Ma sarà poi quello giusto?* Ripeto per l'ennesima volta i controlli con la carta e la bussola. Per quanto ne so, con la mente così annebbiata, potrei sbagliarmi, anche se resto convinto del contrario... Mezz'ora dopo, comunque, svalichiamo. Più che altro perché d'un tratto il terreno sotto gli sci prende a scendere. Non si vede nulla. Gli unici riferimenti sono dei massi ogni tanto, sparsi qua e là. Scendiamo alla cieca. Il grigiore del giorno morente si fonde alla nebbia biancastra. Ho i sensi all'erta come se mi fossi improvvisamente svegliato. Non so verso cosa sto scendendo, non riesco assolutamente a distinguere ciò in cui sto avanzando. E quindi devo assolutamente tentare di percepirlo, di intuirlo. Non posso permettermi qui, ora, di precipitare da qualche parte, di farmi male o altro. Eppure non posso, o meglio, non voglio fermarmi. Non potrei assolutamente dormire senza aver prima scoperto se questa è la valle giusta o se nel rifugio troverò davvero cibo.

Pochi minuti dopo, Chinook e Mohawk si bloccano per alcun istanti con le orecchie tese. Annusano l'aria per un attimo quindi, senza indugio, riprendono veloci la discesa. Io li seguo pieno di speranza. Animali o bosco che sia non possono aver percepito altro se non la presenza della valle *giusta*: in caso di strada errata, infatti, non avrei incontrato alcuna forma di vegetazione e quindi di fauna. Mi aggrappo con tutta la forza che mi resta ancora dentro a questo flebile ragionamento. Seguo le loro tracce. A tratti me li ritrovo davanti che mi attendono; i loro occhi riflessi nella frontale, sembrano lumini alieni che mi fissano nella notte... Poi ripartono. Io continuo a seguirli: non ho alternative. Non avrei alcun motivo a questo punto di scegliere un itinerario diverso, quindi mi affido agli amici lupi. Li seguo a lungo e lentamente le nebbie restano dietro di me fino a quando una falce di luna appare nel cielo velato. Vette altissime mi circondano, disperse tra le stelle appena visibili e presto sono di nuovo tra le betulle. Più in là nel mezzo delle montagne si apre uno spazio improvviso: deve trattarsi del lago e proprio lì, sulla estremità sinistra, sorge il rifugio. È tutto così chiaro.

Ma il dubbio e la paura mi seguono fino all'ultimo. Avanzo sulla nevaccia, la stessa di stamattina visto che sono tornato alla stessa quota. Solo che ora la temperatura si è nuovamente abbassata e così la neve umida è diventata una crosta di ghiaccio che si rompe a ogni passo e nella quale spesso resto imprigionato con gli sci.

La luna mi aiuta ad avanzare tra le betulle sempre più fitte. È difficile orientarmi tra le piante ma, dopo tanti giorni tra le rocce, non posso fare a meno di percepirne l'energia più viva e presente. Anche i lupi sembrano contenti. La luna si riflette sulla neve gelata mentre a ogni passo infrango il silenzio profondo che regna tra gli alberi. D'un tratto scorgo una forma grossa e scura. Lascio la pulka per andare a vedere, ma non è il rifugio. Si tratta di un masso di granito. Mi stupisco di non essere ancora riuscito a scorgere il lago, che è grande come quello di stamattina. Nella stanchezza immagino di vagare per questa valle ricoperta di betulle e non c'è alcun lago... *come ho fatto a sbagliarmi?* Eppure le montagne sono tutte al posto giusto! Quando più tardi scorgo una costruzione in legno seminascosta tra le betulle, non ho bisogno di sganciare la slitta per andare a controllare. So che è il rifugio e so anche che ci troverò da mangiare. *Come posso averne dubitato?*

La paura e la fatica di una giornata durissima svaniscono come per incanto, come per l'appunto fanno i sogni non appena ci si sveglia. Posso finalmente guardarmi intorno. Il posto è meraviglioso, incantato. Mi sfilo gli sci e apro la porta. «*La vista mi si appanna per la stanchezza*», scrivo più tardi alla luce della candele, «*... spero in una lotta meno sleale di questa in futuro*». La luna che entra dalle finestre ricopre d'argento i lupi addormentati accanto a me.

14 dicembre, 23° giorno

Giornata interamente dedicata al riposo durante la quale i lupacchiotti hanno disseminato delle loro impronte i dintorni del rifugio e dei boschetti di betulle, giù fino al fiume che scorre verso il lago. Hanno trascorso buona parte del tempo sul suo ghiaccio sottile, sfidandone gli scricchiolii, nel tentativo di raggiungere le acque del torrente. Oppure si sono contesi il rametto di betulla col quale Chinook si era appartato in santa pace... Chinook ama la betulla, vale a dire, ama scegliersene con cura un pezzo, soprattutto quando ha la possibilità di trovarsi di fronte quelle belle cataste ben ordinate all'interno dei rifugi norvegesi: in quei momenti, penso non stia più in sé per la contentezza! La sceglie con cura, dunque e, tutto serio e impettito, tenendola attraverso la bocca come un osso, ci sfila davanti andando ad accucciarsi in un luogo tranquillo dove poter sgranocchiare il suo magnifico trofeo, tenendolo tutto deciso tra le zampotte... Mentre li osservo giocare a contendersi quel rametto sul ghiaccio sottile del fiume, ripenso con calore ai giorni della loro infanzia; Chinook a casa aveva una particolare predilezione per un cuscino cilindrico verde che chiamavo il suo «salsicciotto». Ogni qualvolta ero impegnato in intensi e giocosi combattimenti con Mohawk, lui, per non sentirsi escluso o, forse, per partecipare a suo modo, afferrava il salsicciotto, quasi più grande della sua bocca e, urtando di qua e di là, ci passava davanti tutto impettito, come a dire «*Uhh!! Stiamo giocando!*» Ricordo che sotto il divano del cuscino verde, avevano un vero e proprio quartier generale dove riponevano con cura tutti i vari «trofei» che trovavano in giro per casa o nel boschetto adiacente: una palletta sgonfiata dai loro dentini acuminati, la testa di una bambola, il peluche di mio nipotino che lo cercò per giorni, una scarpa, un pezzo di legno o una pigna... Ve li portavano tutti fieri, ma io non me ne resi mai conto; li scoprii parecchi mesi più tardi, al termine della nostra traversata: mi trovai improvvisamente davanti questo loro deposito e quasi piansi per il profondo calore che avvertii nel cuore...

15 dicembre, 24° giorno

Il mattino dopo, riposati, rifocillati e dopo aver riparato lo scarpone e il traino della pulka, lasciavo a malincuore quel

I miei cuccioli dormono illuminati dalla luna

posto magico. Il lago in fondo, sottile ma lunghissimo, si perdeva verso est tra montagne misteriose. Tra le betulle fitte ne intravedevo a stento le acque scure. Avrei dovuto volgere gli sci in quella direzione se al posto dell'acqua ci fosse stato il ghiaccio. Ora invece sono costretto a un lungo giro con numerose salite. La lotta con i Giganti non è ancora finita!

Mi allontano lentamente nella neve irregolare attraverso il fitto bosco di betulle. Arranco su per la valle di Storådalen e con la slitta a pieno carico (di cibo!) ho l'impressione di essere davvero immobile. Continuo a percorrere la valle tentando di districarmi al meglio tra i fitti rami. Ma non sempre è facile. Ho deciso però che non serve a nulla prendersela e sacramentare di continuo. La pace che mi circonda e il giorno di riposo giù al rifugio per il momento riescono a estraniarmi da tutte le difficoltà che incontro. Il cielo è coperto e un vento leggero attraversa gli alberi. È come se li accarezzasse. Sembra un respiro vastissimo, quasi un sussurro. Mi basta questo ogni volta che la slitta si blocca tra le betulle, o quando devo fermarmi per attraversare dei piccoli corsi d'acqua togliendo gli sci e facendo passare la pulka con cautela da una sponda all'altra; oppure quando sfondo tra gli innumerevoli avvallamenti che tagliano il bosco, nei quali, se non sto attento, mi ritrovo impantanato con la neve fino alle cosce... Invece che dar sfogo ai nervi, mi basta fermarmi un attimo, chiudere gli occhi e ascoltare la melodia che il vento sussurra tra i rami. Parte da lontano, poi è un'onda che cresce, arriva a me e continua e nello stesso istante altre folate si accendono in punti differenti come sommessi cori che rispondono e si alternano. Oppure mi fermo a lungo ad ascoltare lo scrosciare del torrente. Sarà a dieci metri da me sulla sinistra, ma lo intravedo solo di tanto in tanto, nascosto dagli alberi. Le acque impetuose sembrano creature indomabili. Schizzano e guizzano via dalla neve e dai ghiacci senza la minima intenzione di restarne prigioniere... Scorgo i lupi a pochi metri dall'acqua. Osservano e giocano. Per loro è tutto un gioco quassù. Del resto questi pochi mesi quassù... *sono* la loro infanzia!

La valle si restringe momentaneamente dove il fiume scende fragoroso da una gola ripida e rocciosa. Poco più tardi, lo attraverso con cautela sul ghiaccio insicuro che scrocchia sotto il mio peso e mi ritrovo nella vallata vera e propria. *Quanto ci ho messo per arrivare fino a qui? Mi sembra un'eternità, eppure sulla carta avrò percorso sì e no pochi centimetri!* Riprendo ad avanzare calmo e regolare. *Dovessi impiegare un'eternità per un solo pezzettino di terra, altro non posso fare. Un pezzettino dopo l'altro, alla fine sarà pur qualcosa!* Le nubi sono più basse adesso e la temperatura è scesa di qualche grado. La valle termina di fronte a me con una possente cascata, a una distanza da farmi venire la nausea... *Ottocento, mille metri ancora?...* Un solo metro qui costa uno sproposito.

Ciò che mi preoccupa è che da dove mi trovo non riesco a scorgere alcuna via di salita agevole. Nel nevischio e tra le nubi che sfumano ogni cosa, è difficile capire. Con nitidezza distinguo solo la cascata che scende verticale per almeno cento metri tra pareti di roccia scura. È quella che alimenta il torrente che mi scorre accanto. A sinistra solo altre pareti, a destra, tra sassi sparsi, il pendio sale ma presto la nebbia lo inghiotte. Ma so che dovrò arrampicarmi per di là. Man mano che mi avvicino il rumore della cascata aumenta. Nel primo pomeriggio l'ultima luce del giorno prende ad amalgamarsi al grigio delle nubi e al bianco della neve. È da quando sono partito che non vedo altro. Ho dimenticato come sia fatto il sole o quale sia il colore del cielo.

Il pendio adesso è di fronte a me. Il vento è teso e trasporta con sé la neve. Una diagonale dopo l'altra con la slitta che si ribalta ogni dieci passi, mezz'ora dopo sono già esausto. Senza di essa forse potrei anche provare a salire lungo le rocce al fianco della cascata. Non sembra difficile, mi pare di intravedere un canale e poi roccette più facili. Appena una cinquantina di metri e ne sarei fuori, su al lago dal quale nasce la cascata. Ma così mi è impossibile. Per riuscire a passare con la pulka devo risalire questo pendio di circa trecento metri. Una volta in cima potrò infine (*ma come sarà il versante opposto, mi lascerà passare...?*) discendere fino al lago.

Vado da un sasso all'altro. Nell'oscurità ormai imminente mi pongo un obiettivo alla volta e quindi mi concentro al massimo per raggiungerlo. La mia lentezza è tale che i lupi, che mi osservano dall'alto, sembrano non capire per quale motivo me la stia prendendo così comoda. Più salgo e meno riesco a procedere, poiché il pendio aumenta la sua pendenza e la neve ventata e farinosa non tiene il mio peso. Così affondo e scivolo di continuo mentre il vento furioso mi viene incontro e mi investe diretto in volto, gelido e carico di neve. Tiro e grido nella tormenta. Ho l'impressione di avere un tronco al posto della slitta... *Non è follia questa?!*

I lupi vagano, penosamente sballottati dal vento fino a quando comprendono come fare e quindi, al riparo di un grosso masso, si acciambellano e attendono che io li raggiunga, li sorpassi e proceda oltre. In questo modo riescono a riposarsi ma, soprattutto, a difendersi dal freddo. A un tratto mi blocco. Per l'ennesima volta mi fermo chino sui bastoncini e per l'ennesima volta chiudo gli occhi. *È tutto un sogno*, mi dico. Stringo le palpebre con forza. Non penso più a nulla. *Sono lontano da qui, lontano lontano...* Più stringo gli occhi e più il vento si fa distante da me, questo ululato infernale; sono a casa adesso: non esiste altro. Vedo e sento ciò che ho lasciato: il volto di Liv, la donna che amo, il sorriso di Matteo, il mio nipotino. Tutto questo mi dà calore, mi dà forza. È come essere Ulisse legato all'albero della sua nave che resiste come può.

Poco dopo, mi sgancio dalla pulka e procedo, finalmente senza peso, nel buio e nella bufera. Più che fare una traccia che sarà presto ricoperta dal vento, voglio scoprire dove sbuca questo pendio e soprattutto capire che tipo di discesa m'attende sul versante opposto. Tento di seguire una linea il più possibile idonea a quando tornerò su con la slitta, memorizzo i passaggi cruciali e incido con forza la neve nella speranza che la traccia possa resistere il più a lungo possibile. I lupi sono contenti ora che si va di nuovo più spediti. Li scorgo di rado poiché nel buio fitto e nella bufera non vedo altro che la mia luce nel turbinio della neve. Il pendio si fa sempre più stretto fino a ridursi a un semplice canale ove d'estate probabilmente scende un torrente. Mi domando come riuscirò a passare per di qua con la slitta. Di buono c'è che quassù la neve è indurita dal vento feroce, cosa che mi consente di salire senza sci in modo abbastanza agevole.

Un ultimo strappo bello ripido ed esco in forcella. Controllo il versante opposto, quello che scende al lago mentre il vento tenta di buttarmi a terra: per quel che riesco a vedere e a intuire, giù non sembrano esserci problemi. Col disappunto dei lupi, torno sulle nostre tracce e ridiscendo deciso il pendio appena salito. In pochi minuti mi ritrovo alla pulka e il calvario riprende. Ora per lo meno so che c'è una via d'uscita. Tiro, scivolo, sbuffo. Il vento mi gela il naso, gli zigomi, mi impasta le sopracciglia. Tiro e mi fermo, ansimante. Chiudo gli occhi e li stringo più forte che posso, come prima. Continuo. D'un tratto sono con la faccia nella neve: nella foga sono scivolato e non ho fatto in tempo a bloccarmi coi bastoncini. Resto alcuni istanti così e mi meraviglio di provare questo calore, un calore intenso, vivo. Mi passa sulle guance, sulla barba, sugli occhi... Mi alzo sulle ginocchia: è Chinook! I suoi occhi dolci e profondi mi sorridono mentre continua a leccarmi, a baciarmi. Spengo la frontale per non abbagliarlo. Il *mio* Chinook! Prendo il suo muso tra i guantoni e lo bacio a mia volta sulla punta del naso. Poi mi avvicino al suo pelo folto, vi poggio il volto e resto a lungo così, premuto contro il suo calore.

Chinook... un frammento di casa, dei miei boschi, delle mie montagne, del mio mondo... *Perché cercavo così lontano?* È qui ora e lo sento con meravigliosa intensità mentre il mio naso e i miei occhi affondano nel suo manto chiaro. Non sono solo quassù e questo d'un tratto mi riscalda il cuore. Mezz'ora dopo mentre avanzo con passo regolare, Chinook torna di fronte a me come a fermarmi. I suoi occhi sorridono come ogni volta che, con gentilezza, vuol chiedermi qualcosa. Occhi buoni, profondi, limpidi, intelligenti. Io mi avvicino e lui mi lecca. È stanco come Mohawk, entrambi sono infreddoliti da questa marcia troppo lenta. Ora mi fissa immobile e mi sorride discreto, come quando nelle sere al Campo veniva a chiedermi scusa dopo aver combinato qualche piccolo guaio; mi fissava mortificato tenendo le orecchie incollate al capo e gli angoli della bocca lievemente contratti e all'insù; un'espressione di grande dolcezza che ogni lupo ha nel proprio «repertorio» quando viene rimproverato... Ricordo che, nonostante le mie parole d'affetto e le carezze, lui se ne restava lì con quell'espressione, seduto sulle zampe di dietro a fissare il buio come afflitto da cupi pensieri... Rivedo anche per un attimo la prima volta che ci incontrammo quando lui aveva appena due mesi: quel sorriso dolce e luminoso non lo scorderò mai.

«*Quando ci fermiamo*», sembra chiedermi adesso col suo sguardo, «*perché è così lunga stavolta la strada verso casa, verso il nostro bosco?*» Io non posso rispondergli nulla, non posso fare altro, prima di riprendere il cammino, se non chinarmi e baciarlo sulla fronte. Lui scodinzola lievemente, mi fissa per un'ultima volta e quindi, mentre la stanchezza lo fa traballare nella bufera, se ne torna buono buono dietro la slitta a seguirne con pazienza la scia assieme al fratello; sembra quasi voler dire:

« *non ho capito ma non importa, faccio come dici tu...* » Sono due grandi esseri Chinook e Mohawk; provo profonda pena per quello che sto facendo passare ai miei due amici; mi consolo pensando al fatto che, in fondo, sono lupi, e che, proprio quando i cuccioli giungono ai sei mesi, le famiglie si allontanano dal branco per lunghi periodi. Dopo i primi mesi di giochi e coccole, i cuccioli vengono sottoposti a una intensa preparazione. Solo così i giovani lupi saranno in grado di seguire gli adulti durante il loro primo, gelido inverno di caccia. Essi apprenderanno a mimetizzarsi grazie alla loro pelliccia, a restare costantemente desti e attenti, a inseguire le grosse prede fino al punto di sfiancarle e, in particolar modo, a saper riconoscere i confini del proprio e dell'altrui territorio.

Questo, dunque, è il loro mondo: hanno mille risorse per cavarsela. Poco sotto il passo, infatti, decidono di rannicchiarsi definitivamente mentre io arranco per l'ultima mezz'ora. In pochi minuti il vento ricopre di neve i loro corpi: e io ho finalmente il cuore in pace poiché so che adesso, per lo meno, riposano e non hanno più freddo. Quando raggiungo la cima del passo per la seconda volta, urlo in modo selvaggio sovrastando il fragore del vento. Mi volto verso il basso e d'un tratto compaiono dal nulla due paia di puntolini luminosi che mi corrono incontro. Ce l'abbiamo fatta e in breve raggiungiamo il lago, congelato e ricoperto da una splendida neve ventata.

Sono esausto e svuotato da questa giornata infernale. I lupi crollano a pochi metri da me mentre tento di montare la tenda il più rapidamente possibile. Acciambellati l'uno contro l'altro, il vento torna a ricoprirli di neve nel giro di pochi minuti. Sono affascinato per non dire ammirato, dal loro modo di stare nel presente, sempre senza mai un lamento, semplicemente « così ». Un paio di anni più tardi, a questo proposito, avrei scritto: « Ho imparato il qui e ora da loro, il saper stare nelle cose, il saperci entrare all'istante:... *essere* l'istante, come i bambini! E ho 'appreso' un rapporto nuovo con il bosco, nel quale essi sono sempre in ascolto, sempre in esplorazione..., sempre calati nel presente; in breve, mi hanno svelato il segreto del vivere! »

Mi fermo per alcuni istanti a osservarli: la neve ha quasi

cancellato i loro corpi, il folto pelo grigio e chiaro: quasi fanno parte di essa. Mi avvicino di pochi passi tentando di non disturbarli ma, nonostante la tormenta, Chinook apre gli occhi: è come se dal nulla di bianco si materializzassero due fessure scure; lui alza lievemente il muso per fissarmi meglio, infrangendo l'abito di cristalli del quale era ricoperto e grazie al quale viene protetto dal gelo. Quasi mi dispiace averlo disturbato... Mohawk, invece, non si è mosso: il capo sul corpo del fratello, invece che sotto la folta coda, sembra abbandonato al sonno, alla tormenta.

Più tardi, montata la tenda e infilatomi dentro in compagnia dei lupacchiotti, con le mani ancora gelate, scrivo il diario: *Di nuovo con gli occhi nella nebbia, stanchezza infinita. Tra montare la tenda, sistemarmi, fare la cena per me e per i lupi la voglia per scrivere non so proprio dove la trovo... Giornata durissima. Di certo la peggiore fino a ora. Oggi in otto ore ho fatto... cinque chilometri e con quali sforzi! Ma so che andrà meglio. In cima, prima della discesa, ho lanciato un urlo nel vento e nel buio. C'è sempre grande soddisfazione quando si riesce ove pare impossibile. Un passetto alla volta, a questo modo si arriva ovunque! E dopo quello che ho passato oggi, sento che nulla può più fermarmi.*

Giornata fredda oggi con nubi basse. Nevica a tratti cristalli sottili che danzano nell'aria: arrivano improvvisi scaricandosi a terra freneticamente per poi rallentare, sparire quasi del tutto e quindi riprendere. Il vento è gelido e teso come ogni volta che le nubi arrivano da nord. Durante le ultime ore della notte, le raffiche cariche di neve parevano investire il bosco col fragore di un'onda gigantesca che giunge sulla costa e si infrange sulla spiaggia e sulle rocce.

Non ho potuto fare a meno di passare l'intera giornata fuori tra i boschi. Di mettermi subito a scrivere non se ne parlava proprio. Il vento teso e gelido, la neve ogni tanto e il mondo pervaso di grigio, la mia barba ghiacciata mentre lavoro con la legna, basta uno solo di questi singoli frammenti a riportarmi lassù, nell'inverno del Nord, in un giorno qualsiasi di quei cinque mesi di traversata... Proprio ieri era un anno dal giorno della partenza. Il 22 novembre scorso lasciavo Lindesnes e il ricordo è più che mai vivido e forte dentro di me. Pensavo di rimettermi a scrivere di buon'ora, ma come ho guardato fuori dalla finestra e il termometro segnava –10, non ne ho voluto sapere e, per l'appunto, ho passato la giornata a tagliare legna. Sono questi i momenti più belli dell'anno per quel che mi riguarda. Quando il giorno muore presto e si può accendere la stufa non appena si esce dal letto. Ancor più quando c'è una giornata come quella di oggi.

Il vento adesso, nell'ultima luce lattiginosa che precede l'oscurità del primo pomeriggio, ha ripreso a soffiare con forza. Le travi della mia casa a tratti cigolano paurosamente mentre il fragore del bosco avvolge tutto in un crescendo pieno d'energia mentre io, seduto vicino alla stufa, scrivo in pace. Chinook e Mohawk invece, fuori tra i boschi, continuano a giocare e a correre da stamattina. «Un tempaccio da lupi» sarebbe il modo comune per descrivere una giornata come questa, così come l'autunno in generale, «stagione morta»... Scuoto spesso la testa con un sorriso amaro ogni volta che in televisione mi capita di ascoltare le previsioni del tempo «giornata soleggiata *ma* fredda» sento spesso «tempo buono *ma* rischio di qualche piovasco in serata»... e così via.

Non riesco a capire... È come se si avesse paura di *esporsi* alla vita, vale a dire a un rapporto diretto e vero col proprio mondo, quasi si temesse di sporcarci o di riceverne danno! Trovarsi in un bosco sotto la pioggia o ascoltare il sapore del vento sulla propria pelle, sperimentare l'inverno intensamente, viverci *dentro*, piuttosto che isolarsi da esso, allontanandolo il più possibile come se si trattasse della peste; tutto questo per i nativi aveva (e per me ha) un valore unico. Certo, inutile insistere sempre sulla solita musica: il mondo si è ormai allontanato dalla natura in modo preoccupante. Si è presa da tempo la strada dell'avere, del ricoprirsi di inutilità per raggiungere questo illusorio «benessere», piuttosto che quella dell'essere, ovvero dell'esprimere ciò che è dentro ognuno di noi. Ogni volta che ci penso rabbrividisco. Poiché un mondo così fatto, non solo si allontana dalla natura, dal freddo e dal vento, ma continua col suo esempio a commettere il danno più grave che è quello verso i bambini. Li si educa ad avere paura di tutto non solo del freddo o di sporcarsi le mani con la terra, non solo di un semplice taglietto per il quale spunta subito fuori il cerottino... ma soprattutto di ciò che non si conosce, l'ignoto, la scoperta, la curiosità. Tanto ci pensano *altri* a farlo per noi: sono questi «altri» che creano il *nostro* mondo di certezze, di una vita già scritta; ci pensano la televisione, i politici, la chiesa, ci pensa questa modalità fondata sul possedere, sul benessere, sul «dio denaro».

Bisognerebbe vederli certi bimbi sami, peruviani o nepalesi, creature che non possiedono assolutamente nulla eppure ti sanno sorridere con una luce sconosciuta. Li vedi «sporchi» di terra, di sole e di freddo e vedi esseri *autentici*, vedi i nativi... Ci si allontana sempre più dalla nostra origine. È un sentimento particolarmente vivido quando passeggio di notte tra le strade illuminate di una grande città. Non c'è nessuno e queste luci cancellano ogni ombra, tentano di allontanare la notte, le stelle. Non posso fare a meno di chiedermi cos'è esattamente che esse *illuminano*. Forse semplicemente i marciapiedi di case dove la gente vive col buio nel cuore...? Perché ci allontaniamo dalla nostra Madre Terra ? Perché la distruggiamo? Pensiamo che sia il benessere ciò che ci serve, quello fornito dalle «cose», eppure non è così. Più ci ricopriamo di cose, più il nostro essere soffoca. Si dovrebbe provare anche solo per un giorno ad abbandonare tutto, ad andare controcorrente, seguendo il nostro istinto. Tornare ad ascoltare ciò che si ha dentro. Lo si dovrebbe fare coi propri figli se possibile: un'ora in più trascorsa in un luogo silenzioso, di fronte al mare o nel bosco, piuttosto che attaccati al cellulare o a guardare le vetrine.

16 dicembre, 25° giorno

Ascolto il vento per tutta la notte. Lo sento nel sonno mentre scuote violento la tendina, entra nei miei sogni, attraversa l'intera Norvegia e io vorrei essere veloce come lui. Poi quando mi sveglio c'è un silenzio profondo; i teli ricoperti di condensa gelata sono immobili. Quiete assoluta. Dopo la lunga lotta nel buio di ieri sera, strapazzato dalla tormenta, le orecchie non possono credere a tanto silenzio. *Cosa succede?* Qualunque cosa sia non ho intenzione di uscire dal sacco a pelo per adesso. Ho di nuovo freddo in fondo all'animo. Ancora una volta, come ho aperto gli occhi, l'immensità della terra che vorrei attraversare mi colpisce con violenza e tutto mi sembra assurdo e folle. Sento di essere nuovamente pronto ad abbandonare tutto; è proprio vero dunque che l'uomo non è nato per vivere da solo? Forse, ma per *crescere*, sì, bisogna essere soli...

Tiro giù la zip e per un istante temo di essermi sbagliato. Mi sposto più in avanti, scosto meglio il telo... No, non può essere: vedo il cielo, il colore blu del cielo! È da Lindesnes che l'avevo scordato, dalla partenza, circa tre settimane fa... E per la prima volta fa freddo davvero, circa –10 gradi! Felice come un bimbo mentre stento ancora a crederci, mi sbrigo a preparare la colazione e quindi a smontare il campo. È come se il mio viaggio cominciasse in questo istante. I lupi, già da una buona mezz'ora, giocano a rincorrersi in lungo e in largo sul lago. Ogni tanto, mentre mi preparo, improvvisi strattoni alla tenda mi comunicano che hanno preso a rincorrersi freneticamente attorno a essa, una delle loro attività mattutine preferite; altre volte, invece, quando nel silenzio improvviso avverto uno strattonare deciso, so già, senza dover guardare fuori, che si tratta di Mohawk, particolarmente ghiotto dei cordini che la fissano al terreno; ormai non ce n'è uno che non sia stato rattoppato almeno un paio di volte...

Mohawk!, grido ogni volta: è divenuto un rito mattutino! Come esco dalla tenda, lui è lì che mi attende: vuole giocare, anche questo è un rito che non può essere tralasciato. Quando Mohawk ti invita al gioco, lo fa sempre in maniera decisa; se sono chinato a terra, mi sale sulle spalle e mi abbraccia la testa o comincia a mordicchiarmi i capelli, se invece sono in piedi, mi si avvicina col suo sorriso (vale a dire lingua appena fuori, occhietto socchiuso e capo ciondolante) e mi prende il braccio o la manica della maglia e delicatamente, ma con fermezza e energia, prende a tirare e a strattonare. Non c'è scampo! Chinook nel frattempo osserva anche lui col suo bel sorriso lupesco a illuminargli il muso: penso che sia l'espressione più dolce del mondo animale (includendo anche l'uomo!). Quindi, se il gioco promette proprio bene, si avvicina, ma senza ancora entrare in... campo, come quando, a casa, ci sfilava di fronte col salsicciotto verde del divano tra i denti, il suo «trofeo». Quando però anche lui decide di unirsi al «massacro del padrone», allora non ho più alcun scampo: se Mohawk va matto per le maniche, Chinook è ghiotto delle mie caviglie e insieme sono davvero incontenibili! Non c'è stata una sola volta però che, seppure inavvertitamente, mi abbiano fatto del male; semmai sono stato io, spesso, lo sbadato!

Finita la «lotta», mi guardo attorno e sorrido: fin dove riesca a vedere, l'intero lago è interamente cosparso delle loro impronte! Di certo devono aver avvertito anche loro, oggi, il ritorno della luce... Muovo i primi passi con i lupi che mi trottano vicini mentre il sole illumina per la prima volta il loro splendido mantello invernale. Come per incanto Chinook e Mohawk si infiammano di rosso, un rosso intenso che colpisce i miei occhi. Le ombre si allungano mentre la neve si tinge d'arancio: mi fermo in continuazione. Fisso l'astro luminoso bassissimo che a sud stenta a seguire la linea di cresta delle montagne. Sembra anzi che, da un momento all'altro, possa tornare a inabissarsi sotto l'orizzonte. Cammino spedito, il sole alla mia sinistra, la mia ombra alla destra; la neve è perfetta; incementata dal vento di questi giorni offre una superficie più che ideale sulla quale procedere. *Che tutto volga a mio favore dopo settimane di maltempo continuo e di neve umida o insufficiente?* Stamattina, pare proprio di sì. Avanziamo rapidamente. I lupi, più che altro, vagano per ogni dove; li vedo a distanza sulla cima di un colle, pochi minuti più tardi mi riappaiono sul versante opposto della valle; hanno energie e curiosità inesauribili! Ma anch'io non sono da meno. Con entusiasmo affronto la salita alla prima delle due forcelle di oggi senza la minima fatica, senza sfondare di un solo centimetro. Solo a ricordare lo sforzo di ieri e lo sconforto che mi prendeva al pensiero delle salite che avrei dovuto affrontare nei giorni successivi! Ora invece è un piacere e posso vagare con lo sguardo mentre le gambe pensano ad andare.

Vedo infine le montagne dello Jotunheimen in tutta la loro splendida, selvaggia arditezza. Forme spettacolari scolpite nel cielo gelido, creste affilatissime sfumate nella neve soffiata dal vento. Un regno di vette sconosciute e io oggi ne sono il re. Da qualche parte c'è il sole. È mezzogiorno, quindi si trova nel suo punto più alto, eppure devo voltarmi a sud e cercarlo giù in basso mentre tocca il profilo delle montagne. Un tentativo d'alba che dura da ormai un paio d'ore e che ben presto morirà. Scendo dalla prima forcella dopo un ultimo sguardo al lago sul quale ho passato la notte. Intravedo ancora il luogo ove era montata la tenda. Percorro con lo sguardo il pendio sovrastante. Da lì sono sceso ieri sera; ho l'impressione che sia successo da molto più tempo.

Ora c'è una valle da risalire gradualmente verso nord con alcuni laghi nel mezzo e infine un ultimo colle. Da lì potrò scendere verso Spiterstulen, il grosso rifugio che d'estate accoglie numerosi escursionisti e che ora è del tutto disabitato. Man mano che salgo la luce del sole, ormai da tempo sparita alla mia vista, si ritira via via sulle vette più alte. Queste sembrano ora «macchiate» di rosso e arancione, uno spettacolo che mi fa fermare di continuo per scattare foto. Poi diviene rosso cupo, quasi un fuoco e non ne restano che pochi spicchi qua e là. Ancora qualche passo con gli occhi all'insù. Ora sta sparendo del tutto e debbo fermarmi. Il rosso diviene violetto, scurisce e infine ha il colore del cielo, azzurro scuro, gelido, trasparente. *Che possa finalmente vedere anche le aurore stasera? Forse pretendo troppo! Dovrò «accontentarmi» delle stelle*, sorrido tra me mentre il cielo prende rapidamente ad accendersi di puntini tremolanti. *Finalmente il primo tramonto stellato della traversa-*

ta, sospiro incantato nell'aria che mi congela le narici; *ancora un po' e non ci avrei più sperato.*

Avanzo e finalmente nel cuore ho solo incanto. Anche se ora, curiosamente, la neve lungo questa valle è farinosa e dovendo far la traccia la salita non è più così agevole. Ma va bene comunque. Spesso, mi volto addirittura per osservarla, lunga striscia di lumaca che mi lascio dietro mentre il cielo a sud è ancora acceso di luminosità contro la silhouette dei monti. Ricordo ogni istante, ogni passo o forma del terreno è scolpito dentro di me, ogni mio respiro. Percorro l'ultimo lago, poi risalgo il pendio che dà accesso alla valletta successiva, quella che mi porta verso la forcella finale...

Alle tre del pomeriggio raggiungo la sommità mentre la luce che avvolge questo mondo incantato appartiene ormai più alla notte che al crepuscolo; quel che basta comunque per poter dare da mangiare ai lupi senza dover utilizzare la frontale. Resto per un po' in silenzio, seduto sulla slitta, tra imponenti montagne che mi sovrastano con i colori della notte. Il *croc croc* dei cuccioli che divorano le loro crocchette mi tiene compagnia. Domani m'attende l'ultima salita, l'ultimo colle, penso soddisfatto, forse il più ripido. Ma non mi preoccupo più tanto perché so che una volta in cima non dovrò più salire, ci sarà anzi da scendere, scendere a lungo e ciò che mi attende ai piedi delle montagne sono gli sconfinati boschi di conifere.

Più tardi, dopo la lunga discesa, raggiungo l'ampia vallata di Visdalen e mi accorgo nel buio fitto che la neve è pestata ovunque. Dev'essere passata da poco una mandria di renne. I lupi, infatti, sono spariti e fatico un po' a procedere su questo terreno fattosi d'un tratto irregolare e pieno di buchi, una condizione che i Sami chiamano *čiegar.* Poco più in là, sulla sinistra scorre l'ampio torrente che scende dalle montagne e dai numerosi ghiacciai che mi circondano. Esso mi accompagna col suo pacato gorgoglio. Mi sento spiato da migliaia di renne nascoste chissà dove su per qualche pendio.

Spenta la lampada frontale, per un buon tratto scio con gli occhi rivolti verso il cielo. Le stelle sono così tante e così nitide che la notte, lassù, non sembra più tanto scura, anzi, non c'è più spazio per essa! Decido di fermarmi un istante: ciò che mi sovrasta ammutolisce la terra, non soltanto il mio piccolo essere. Penso che se fosse notte *vera* nelle nostre metropoli, una notte come questa, ci renderemmo forse maggiormente conto del grande privilegio di abitare su questo piccolo pianeta disperso nell'incalcolabile immensità del cosmo: di quanto dunque noi stessi siamo piccoli, insignificanti, ma anche importanti nella nostra essenza; ritroveremmo forse di nuovo la giusta misura del nostro essere qui. Questo cielo stasera mi ricorda alcune leggende e credenze dei miei amici sami. *Mi ci hanno fatto pensare le renne? O sono state le stelle a farlo?...*

Non era stato Pekka a raccontarmi di come i Sami interpretassero il cielo. La sera che trascorsi nel suo lavvu era una sera di piena estate: anche durante la notte il cielo restava chiaro e privo di stelle; il sole, basso e rosso come un gigante infuocato, scivolava sui rilievi a sud-ovest e non tramontava mai. «La stella polare è Boahje Naste, è lei che tiene su il cielo», mi raccontò un fanciullo sami di nome Mikkel in una fredda sera di gennaio mentre attraversavamo a piedi il paese di Karasjok; Petra, una ragazza che avevo incontrato l'autunno precedente, ci accompagnava. «Favdna è Arturo e sopra di lui c'è l'Arco di Favdna, l'Orsa Maggiore, che noi chiamiamo Faunadavgge. Lui è il cacciatore con l'arco e le frecce; quando giungeranno gli ultimi giorni, Favdna colpirà Boahje Naste e l'intero cielo crollerà seppellendo la Terra! Nel frattempo Favdna caccia l'Alce. Anche gli Sciatori antenati dei Sami, i Čuoigahaegjek, ossia Castore e Polluce, e i Cani di Stalo (il gigante cattivo), ossia le cinture di Orione, cacciano l'Alce.

«Lo vedi?...» chiese fermandosi e protendendo l'indice verso il cielo. Io osservai per alcuni istanti quel bambino di undici anni col naso arrossato dal freddo e con gli occhi leggermente orientali, prima di volgere a mia volta lo sguardo di nuovo al cielo; con grande gioia mi rendevo conto che, almeno quassù, i ragazzi conoscevano di più il cielo che non il nome dei cartoni giapponesi o dei videogame. «La parte superiore delle sue grandi corna, è la costellazione di Cassiopea...» continuò lui, «... mentre il resto delle corna e la parte anteriore del corpo sono Perseo; quel paio di stelle dell'Auriga, invece, formano la parte posteriore del corpo dell'Alce.» Mi indicò infine le Pleiadi: «Ecco Miese Čora, i cuccioli della renna; tanti cuccioli che corrono tutti assieme...» rise lui nel suo inglese quasi perfetto. Nel giro di pochi minuti, grazie alle parole di quel bambino, il cielo era mutato; ora, era come se l'osservassi per la prima volta. E la Via Lattea? chiesi ancora. «Quella è Lodde Raiddaras» rispose subito Mikkel. «È la traccia che gli uccelli migratori seguono durante la notte. Lodde Raiddaras, infatti, vuol dire 'il Sentiero degli Uccelli'...» Percorremmo sì e no altri dieci passi quando Mikkel si fermò di nuovo. «Ma è anche la traccia lasciata in cielo dagli sci del primo cacciatore del popolo dei Sami!» Io osservavo affascinato e più Mikkel raccontava, più avrei voluto continuare ad ascoltarlo. Gli chiesi nuovamente di Boahje Naste, la Stella Polare che aveva il compito di sostenere il cielo. «Se cadrà o se anche solo cambierà la sua posizione, il mondo resterà schiacciato» rispose lui tutto serio, «così mi racconta la nonna quando le notti di fine estate tornano a farsi buie. E il motivo è semplice mi dice lei: se segui le stelle per tutta la notte, ti accorgerai che esse ruotano attorno alla Stella Polare. Favdna (il Cacciatore), Miese Čora (i cuccioli di renna), l'Alce, i Cani di Stalo, Čuoigahaegjek (gli Sciatori); tutti girano attorno a essa. Solo Boahje Naste, la Stella del Nord che noi chiamiamo anche il Pilastro del Cielo, solo lei non si muove! Anzi, è Boahje Naste che tiene tutto al suo posto!»

Riaccendo la lampada e riprendo il cammino al cospetto delle grandi montagne. È questa la valle più grande dello Jotunheimen. Ampia e lunga, essa divide l'una dall'altra le due vette più alte non solo della Norvegia, ma di tutta la Scandinavia. Sul lato occidentale il Galdhøpiggen e il Glittertind su quello opposto. Entrambe di 2469 metri, anche se si tende a dare il primato d'altezza al primo, poiché la quota del Glittertind varia ogni anno a seconda delle condizioni della calotta nevosa che ne riveste la cima. Sotto le stelle percorro la valle. Nella notte fredda altri ricordi si affacciano nella mia mente. Rivedo quel giorno d'aprile di quasi dodici anni fa. Ero sceso da queste montagne da solo, diretto al rifugio di Spiterstulen, anche se poi avevo dormito sotto il cielo su di un tratto di terra liberato dal sole, sopra un soffice tappeto di muschi, licheni e piccole piante di ginepro nano. Ero entrato un attimo nel rifugio per rifocillarmi e, con mia sorpresa, lo avevo trovato pieno di fanciulli. È usanza delle scuole norvegesi portare i ragazzi su in montagna durante le vacanze di Pasqua. E così, sorseggiando una cioccolata calda e studiando le carte, dopo tanti giorni di solitudine e silenzio, fu un vero piacere trovarmi circondato da allievi delle medie visibilmente interessati alla mia traversata non appena presi a rispondere alle loro domande...

Il grande cartello in legno sorretto da due pali con la scritta SPITERSTULEN interrompe il flusso dei miei ricordi. L'arrivo qui, stasera, dopo dodici anni è ben diverso. Al buio e nel freddo, tutto è quieto, immobile e sepolto nella neve. Un posto fantasma. Solo la sagoma delle baite sparse intorno si staglia nella notte stellata, la punta aguzza della chiesetta, il rifugio principale. La mia presenza tra queste casette silenziose, un'ombra che si fonde alla notte, mi fa sentire ancora più solo; eppure mentre avanzo, questa quiete sembra viva, pulsante. Riconosco ogni luogo. Mi avvicino all'ingresso principale del rifugio e tento di scrutare dentro con la lampada. Per un attimo mi pare di riudire le risa allegre di quei bambini, i loro occhi luminosi, le loro domande. Ma ora, c'è solo buio. Appena più in là, presso la legnaia, trovo l'ingresso secondario con una porta scorrevole in legno. Ne afferro la maniglia, provo a tirare e, con mia sorpresa, si apre senza alcuna resistenza. Dentro, vicino la legna ben accatastata, c'è uno spazio libero, giusto quel che mi occorre per poter stendere il sacco a pelo: per stasera la tenda potrà restare nella pulka.

17 dicembre, 26° giorno

La salita è lunga. Non appena in piedi stamattina ho voluto darle un'occhiata con la luce del giorno... *Parecchie rocce in mezzo, non promette nulla di buono; però è l'ultima, dopo scendo ai boschi!* Appena partito incontro un uomo di mezza età vestito di bianco. Ha un fucile da caccia sulla spalla destra mentre risale la valle sui suoi leggeri sci da fondo. Scivola regolare, quasi senza peso... Mi fermo e lo osservo arrivare. È proprio quel che si dice *esser nati con gli sci ai piedi...*: non fa alcuna fatica, ma non ha una slitta dietro!

Oggi è domenica e mi racconta che sarebbe contento di tornare a casa con qualche pernice. Ne ho viste tante nei giorni scorsi, si nascondono tra le betulle o i cespugli più fitti e si alzano in volo tutte assieme solo quando si è a pochi metri di distanza. Il loro verso improvviso, simile a una risatina sciocca, mi fa sempre sussultare quando si allontanano con volo radente, rese quasi invisibili dalla loro bianca livrea invernale. Il cacciatore resta molto sorpreso quando gli racconto che tutti i grandi laghi dello Jotunheimen sono ancora privi di ghiaccio. Scuote la testa e sospira: « Hvilken uvanlig vinter! », che inverno incredibile!, e con questo intende dire che non ha mai visto nulla del genere poiché anche sul versante settentrionale delle montagne, da dove proviene, la situazione non è migliore. Ci salutiamo e io riprendo il mio avvicinamento alla base del pendio. Penso alle parole del norvegese e alle notizie fornitemi da Mattia riguardo l'innevamento giù a valle. Spero davvero di non aver problemi.

Ho visualizzato l'intera salita, ogni passaggio, ogni roccia. Questa mappa mentale dovrà servirmi tra breve quando, nel bel mezzo di essa, non riuscirò più a rendermi conto dell'itinerario migliore da seguire. Dopo un altro centinaio di metri abbandono la traccia del cacciatore e comincio a salire. Ciò che ho di fronte e che mi sovrasta non ha nulla a che vedere con le salite dei giorni precedenti, qualcosa che in altre circostanze riterrei follia pura. Eppure oggi sono calmo, tranquillo come le montagne che mi osservano. È un'altra giornata perfetta, fredda, neanche una nube! Il sole non è ancora sorto, forse lo vedrò più tardi dall'alto, verso mezzogiorno. A ogni metro la slitta si rovescia; è questo l'aspetto più estenuante. Dopo le diagonali iniziali, ho tolto gli sci e procedo a piedi; così riesco a controllarla meglio. In certi traversi molto ripidi, l'unico modo per passare è quello di accompagnarla io stesso, tenendomi a valle rispetto a essa. Altre volte mi metto dietro e la spingo. Altre, sulle creste più ripide, la isso di braccia, tirando con forza la corde e sollevandola di peso. Solo per pochi passi la pulka mi concede di seguirmi senza rovesciarsi e allora è un vero sollievo, quasi inizio a credere che..., ma poi zacchete, un peso improvviso: si è ribaltata di nuovo! Ma sono calmo, la sto prendendo con estrema tranquillità. Anche se urlo e impreco di continuo; questo fa parte del grande sforzo che ogni singolo metro mi richiede. Soprattutto quando devo risalire dritto per dritto un canale. La slitta mi risucchia a valle mentre sputo l'anima e scalcio nella neve scivolando in continuazione. Allora accompagno quasi ogni passo con un urlo potente, come a dar aiuto ai muscoli delle gambe. Se non lo faccio, quest'oceano gigantesco tra le cui onde tento di nuotare, non mi lascerà passare. Così, riesco a salire e quando infine mi fermo poiché il sole ha fatto capolino da dietro le creste più basse, d'un tratto mi rendo conto che la valle di stamattina è ormai lontana. Distinguo ancora le case di Spiterstulen giù in basso, una macchia in mezzo alla neve mentre verso nord mi si mostra una valle lontana e scura; sono i boschi che raggiungerò tra qualche giorno. All'orizzonte, appena sfiorati dal sole bassissimo, è tutto un susseguirsi di alberi e spazi sempre più ampi...

D'un tratto mi spiace che questi giorni durissimi attraverso lo Jotunheimen siano ormai quasi un ricordo. Mi fermo più a lungo e continuo a guardarmi attorno. È l'una e mezzo e il sole è già tramontato dietro il Galdhøpiggen, la vetta più alta della Scandinavia. Potrei trovarmi sulle Alpi, solo che a quest'ora il sole è bello alto e riscalda e la gente si abbronza durante le gite di scialpinismo... Un lungo traverso mi porta sotto il pendio finale. Sono al canale intuito stamattina, quello sotto al colle. *Non ci sono limiti per l'essere umano*, penso tra me, *la sua volontà è meravigliosa, non c'è spazio sconfinato che possa eguagliarla.* E, se prima ne dubitavo, ora so con certezza che dopo quanto ho affrontato in questi giorni, nulla potrà più fermarmi d'ora in poi... e spero di non dovermi ricredere! Alle mie spalle l'ombra azzurra del pomeriggio si espande dalle betulle giù in fondo fino al vasto versante opposto. Attorno alle creste più alte, quelle contro il cielo, l'ultima luminosità del giorno sembra quasi incandescente nonostante il gelo. Dove mi trovo io, il cielo è invece già rosa, verde, violetto, azzurro scuro. Tonalità indescrivibili che le montagne riflettono, quasi non ci fossero più distinzioni.

Sto svalicando, ho rimesso gli sci e la neve è perfetta. Dura come cemento, con appena cinque centimetri di polvere farinosa sulla quale scivolare in silenzio. Di fronte a me adesso ho la gigantesca mole del Glittertind, la seconda vetta di Norvegia. Contro la sua silhouette si stagliano le prime stelle luminosissime. Non posso non voltarmi un'ultima volta: la valle di Visdalen, ormai inghiottita dalla notte, è sparita. Osservo per qualche istante il Galdhøpiggen, re dello Jotunheimen. Ringrazio la Casa dei Giganti: alla fine tutto doveva essere così com'è stato... La paura, la disperazione, la fatica..., è *ciò che ho scelto*, è ciò che mi ha spinto ad affrontare questo immenso viaggio. Quando riprendo la marcia, i colori rosa e violetto pastello della sera si fanno più intensi. Tra poco spariranno del tutto... C'è un vasto altopiano. Una salita quasi impercettibile ma graduale nel buio fitto con montagne che mi circondano scure. In fondo, tra qualche chilometro troverò uno svalico, un punto dal quale quest'ampia valle d'un tratto prenderà a scendere decisa.

Un'ora dopo, seduto sulla slitta, mangio qualcosa immerso nelle stelle. Spengo sempre la lampada durante queste soste e non certo solo per risparmiare la batteria... Sono quasi nove ore oggi che sono in marcia, eppure andrei avanti all'infinito: con l'incanto nel quale *navigo*, non ho bisogno d'altro. Finalmente sono bello coperto, in « assetto da grande Nord », eppure, dopo pochi minuti di sosta i brividi mi suggeriscono di riprendere il cammino. Prima di farlo do un'occhiata al termometro: *ventidue gradi sotto zero!* Caccio un urlo di gioia che infrange il silenzio e che richiama i lupi. *Sì, stasera non potrei desiderare di meglio!* Di nuovo, come l'altro pomeriggio, percorro un lungo tratto con la frontale spenta. Tento di individuare Boahje Naste, la Stella Polare, ma devo confessare che ho sempre avuto una certa difficoltà nel trovarla! Eppure i Sami avevano «costruito» intorno a lei l'intera struttura del loro universo.

Boahje Naste, o Pilastro del Cielo, era colei che proteggeva la terra sostenendo l'intero firmamento. Questo Pilastro del Cielo era un elemento fondamentale nella visione del mondo presso tutte le popolazioni artiche con culto sciamanico. Si riferiva al mitico Albero Cosmico che attraversava i diversi strati o regioni sovrapposte nelle quali essi avevano suddiviso il loro mondo. L'Albero Cosmico rappresentava il collegamento tra queste diverse regioni: la sua estremità corrispondeva alla Stella Polare. L'Albero Cosmico garantiva la stabilità dei mondi e rappresentava l'origine stessa della vita: sui suoi rami si pensava stessero posati, come uccellini nei propri nidi, le anime dei bambini; era lì che il Noaj'de (lo sciamano) andava a cercarle a ogni nuova nascita. Si pensava, inoltre, che su ciascuna delle sue foglie stesse scritto il destino di ogni essere umano. Per questo, ogni volta che un uomo moriva, una di queste cadeva.

«La mitologia relativa al cielo è strettamente connessa all'esperienza della vita nomade» mi raccontò Pekka. «Per questo era considerato una tenda dove la Via Lattea rappresentava la cucitura dell'ingresso. Al di là della tenda si pensava vi fosse il mondo della luce e delle divinità. Queste ultime, sollevando di tanto in tanto le pelli dell'ingresso, controllavano cosa accadesse sulla terra. Secondo i Sami o i Buriati, una popolazione siberiana, era in queste occasioni che sparivano gli uccelli al tempo delle migrazioni di fine estate. La Via Lattea era dunque anche la 'Porta degli Uccelli'.» Le stelle, di conseguenza, erano i fori nel telo di questa tenda gigantesca (dovuti all'usura della sua antichissima età), attraverso i quali penetrava la luce. Il Pilastro del Cielo o Albero Cosmico, un elemento caratteristico delle popolazioni artiche e nordamericane, si rifletteva nell'abitazione, sia che essa fosse la casa ad archi incrociati, sia che si trattasse di quella a tetto conico con palo centrale, sia, più tardi, della tenda senza palo. In quest'ultimo caso la funzione mitico-religiosa del pilastro passò all'apertura per il fumo, quella dove si incrociavano i pali, il *riehpen*, nel caso dei Sami.

«Il cielo è la tenda...» aveva accennato il piccolo Mikkel. «I buchi nel telo sono le stelle, Boahje Naste, la Stella Polare, Pilastro del Cielo, è il *riehpen...*» *Che meraviglia*, sospiro tra me e me. E non so bene se mi riferisco all'immensa volta notturna trapuntata di... buchi che mi sovrasta in questo silenzio impressionante, o al semplice incanto che è perdermi ogni volta nel magico mondo dei nativi; di certo, saranno tutte e due le cose assieme... Anche stavolta devo fermarmi di nuovo per alcuni istanti. *Io non so neppure dove si trova*, penso tra me, *e loro, semplicemente osservando, avevano capito che era lei, la Stella Polare!* Inizio a vacillare sulle gambe quando finalmente il pendio accenna l'inizio della discesa. Ho terminato il tratto più ripido e, quasi raggiunta la valle di Veodalen, una bella superficie piatta e tranquilla, d'un tratto scorgo alcune nubi. Le ho di fronte, sono apparse come per incanto. Si stagliano precise tra le stelle, come illuminate da luce propria e fanno il «pelo» alle creste più alte dei monti... *Ma com'è possibile che io riesca a vederle? Non c'è luna stasera e la luce delle stelle non è sufficiente per...*

La forma luminosa si allunga nel cielo: un alone verde, viola trasparente. Alcune diramazioni prendono ora a pulsare con estrema lentezza, pare sia il cielo stesso a produrle; creano forme incredibili, sembrano raggi di sole. Sì, le riconosco, come non potrei? *Era ora che ci si tornasse a incontrare...*, le mie amiche, creature della notte artica... Ora ci siamo davvero! Se potessi cantare lo farei, ma il ghiaccio mi serra la barba e quindi la bocca. «*Guovsahas Boatta!*» esclamo in sami dentro di me: «l'Aurora del Nord sta arrivando!»

Percorro l'ultima ora con gli occhi all'insù, come un fanciullo incantato. Più tardi, avrei scritto sul diario: *Che spettacolo 'viag-*

giare' sotto un perfetto cielo di stelle, su una perfetta neve polverosa, con il primo accenno di una meravigliosa aurora boreale e... 22° sotto zero!

18 dicembre, 27° giorno

Ho deciso di fermarmi stamattina... Non è stata solo la stanchezza di queste ultime tappe a farmi prendere la decisione, nonostante il tempo sempre splendido, bensì il desiderio di fermarmi «per un attimo» prima di abbandonare queste montagne e scendere definitivamente a nord, tra i boschi senza fine...

Ho risalito un ampio colle nel sole basso, su, fino alla sua cima dalla quale ho potuto guardarmi un po' intorno... Nell'aria gelida, sempre attorno ai meno venti, siamo infine ridiscesi veloci alla tenda che attendeva giù in basso piccola piccola; i lupi mi hanno seguito correndo come lampi. Quando mi hanno raggiunto, tutti felici e sorridenti, avevano baffi e sopracciglia imbiancati dalla condensa: «trucco» che hanno conservato durante l'intero pomeriggio trascorso a giocare e a esplorare. Io, invece, assaporando lunghe ore di riposo e di tranquillità, mi sono infilato nuovamente nel sacco a pelo e sono rimasto a lungo senza pensieri, ad ascoltare i miei cucciolotti... Più tardi, dopo aver un po' sonnecchiato, ho ripensato alle ultime tappe; a quella di ieri, sotto le stelle che mi riporta alla mente Mikkel e a quella ancora della sera prima, la tappa con l'arrivo a Spiterstulen; anch'essa mi rammenta quei fanciulli di tanti anni fa, o quegli altri, più lontani nel tempo, i bambini del campo di Pekka...

Il sole giocava tra le nubi sempre più fitte quel giorno di luglio sul lago di Iesjar'vi; era primo pomeriggio e quei bambini allegri e curiosi erano venuti a farci un po' di compagnia; avevano portato con loro pesce essiccato con del pane altrettanto secco. Avevamo mangiato un po' in silenzio, un po' ridendo e un po', io, rispondendo alle loro domande. Più tardi, era entrata una donna che indossava il tipico abito colorato dei Sami;

benché sporco e scolorito dal tempo era la veste più bella che avessi mai visto in vita mia. Ristin aveva portato una pentola fumante contenente una deliziosa zuppa di zampa di renna; l'aveva posata accanto al focolare e, dopo avermi rivolto un sorriso gentile e discreto, era uscita senza neppure una parola.

Nel silenzio della mia tendina rivedo ogni istante con sorprendente chiarezza. Distinguo ancora di fronte e attorno a me i volti sporchi ma sorridenti di quei bimbi (quasi mi par di risentire quelle parole di Johan Turi: *ai nostri bambini il bagno non viene fatto quasi mai; si lavano con la pioggia...*). Volti che portano l'impronta della terra e del sole, ma anche degli spazi nei quali vivono... Li rivedo mangiare animatamente da quell'unica pentola, armati dei loro vecchi cucchiai, le rosse guance lucide del grasso succulento della zuppa... Inutile dire che Pekka e io riuscimmo a stento ad assaggiarne uno o due bocconi... Restammo a osservarli per un po', poi Pekka ne approfittò per spiegarmi alcune delle usanze tipiche dei Sami; mi parlò, per l'esattezza, delle regole esistenti all'interno del lavvu. Avevo infatti notato che, nonostante la loro euforia, i ragazzi non solo mostravano di essere particolarmente disciplinati, ma anche che avevano tenuto il proprio posto per tutto il tempo.

«All'interno della tenda vi sono tacite regole di comportamento, ognuno ha il suo posto a sedere» mi spiegò lui. «I genitori, *ac'ce* e *aed'ne* (ossia padre e madre), si siedono nel luogo più lontano dall'*uksa*, l'ingresso, vale a dire nel luogo chiamato *possjo*, considerato zona sacra: qui siede sempre il capofamiglia. I bambini, invece, siedono sulla destra, vicino alla madre: i più grandicelli verso l'*uksa*. Quelli più grandi invece, stanno sulla sinistra, sempre verso l'*uksa*. Il più grande è il 'taglialegna'» sorrise Pekka indicando uno a uno i ragazzi che lo ascoltavano, «il secondo è *dolla tsogge* (quello che bada al fuoco)...» e un bimbetto sui nove anni alzò gli occhi dalla pentola tutto orgoglioso... «il terzo è *guonna-mugga* (che puzza di urina), il quarto è il cocco di mamma e il quinto di papà! Noi Sami amiamo molto i nostri fanciulli!» Le parole di Pekka suscitarono l'ilarità generale. Mi spiegò ancora che i due tronchetti di betulla che collegavano il focolare con l'ingresso, quasi a formare un «corridoio», erano chiamati *bjermes*. Anch'essi avevano una loro funzione ben precisa; era su uno di essi, infatti, che un visitatore frettoloso si sedeva al fine di non sporcare l'ingresso con le scarpe. «Se poi si decide di restare, e per questo non serve mai un invito» aveva precisato, «non deve far altro che sfilarsi gli stivali e allungarsi sulle pelli!»

Pekka volle anche avvisarmi che era tabù passare tra l'*arran*, il focolare, e il *possjo* o *boasso*, dove sedeva lui. Occorreva passare tra l'*arran* e l'*uksa*, l'ingresso. «Devi tenerlo a mente sia che ti trovi all'interno di un lavvu, sia all'interno di un *kohte*» aggiunse poi. Non feci a tempo a esprimere la mia domanda che lui proseguì: «Questo è un lavvu» fece indicando la nostra tenda, «si tratta della tenda leggera, quella che i Sami da sempre hanno utilizzato per gli spostamenti e i campi provvisori, sia estivi che invernali. E questo perché è leggero, facile da trasportare e, soprattutto, rapido da montare». Mentre lui spiegava io studiavo la struttura di quella tenda così incredibilmente simile al *tepee* degli indiani d'America. «Basta predisporre quattro pali principali legandone assieme le estremità» continuò lui, «quindi ne aggiungi altri secondari, dagli otto ai diciotto, a seconda della grandezza del lavvu. Un tempo la struttura veniva poi ricoperta con le pelli della renna. Oggi, come vedi, si adopera questo tessuto di cotone molto resistente che viene poi impermeabilizzato utilizzando, come una volta, il succo che si ottiene seccando e macinando una certa protuberanza di alcune betulle.»

Per quel che riguarda il *kohte*, benché somigliante al lavvu nella sua forma conica, appresi che la differenza stava in una struttura molto più complessa. Era il ricovero permanente, quello dei villaggi dei Sami, chiamati *si'ida*, vale a dire un raggruppamento di cinque o sei *kohte.* «Il segreto dell'intera costruzione sono gli archi, secoli prima dei romani!» rise Pekka. «Alcuni ritengono che la struttura ad archi derivi dai tempi in cui i Sami abitavano sulla costa e cacciavano la balena con le cui costole giganti creavano le loro capanne... Io penso, invece, non si tratti altro che di un adattamento a quanto la nostra terra ci offre: le betulle nane, infatti, non hanno tronchi dritti, ma quasi sempre ad arco. Gli archi rendono il *kohte* spazioso e resistente al peso della neve» concluse lui. «Fatto lo scheletro, si mette prima uno strato di scorza di betulla come impermeabilizzante, poi si aggiunge erba e muschio... I *kohte* possono durare decine di anni se ben fatti!»

I bambini avevano ascoltato in profondo silenzio; quando Pekka terminò, radunarono il cibo avanzato, salutarono educatamente e uscirono, lasciando il lavvu vuoto e silenzioso. Questi ricordi hanno colmato di allegria la mia tendina dispersa nel gelo delle montagne selvagge; mi tiro fuori dal sacco a pelo e mi vesto. Come esco nell'ultimo chiarore del pomeriggio, trovo ad accogliermi la gioia e l'affetto dei miei bambini. Cosa potrei desiderare di più?

19 dicembre, 28° giorno

Un lumino improvviso appare nella notte, lontano, in fondo al lago di Tesse. Dopo quasi nove ore sugli sci e trenta chilometri percorsi a 25 gradi sotto zero, mi fermo e scruto nel buio. Oggi, dunque, mi lascio alle spalle le montagne dello Jotunheimen. Da domani, traversando l'ampia valle di Gudbrandsdalen, entrerò gradualmente tra i boschi di conifere verso il cuore della traversata. Dopo tre settimane tra le nude rocce e le nubi basse, il desiderio e il bisogno di poggiare la fronte sulla soffice corteccia di un pino silvestre o su quella più ruvida di un antico abete rosso, è ora in me più forte che mai; stamattina mi sono svegliato con questa gioia nel petto. Mi attendono spazi sempre più ampi e ritmi più tranquilli i quali, dopo le «lotte» degli ultimi giorni, saranno davvero ben accetti. La luce in fondo al lago è la locanda di Brimi. Spero di trovarla aperta per passarvi la notte.

La neve durante il giorno è stata ottima, ben indurita dal vento. Il cielo sereno come ormai da cinque giorni. Poco fa, con le ultime luci del sole che sfioravano un vasto pendio nevoso, ho intravisto una lunga e larga linea più scura, come se la montagna fosse stata rasata con una macchinetta per capelli. Ho guardato meglio sbattendo le palpebre nell'aria gelida, stentando a credere che potesse davvero trattarsi della scia lasciata da un gigantesco branco di renne. *Impressionante...*, mormoro tra me mentre Mohawk si alza e, poggiandomi le zampe sulle spalle, mi lecca la barba gelata, nel solito tentativo di raggiungere la bocca. *Gran freddo oggi, vero vecchio mio?...* gli faccio carezzandogli il muso grigio chiaro. Ha del ghiaccio che gli incornicia le sopracciglia; glielo pulisco mentre lui indugia per un altro bacio... Mi domando se i miei cucciolotti (che ormai iniziano a diventare dei luponi!) sentano il freddo con una temperatura del genere, ma ne dubito. Ogni giorno che passa, mi rendo sempre più conto di quanto essi siano «attrezzati» per sopravvivere al meglio nella natura incontaminata, di quanto abbiano tutto in se; altro che me! Se solo sapessero cacciare (ma prima o poi impareranno) sarebbero del tutto autosufficienti: ho dei veri nativi al mio fianco!

Procedo sulla neve veloce verso un ampio colle dal quale, improvviso, si materializza un altro mondo: le montagne e i boschi lontani a riempire ogni spazio paiono rapiti dal colore

Mohawk e io ci scambiamo un bacio

rosa intenso, viola, blu freddo del cielo. Purezza intagliata nel gelo, visione da fiaba: ecco di nuovo gli spazi della mia traversata! Poi il buio è calato rapido preceduto da un'ombra azzurra contro il profilo dei monti. Alcune stelle già in cielo e... a un tratto le ho udite; come un sommesso continuo urtarsi di pezzetti di legno, ombre invisibili attorno a me, infine le renne, a centinaia, forse migliaia, un muro compatto che mi osserva e mi annusa. Probabilmente lo stesso branco che ha lasciato la traccia di stamattina. I lupi sono già partiti in «caccia» e le renne, con sapienti spostamenti circolari, si sono riunite attorno al capobranco e, allo stesso tempo, si sono messe in moto. D'improvviso un'unica macchia scura si sposta veloce nel buio. Per qualche istante non vedo più nulla. Riesco però a udire il soffocato scalpiccio degli zoccoli al trotto sulla neve e il leggero urtarsi delle loro corna, quasi ci fosse un gigantesco esercito di marionette che corre via. Poi, contro il cielo azzurro scuro, appaiono. Il trotto si è fatto più rapido e subito si trasforma in una corsa leggera. Migliaia di palchi giganteschi dalle numerose diramazioni corrono ora contro il cielo sulla cresta del pendio. Resto a bocca aperta: sembrano un esercito di indiani delle praterie con tutte queste corna che si sfiorano appena come fossero penne al vento. Una scia di selvaggia bellezza che si perde nella notte. Presto torna il silenzio più profondo; i lupi, sopraffatti dalla velocità delle renne e forse anche intimoriti dal loro numero, hanno rinunciato all'inseguimento. Non ci resta che riprendere la marcia.

Ora la luce di Brimi è sparita. Sto scendendo verso il lago di Tesse e ne avrò ancora per diversi chilometri lungo le sue rive, prima della locanda. Nella notte, la luce della neve fa risaltare le montagne e il biancore che ricopre il lago ghiacciato; i boschi sono invece masse scure e dense che mi attendono. Ben presto, grossi pini silvestri mi circondano. La loro presenza mi riempie di pace come ogni volta che torno tra gli alberi dopo parecchi giorni passati tra le rocce. Scivolo in silenzio sotto le stelle. Attorno a me tutto è immobile, e grossi cristalli di neve ricoprono gli alberi, i rami delle betulle, le staccionate di legno che ogni tanto incontro sulla destra. Quando la luce mi riappare, sempre distante, torno per un attimo a pensare al lungo inverno passato a casa dopo la rinuncia dell'anno scorso e a quei momenti della traversata che, per qualche strano motivo, *immaginavo* più degli altri. A tal punto che questi frammenti ancora da... vivere, hanno lentamente acquistato una vita propria, una conformazione e particolarità ben definita nella mia mente. La cosa «curiosa» sta nel fatto che quando poi la traversata è ricominciata e io ho via via preso a sperimentare sul serio tutti questi «tratti», essi si sono rivelati tali e quali a come me li ero a lungo inconsciamente figurati! Così è stato per Haukeliseter. Per tutto l'anno avevo *visto* quel luogo sepolto dalla neve e io che vi arrivavo con le ultime luci del pomeriggio; come infatti è avvenuto. E così ha continuato a essere come si fosse trattato di numerosi tasselli venuti a confermare quella che già alla partenza definivo la mia «visione».

La sera di Brimi è stato un altro esempio. Non ero mai stato in quel luogo eppure, al mio arrivo, avevo già *visto* tutto: qualche casa in legno tra i radi pini silvestri ricoperti di neve, alcune piccole fattorie chiuse ricoperte di cristalli grandi come farfalle, tra le quali devo zigzagare, staccionate imbiancate, io che arrivo nel buio poco prima di Natale e... soprattutto, l'alberello di Natale luminoso, presso la casa principale. Sorrido incredulo. La locanda di Brimi in teoria è chiusa. Si attende un grosso gruppo di fondisti per le vacanze e quindi tutto è stato ripulito e preparato al meglio. Questo mi ha detto Gunnar, il gestore, con tono non proprio convinto non appena sono apparso nella sala principale. Mi osserva da capo a piedi mentre il ghiaccio di cui sono ricoperto comincia a gocciolare sul pavimento. Mi sento un alieno, così conciato dopo nove ore di marcia a meno venticinque gradi, sotto questa luce e con questo calore improvviso. Mi domando che aspetto posso avere coi vestiti sporchi e la barba lunga; di certo, quello di uno al quale è impossibile negare ospitalità, soprattutto sotto Natale! Gunnar si raccomanda di continuo di non sporcare in giro e di ripulire per bene tutto domattina, mentre mi introduce nell'edificio di fronte e mi accompagna nella stanza assegnatami. Come la apro, non posso credere ai miei occhi: si tratta di un vero e proprio appartamento, un luogo nel quale è un peccato arrivare così tardi. Mi sorprende che Gunnar non faccia alcuna obiezione ai miei lupi (sarebbe stato lo stesso anche da noi?) e così, ben presto, dopo una magica doccia calda, festeggiamo tutti e tre al calduccio l'uscita dalle Montagne dei Giganti.

La traversata da qui cambierà gradualmente il suo volto. Mi attendono per oltre un mese i vasti tratti boscosi. Per raggiungerli domani dovrò scendere al paese di Vågåmo, circa cinquecento metri più in basso, quindi svalicare una ripida cresta montuosa e infine discendere il versante opposto fino al villaggio di Dovre, situato nell'ampia valle di Gudbrandsdalen, il primo degno di questo nome dall'inizio della traversata.

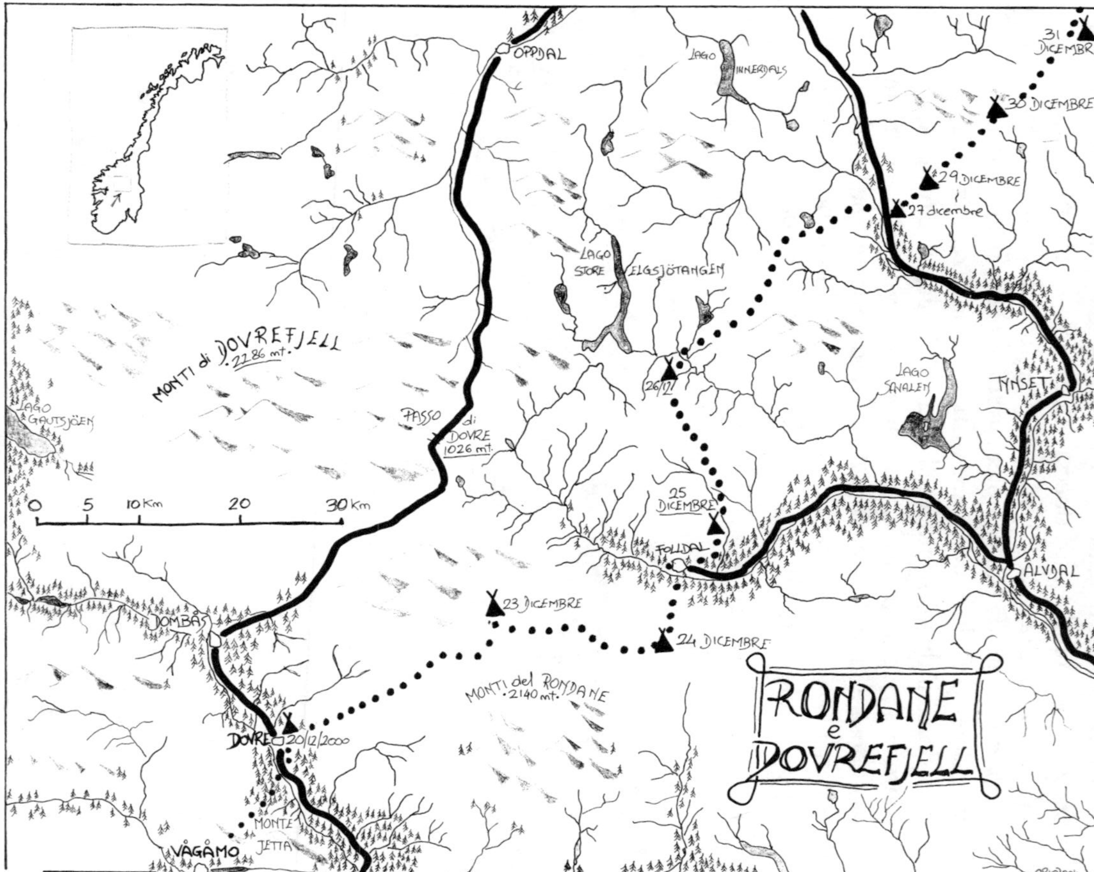
RONDANE
e
DOVREFJELL
OPPDAL
LAGO INNERDALS
31 DICEMBRE
30 DICEMBRE
29 DICEMBRE
27 dicembre
LAGO STORE
ELGSJÖTANGEN
26/12
LAGO SNALEN
TYNSET
MONTI di DOVREFJELL
.2286 mt.
LAGO GAUTSJÖEN
PASSO di DOVRE
1026 mt.
0
5
10 Km
20
30 Km
25 DICEMBRE
FOLLDAL
ALVDAL
23 DICEMBRE
24 DICEMBRE
DOMBÅS
MONTI del RONDANE
.2140 mt.
DOVRE
20/12/2000
MONTE JETTA
VÅGÅMO
ARIO2004

« Buone » feste!

Se la tua destinazione o i passi che pensi di compiere in futuro assorbono la tua attenzione in misura tale da divenire più importanti del passo che stai compiendo adesso, allora perdi completamente lo scopo interiore del viaggio che non ha niente a che fare con il dove *stai andando o con il* che *cosa stai facendo, ma riguarda esclusivamente il* come.

Il tuo viaggio esteriore può essere composto da un milione di passi; il tuo viaggio interiore ne ha uno solo: il passo che compi in questo momento.

Eckhart Tolle, *Il potere di Adesso*

20 dicembre, 29° giorno

Lascio la locanda di Brimi con un'altra giornata perfetta e un gran freddo. La stradina che scende al paese di Vågåmo è innevata, così posso percorrerla senza problemi con gli sci. Il sole alle undici fa capolino a sud, sbucando dalle montagne dello Jotunheimen. Man mano che scendo la distesa di pini silvestri si fa sempre più fitta. La neve riveste gli alberi come vi fosse incollata tanto che si stenta a riconoscere il verde dei rami. Sembra di sfilare attraverso un popolo dei boschi imbalsamato nel gelo, immobile nella sua corazza di neve. Il sole colora questi giganti coi suoi raggi obliqui rosso fuoco e tutto risalta con nitidezza contro il blu scuro del cielo. Procedo veloce sulla lunga strada piana. Ho lasciato la pulka a Brimi (spero di tornare a recuperarla entro stasera in auto con Anders, il mio amico norvegese che mi attende a Dovre), poiché so che tra breve non troverò più neve nel fondovalle e, finalmente libero, ho avuto modo di provare la capacità dei lupi come cani da slitta. Un vero disastro! O meglio, nei pochi istanti nei quali essi hanno fatto il loro « dovere », sono sfrecciato come un razzo sulla neve bella dura. Ma poi Mohawk non ne ha più voluto sapere di tenere l'imbrago, Chinook ha preso a rimproverarlo e siamo finiti nel solito groviglio mentre un'auto ci passava accanto e la signora all'interno sorrideva.

Fallito il tentativo di improvvisarmi *musher*, raggiungo l'inizio della discesa vera e propria. Da qui al paese la strada «piomba» ripida per circa trecentocinquanta metri di dislivello; filo così veloce che ora sono io che, tenendoli sempre legati, tiro i lupi. Per lo meno, in qualche modo, mi aiutano a frenare! Scendiamo verso la profonda valle che intravedo a tratti, scura, giù in fondo: non c'è neve né ghiaccio sul grande lago. Difatti, qualche centinaio di metri più in basso sono costretto a togliermi gli sci e a proseguire a piedi. Dopo un mese di bianco assoluto, non mi par vero che il mondo possa avere anche altri colori. Impiego un'altra ora per terminare la discesa. Quando raggiungo la strada principale in fondo alla valle, non ne posso più di camminare sull'asfalto tenendo stretti a me i cuccioli che tirano in ogni direzione. C'è una bruma scura che permea questa vallata, qualcosa di poco pulito che aleggia nell'aria gelida e si fonde al colore scuro delle rocce, dei prati, degli alberi, del lago grigio, della strada e delle auto. Gli alberi di stamattina sono solo un miraggio mentre ora il rumore dei pneumatici chiodati ci assorda. E pensare che solitamente qui in Norvegia l'inverno, col suo manto candido, raggiunge il mare, riveste le rocce dei fiordi, le poche spiagge, ghiaccia le insenature più protette. *Che fine ha fatto quest'anno?!*

Procedo a testa bassa con gli sci sotto un braccio e la corda con la quale tengo i lupi nell'altro. Sarei tentato di chiedere un passaggio ma continuo, dritto sull'asfalto, come se mi fossi preso per le orecchie, mentre i piedi si massacrano a ogni passo chiusi negli scarponi da telemark: per nulla al mondo verrei meno all'etica della traversata. Se ho deciso di percorrere la Norvegia, lo farò fino alla fine, e tutta vuol dire ogni suo singolo centimetro, anche se lungo una strada trafficata che con le montagne non ha nulla a che vedere. Con le ultime luci raggiungo Vågåmo. Attraverso il ponte sul fiume e mi ritrovo tra la gente, tra i negozi illuminati, le luci e le decorazioni del Natale, tra i bambini che giocano e si tirano a vicenda sulle slitte. Lego Chinook e Mohawk fuori del supermercato ed entro a comprare qualcosa. Loro restano in attenta e gioiosa attesa poiché sanno con cosa ne uscirò.

Mentre ci rifocilliamo nella penombra gelida del pomeriggio, osservo le persone, il viavai natalizio, intere famiglie che entrano e altre che escono piene di spesa; colgo qualche sguardo incuriosito nella nostra direzione ma non me ne curo. Ho altro a cui pensare adesso: per raggiungere il villaggio di Dovre, dove mi attende Anders, devo scavalcare la montagna che mi sovrasta, il monte Jetta, un itinerario per nulla semplice, tra boschi fitti e intricati canyon sul versante opposto. Dalle luci del paese di Vågåmo riesco a intravederne la scura sagoma che cancella le stelle. Incombe sul paese ma soprattutto sul mio cuore. Osservo le persone con un po' d'invidia. Mentre ripartiamo penso che sarebbe meraviglioso se qualcuno mi fermasse incuriosito e finisse poi con l'invitarmi a casa, per la cena e per la notte in un bel letto caldo. Mi affretto a uscire dalle luci e dal viavai: voglio tornare nel buio, sotto le stelle, nel silenzio dei monti. È questo ora il mio mondo e non voglio distrazioni.

La salita che porta al passo dello Jetta è lunga e ripida ma, per lo meno su questo versante, è facilitata da una stradina che sale a zigzag. La pendenza è così forte e il mio passo così deciso che ben presto ritrovo la neve, posso tornare a calzare gli sci e, finalmente, liberare i lupi! *Già meglio*, sospiro osservando le luci del paese giù in basso. So che l'idea di proseguire fino a Dovre al buio, su un terreno sconosciuto e senz'altro se non quello che indosso, non è proprio geniale. Avrei potuto fermarmi per la notte giù al paese, ma la mia solita cocciutaggine... È chiaro che non ci sono motivi validi per arrischiarmi in questo modo! Neppure il fatto che Anders mi attende giù a Dovre stasera.

Più tardi percorro un lungo lago, raggiungendo lentamente il versante opposto. Dall'alto, scorgo le luci di Dovre giù in fondo; ma non sono certo che si tratti della valle giusta. La carta non mi è di alcun aiuto e mi rendo conto d'aver perso l'orientamento. Tre ore dopo aver lasciato Vågåmo sono comunque sorpreso di esser giunto fin qui. Ora che comincia l'incognita della lunga e ripida discesa sono stanco; quest'oscurità continua, più che altro, è esasperante. Ma so che ormai non posso fermarmi, devo arrivare fino in fondo. Non ho né cibo né altro con me e, benché veda le luci, non sono certo di riuscire a raggiungere Dovre in poco tempo. Inizio a scendere. Il pendio è ripido tra le rocce; in fondo scorgo la macchia scura dei boschi, chiusa sul versante opposto da una ripida cresta. Dovrebbe essere la valle segnata sulla carta; *ma se non lo fosse?*

Ho tolto gli sci per superare alcuni tratti quasi verticali. Quando ritrovo neve fonda, scendo di tacco con gli sci in mano lungo il ripidissimo pendio. Ora le luci della valle sembrano essersi spostate, come si fosse trattato di un gigantesco sipario mobile. *Che giochi sono mai questi?* Ho perso ogni tipo di riferimento e tutto sembra ruotarmi attorno. Ciò che un momento mi sembra chiaro e definitivo un attimo dopo non lo è più. Per questo ormai proseguo lungo questa valle: una o l'altra fa lo stesso, da qualche parte arriverò. Ma, a ogni passo che faccio, il dubbio cresce.

Raggiungo nuovamente il bosco, attraverso un torrente gelato dove Chinook indugia un po' a passare, intimorito dall'acqua che scroscia sotto l'esile strato di ghiaccio. Il fratello lo attende al mio fianco, con la testa rinsaccata sulle spalle, quasi lo volesse incoraggiare. Più tardi raggiungiamo il fondo della valle, una valle così stretta e ripida che assomiglia più a una gola. Un piccolo fiume di ghiaccio vivo scorre sulla sinistra mentre il bosco sale ripidissimo e intricato alla destra. Ormai so che siamo in trappola. So che potremmo continuare a vagare per tutta la notte finendo con l'emergere chissà dove. Ma il timore è più che altro per la possibilità di trovarmi la strada interrotta da un improvviso salto, una rapida, una parete: dove troverei la forza per tornare indietro, per risalire su fino in cima... e poi, per andare dove? Come a rendere reali questi miei pensieri, il bosco svanisce tutto d'un colpo e la valle rocciosa e ricoperta di massi, poco più innanzi, si chiude a V. Senza ancora vederla, ma udendone lo scrosciare, un suono sinistro nella notte, so che oltre quella strettoia c'è un bel salto ove piomba l'acqua del torrente. Attraverso il lungo pendio di massi sulla poca neve: quella che basta per farmi scivolare di continuo.

Che razza di situazione! Non è il modo di agire che più si addice a chi come me vorrebbe addentrarsi da solo nella natura, continuo a rimproverarmi, *non è questa l'umiltà necessaria per sopravvivere.* Che stavolta la lezione sia stata assimilata davvero? Raggiunto il salto decido di inerpicarmi su per il bosco: ovunque andremo a finire, sarà sempre meglio che perdermi senza speranza. Venti minuti più tardi, il pendio si addolcisce; la presenza delle conifere, rispetto alle fredde e ripide rocce di poco fa, mi riporta un po' di pace. Venti minuti più tardi i lupi schizzano avanti, poi si fermano e mi osservano dall'alto come da una terrazza. *Cosa avranno trovato?* Li raggiungo e, meraviglia, una strada! O meglio, una stradina forestale, più simile a un sentiero, un filo diretto che mi condurrà fuori da questo labirinto. Abbraccio i lupacchiotti con le più belle espressioni di affetto che riservo loro per i momenti speciali. «*Ce l'abbiamo fatta!*» urlo alle stelle. Mezz'ora dopo, oltrepassato un cancello, sono di fronte a una casa con una fattoria. Non c'è nessuno e quindi continuo per il viale sterrato con gli sci in mano. C'è pochissima neve, e per raggiungere la strada principale giù in basso, attraverso diversi campi sulla terra e sul concime gelato. Mi accorgo d'un tratto di aver perso la corda per i lupi; e poiché tra breve raggiungerò la strada diretta a Dovre, è assolutamente necessario trovarne una. Passo tra numerose case: di nuovo luci di Natale, alberelli, il fumo che esce calmo dai comignoli. L'incubo appena vissuto sembra già dimenticato e stavolta, costretto dalla necessità di trovare un nuovo pezzo di corda, sono felice di poter bussare a qualche porta. Ricoperto di ghiaccio e con i miei soli sci in mano, devo avere l'aria di uno che si è perso tra le montagne. Il che non è poi così lontano dal vero... Mi apre la porta un bimbo sugli otto anni, tutto biondo. Mentre va a chiamare la madre, dall'uscio mi giunge tutto il calore della casa; tento di *intrufolarmici* dentro il più possibile e quando mi fanno entrare è meraviglioso poter scambiare parole, sorrisi e sguardi con gli altri membri della famiglia: assaporo ogni istante. Mezz'ora dopo è la volta di una signora alla quale chiedo di poter utilizzare il telefono per contattare Anders. Mi osserva scuotendo il capo tutta divertita, come fossi caduto dal cielo...

Più tardi, presso l'imbocco con la strada principale, ci fermiamo alcuni minuti prima di percorrere gli ultimi tre chilometri che ci separano da Dovre. C'è un freddo intenso, di certo attorno ai –20; siamo stanchissimi. Sostiamo un attimo a trenta metri dalla strada dove passa qualche auto, mentre Mohawk sgranocchia con me dei biscotti al limone. Chinook, assai meno goloso (a lui piace il formaggio!), riposa acciambellato col muso sotto la folta coda: tra noi tre, è di certo sempre lui l'essere più saggio. Raggiungo il paese verso le nove di sera, un po' demoralizzato. Non c'è anima viva in giro, è tutto chiuso ma, in attesa presso il distributore, c'è il grosso gippone di Anders. Mi avvicino con un sorriso un po' impacciato. Non so più bene cosa sento e cosa sto vivendo. Forse sono solo stanco e infreddolito, ma è di certo l'assurdità appena vissuta, che ora torna a pesarmi e a confondermi.

Ho conosciuto Anders quasi dodici anni fa; un giorno che non potrò mai dimenticare. Mi ero appena lasciato alle spalle le montagne dello Jotunheimen, durante il mio primo tentativo di traversata, quello dell'89, e avevo raggiunto le alpi del Rondane, dopo una meravigliosa tappa illuminata dal sole di metà aprile. Quella mattina, nel lasciare gli ultimi gruppetti verdi di pini silvestri, mi erano apparse le montagne isolate laggiù in fondo. Parevano, nella nuova neve caduta abbondante durante la notte precedente, un regno incantato fatto di castelli e luminose mura orlate. Erano circondate da uno spazio bianco, un vasto altopiano che attraversavo senza cessare di guardarmi attorno e, benché per buona parte della giornata quelle vette lontane non sembrassero avvicinarsi mai, avrei desiderato poter prolungare la marcia e la luce di quella giornata.

Raggiunto il rifugio di Rondvassbu mi ci ficcai dentro, tutto contento di poter disporre di un luogo del genere in completa solitudine. Accesi la stufa, mi feci una tazza di tè e, quando cominciai a pensare alla cena, con mio grande disappunto sentii voci rompere improvvisamente il meraviglioso silenzio che mi circondava. Pochi istanti dopo la porta si aprì e un ragazzo grande e grosso incorniciato da lunghi capelli biondi riempì interamente l'ingresso. *Un vichingo!* fu la mia prima impressione, ma subito dopo, osservando i suoi abiti da montagna, assai più alpini che norvegesi, pensai a uno straniero come me, probabilmente un britannico. Ci squadrammo entrambi per alcuni secondi. Nei rispettivi sguardi leggemmo il medesimo disappunto all'idea di dover spartire il piccolo rifugio con uno sconosciuto. Ma questo «scambio di guerra» durò davvero poco. Lui era Anders e l'amico che l'accompagnava e che faceva capolino alle sue spalle era Kjartan: entrambi norvegesi. Passammo una serata memorabile. Ciò che subito ci legò, oltre all'età, fu il fatto che entrambi fossimo grandi appassionati di montagna, ma, a differenza della maggioranza dei norvegesi per i quali «*Å gå i fjellet*», oppure «*Å gå på ski*» (andar sui monti e andar con gli sci rappresenta esclusivamente un immergersi, in compagnia, nella tranquillità della natura, i miei due amici amavano «*Å klatre*» (arrampicare), ovvero le scalate vere e proprie. Facevano parte di una percentuale a dire il vero assai esigua, in una terra così vasta, quasi interamente ricoperta di montagne. Del resto, non mi ci era voluto molto, osservando i loro abiti, per scoprire la loro passione.

Con grande orgoglio Anders sfoggiava in pieno petto, sulla sua logora giacca arancione, un distintivo che recitava «NTK – *Norske Tinde Klubb*», vale a dire, Club Alpino Norvegese. Ben altra cosa, sembrava voler sottolineare, rispetto al popolarissimo «DNT – *Den Norske Turistforening*», l'Associazione Turistica Norvegese alla quale appartiene la schiera degli «*Å gå på ski*», anche se, e volle sottolinearlo, era esclusivamente grazie alla DNT, associazione di vecchia data, che era possibile trovare questi rifugi aperti sparsi un po' ovunque sulle montagne del Sud e del Centro. Lo stemma che però più di tutti gli altri aveva dato il via alla nostra amicizia, e che mi aveva sorpreso e riempito di nostalgia al contempo, recitava a grandi lettere «*Dolomiti*» e rappresentava l'inconfondibile mole ghiacciata della Marmolada: più e più volte Anders e Kjartan avevano visitato le *mie* montagne. Non c'è da stupirsi se negli anni che seguirono furono spesso miei ospiti. I ricordi e le salite si sono accumulati, ma non hanno mai cancellato quella «mitica prima sera a Rondvassbu». Ogni volta che torniamo a incontrarci, i discorsi prendono il via sempre con questa frase!

Anders, ebbi subito modo di scoprire, aveva la magica capacità di coinvolgere chiunque, dopo appena un paio di battute, in risate sgangherate, di quelle toste nelle quali, se non scappi via, rischi di restarci secco; abbiamo disseminato i nostri incontri, nel corso di questi anni, di un'infinita serie di queste risate, una più indimenticabile dell'altra, al punto che, ogni volta, riferendoci a esse (e non ne dimentichiamo mai una!), le ricordiamo quasi per nome: «quella della notte in Corsica», «quella nel rifugio di Innerdal mentre ci si cambiava i vestiti zuppi», o «quella di Anders che è appena caduto nel buco di neve tra i pini mughi», o, ancora, «quella di quando, sempre lui, rimase per quasi un'ora seduto sul gabinetto a consultare una mappa» (una tra le sue attività preferite... al gabinetto, per l'appunto), e così via. A volte, bastava un suo sguardo, un suo dito mosso appena e si era finiti!

Kjartan era più tranquillo; studiava per diventare prete. Il suo sogno era quello di poter lavorare su a Honningsvåg, un paese nei pressi di Capo Nord... Sogno che, anni dopo, riuscì a realizzare. Era più alto di Anders ma di gran lunga più magro; portava degli occhialetti assai simili a quelli di John Lennon al quale, tra l'altro, assomigliava vagamente. Benché anch'egli armato di una buona dose di humour, il suo approccio con le persone era sempre molto discreto. Il suo desiderio principale era comprenderne il cuore. Non a caso, mi «interrogò» fino a tardi sulle motivazioni che mi avevano spinto a intraprendere quella traversata in solitudine. Parlammo a lungo; con Kjartan ti trovavi bene, era una persona che sapeva ascoltare e che, quindi, chiedeva sempre ciò che contava. Divenne anch'egli un grande amico.

Passo due giorni di riposo in compagnia di Anders in casa di alcuni suoi amici. Ne approfitto per riparare i vari danni dell'equipaggiamento e, soprattutto, per comprarmi un nuovo paio di scarponi da telemark, sempre in pelle, vista la grande comodità. Inoltre vado in cerca di qualcosa con qui proteggere i piedi distrutti dalle vesciche. È bello potermi riposare in questo paese, vedere la gente, parlare o scrivere lettere, cartoline o ricevere telefonate. Mi ci voleva proprio. Sono a Dovre, 62° nord, ed è come un primo piccolo traguardo. Ora mi attendono zone diverse, più boscose e questo mi rende particolarmente felice, poiché tra i vasti spazi ricoperti solo dalle alte e sottili conifere del Nord mi sentirò di nuovo a casa, o meglio avrò l'impressione di trovarmi in Alaska, nel cuore di ciò che sognavo da bambino.

Preparo la slitta per questa nuova fase, cambio le carte e provo le costose ruote porta-kayak che Anders mi ha comprato: in base alle informazioni che è riuscito a procurarsi, pare che le condizioni dell'innevamento non siano proprio ottimali poco più a nord di qui. Non ho idea se questo ingombrante attrezzo che, benché in alluminio, ha sempre un suo peso, possa davvero rivelarsi utile all'occorrenza, ma per ora ho deciso di portarmelo dietro. Lascio Dovre il 23 dicembre con una lunga tappa che costeggia a nord le montagne del Rondane. Ho la fortuna di poter seguire la traccia di una muta di cani da slitta che incontro poco più tardi, tutti ansimanti, sulla strada del ritorno. Il *musher* mi saluta con un cenno della mano mentre trattengo a stento i lupi. Alle mie spalle la profonda valle di Dovre, la Gudbrandsdalen, sparisce rapidamente, mentre il monte Jetta, dal quale sono sceso sere fa, con il canyon e i boschi tra i quali ho a lungo vagato in cerca di una via d'uscita, è ancora ben visibile. Mi accompagna per un bel tratto di strada segnalando la fine della prima fase della traversata.

Il giorno dopo, vigilia di Natale, uscendo dalla vallata, mi si aprono di fronte i primi vasti spazi di conifere. Montagne alte e solitarie si perdono all'orizzonte nella luce azzurrina del crepuscolo mentre qualche fiocco di neve danza nell'aria gelida e io mi fermo a osservare incantato. L'energia dei boschi, finalmente non più solo nude rocce; poco più tardi, quando incontro un antico abete rosso che pare aver preso la forma del vento, vi accosto la fronte, ne respiro l'odore, passo la mano sulla ruvida corteccia. Ecco, è questo il mio meraviglioso regalo di Natale per quest'anno!

25 dicembre, 34° giorno

Una discesa mozzafiato sulla strada innevata ci porta nei pressi dell'abitato di Folldal. All'incrocio con la strada principale i lupi mi raggiungono trafelati e sorridenti; mi fermo per caricare gli sci sulla pulka, e per legarli con la corda. Il sorriso di un lupo: orecchie basse e aperte verso l'esterno, palpebre leggermente socchiuse a colmare gli occhi di un'incredibile dolcezza, bocca semiaperta con la lingua appena fuori: in altre parole, un'espressione, come lo sguardo di Chinook, difficilmente spiegabile a parole. Lui ora mi osserva in attesa di essere nuovamente liberato dalla corda. I suoi occhi mi incantano; se sono davvero l'espressione del cuore, quale avventura sarà continuare, negli anni a venire, ciò che già ora mi lascia senza parole? Non mi stupisce che i nativi Bella Coola dell'Alaska sudorientale ritenessero che il lupo avesse gli occhi di un uomo...

C'è neve ovunque, ma preferisco continuare a piedi attraver-

Lo sguardo di Chinook

so il paese, soprattutto per poter meglio controllare Chinook e Mohawk. Passo tra le case illuminate, tutto è deserto e tranquillo in questo pomeriggio del giorno di Natale. Il freddo tiene tutti dentro casa, i camini fumano e profumano l'aria di betulla; fuori ci siamo solo noi e la neve. Meglio così. Passo come un fantasma in compagnia dei miei pensieri. Continuo a domandarmi quand'è che riuscirò a vincere il richiamo di casa, quando questa nostalgia che a volte fa davvero male mi lascerà libero di entrare in armonia con ciò che sto vivendo quassù. *Forse pretendo troppo*, mi dico a volte, *una traversata come questa, così lunga e in solitudine, spesso con condizioni avverse, come posso pensare di potermene andare in giro allegramente?*

Una grossa jeep si ferma al nostro fianco; ne esce un ragazzo grande e grosso che mi fa rabbrividire: con quindici gradi sotto zero, indossa solo una maglietta a maniche corte! Al suo fianco c'è un uomo che invece è ben coperto; discorriamo amichevolmente per alcuni minuti e, alla fine, quest'ultimo mi invita a casa sua per la notte. Non posso credere alle mie orecchie! Infine la frase tanto attesa è giunta e, ormai col buio arrivato, non esito ad accettare. Mi descrive l'abitazione, una costruzione chiara a circa due chilometri da dove ci troviamo con al fianco una grossa stalla rossa. Saluto entrambi, e assicuro l'uomo che nel giro di venti minuti sarò da lui. Riprendo la marcia come nulla fosse stato. Solo che ora il buon umore è tornato e, con la prospettiva di una bella serata assieme a una famiglia, avanzo più spedito e impaziente di raggiungere la casa.

Venti minuti dopo ho «posteggiato» la slitta nel cortile. Lego Chinook e Mohawk affinché non mi combinino guai e, tutto contento, come fossi stato invitato a una festa, busso alla porta. Viene ad aprirmi l'uomo di poco fa. Saluto le persone che intravedo alle sue spalle, alcuni bambini, una signora che abbassa subito gli occhi. Mentre mi sfilo guanti e berretto, resto in attesa di fronte all'uomo ma questo, stranamente, dopo un vago saluto, si è seduto per infilarsi gli stivali e quindi il giaccone. Il sorriso mi si blocca sulle labbra; *cosa sta facendo?* Sempre tacendo, continua a tenere stampato in volto un sorriso finto che potrebbe essere di imbarazzo, ma che in realtà rivela mancanza di umiltà. Pur avendo ormai compreso, non posso crederci quando si alza e, senza altre spiegazioni, mi dice: «Andiamo? Se vuoi posso darti un passaggio fino in cima al pendio...» A quanto pare qualcuno lì dentro deve avergli fatto cambiare idea. Come provo a chiedere spiegazioni, lui farfuglia qualcosa da cui capisco che è stata la moglie a mostrarsi contraria. Il problema sono i miei lupi... Dice che potrebbero spaventare il bestiame. Dunque, nulla da fare, una vera e propria doccia fredda. Non solo poiché inaspettatamente sono di nuovo fuori nel gelo e la gioia di una serata diversa con altre persone sfuma, ma soprattutto per la meschinità di quel tipo. Ci sono mille modi diversi per comunicare le cose! E io che avevo continuato a sorridere per non imbarazzarlo! Per lo meno si è offerto di portarmi con la jeep in cima al pendio che sovrasta Folldal a mille metri di quota, oltre la linea del bosco.

Saliamo con qualche peripezia su tra gli alberi. I fari illuminano la traccia lasciata in precedenza, due profondi solchi irregolari. Poi il bosco si fa rado, alberi sempre più isolati e piccoli, infine solo neve e il pendio che si addolcisce. Come usciamo dalla jeep un vento forte ci turbina attorno. Scarichiamo la pulka mentre il nevischio corre frenetico nel fascio di luce dei fari. Le stelle in cielo sono migliaia, il freddo è pungente e le luci di Folldal sono quasi del tutto sparite. «Ora però, mi riporti giù», dico all'uomo che mi guarda senza comprendere. Ma io sono già risalito in auto e mentre scendiamo gli spiego alla meglio il motivo e l'etica di questa traversata. Ho poca voglia di parlare e del resto sono convinto che sia inutile raccontare certe cose a una persona come lui. In basso, prima di lasciarmi, si raccomanda di tenere i lupi sempre legati (che lui chiama *cani*, poiché è così che li «presento» a tutti). C'è qualcosa di cattivo nella sua voce; smontiamo e, dopo essersi assicurato che io abbia legato per bene Chinook e Mohawk, tira fuori il grosso fucile che teneva attaccato sul retro della jeep. «Altrimenti qui vengono uccisi!» aggiunge, mimando il gesto. Dopo un primo attimo di terrore, sono tentato di mandarlo a quel paese, ma poi è chiaro che l'unica cosa saggia da fare è quella di andarmene alla svelta da quel posto e da quell'uomo. Così, infilati gli sci, con un cenno della mano, gli volto le spalle e mi allontano rapidamente nella notte, su per il pendio che attraversa il bosco. Duecento metri più in alto, libero i miei cuccioli. *Sempre meglio soli che male accompagnati*, penso tra me ascoltando il vento che attraversa il bosco. Non mi sarei mai immaginato un comportamento del genere qui in Norvegia. E poi, il fucile...

È sorprendente come oggi le persone che più sembrano lontane dall'amare e dal rispettare la natura siano proprio quelle che vivono a stretto contatto con essa. Un tempo invece vivere tra i boschi e gli animali significava vivere *con* essi, esserne ospiti, fare parte del tutto essendone un esiguo frammento, alla stregua di ogni altra creatura vivente. I nativi conoscevano questa armonia. Nelle migliaia di anni della loro esistenza, i così detti Indiani d'America, ad esempio, furono in grado di condurre una vita che seguiva il correre del vento, il silenzio dell'inverno, la « povertà » esteriore che ci rende autentici e semplici. Soprattutto, seppero vivere per oltre ventimila anni senza torcere un capello alla grande Madre Terra, fluendo in sintonia col suo ritmo. *Quanto è bastato al « progredito » uomo bianco per distruggere ogni cosa, per annientare tutto quanto è bello, pulito e vero?!* Scuoto la testa disgustato mentre lascio che la debole melodia di pace del vento attraverso i pini silvestri e gli abeti giunga fino a me, dritta in fondo all'animo. *Non c'è più speranza per la natura oggi, ovvero per gli uomini, per gli animali e per i bambini?*

Ripenso al tipo col fucile... Certo, le sue bestie sono tutta la sua vita, ovvero il suo guadagno. Ma non si possono per questo uccidere tutti i lupi come sta accadendo ora in Norvegia. Si mettano dei bei recinti! Tutti hanno il diritto di vivere, le pecore (che poi finiranno sgozzate!) così come i lupi selvaggi. Tutto è vissuto nell'ottica dell'utilità, di un tornaconto, si tengono i cani per fare la guardia o per tirare le slitte e quando mi chiede a cosa « servono » i miei, la gente pare non capire: nessuno è più in grado di considerare gli animali come puri e semplici compagni. Non possiamo continuare ad annientare ciò che non ci porta guadagno o ciò che ci impedisce di guadagnare sempre di più! Non possiamo continuare ad assoggettare a questo modo la « nostra » Terra coi suoi meravigliosi esseri! E invece, per il dio denaro, per l'interesse di ogni singolo uomo, le foreste e i loro abitanti sono sempre più arginate, sempre più respinte e isolate, assottigliate, minacciate.

Si toglie la parola al respiro del vento e alla lunga corsa del lupo attraverso il bosco incontaminato; l'unico linguaggio che ora riecheggia e assorda è quello dell'uomo consumatore, voglioso di possedere, di soffocarsi di «benessere»; ogni cosa viene fatta a sua misura e non basta mai, infatti si continua a distruggere e a calpestare! E così gli ultimi nativi, gli animali, vengono sempre più emarginati, respinti dal fragore delle auto o delle folle vocianti. *Cosa resterà, alla fine?...*

Il vento carico di nevischio mi investe improvviso in volto. Non mi sono accorto che il bosco è ormai alle mie spalle. Ancora poco sulla pista quasi cancellata, e raggiungo la pulka ricoperta dalla neve. Per oggi non ne voglio più sapere di continuare. Ho bisogno di chiudermi in tenda: forse, dopo una buona dormita, riuscirò a ritrovare un po' di morale e di calore. Attendo in silenzio che la cena sia pronta mentre il ronzio del fornello copre il rumore del vento. Chiudo gli occhi e torno a pensare. In effetti, anch'io sono figlio di questo mondo consumista, anch'io non conosco più il linguaggio del vento e il silenzio di un nativo. Per questo penso spesso a casa, perché è difficile ritrovare il legame con la Grande Natura e quindi con noi stessi. Però, per lo meno, sono quassù in marcia, nel tentativo di rimediare.

Dopo cena, tiro fuori il telefono e l'accendo. La linea è buona poiché Folldal è appena qui sotto: ecco uno dei gingilli del mondo che tanto «disprezzo»; del resto, tutto quello che indosso, la mia super tendina, il sacco a pelo e così via, tutto è frutto della tecnologia. So però che per me queste cose non sono indispensabili, fondamentali come invece oggi avviene nella maggior parte dei casi. Poterne anzi fare a meno è un desiderio che accarezzo da tempo e che mi fa sognare un'avventura simile a questa, ma «costruita» con le mie sole mani. Saper fare da sé ciò che ci serve, tra l'altro, ci rende capaci all'occorrenza di riparare ogni cosa, interrompendo così il ciclo «usa e getta» che è la modalità fondamentale sulla quale si basa il mondo del consumo e del benessere. *Ora che ho spento il fornello e che il vento è calato, il silenzio mi avvolge come una creatura invisibile*, scrivo sul diario. *Sono quassù tra le montagne norvegesi in pieno inverno ed è Natale. Mi aspettano ancora tante e tante settimane di cammino prima che questo viaggio sia finito e spesso, come stasera, vorrei avere la capacità di trovare da qualche parte l'energia che mi manca, la forza per andare avanti. Sono certo che è questione di tempo, se riesco a tenere duro adesso che sono ancora al primo mese di marcia: non posso e non voglio dubitarne. È solo un riavvicinamento difficile con Madre Natura, come due persone che non si vedono più dall'infanzia e si sono quasi dimenticate l'uno dell'altra.* Al telefono risponde Matteo, mio nipote: «È piena di te questa casa», mi dice. Poi mette su un disco che ascoltiamo sempre quando stiamo assieme. Ascolto la sua voce, ascolto quella canzone e ascolto i rumori del mio mondo. Con gli occhi chiusi, quasi stretti, tento di essere anch'io lì, ne respiro ogni frammento, cerco di bearmene fino in fondo. Poi resto di nuovo solo col vento che parla solitario sulla vasta terra selvaggia. Mi infilo nel sacco a pelo, mi ci chiudo per bene dentro e ascolto a lungo la voce antica che mi sussurra frasi conosciute eppure ancora incomprensibili.

26 dicembre, 35° giorno

Marcio a lungo in una giornata senza sole, buia, come la sensazione che mi ha lasciato il tipo di ieri. Ripenso per un attimo alla vasta Terra che per millenni ha accompagnato indisturbata l'uomo. Lo rivedo nella sua caverna, nel suo tepee, nel suo lavvu o, semplicemente, sotto le stelle. E tutto mi riporta la profonda pace e quiete e *appartenenza* che regnava nel suo cuore. *Da sempre il grande silenzio ha accompagnato l'uomo, e ora? È nelle mani di gente come il tipo di ieri, che la terra è finita?* Una terra strappata via ai Sami con la stessa violenza che

Una stampa del XVII *secolo che ritrae uno sciamano in trance, assistito dallo spirito guardiano*

conobbe ogni altro popolo nativo del pianeta; circa novanta anni fa, il sami Johan Turi descrisse in modo semplice e conciso le vicende che cancellarono l'anima del suo popolo.

«Fu un bel periodo quello in cui i lapponi vissero indisturbati sulla propria terra. A quei tempi, essi erano così isolati, che non sapevano neppure che ci fossero altri popoli nel mondo. I primi stranieri vennero per mare e li spaventarono cacciandoli dalla costa. I lapponi fuggirono nei boschi e sulle montagne e lassù vissero in pace per tanti anni. Ma gli uomini si moltiplicavano, e la 'gente vestita di scuro' arrivò anche lì e si costruì le abitazioni, dato che il terreno, concimato dalle renne, era buono. Essi cacciarono nuovamente i lapponi dalla loro terra e di nuovo noi fummo costretti a spostarci; noi lapponi non siamo mai stati in grado di opporci. La nostra indole è docile, timida e pacifica per natura, proprio come quella della renna! Gli uomini del Sud continuavano a moltiplicarsi e presto cominciarono a odiare e a maltrattare i lapponi perché le nostre renne pascolavano dove avevano sempre pascolato. Il lappone sarebbe anche andato più lontano, ma di terra non ce n'era più, e allora fu obbligato a vivere in condizioni che è difficile descrivere. La legge norvegese è davvero ostile nei nostri confronti. Ha preso la terra dei lapponi e l'ha data ai coloni e su quella terra ora il lappone non ha più alcun potere.»

Quando Cristoforo Colombo sbarcò nel «nuovo mondo» e incontrò gli indios, tutto quello che seppe dire al loro riguardo, fu: «Mi sembrano un popolo grandemente bisognoso di tutto». Un popolo al quale, secondo lui, mancava un modo civile di vestire, di parlare e, senza ombra di dubbio, di *credere*. Sin da quando nel XIII secolo si era messa in atto «l'espansione planetaria della cristianità», scrisse Gilberto Mazzoleni nella sua opera *Same*, l'atteggiamento occidentale, era stato quello di annullare le «diversità» del nativo, assimilandolo a sé, sia tramite il commercio e la civilizzazione forzata (imponendo la propria cultura e le proprie leggi) sia tramite l'evangelizzazione, imponendo con il Vangelo il proprio modo di pensare e di vivere. I mercanti, dunque, non furono mai i soli in questa missione civilizzatrice: al loro fianco e, più spesso, al loro seguito, vi furono i missionari, avanguardie della chiesa (anzi, delle chiese).

Si potrebbe parlare di cristianocentrismo (oltre che di etnocentrismo), in quanto la religione cristiana era vista (solo allora...?) come «centro cosmico», mentre le altre «pseudoreligioni» o idolatrie erano marginali e l'uomo occidentale doveva adoperarsi al fine di affrettarne l'estinzione. Non si avevano (e non si hanno) dubbi circa la superiorità dell'Occidente sui popoli «altri», per cui è sempre stato pienamente giustificato sia civilizzarli che evangelizzarli. Senza volermi dilungare sullo scempio e sulle inaudite violenze che tutto ciò portò nell'intero pianeta «nativo», mi soffermerò su quello che accadde ai Sami. L'attacco dell'Europa «civile» sulla vicina Lapponia, ma soprattutto l'attacco della Chiesa, attraverso la capillare opera dei missionari, fu devastante.

«Fu un bel periodo quello in cui potemmo vivere indisturbati» mi raccontò Pekka col cuore gonfio di amarezza. «E fu anche un periodo davvero lungo, migliaia di anni in cui la terra rimase vasta e silenziosa. Poi, da quando l'uomo bianco cominciò a interessarsi a essa, circa quattrocento anni fa, tutto mutò, tutto sembrò svanire nel buio... Era gente venuta dal Sud. Non era forte abbastanza per adattarsi alla nostra terra, né per rispettarla. Eppure ci tolse la religione nella quale credevamo da sempre, perché era una religione diversa dalla loro. Ci tolsero la nostra lingua e i nostri bambini affinché imparassero i loro modi; ci tolsero addirittura il modo in cui da sempre noi chiamiamo noi stessi: non più Sami, bensì lapponi, che in svedese vuol dire straccioni, emarginati.»

Fu un triplice attacco portato da parte della Chiesa, interessata al «recupero» delle creature barbare e pagane così inammissibilmente ancora presenti sul territorio dell'Europa «civile»; da parte dei mercanti, che videro nella Lapponia una nuova immensa riserva di ricchezze che attendevano solo di esser sfruttate – dalle pelli ai minerali preziosi, allo sfruttamento del legname e dei corsi d'acqua più tardi – e infine, da parte dei coloni, allettati dalla prospettiva di nuove terre. Lo Stato svedese, quello norvegese e finlandese non videro la colonizzazione come una minaccia per i Sami: i coloni si sarebbero sostentati con le fattorie e i Sami, come sempre, con la caccia alle renne. Diversi editti reali, come quelli del 1673 e del 1695, stabilirono la «sottrazione legalizzata» delle terre dei Sami. Come se ciò non bastasse, ormai circondati da nuovi Stati, i Sami furono obbligati a pagare tasse per la propria terra (anche a tre Stati contemporaneamente in alcuni casi), attraverso quantitativi di pelli, carne e pesce. Inoltre, il re di Svezia, al fine di incentivare il popolamento delle zone settentrionali, offrì ai coloni un'esenzione dalle tasse per ben quindici anni, e il diritto sulla terra prescelta a coloro che si fossero spostati verso nord. Il problema fu che il clima del nord non si rivelò dei migliori per il bestiame dei coloni né per l'agricoltura, così che anche questi ultimi si videro costretti a cacciare per sopravvivere, invadendo territori di caccia e pesca che erano sempre stati dei Sami da tempi immemorabili. Renne e selvaggina, di conseguenza, si ridussero a tal punto da costringere i Sami a divenire allevatori. Cominciò così la loro esistenza come pastori di renne: attività che dura ancora oggi, ma che è tutt'altro che facile.

Pekka mi parlò ancora della persecuzione cui furono sottoposti tutti i Sami che continuavano a praticare la loro antica religione e a parlare la loro lingua. Vi fu addirittura un vescovo danese, un certo Kraag, che ai primi del XVIII secolo, fece partire una spedizione di preti per la Lapponia, con l'ordine ben preciso di parlare sempre in danese, in modo che «i lapponi smettessero di parlare quella orribile lingua...» Mi raccontò di come i bambini fossero costretti a frequentare le scuole, restando a lungo lontani dalle proprie famiglie. «Erano buoni e intelligenti e cresciuti con sentimenti gentili», sospirava Pekka, «sarebbero presto peggiorati in seguito al contatto con gli altri.» Si insegnava loro solo Bibbia e norvegese, e guai a chi osasse parlare in *Sàbmegiella*, la lingua sami! Con la stessa amarezza Johan Turi scrisse queste parole: «I nostri bambini sono costretti ad andare a scuola dove imparano tante cose inutili e poi finiscono col prendere il carattere dei contadini, e rimangono lontani dai lapponi nel periodo migliore per imparare e così conoscono solo la vita dei contadini e la vita dei lapponi non la imparano per niente, proprio per niente».

Per contro, nel XVI secolo, il missionario Francesco Negri, affermava, quasi sorpreso che «la principale cagione per la quale questa gente ha avversione al mandare allo studio i propri figlioli, è perché vorrebbe che fosse loro insegnato senza batterli e senza patimenti, parendole che a troppo caro costo debbano essi comperar la virtù». Con la stessa veemenza, ci si accanì sulla spiritualità dei Sami, sui loro luoghi e oggetti di culto. Ancora il Negri scriveva: «Quando di sacrifici e altre pratiche idolatriche ne giunge notizia ai preti, essi distruggono li altari, abbruciano i tamburi, castigano li operatori».

La conversione forzata raggiunse il suo culmine nel XVII secolo quando, con un'ordinanza reale, si impose a tutti i Sami di presentarsi alla chiesa più vicina coi propri tamburi e con gli altri strumenti di culto (il tamburo chiamato *guabbada* o *kobdas*, strumento simbolo della religione sami, non era prerogativa del solo Noaj'de, lo sciamano; ogni capo famiglia ne possedeva uno per i riti «minori»). In un'Europa impegnata nella caccia alle streghe e nel recupero degli indemoniati, l'atteggiamento era emotivamente orientato verso la riprovazione e il rigetto delle pratiche sciamaniche. Il missionario Tornaeus, nel XVII secolo, scriveva: «Vi sono alcuni che ricevono la prerogativa dell'esercizio delle arti magiche dalla stessa natura, il che è orrendo. In effetti, il Diavolo, sin dalla stessa infanzia, colpisce con un morbo durante il quale suscita molte immagini e visioni, pertinenti all'arte stessa, in coloro i quali ha scelto come suoi futuri e idonei ministri». Per questo, principale oggetto di persecuzione, furono gli sciamani e i loro tamburi. Solo tra le montagne e nelle foreste più impervie, resistettero i grandi Noaj'de, simbolo stesso della paganità che essi rappresentavano. Qui continuarono a compiere clandestinamente i riti ancestrali. Numerosi furono però gli sciamani catturati e bruciati vivi coi loro tamburi, per il semplice fatto che asserivano di parlare con gli spiriti, come avvenne ad Arjeplog, in Svezia, nel 1692. Fu questo il periodo che dai Sami venne chiamato «il periodo in cui bisognava nascondere i tamburi», successivo a quello invece definito «il tempo dei tamburi» o, semplicemente, dei Sami.

Verso la fine del XVIII secolo, come afferma Stefano Lucchi,* esperto conoscitore della storia e della spiritualità dei Sami, l'autorità ecclesiastica considerava i lapponi ormai convertiti, ma era più che altro per l'esigenza di mostrare i propri successi. Infatti, la funzione del Noaj'de resisteva, e la gente manteneva la propria ritualità parallelamente a quella cristiana che praticava solo per «difesa»; le scuole, istituite dalla Chiesa per istruire i giovani sami al pastorato, furono spesso dei fallimenti. Molti furono i casi in cui i giovani, dopo tali scuole, tornarono ai propri villaggi, diventando potenti Noaj'de! Uno di questi, Skol Niels, mandato dalla sua gente per convertirla, divenne uno dei più grandi Noaj'de mai conosciuti! Ai Sami, dunque,

* Stefano Lucchi, *Sciamanismo Saami*, Università degli Studi di Urbino, 1992-93.

non rimase altro che adottare una tattica di adattamento flessibile, di accorto travestimento e di prudente copertura.*

Un lungo lago sul quale ho faticato un po' nel fare la traccia e un leggero pendio ricoperto da rade betulle nane mi hanno condotto attorno a un'ampia collina; ora, nell'ultima luce del pomeriggio, cerco di individuare la strada più agevole. I pensieri, oggi, mi hanno accompagnato a lungo, consentendomi di estraniarmi dalla fatica e dal gelo di questa giornata. Una domanda però, più che altro una sensazione di disagio, continua a premere: *È nelle mani di gente come il tipo di ieri sera che è finita la Terra?* Il cielo, l'altopiano irregolare che ho di fronte a me, le montagne alle mie spalle, tutto affonda di minuto in minuto in una luce azzurra, trasparente e gelida. Approfitto di questa breve sosta per tirare fuori la lampada frontale: tra breve ne avrò bisogno.

Chino sulla pulka, rovisto un po' con le mani liberate dai guanti, poi mi fermo: osservo i miei cuccioli subito acciambellatisi per difendersi dal freddo, osservo la neve sotto di me: nel freddo intenso posso distinguerne ogni singolo cristallo. Osservo la vasta terra che ho attorno, ne respiro a fondo l'aria gelida poi, chiusi gli occhi, come un fremito d'amore che subito diviene dolore, mi domando: *Davvero non c'è più speranza per la nostra terra, per i bambini, per tutto ciò di genuino che ancora sopravvive?* Avverto il grande silenzio e l'*appartenere* di un tempo; quassù non mi è difficile. Eppure tutta l'ondata di distruzione che attraversa la terra ora mi tormenta. Ripenso ai nativi di ogni epoca, di ogni luogo; alla quiete che conobbero per millenni e che venne improvvisamente interrotta da un frastuono sconosciuto; per tutti questa «botta» arrivò parlando la stessa lingua: i nativi

* Ho tratto queste note dall'opera *Same* di Gilberto Mazzoleni (Bulzoni Editore, Roma 1981).

del Tibet stavano in pace a meditare nei ventosi spazi dell'altopiano, quando arrivarono i devastatori vestiti di grigio; i nativi d'America stavano in pace nel silenzio delle Grandi Praterie all'interno del loro tepee, il vento come una carezza sconfinata tutto attorno quando improvviso, esso portò quel piffero lontano, il piffero e i fucili degli uomini vestiti di blu; l'indio attraversava senza far rumore la sua fitta foresta, quando un fragore infernale schiantò l'aria e gli alberi presero a cadere uno a uno; i Sami... Mi alzo di scatto: *per quanto tempo ancora? Fin quando l'ultimo centimetro di verde non sarà stato avvelenato?* Un senso di oppressione mi accompagna mentre riprendo la marcia.

27 dicembre, 36° giorno

Ma come ho potuto finire dentro il canyon?! Le luci della strada erano lì di fronte a me, quasi sembrava di toccarle. Forse è per questo che ho sbagliato: mi hanno messo fretta, sono sceso troppo presto dal pendio della montagna. Ora, nel buio fitto del pomeriggio, vago nella gola e la neve a –25° è così farinosa che a tratti sprofondo fino alle ginocchia. Non avessi la pulka sarebbe un conto, ma così è impossibile. In più, man mano che scendo, riappaiono gli alberi. Sembrano enormi fantasmi ricoperti di panna montata. Tra neve e rami fitti, ignorando per di più dove finisce questo canyon, proseguire è una vera follia. Per un attimo penso di risalire un fianco della gola, ma cambio subito idea non appena provo, lasciando per un attimo la pulka, a inerpicarmi su per il pendio. Sul ripido la neve, nonostante gli sci ai piedi, mi arriva allo stomaco.

Osservo i lupi molto più a loro agio di me in questo mondo selvaggio: riescono a passare tra gli alberi e nonostante anch'essi affondino un po', non sembrano fare alcuna fatica. È tardi, sono stanco, ho fame e sono sfiduciato. *Se mi ci metto pure io a cacciarmi in questi pasticci, come diavolo penso di farcela a concludere questa traversata?* Certo, non sono sbagli da farsi, e mi stramaledico. Ma dentro di me so che l'assurdità è trovarmi quassù nel pieno dell'inverno, a fine dicembre, quando il buio arriva quasi subito dopo aver fatto luce. *Come posso pensare di poter vagare da solo al buio tra montagne che non conosco?!...* Eppure fino a qui sono riuscito a farlo.

Intanto, mentre risalgo il canyon seguendo la profonda scia che mi sono lasciato dietro, so che ho fatto l'unica scelta possibile: tornare sui miei passi e cercare una via d'uscita più in alto dove in teoria la gola dovrebbe essere meno accentuata. Risalgo lentamente. Ormai anch'io sono ricoperto di bianco come gli alberi attorno mentre i baffi dei miei lupacchiotti sembrano decorazioni natalizie. Il cielo sopra di me è trapuntato di stelle, ma ora vorrei il sole o un po' di luna. Risalgo tutta la gola oltre il punto dal quale sono sceso qui dentro. Continuo a battere la pista, ma per lo meno qui in alto la neve è meno faticosa. E pensare che poco fa, quando avevo scorto le prime luci, mi ero visto a valle nel giro di mezz'ora, al calduccio, con tutta una bella serata di riposo di fronte a me; invece ora sono qui a vagare in un canyon nel buio più totale.

D'un tratto scorgo le tracce; la pista di almeno tre sciatori che attraversa per largo il canyon dove si addolcisce un po'. In quell'istante so che la forza è di nuovo con me. Non mi pare vero, gli sci tornano a filare veloci e le gambe sono di nuovo senza peso. Poco più tardi io e i miei cuccioli sbuchiamo sulla strada ricoperti di brina. Il freddo è intenso, penso sui –30°. La pista mi ha condotto veloce fin giù e se non l'avessi trovata, anche se non fossi finito nel canyon, raggiungere la strada con tutta la neve farinosa tra gli alberi, sarebbe stato allucinante. Non c'è nessuno e non passa neanche un'auto. Tutto è addormentato nel gelo. Così, usciti dai boschi, distrutti dalla fatica e incrostati di bianco, credo che io e i lupi non faremmo invidia a nessuno.

Non posso più continuare a questo modo, marciando ogni giorno per tante ore al buio, e finendo con l'infognarmi in situazioni assurde come nel canyon di poco fa. Inoltre non ho il diritto di strapazzare a questo modo i miei due amici. Bisogna prendere un altro ritmo altrimenti va tutto all'aria! Il freddo è terribile e penetra ogni strato degli indumenti: dev'essere la stanchezza. I lupacchiotti, il muso ben nascosto sotto la folta coda, sono penosamente acciambellati nella neve. Solo gli occhi vigili si muovono per seguire ogni mio movimento: chiaro segno che sono in attesa. E io non ci sto a pensare su troppo. Non ho alcuna intenzione di affrontare una notte in tenda in queste condizioni, ancor più per il fatto che il fornello non mi funziona e che comunque ho bisogno di una giornata di riposo e di rifornimenti al paese di Tynset, distante trenta chilometri a est. Mezz'ora dopo il taxi che ho chiamato ci sta portando verso valle. Solo ora al caldo sento la stanchezza pesarmi addosso come piombo e anche lo sconforto. *Se continua così, non resisto ancora a lungo quassù; il buio mi sta uccidendo*, penso di nuovo. *Adesso comincio a respirare, a prenderla col ritmo del qui e ora, altrimenti, va davvero tutto all'aria.* «Il fiume non va spinto, scorre da sé», *dicono gli indiani.*

Poco prima di scorgere le luci del paese, torno a chiamare casa. Ma parlando con mia sorella la voce mi si spezza; sono troppo piccolo in questo grande Nord, troppo vasta la sua terra, troppo impenetrabile la sua buia veste di gelo e di bianco. Se voglio resistere e andare avanti, devo farmi ancora più piccolo, intuisco d'un tratto, dimenticare la meta, cancellare questa terra o, meglio, spezzettarla in tante piccole tappe a ognuna delle quali posso decidere se tornare a casa o andare avanti ancora per un altro pezzettino. Così, un passetto alla volta, come una formichina: per non soccombere. A Tynset il freddo è ancora più intenso. Mentre scarico la pulka e pago il tassista di fronte al camping deserto dove affitterò una piccola baita in legno, dal cielo scendono lenti e quasi immobili una miriade di cristalli che a tratti riflettono la luce dei lampioni sulla strada. È come se l'aria stessa li creasse. Sfamo i lupi e sistemo l'equipaggiamento all'interno della baita, dopo di che esco e poiché sono davvero affamato mi dirigo verso il centro a circa un chilometro di distanza, nella speranza di trovare ancora qualcosa di aperto.

Ho i piedi che urlano per le vesciche di cui sono ricoperti, ma non ci faccio più caso. Invece, mi diverte il fatto di poter di nuovo camminare senza gli sci. Un passo dopo l'altro, mi domando come sarà tra quattro mesi! Entro nell'unico locale ancora aperto, piccolo e vuoto. C'è solo una ragazza alla quale chiedo, tanto per cominciare, un cheeseburger gigante con patate fritte. Se fossimo in Alaska, forse vedere entrare un tipo come me, con l'aria vissuta, con gli abiti sporchi e la barba ghiacciata, potrebbe essere cosa normale. Ma da queste parti non deve capitare spesso di servire qualcuno che è appena sbucato dai boschi tirandosi dietro una slitta e che le parole con le quali ha ordinato da mangiare, lo si comprende subito, sono le prime che pronuncia dopo tanti giorni di solitudine. Tutto questo lo leggo nello sguardo curioso della giovane cuoca. Ma i norvegesi sono discreti per natura e spesso, purtroppo, anche un po' troppo orgogliosi. Quando infatti, dopo che ho divorato il primo menu e sto attendendo il secondo, riusciamo a scambiarci qualche frase e io le racconto della mia avventura, lei mi fa «Ah!...» e sembra ritrarsi all'improvviso come a dire «Tu italiano come puoi riuscire a fare questo nella nostra terra e nel nostro inverno?» Ormai sono abituato a questa specie di puzza sotto al naso tipica soprattutto delle ragazze di quassù.

Finisco di divorare il mio secondo cheeseburger gigante con annesso altro piatto di patatine, tanto per lasciarla allibita ancora di più. Poi, il terzo paninone decido di mangiarmelo per strada mentre me ne torno alla baita. Sono arrivati alcuni giovani e tra loro e la ragazza ne ho abbastanza di esser guardato come un alieno. Del resto, la pancia è finalmente piena!

Quella sera gelo e buio sono al di là dei vetri del mio caldo rifugio. Scrivo sul diario: *Sta diventando durissima e non posso fare altro che prenderla con estrema calma. Già così arrivo ogni sera esausto. Provare a forzare è inutile, in una scalata così gigantesca mi finirei subito. Quindi calma, un totale qui e ora. Cancellare dalla mente la meta finale e crearmi di volta in volta tanti piccoli traguardi. È esattamente come avanzare metro dopo metro su un'immensa parete, non è possibile in altro modo. Chissà se così alla fine arriverò anche in cima.* Osservo per un po' i miei amici lupi mentre con calma si leccano il pelo umido. Sorrido, pensando che anch'io sono qui per leccare le mie «ferite».

Poco dopo, terminata la toletta, Chinook trova una palla di pelle nascosta dietro il letto; la tiene tra le zampette mordicchiandola, ma quando si rende conto che questa, se calciata o scostata col naso, rotola via, si alza e, pieno di serietà per questa nuova scoperta, dà il via a un'autentica partita di calcio con se stesso: la sposta o la tira in avanti con le zampe, la insegue, la prende in bocca per lanciarla in aria e per osservarla cadere con estremo interesse nonché divertimento. Mohawk sdraiato con la sua vecchia bambolina di pezza tra i denti, lasciatala cadere, lo osserva immobile, con una serietà e un'attenzione ineguagliabili. Poco dopo, quando la palla finisce sotto l'armadio e Chinook tenta invano di tirarla fuori, Mohawk si alza e va in suo aiuto, con una meravigliosa espressione densa di premura. Estratta infine la palla Chinook, dopo averla tenuta alcuni istanti immobile di fronte a sé, fissandola quasi in segno di sfida, si rialza e ricomincia con i suoi dribbling e i suoi « passaggi », sfiorando e scavalcando ogni tanto il fratello, che, sdraiato con la sua bambola, osserva quasi preoccupato l'evoluzione di quel gioco.

Così va bene, penso tra me ricordando il gelo e il canyon di ore prima. Sono contento che i miei due piccoli amici possano anche giocare un po'. Del resto il gioco, come l'intelligenza o la lealtà nella vita di branco, sono alcuni degli aspetti principali di questo magnifico essere che è il lupo. Più tardi, sul diario, aggiungo: *È dura per la nostalgia di casa, per le persone care che mi attendono con ansia e lo è per le difficili condizioni del terreno a causa del freddo intenso che rende la neve tra i boschi profonda e polverosa. Avanzare, come oggi pomeriggio che vagavo nel canyon a –30°, diventa un lavoro penosissimo. Inoltre c'è la brevità delle giornate. Il sole è così rapido nel cielo che pare un fantasma e il buio continuo, come se non bastassero le lunghe ore di marcia nella neve alta, rende tutto ancora più arduo e spossante. È il momento più difficile e lo sapevo. È l'inverno del grande Nord! Pian piano, attraverserò anche questo.*

Il giorno dopo mi regalo un'intera giornata tra la gente. E stavolta Dio solo sa quanto ne avessi bisogno. Riparo il fornello e risolvo gli altri problemi tecnici (tra i quali quello dei piedi devastati dalle vesciche), scrivo o telefono a tutti, mangio in continuazione e infine, ultimo *regalo*, mi compro un orologio col quale spero di riuscire a essere più regolare con le mie ore di marcia. Tanti piccoli gesti coi quali mi *coccolo* un po' e torno a farmi forza prima di riprendere il cammino attraverso il gelido inverno. Lascio Tynset il pomeriggio successivo già al buio con lo stesso tassista. Mentre torniamo al punto esatto di due sere fa, la prospettiva di una «inutile» notte in tenda da lì a breve non mi rende particolarmente entusiasta. In effetti, neanch'io riesco a comprendere sul momento il motivo per il quale non sono rimasto a dormire in paese. Semplicemente ho sentito l'impulso e non ho esitato a seguirlo.

Più tardi, difatti, risalita nel gelo opprimente una stradina circondata dal bosco appesantito dalla neve, mentre passo sotto le luci di una casa solitaria, un uomo dai capelli bianchi ma col sorriso da fanciullo, esce dalla piccola porta della stalla e mi viene incontro. La strada finisce qui, presso l'ultima abitazione della valle con il bosco fitto e scuro che preme e incombe appena oltre, come si trattenesse a stento dall'intrufolarsi attraverso le finestre. Sono contento di poter scambiare cordiali parole con questo allevatore del Nord. La grande stalla riscaldata alle sue spalle è piena di mucche: si intuisce che ha appena terminato la mungitura. Dapprima sembra intenzionato a ospitarmi per la notte in casa sua o in una piccola stanza accanto agli animali. La speranza mi si accende nel cuore mentre pendo da ogni sua parola e tento di non darlo troppo a vedere. Intanto mi ha fatto entrare in casa. C'è la moglie e la figlia con un neonato in braccio... Questa volta colgo sorpresa e ammirazione, nel vedere uno straniero affrontare una simile avventura. Continuano a ripetermi che fuori fa davvero freddo e io... «Non ha freddo ad andare in giro al buio e a dormire in tenda?» Lei, aggiunge la figlia, non esce mai con un freddo simile e se proprio deve farlo è per andare dalla casa alla stalla o dalla casa all'auto (quando, venti minuti dopo essere stata accesa, si è ormai riscaldata)! Infine, l'uomo dai capelli bianchi ha preso la sua decisione, mi sorride e scandendo con lentezza le parole in norvegese (solo così riesco a comprenderlo) mi dice: «A cinque chilometri da qui, su lungo la valle, c'è la mia baita. È aperta e se riesci a raggiungerla, per stanotte è tua!» A stento riesco a celare l'entusiasmo mentre saluto la bella famiglia. Il simpatico allevatore esce per mostrarmi l'imbocco della valle e per ripetermi ancora una volta l'itinerario da seguire e i bivi da evitare. Poi, dopo una vigorosa stretta di mano, sono di nuovo solo.

Il calore della casa e dei suoi abitanti, le parole scambiate tra i sorrisi, hanno scaldato il mio cuore fino in fondo. *Sembra un incantesimo, come l'altra sera quando ho «trovato» le tracce degli sciatori*, penso mentre attraverso il bosco lungo lo stretto taglio del sentiero estivo; *qualcosa come una forza, un'energia che scaturisce dalla «giustezza» del mio essere qui e della mia «visione». Fin quando sarò in grado di restare in ascolto, so che sarò al sicuro e riuscirò a passare attraverso ogni ostacolo, ogni difficoltà.* La notte è incantata e immobile sotto le stelle. Non un alito di vento attraversa i rami degli abeti carichi di neve. Salgo per oltre un'ora in un silenzio ovattato. Ormai sono convinto di aver mancato la baita, quando d'un tratto il fascio circolare della lampada coglie nel bosco una costruzione di tronchi piccola e bassa e quasi cancellata nella coltre bianca. Rallento e respiro; ecco un posto dal quale non si andrebbe mai più via. Più tardi, mentre la stufa ruggisce e illumina tenuamente la neve oltre le piccole finestre, esco e resto in ascolto. Il buio della notte è più profondo che mai, la luce del sole lontanissima da questa parte di mondo. Silenzio e gelo assoluto.

30 dicembre, 39° giorno
Gjersjøhøa, 62° 30' lat. nord

Lascio la baita verso le dieci di mattina mentre il sole stenta a districarsi oltre l'orizzonte. Alcuni raggi colorano di arancio scuro il bosco più in alto, contro un cielo limpido. Risalgo con calma nella neve farinosa. Gli alberi sono imbalsamati di bianco, uno spettacolo, più tardi, quando il sole riesce a investirli di sbieco. Un mondo immobile, in fiamme, eppur gelido, tutto per me e non posso fare a meno di fermarmi in continuazione a guardarmi attorno. La sera pianto la tenda poco dopo il buio, oltre la linea del bosco, alto sopra la valle, sul vasto pendio di un rilievo che per confine ha solo le stelle. Oggi, penultimo giorno dell'anno, le cose sembrano essersi messe al meglio! Scrivo nel mio diario:

Risolto anche il problema al fornello che ora, dopo cena, è acceso per scaldare la tenda e asciugare i guanti e altre cose. Fuori fa –20 qui, dentro la tenda, sarò a +30, niente male! Anche se poi, appena spengo, la temperatura interna calerà rapidamente fin quasi a eguagliare quella esterna. Sarà solo il nostro calore a tenerla più «calda» di soli tre o quattro gradi! Oggi, anche se nella neve fonda, sono stato ripagato da una giornata serena, senza una nube e quindi, per quel poco che sta su, di sole. Penso che la decisione di ieri, di prendere questa avventura presente dopo presente, cancellando la meta e vivendo solo ogni passo, abbia cambiato tutto. Vivo serenamente ogni istante e, nonostante che per tornare in alto sulle montagne abbia dovuto risalire i boschi sepolti da neve 'piumosa', sono riuscito a sentire ciò che ho attorno, ed è davvero speciale. Certo, nella fatica ogni tanto i

La baita nel bosco

nervi schizzano come sempre, e qualche oscenità interrompe il silenzio, soprattutto ogni volta che la slitta decide di capovolgersi ma, almeno, sono riuscito a respirare, a sentire. E che luci queste dell'inverno del Nord nonostante il sole tramonti alle 14.40! Col primo buio vero, un cielo stellato mi sovrasta con un'unghia di luna e un pianeta luminosissimo: che purezza! E come promessomi ieri, attorno alle 17.00 al primo posto buono per la notte mi sono fermato e ho piantato la tenda, con circa due, tre ore di anticipo rispetto al solito. Non posso pensare di correre. Devo fermarmi in tempo per rilassarmi, asciugarmi, cucinare, scrivere e leggere. Sentire questa natura selvaggia che mi circonda e le stelle che ho sopra la testa. Ogni giorno così, pian piano diventa vita quotidiana e allora non ci si accorge più del tempo, si vive e basta e forse, si arriva anche lontano.

L'ultimo giorno dell'anno viaggio alto oltre i boschi sulla neve perfetta di rilievi vasti e ondulati. Il cielo è sempre limpido e da quassù riesco ad avere la compagnia del sole e dei colori incredibili che crea durante tutte le brevi ore della sua stentata permanenza. Vado veloce sugli sci, gli occhi all'orizzonte a saziarsi dello spazio pulito coi cristalli di neve che rilucono come diamanti. Non ho bisogno di osservare dove posare i passi, con condizioni come queste si ha sempre l'impressione di essere condotti dalla terra stessa; è come trovarmi sperso tra i ghiacci dell'Antartide: c'è il cielo turchino o lo spazio bianco striato dai colori del sole basso, null'altro. E io mi muovo nel confine tra uno e l'altro, proiettando la mia lunga ombra sul terreno e lasciando una traccia lieve sulla sottile polvere di cristallo. Forse intuisco cosa prova l'artista nel trovarsi di fronte una tela bianca, il primo tratto di pennello; mi volto di continuo a osservare la mia ombra, la traccia.

Alle due e mezzo del pomeriggio, il sole si accosta definitivamente alla linea del mondo. L'altopiano bianchissimo viene scosso da un ultimo sussulto di luce intensa, infuocata, un arancio che pare voglia donare calore prima della lunga notte. I lupi si acciambellano mentre io sono fermo e fisso l'astro svanire inesorabile verso sud. Il loro folto manto invernale si tinge dei colori dell'alba e acquista tonalità mai viste. Chinook, il manto chiaro infiammato di arancio lucente, con estrema cura si mordicchia via il ghiaccio dai polpastrelli. Poi, accovacciati vicini, si leccano e asciugano l'un l'altro; ogni volta, a vederli così, ho l'impressione che si completino a vicenda; il proverbiale legame che unisce i lupi di uno stesso branco, infatti, non manca di manifestarsi anche nei miei due amici. La giornata non ha più la forza di prolungarsi oltre. Il sole si ritira con un ultimo guizzo, lasciando al buio questa parte del pianeta. Il cielo assume il colore del gelo, la neve si tinge di viola. Continuo ancora per un po' mentre si accendono le stelle e mi tornano in mente le parole dell'ammiraglio Byrd: «Il giorno antartico moriva e nasceva la lunga notte in un'immensità di pace. In armonioso silenzio. Sì, armonioso! Pareva che dal silenzio venisse un dolcissimo ritmo, il suono di un accordo perfetto. Bastava cogliere quel ritmo per diventarne parte, sia pure per un attimo. In quel momento non potevo avere dubbi sull'identità dell'uomo con l'universo». Mi fermo e sfilo gli sci; l'ultimo giorno dell'anno non poteva essere più bello!

È il momento delle pulizie

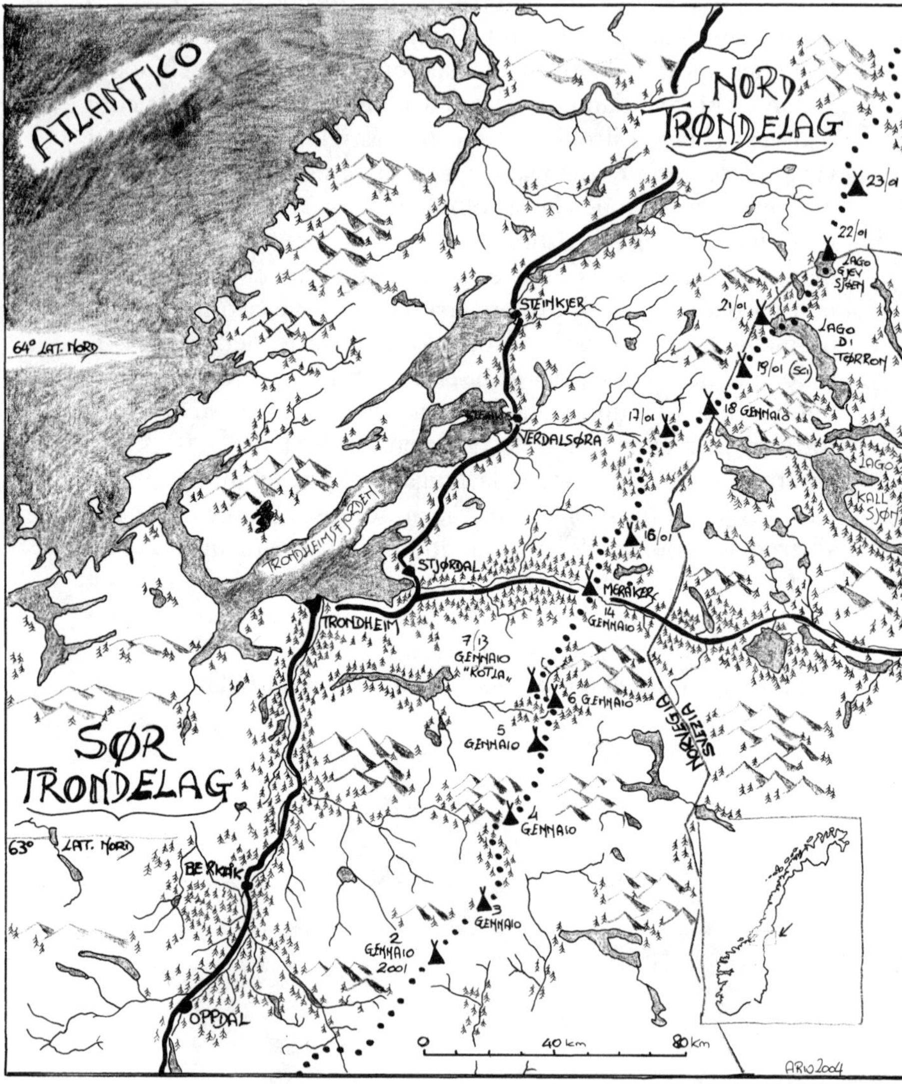
ATLANTICO
NORD TRØNDELAG
23/01
22/01
LAGO GJEV SJØEN
21/01
LAGO DI TØRRON
19/01 (SCI)
18 GENNAIO
17/01
STEINKJER
VERDALSØRA
64° LAT. NORD
LAGO KALL SJØN
16/01
TRONDHEIMSFJORDEN
STJØRDAL
MERÅKER
14 GENNAIO
TRONDHEIM
7/13 GENNAIO "KOTLA"
6 GENNAIO
5 GENNAIO
NORVEGIA
SVEZIA
SØR TRONDELAG
4 GENNAIO
63° LAT. NORD
BERKÅK
3 GENNAIO
2 GENNAIO 2001
OPPDAL
0
40 km
80 km
ARW 2004

L’inverno dov’è?

Viandante, sono le tue orme
la via e nulla più;
non c’è via poiché
essa la si fa con l’andare.
E nel voltare indietro lo sguardo,
si scorge il sentiero
che mai si tornerà a calcare.
Viandante, non c’è via,
ma scia sul mare.
Antonio Machado

C’è un detto tra i Sami che recita: « Buoret lea jodu go oru », ossia, « meglio nomade che vivere in un posto », spesso usato con una punta d’orgoglio, per contrapporsi al norvegese « Øst, vest, hjemme er best » (a est, a ovest, casa è il miglior luogo). Ora che scivolo attraverso gli spazi di questa terra come nella splendida giornata di oggi, libero a ogni istante, ogni sera, di potermi fermare in un qualsiasi luogo e lì, sperso nel nulla, creare in poco tempo il mio rifugio, la mia casa sotto le stelle, ora, qui, non posso fare a meno, nomade come loro, di sentirmi sempre più vicino agli antichi Sami. I racconti di Pekka riaffiorano uno a uno nella mia mente, mentre la candela rischiara l’interno della tendina ove i lupi riposano sereni; aliti di vento lontani giungono di rado a infrangere il silenzio dell’altopiano, una carezza impercettibile che parla dello spazio che attraversano. Tutto pare ammutolire, attonito, sotto la volta infinita delle stelle.

Lago di Iesjar'vi, Sàpmi (Lapponia), 20 luglio 1987
Mezzogiorno

Ho il ricordo di un nativo anziano, un Sami che avevo fino a oggi tralasciato nel mio ricomporre i vari frammenti delle frasi pronunciate da Pekka; Anti che non aveva pronunciato una sola parola da quando era improvvisamente entrato nel lavvu; Anti che lavorava assorto, le gambe incrociate, infilando con cura filamenti di erba secca nelle proprie scarpe in pelle di renna. «È la *suoine*», mi fece Pekka indovinando il mio interesse. «La *suoine*, i nostri calzini!.... Metterla nelle scarpe è un'arte che si impara a suon di vesciche!» aggiunse sorridendo, «se sistemata a dovere, potrai camminare per dieci ore di fila e i piedi non ne soffriranno.»

Iniziai a comprendere l'estrema pazienza e cura di Anti; ogni atto quotidiano, stavo ormai imparando, era arte per i Sami, come per ogni nativo in generale. Arte era come ci si sedeva, come si sistemava la legna sul fuoco, e il modo in cui lo si accendeva, arte era come si entrava nel lavvu o, appunto, arte era l'infilarsi l'erba *suoine* nelle scarpe. Tutto nella loro vita era arte: e questo perché, semplicemente, si *apparteneva*. Pekka mi spiegò che i Sami non indossano mai calze, ma questa erba disseccata (*Carex vescicaria*) e questo per il fatto che sul terreno spesso pantanoso e percorso da infiniti corsi d'acqua di ogni dimensione che è la Lapponia, è impossibile non bagnarsi i piedi; le calze umide darebbero fastidio e nient'altro. La *Carex vescicaria*, invece, usata tranquillamente anche in inverno, si asciuga vicino al fuoco in pochi secondi.

«La *suoine* cresce nei terreni bagnati o umidi» mi spiegò con particolare cura, «ma occorre prendere quella che si trova tra i fitti boschetti di salice dove è lunga, robusta e protetta da troppo sole; quella che cresce sulle paludi assieme ai bianchi e setosi ciuffi dell'Erofiore, o attorno ai laghi, non va bene, è troppo fragile e secca e non abbastanza lunga...» Una volta raccolta, la *Carex vescicaria* viene pressata, pettinata (il pettine è un legno piatto con tanti spilli vicini) e battuta su pietre, fin quando non si ammorbidisce e finché è sfilacciata, fina e uniforme. Poi viene appesa ad asciugare e infine confezionata in trecce di diverse dimensioni a seconda degli usi: *snuftu* è la treccia più piccola, di solito sufficiente per un paio di scarpe; con la *pil'ka* si hanno invece due o tre *snuftu*: questa di solito viene usata come riserva, per questo non manca mai nello zaino di ogni Sami. Vi è poi la *vierra*, ossia circa trenta *pil'ka* arrotolate assieme in una grande palla. Dura a lungo ed è lo «stock» della famiglia. La *suoine* venne utilizzata con ottimi risultati dall'epica spedizione polare dell'esploratore norvegese Fridtjof Nansen (durata ben tre anni, dal 1893 al 1896).

«Per le mani usiamo guanti di pelle di zampa di renna e, con freddo intenso, imbottiamo anch'essi con la *suoine*» aggiunse Pekka. Esser nomade vuol dire anche, o forse soprattutto, questo, penso tra me: non solo attraversare la terra come me, ma farlo con le proprie mani (oltre che coi propri piedi), vale a dire, grazie a ciò che ci siamo costruiti da soli. Appartenere fino in fondo a ciò che si è; penso a come sarebbe diversa questa mia traversata se tutto l'occorrente l'avessi fabbricato io: gli sci come la slitta, le scarpe come ogni singolo indumento. Sorrido per un attimo al ricordo di come ho dovuto vagare per Tynset pochi giorni fa alla ricerca di un rimedio per le mie vesciche. Sarà per la prossima avventura, mi consolo. Già so, ad esempio, che l'erba *suoine* è il rimedio migliore! Ascolto il vento dell'altopiano, il sonno sereno dei lupi; frammenti tornano alla memoria. «Da sempre siamo stati nomadi» irrompono in me le parole di Pekka. Anti ha alzato per un attimo lo sguardo ma poi è subito tornato al suo lavoro. «Non fa alcuna differenza se diventammo pastori di renne quattrocento anni fa» continuò lui. «Da sempre siamo vissuti grazie alla renna, sempre abbiamo dovuto seguirla. È per questo che, allo stesso modo di quelli dei ghiacci di Biegolmai, sono sopravvissuti i racconti della renna. Delle sue abitudini e migrazioni, ogni bambino sentiva parlare sin da quando era nella culla. Noi apparteniamo a lei e lei fa parte di noi sin dall'alba dei tempi. Essa è la nostra gente.»

Al sicuro nella mia tendina e al caldo del sacco a pelo, penso a quanto potesse essere genuina ma anche dura la vita dei nomadi pastori di renna fino a pochi decenni or sono; le parole di Johan Turi così descrissero le condizioni che, adulti e piccini, erano costretti ad affrontare durante le migrazioni primaverili e autunnali al seguito della propria mandria: « Quando un bimbo è piccolo, è facile portarlo sul fianco della renna, nel modo in cui si portano le altre cose, venti chili per lato. Ma un bimbo di quattro anni è già costretto a cavalcare sul dorso, con ogni tempo. E quando è ancora più grande deve correre per conto suo, e allora si stanca tanto che alla fine bisogna portarlo in braccio. Ma anche quelli che cavalcano, soprattutto col maltempo, non ce la fanno a rimanere su e hanno le mani così ghiacciate che non riescono a reggersi al basto; a volte, ai maschi, si gelano i genitali e se non si sa che bisogna strofinarli con la *saenjas*, la neve più a contatto con la terra, allora tutta la parte congelata cade. Dopo un viaggio così lungo, i bimbi nella culla piangono più che possono, ma non serve a niente, debbono rimanervi fin quando il lavvu è alzato e il fuoco acceso. Spesso si è costretti a montare il lavvu in alta montagna » continuava Turi, « in posti dove non ci sono alberi per la legna da ardere e per ripararsi dal vento; la legna bisogna andare a prenderla a un miglio di distanza. E non è piacevole quando c'è la tempesta, quando il vento è tanto forte che il lavvu rimane in piedi solo legandolo da ogni parte e mettendo le slitte tutto intorno per appesantirne il telo. Ma spesso il vento strappa ugualmente il lavvu e allora i bambini e le madri rimangono senza riparo e se nelle vicinanze non c'è un lavvu dove rifugiarsi, non c'è altro da fare che mettersi tutti insieme e coprirsi. E anche se il lavvu rimane su, può succedere che la neve ci entri, e la mattina, tutto quello che c'è dentro, è coperto di neve, e ci sono due piedi di neve sopra le persone e quando bisogna fare il fuoco è una grande fatica spalarla via e riuscire ad accenderlo. E in quelle condizioni, il lavvu è tanto pieno di fumo che gli occhi si rovinano davvero ed è per questo che molti lapponi sono mezzi ciechi; il fumo del lavvu e l'aria primaverile rovinano gli occhi. La primavera è molto dura per i lapponi. »

Ogni famiglia possiede una slitta (*geris*) dove mette tutti i propri averi. Somiglia a una piccola canoa, con un solo pattino centrale ed è tirata da una renna. I Sami avevano differenti tipi di slitte: la *lok'ke geris* era costruita con numerosi compartimenti e serviva per i viveri e gli oggetti preziosi; la *rai'do geris* era aperta sul retro e trasportava la tenda con i suoi pali; la *vuggjem geris*, semiaperta, era invece per le persone. I Sami raggiungevano le montagne con le mandrie durante la primavera, quando la neve, ancora presente al suolo, consentiva loro di utilizzare le slitte. Le soste avvenivano durante il giorno, al fine di poter viaggiare la notte sulla neve indurita dal gelo, ma con la luce del sole di mezzanotte ormai imminente. «La migrazione era preceduta da grande gioia tra la gente impegnata in gran preparativi...» ricordava un vecchio sami, «con l'avvicinarsi del disgelo, le renne iniziavano a dare segni di irrequietezza, fin quando, un giorno, partivano, seguite dagli uomini. Ripercorrevano antichissimi sentieri di migrazione dettati dal fatto di trovare il cibo migliore, dallo sfuggire alle zanzare e dal tornare anno dopo anno ai medesimi territori di filiazione.»

Raide era denominata la lunga fila di renne che, legate l'una all'altra, si avviava verso le montagne, tirando le slitte. Dopo la lunga inattività dell'inverno, erano particolarmente impazienti e desiderose di raggiungere gli alti pascoli ove avrebbero trovato il lichene del quale sono ghiotte, la *Cladonia rangiferina*; per questo, seguirle era un vero *tour de force* per gli uomini, e a maggior ragione per donne e bambini. Ciò che però più di tutto il resto i pastori temevano durante la migrazione primaverile era che il parto (che appunto avviene a maggio) capitasse nel bel mezzo della marcia. Questo non solo li avrebbe costretti a un grande dispendio di energie per tornare a radunare le renne (esse, infatti, al momento della filiazione, fuggono in luoghi appartati, mettendo così in pericolo i propri cuccioli: lupi, aquile, corvi e volpi rosse non attendono altro) ma, soprattutto, avrebbe costretto l'intero gruppo a una sosta di almeno un paio di giorni col conseguente rischio di dover terminare lo spostamento senza più neve: un'enorme fatica. L'ideale, quindi, per ogni pastore sami, era che le proprie renne partorissero prima della partenza o a migrazione avvenuta. Si trattava dunque di saper combinare i diversi importanti fattori.

A ogni modo, quasi a farsi perdonare per tutti i grattacapi creati ai pastori, ovunque il cucciolo fosse venuto al mondo, sarebbe cresciuto con estrema rapidità: appena nato, infatti, leccato a dovere dalla madre per evitare che il vento freddo lo uccida, il cucciolo già sta in piedi; un'ora dopo è in grado di seguirla quasi ovunque, mentre in un paio di giorni è ormai impossibile acciuffarlo. I luoghi che si attraversavano in primavera erano considerati benedetti da *Rana Neida*, dea della fioritura. Qui dimorava *Varalden Olmai*, l'Uomo della Terra, rappresentato con in mano una betulla con la radice verso l'alto; portava fecondità alle renne, perché era lì che esse partorivano. Il suo compito, inoltre, era quello di sorreggere il mondo. Sugli altopiani e lungo i pendii delle vaste alture della Lapponia le renne potevano vagare e cibarsi per tutta l'estate fino a quando subentravano le gelate notturne di fine agosto, primo segnale che il rientro si avvicinava.

«Al primo freddo intenso e alle prime nevicate i branchi, seguiti dai pastori, riprendevano la via delle foreste», proseguì Pekka. «Tuttavia, non compivano tutto in una volta l'intero tragitto percorso all'andata; si fermavano alcune settimane presso il cosidetto Campo d'Autunno, in attesa che neve e ghiaccio rendessero il terreno facilmente percorribile con le slitte e con gli sci. Qui, all'interno dei *njalla* (piccole casette costruite con tronchi di abete ed erette su di un solo palo centrale a quattro metri dal terreno), protette da predatori quali lupi, orsi e ghiottoni, avrebbero ritrovato le provviste e gli abiti invernali lasciati durante la migrazione di primavera. Un tempo era dura, certo, ma era una vita pulita, si apparteneva a essa e si apparteneva alla terra, alle stagioni...» sospirò Pekka.

Il vento si alzò attorno al vecchio lavvu; alcune folate si insinuavano dall'ingresso portando l'odore della pioggia, della terra umida, del lago vicino. Anti continuava il suo lavoro come se né il tempo, né la nostra presenza lo riguardassero in alcun modo. Ascoltavo il correre del vento che scostava di tanto in tanto il telone della tenda e si alternava al dolce rumore dell'erba secca lavorata da Anti. Quasi, d'un tratto, mi sembrò di essere da solo, di non esserci che io in tutto il vasto altopiano. Eppure, i miei due amici, quasi parte del vento e dello spazio, erano più presenti che mai. *È tutto come sempre*, penso osservando le fiamme; osservando il lavvu; e osservando Anti. *Così come è stato per millenni.*

I miei occhi sono rapiti dal suo lavorio meticoloso, da quelle mani antiche che sanno di terra, di sole e di tanti inverni: impiega mezz'ora per sistemare con estrema cura l'erba *suoine* all'interno delle proprie calzature. Anche Pekka tacque a lungo. Alle parole doveva sempre seguire il silenzio; spettava al vento, ora, dire la sua, al flebile sussurrare delle fiamme. Anti, infine, sembrò soddisfatto: si infilò le scarpe in pelle di renna, le allacciò e si versò del caffè nella *kokksi* (la tipica tazza dei Sami, fatta con la protuberanza rotonda del tronco di certe betulle). Quindi, come seguendo il canto del vento, ruppe il silenzio: «Ricordo l'ultimo inverno che vissi con la mia famiglia come pastore nomade». Lo guardai sorpreso, convinto com'ero che mai avrei udito il suono della sua voce. «Quando giunse il giorno di lasciare il Campo d'Autunno, tutte le *njalla* erano state riempite di provviste ed equipaggiamento per la primavera successiva. Io mi voltai», nella sua voce, simile a un sussurro, quasi monotona, vi era profonda tristezza, «mi voltai ed erano lì. Ricordo ancora quelle *njalla* silenziose tra le betulle ormai spoglie; sembravano fissarmi. Ricordo i mucchi di cenere, lì ove avevano a lungo crepitato i fuochi. Marciammo in silenzio sulla nuova neve verso *dalvadas*, il Campo d'Inverno», bevve lentamente dalla *kokksi*, tenendo, come ogni sami, la zolletta di zucchero tra i denti. «L'ingresso del raide nella foresta, fu come entrare in un luogo sacro...» gli occhi di Anti si accesero all'improvviso, mentre con le mani che carezzavano con delicatezza l'aria, accompagnava i suoi ricordi. «Le voci delle persone divennero poco più che un sussurro. I cani tacquero. Ogni piccolo rumore, il nostro stesso respiro sembrò tuonare in quel silenzio.»

Questa volta la pausa fu più lunga. Credetti quasi che Anti avesse terminato il suo racconto. Ma, ultimata la tazza di caffè, fissando ora Pekka, ora me, egli continuò. «Fu un inverno terribile quello, il peggiore che io ricordi. La tundra era un'unica immensa lastra di ghiaccio. Finito il foraggio, le renne morirono e anche per noi fu la fame. Mangiavamo spesso corteccia d'albero; vennero i lupi a divorare le renne morte e quelle ancora vive. I soli a stare bene, quell'anno, furono i lupi. Sì, fu duro sopravvivere a quell'inverno» sospirò, «l'unica ricompensa fu la comparsa dei primi crepuscoli. Quando il sole riapparve e fece brillare la neve, tutti uscimmo in silenzio. Temevamo quasi, con il rumore più lieve, di rompere un incantesimo. La carovana di renne si mosse» terminò Anti, «si ordinò, si allungò sul sentiero che conduceva fuori della foresta. Al Campo di Primavera (che mesi prima era stato il Campo d'Autunno), ritrovammo le nostre *njalla* e innalzammo le nostre tende sulle tracce degli antichi focolari.» Anti abbassò lo sguardo sulle proprie mani: alcuni riccioli di erba secca gli erano rimasti tra dita scure come rametti di abete. «Fa male, sai...» aggiunse fissando poi di fronte a sé. «Fa male da morire sapere che è tutto finito.»

Si alzò. Sembrò improvvisamente desideroso di provare le sue scarpe; ripose la *kokksi* e uscì, senza neppure un saluto. I Sami si fanno di continuo visita, non serve un invito; spesso entrano solo il tempo necessario per bersi una tazza di caffè e così, allo stesso modo, se ne vanno.

Furono le sue parole ciò che di lui restò, con forza, dentro la mia mente.

2 gennaio, 42° giorno

Avanzo nella visibilità che non va oltre i cento metri. Dopo la prima giornata dell'anno trascorsa forzatamente in tenda a causa della tormenta, stamattina, nonostante il tempo non fosse migliorato molto, mi sono messo in marcia. E d'un tratto l'impressione avuta l'altro ieri, durante gli ultimi minuti di marcia al buio, ora, nella luce lattiginosa del giorno, mi viene confermata: di punto in bianco non c'è quasi più neve! La superficie bella, uniforme e scorrevole di due giorni fa è sparita come per magia e ora avanzo con difficoltà poiché i circa venti centimetri che ricoprono in modo irregolare il terreno non sono assolutamente sufficienti a sostenere il mio peso; a tratti ce n'è anche di meno! Questo è quel che i Sami chiamano *bearta*, vale a dire: « andatura difficoltosa per scarsità di neve al suolo ».

Incredibile come le condizioni siano mutate da un momento all'altro. Improvvisamente mi ritrovo a torturare gli sci su questa sottile crosta ventata, sui cespugli e sulle rocce. Mi consolo pensando che possa trattarsi di un'anomalia locale dovuta al vento che soffia con forza particolare, chi lo sa. Ma, per quanto tenti di uscire da questa zona spelacchiata, non ho modo di apprezzare miglioramenti di alcun tipo. Il nevischio sottile e le nubi basse che cancellano ogni forma attorno a me, la marcia irregolare e tortuosa, tutto diviene irreale. Nel grigiore più assoluto, avanzo senza curarmi della lentezza, l'importante è mettere un passo davanti all'altro, saranno tutti passi in meno per domani, per quando tornerà la luce.

Continuo e tutto sembra scivolarmi addosso come acqua sul tetto; oggi sono concentrato dentro di me e non ne voglio sapere di quanto accade all'esterno. D'un tratto mi affaccio sopra una profonda valle alla quale devo scendere percorrendo il ripidissimo pendio del canyon che la delimita sul mio versante. La neve ventata è finita tutta lì e l'ha caricata in modo tale che, prima di avventurarmici, sono stato costretto con numerosi salti sugli sci a staccarne l'intero lastrone: incredibile, creare la prima valanga nella zona più spelacchiata della traversata! Attraverso la valle e ho un bel da fare per risalire nuovamente il pendio opposto e infine, sciando più su zolle erbose che altro, riprendo la marcia in direzione di un lago, mentre il vento mi punge gli occhi e mi urla nelle orecchie. Dopo poche ore di marcia e non più di sette chilometri percorsi, sfruttato il ghiaccio scorrevole del lago per fare un ultimo tratto di strada, decido che per oggi ne ho abbastanza. Mentre mi chiudo in tenda, spero con tutto il cuore che domani possa davvero essere un altro giorno. Questa giornata fantasma si conclude col pacato fragore del vento. Sono a pochissima strada dalla regione boscosa del Trøndelag, la più bella della traversata, eppure le condizioni della neve non riescono a farmi sentire la gioia che mi aspettavo. Mi domando quanto a questo punto possa essere stato furbo aver lasciato le costose ruote porta-kayak a Tynset, pochi giorni fa: la tanto temuta zona priva di neve non era dove temevo, ma qui!

3 gennaio, 43° giorno

Devo lasciarmi andare, lasciarmi essere: ora più che mai è essenziale restare in ascolto per continuare a essere «guidato». Anche se so che è solo la mia esperienza e l'intuito che ho sviluppato attraverso le terre del Nord e non il «caso» ciò che mi consente di procedere, sono certo che c'è dell'altro, quel *quid* che finora mi ha sempre aiutato a tirarmi fuori da situazioni senza apparente via d'uscita, quell'altro *senso* che conoscevano i nativi o gli animali. Io ora lo definisco la forza della mia visione; quel qualcosa che ti fa diventare freccia, direzione e meta, poiché, quando sei sulla via giusta, tutte le energie del cosmo non possono che «cospirare» a tuo favore; ma occorre restare in ascolto, profondo, senza alcun pensiero, senza opporsi. Come il silenzio di piombo che ora mi circonda. Dopo l'intera mattinata strapazzato dal vento che spesso, sul ghiaccio vivo del fiume, mi sospingeva mettendo in scena una sorta di gara tra me e la pulka, sono riuscito a entrare nel Trøndelag attraverso montagne che, altrimenti, spelacchiate e rocciose com'erano, non avrebbero offerto alcuna speranza ai miei sci. Ho disceso il fiume il più possibile. Temo che sarà questa la mia unica alternativa, fin quando le condizioni della neve non torneranno a stabilirsi: seguire i corsi d'acqua e la superficie dei laghi, sempre nella speranza di trovarne a sufficienza che vadano nella mia direzione.

Una curva a gomito mi fa voltare bruscamente in direzione est. Ancora poco e abbandonerò il fiume per raggiungere l'Elgsjøen, il Lago degli Alci. Non è una pista scritta né segnata, eppure è quella che ho reputato migliore studiando la carta. E ora la *pista* deve volgere a nord-est, abbandonando il fiume. Attraverso un tratto di terreno pelato, in direzione del fitto bosco di betulle poco più in basso; poco oltre, si intuisce un'ampio spazio aperto tra gli alberi, deve trattarsi del lago. D'un tratto il fragore del vento è svanito, il cielo è sempre grigio e la temperatura è di pochi gradi sotto lo zero, ma ora il silenzio mi circonda, profondo e inatteso. Avanzo con fatica dopo un attimo di tregua e di ascolto. La neve nel fitto del bosco è alta e farinosa.

Ecco dove sei finita, mormoro tra me mentre i lupi affondano fino al petto. È qui che il vento l'ha trasportata, oppure è da qui che non è riuscito a soffiarla via. Raggiungo il vasto spazio bianco dell'Elgsjøen e mi concedo qualche minuto di riposo. Come spesso avviene sui laghi, Chinook e Mohawk, si danno alle rincorse scatenate e al « gioco dell'agguato »: uno, immobile e acquattato con le orecchie tese, punta l'altro pronto a balzargli addosso; l'altro, a cinque o sei metri di distanza, controllando di tanto in tanto il fratello con occhiate giocose e furtive, finge la più totale indifferenza. A volte li ho visti scavare casualmente la neve con una zampa sola, altre interessarsi a qualcosa di inesistente che ha improvvisamente attratto la loro attenzione; anche stavolta Mohawk continua a far finta di niente ma, non appena Chinook spicca il balzo, lui, quasi nello stesso istante, fa altrettanto e ricomincia così un altro folle inseguimento. Dopo alcuni minuti, i lupi mi corrono incontro; devono essersi stancati di rincorrersi in lungo e in largo. Mi si avvicinano col loro bel sorriso « lupesco », l'espressione più dolce e luminosa che si possa immaginare! Mohawk, in più, aggiunge quella dell'intero muso: mentre mi si avvicina rotea il capo come se con esso volesse lanciare un oggetto in aria e accompagna questo gesto col movimento di tutto il corpo; è come se sorridesse con ogni parte di sé!

Raggiungo l'estremità opposta del lago presso alcune abitazioni estive dove incrocio la vecchia traccia di uno sciatore. È tutto il giorno che mi auguro di trovare in qualche modo battuta la stradina che collega questo posto con la valle di Hessdalen in fondo alla quale troverò un villaggio. Me lo auguro perché so cosa vorrebbe dire farmi la traccia per oltre dieci chilometri nella neve profonda del sottobosco; poco più tardi, trovo la pista di numerosi sciatori: *Non poteva essere altrimenti*, penso contento. Ne raggiungo il fondo ormai al buio ritrovandomi nel parcheggio al termine della valle di Hessdalen. Da qui al villaggio più vicino ci sono circa quindici chilometri e stasera davvero non ho intenzione di percorrerli, soprattutto perché dovrei farlo lungo la strada. «Così», come sbuco nell'ampio piazzale, di fronte a me trovo un piccolo pulmino col motore acceso. Sembra pronto a partire.

Poco dopo sto comodamente viaggiando verso Ålen. Incredibile, era lì ad attendermi, neanche avessi avuto modo di poterlo avvisare col telefono! E lungo il viaggio vengo a sapere che questa di Hessdalen è la famosa valle degli UFO, c'è addirittura un sito Internet che monitora costantemente il cielo mandando in tutto il mondo immagini in diretta ogni due ore circa. Questa poi! Davvero troppe *coincidenze* oggi, che ci sia il loro zampino allora in questa mia (tutto sommato) buona sorte? Ma la sorpresa finale doveva ancora arrivare. L'autista mi porta dritto all'unica locanda aperta del paese. Qui, mentre divoro la cena, conosco il figlio dei gestori; il quale, guarda caso, è ottimo amico dell'unica famiglia alaskana di mia conoscenza, persone che vivono sperse in una wilderness sconfinata. Vegar, questo il suo nome, ha soggiornato presso di loro per quasi un anno, poco tempo fa, e loro stessi, nel corso della mia breve visita, mi avevano raccontato di questo loro amico norvegese. La sorpresa è notevole per entrambi! Restiamo a parlare fino a tardi, come se ci conoscessimo da tempo. Certamente una giornata interessante!

4 gennaio, 44° giorno

Ho preso la piccola corriera alle sette di mattina e sono tornato in cima alla valle di Hessdalen. L'autista, che è lo stesso del viaggio di andata, mi augura « God Dag! » anche se so che una giornata iniziata sull'asfalto (pur se ricoperto di neve), non potrà essere buona. Sono le otto di mattina e mentre la corriera sparisce di nuovo verso valle, respiro per qualche istante nel silenzio, prima di mettermi in marcia. È ancora buio pesto ma non mi occorre accendere la lampada: non dovrò fare altro che seguire la strada, questi quindici chilometri fino a Ålen (quelli « saltati » ieri sera) poiché, anche se ne farei davvero a meno, c'è sempre l'etica! La Norvegia da sud a nord, senza tralasciarne un sol centimetro! Fortunatamente, almeno per ora, la superficie è ben innevata e scorrevole. Sorrido con dolcezza al pensiero dei miei lupacchiotti che mi attendono nella piccola baita affittata giù ad Ålen. Li ho lasciati mentre Mohawk passava in *parata* di fronte a Chinook (che osservava tutto serio), pavoneggiandosi con la carta della carne tra i denti: una scena davvero comica. Oggi compiono sette mesi e sono contento di aver loro evitato lo stress di una tappa come questa, mentre se la spassano a rosicchiare ossa e a dormire alla grande.

Passo accanto ad alcune case isolate o attraverso gruppi sparsi di abitazioni, dove la gente si prepara ad affrontare il nuovo giorno. Attraverso le finestre illuminate vedo bimbi fare colazione, persone anziane sfogliare il giornale appena ricevuto, sagome immobili dietro i vetri che probabilmente stanno chiedendosi chi diavolo sarà mai quel matto che sugli sci se ne va per la strada a quest'ora del mattino... Pian piano il cielo schiarisce e, come un gigante profondamente addormentato, con estrema lentezza e pigrizia, le prime luci del giorno iniziano a insinuarsi nella scura vallata. Raggiunta la strada principale, sono costretto ad abbandonare gli sci che nascondo nel bosco. Sull'asfalto non c'è più neve e ora mi tocca pure questa, a piedi andrò ancor più lentamente e qui il « traffico », invece, non manca.

Ma perché diamine non faccio autostop? mi sorprendo di tanto in tanto a pensare, *è così assurdo stare qui su questa strada senza fine...* Cerco di distrarmi vagando con la mente e mi riprometto che la prossima avventura non dovrà essere interrotta né da strade né da paesi. Natura totale, continua! Ma per il resto i pensieri stessi stentano a venire, tutto sembra bloccato nella mente, come sigillato, una specie di resistenza passiva che, senza volerlo, ho messo in atto per lasciarmi scivolare di dosso questa realtà pesante e senza senso; a questo modo restano operativi e a pieno regime solamente i piedi e le gambe. Solo qualche ora più tardi, raggiunto il paesino di Haltdalen, mi fermo un attimo e mi risveglio dal torpore. Il sole nel cielo sereno è apparso all'improvviso, bassissimo e rosso tra gli abeti e con questo spettacolo alle spalle lascio la strada principale e inizio a risalire la ripida stradina che in pochi chilometri mi porterà tra i boschi e le montagne. L'insegnante della scuola i cui allievi sono fuori a giocare mi mostra una scorciatoia grazie alla quale, tagliando attraverso il bosco e i campi, posso evitarmi i primi tornanti della strada. Lo ringrazio e mentre mi allontano saluto con la mano i bambini che mi rispondono tutti assieme. Mi guardano per un bel pezzo mentre mi inerpico su per il pendio indorato dal sole che cala.

Dopo aver percorso l'ultimo tratto sotto la luce della luna che si è alzata lentamente attraverso le punte sottili delle conifere immobili contro le stelle e le montagne del Sylane, rientro a Ålen con un taxi e Chinook e Mohawk mi accolgono con le solite incredibili feste; sono felice di constatare che non hanno fatto danni. Dopo un'intera giornata a dormire e mangiare (è o non è il loro *compleanno* oggi?), sono più che mai pieni di energia! La madre di Vegar mi abbraccia calorosamente augurandomi «*Lykke til videre på turen*», ossia buona fortuna per il proseguimento del mio viaggio e, come se non bastasse, Vegar è venuto a prendermi con l'auto per portarmi, con slitta e lupi, al luogo raggiunto poco fa. Durante il tragitto parliamo da amici di vecchia data; *come si apprezza ogni minimo frammento di calore quando per tante settimane non si ha nulla, null'altro che se stessi e l'immensa terra selvaggia che sembra volerti schiacciare a ogni passo.* Poi siamo nuovamente soli i lupi e io, sotto il vasto cielo di stelle e la luna.

5 gennaio, 45° giorno

Di questa giornata non sarà il fragore che mi rintrona nel cervello o la neve completamente sparita da sotto gli sci o le rocce e il muschio sul quale la slitta rotola a ogni passo ciò che ricorderò di più, bensì Chinook, in piedi su di un masso scuro, sballottato dalle raffiche impetuose, con le sopracciglia rigonfie e sollevate a osservare il vento pronto a portarselo via. Lo guardo con un frammento di apprensione per alcuni istanti, ma poi quasi mi vien da ridere; è proprio buffo da vedersi mentre se ne sta lì e non pare assolutamente infastidito. Ciò che poi ricordo della giornata è quel vento con la potenza dell'uragano, la desolazione delle montagne prive di neve, nude e brulle col colore della terra; gli sci camminano sulle rocce, la slitta come animata da una malignità propria, si rovescia ogni cinque passi e io dopo quasi dieci chilometri di questo inferno non ne posso più: urlo la mia esasperazione nelle folate rabbiose, urlo la rabbia che mi brucia dentro e con quella vado avanti.

«Non è leale! Non è leale!» grido nel vento che cancella la mia voce e mi guardo attorno come chi attendesse di risvegliarsi

Soli, sotto le stelle e la luna

da un incubo. Qualche ora dopo, sto scendendo verso la valle scura. Man mano che mi lascio alle spalle il brullo altopiano, la forza del vento si attenua fino a divenire, in prossimità delle prime conifere, un mare agitato le cui onde, infrangendosi sulla spiaggia, risuonano sempre più distanti e infine è solo un sussurro leggero, pacato, tra i silenziosi abeti che mi accolgono come un porto di pace: contro le punte alte e sottili degli alberi, scorgo montagne lontane, rilievi addolciti e arrotondati ma ampi, vasti, non banali e poi boschi e altre montagne e ancora boschi. Nel chiarore azzurrino che precede il buio, assaporo il respiro sconfinato della natura che ho attorno, che riempie ogni parte di me come se fosse acqua per il mio corpo assetato. Il fragore della tormenta in alto sulle montagne giunge indistinto, un ricordo flebile, sempre più distante.

Per cosa sono venuto quassù? Per lottare, per vincere una corsa o per essere e ascoltare? Non è scritto da nessuna parte che io debba andare avanti a tutti i costi, non di certo a questo modo! Sono qua per tacere e imparare, non per gridare la mia rabbia, ovvero le mie condizioni; allora, che senso avrebbe? Se «so» già tutto, posso anche tornarmene a casa! Osservo le conifere una di fianco all'altra, creature magiche, signore della natura incontaminata. *Sono qui per essere e respirare...* Una folata di vento fa sussurrare il bosco. La pace mi entra dentro come una fiamma.

I pochi centimetri di neve che qui tornano a ricoprire il terreno mi consentono di riprendere la marcia giù attraverso il bosco rischiarato da una mezza luna. Ora potrei fermarmi ovunque per la notte, non ho più fretta, ma allo stesso tempo l'incanto che mi accompagna desidera prolungare fino all'ultimo la marcia tra gli alberi e le stelle. Decido che tanto vale raggiungere la valle ormai vicina con le luci delle poche case che la abitano e quindi tornare a salire l'altro versante fin dove il bosco spiana e lì fermarmi per la notte. Già lo vedo quel punto grazie alla luce della luna e non vedo l'ora di raggiungerlo. Avanzo tranquillo nel bosco; dopo quanto affrontato sull'altopiano, mi sento come un sopravvissuto e un'energia sconosciuta mi pervade cancellando dal corpo e dalla mente ogni traccia di stanchezza. Busso a una prima casa per chiedere informazioni sull'itinerario migliore, ma il tipo che mi viene ad aprire non è proprio espansivo e alla mia domanda semiseria: «... secondo Lei arriverà la neve...?» mi guarda come se fossi arrivato da un luogo ancor più distante della luna.

Solo al secondo tentativo, presso l'ultima casa in fondo alla strada con il bosco fitto tutto attorno, riesco ad avere risposte chiare, informazioni e calore. E poi mentre mi riaggancio la slitta e mi allontano, i bimbi che mi hanno aperto sono tutti lì che guardano dalla finestra tenuamente illuminata. Che *immagine* di me sarà rimasta dentro di loro? Di nuovo al buio, di nuovo solo, prima di affrontare l'ultima ora di salita. Mi fermo per un bel po' sotto la luna a mangiare qualcosa. Incredibile che silenzio ci sia ora dentro il mio cuore. Come sia ormai lontana e dimenticata la lotta di oggi. Eppure questo silenzio, lo so, è come se ne fosse l'eco, la risposta, la certezza che andrò fino in fondo, senza mai cedere, la gioia di essere qui, ora, in marcia sotto la luna sapendo che apparterrò sempre più a questo qualcosa di incredibile che sto vivendo e che, lo sento, sta iniziando a trasformarmi.

«Pensi di abbandonare, Ario?» «Assolutamente no!» rispondo di getto e senza esitazioni alla domanda del mio amico Anders dopo una breve telefonata durante l'attraversamento delle poche case di ieri sera. Mai le condizioni sono state peggiori di quelle incontrate durante gli ultimi giorni, eppure il morale non è mai stato così alto. Sento che andrò fino in fondo, lo so a ogni passo che faccio, anche i più difficili ed estenuanti. Lo so ancor più dopo la lotta furiosa di ieri su tra le rocce e il vento impazzito. Se sono riuscito a passare lo devo solo alla rabbia e all'energia selvaggia che mi ha sostenuto fino all'ultimo. Così oggi, com'è sempre nella bilancia degli eventi, sono partito a stento sotto il cielo grigio e già dai primi passi ho avvertito la spossatezza. Ma ormai ero in marcia e ho deciso di continuare. Ho percorso le prime ore trascinandomi come un automa. In più le condizioni erano di nuovo difficili, un terreno roccioso in gran parte coperto da un sottile strato di neve ventata che si spezzava come biscotto a ogni passo. Quando ho raggiunto un punto dal quale potevo avere la completa visuale della lunga valle che avrei dovuto percorrere, lo sconforto nel vederla quasi del tutto pelata e per di più rocciosa, mi ha tagliato definitivamente le gambe.

Vedere questo fa male, penso appoggiato alle racchette. *Altro che Jotunheimen, questa è la vera lotta contro i giganti.* Osservo il lungo pendio che mi sovrasta e che tra breve dovrò risalire. Rocce si alternano a zolle cespugliose e la neve biscottata ricopre tutto. *Così non ce la posso fare, tirare la pulka sulle rocce è impossibile.* Riesco ad avanzare come sempre con estrema calma e lentezza, spesso mi tolgo gli sci se procedere con essi si rivela davvero impensabile. La stanchezza mi pesa addosso e fa pesare ogni singolo movimento, ogni singolo passo; tutto ciò che desidererei fare sarebbe fermarmi e addormentarmi.

Più tardi finisco dentro un canyon stretto tra pareti rocciose. Il pendio è pieno di neve ventata, ma spesso è interrotto da grossi massi che sono costretto ad affrontare inerpicandomici prima senza sci e poi issando a braccia la slitta dall'alto. Fatica, fatica continua. Seguo il canyon fin quando finalmente sbuca in un piccolo lago. Mi siedo sulla pulka e mangio. I lupacchiotti si divertono e si rincorrono come nulla fosse sulla vasta superficie ghiacciata. Mi torna in mente la nostra radura, il loro sfrenato rincorrersi, e il modo in cui poi piombavano a dormire sfiniti. È duro non pensare al Campo in momenti come questi.

Oggi stiamo entrando in una delle zone più belle della Norvegia, il cuore della regione del Trøndelag, montagne dai rilievi dolci e boschi di conifere che continuano senza interruzione verso est attraverso la Svezia. E a poche ore da qui, se le gambe riusciranno a portarmici entro stasera, passati i 63° di latitudine, presso il fiume Rotla incontrerò una baita di tronchi aperta e dotata di stufa. Pianificando la mia avventura avevo previsto una sosta di alcuni giorni e ora sorrido contento poiché non avrei potuto programmare in modo migliore: solo il cielo sa quanto ho bisogno di fermarmi un po' e di riprendermi. Per questo la slitta è bella carica e pesa maledettamente, ci sono i viveri per almeno una settimana. Inoltre, e anche di questo ho grande bisogno, può essere che nel frattempo arrivi la neve giusta! Una sosta che capita proprio a puntino! Ma dubito di riuscire a raggiungere la baita entro stasera. Mentre il vento attraversa gli abeti, scendo cautamente il ghiaccio vivo del torrente. Si dissolve l'ultimo chiarore del giorno e tra una rapida e l'altra devo inventarmi numeri continui con la slitta dietro di me per non scivolare e andarmi a fracassare contro le rocce o per non finire con uno sci dentro qualche buco attraverso il quale scorrono le veloci acque scure. Non è di certo il modo più agevole per viaggiare né tantomeno il più sicuro. Ma d'altronde, cos'altro posso fare?

Più tardi, raggiunta l'ampia valle, pigramente il torrente si inoltra tranquillo e liscio attraverso gli abeti. Lo percorro senza fare alcun rumore e poi, trovato un piccolo affluente, ne seguo il corso: dalla carta so che questo mi consentirà di raggiungere il fiume Rotla più rapidamente. La luna si nasconde di tanto in tanto dietro le nubi portate dal vento. Oppure tra le aguzze punte degli abeti che mi osservano, si scambiano commenti e mi riscaldano. Poi anche il vento tace tra le loro fronde e alla fine resto solo io nel silenzio profondo con la mia stanchezza e il mio incanto. Osservo i lupi zampettare e scivolare sul ghiaccio a tratti vivo e mi domando se anche loro siano spossati quanto me. *Ecco, ora, con le ultime energie che mi restano risalirò questo fiume verso la baita di tronchi dove finalmente potrò riposare a lungo e non fare altro. Sono ancora quattro chilometri, ancora solo quattro chilometri. Ma come posso farcela se da tempo non sto più in piedi e le ultime energie le avevo finite già alla partenza? Quattro chilometri, ma alla fine cosa importa? Questi boschi che ho attorno, questa luna, non sarebbe così bello fermarmi ovunque per la notte, farmi un bel fuoco e sprofondare nella grande pace?*

Tra i boschi di conifere senza fine, mi sento un personaggio dei racconti di Jack London, mentre nel silenzio più assoluto risalgo il fiume, striscia bianca avvolta dall'oscurità degli alberi. *Non era quanto sognavo di continuo da piccolo? E ora eccomi qua, e questo fiume potrebbe essere lo Yukon in Alaska e io sono qui e vivo il mio sogno.* Ogni sogno è realtà perché ce l'hai dentro e quindi devi tirarlo fuori per forza, e quando lo vivi non è più un sogno ma è la tua vita, la tua meravigliosa realtà. *Sì, andrò avanti fino a quando proprio non ne potrò più. Poi se non sarò riuscito a raggiungere la baita, mi fermerò tra gli alberi. Qualsiasi cosa andrà bene, come un animale selvaggio. Cosa farebbe un lupo in condizioni difficili? Io devo fare come lui o come queste conifere che si adattano al vento o, semplicemente, restano immobili sotto la luna.*

Il fiume sale lento e lentamente va restringendosi. A volte devo superare delle brevi rapide gelate, altre passare nella stretta gola rocciosa attraverso la quale si è scavato il suo corso. E nel farlo, sfioro la parete rosso bruna e penso che di certo nessun altro essere umano può aver toccato questa roccia. *O forse sì?* Per quanto ne so, questa sera potrei essere solo su questo pianeta sperso nel grande silenzio dell'universo ed essere tornato ai suoi primordi. Poiché le parti più nascoste e primordiali di me stesso, quelle che sto tirando fuori in queste settimane, sono forze che non conoscevo e che appartengono a milioni di anni fa. Alla fine ho mancato la baita per meno di ottocento metri, le gambe svuotate di ogni residuo di energia come ogni frammento del corpo. A stento riesco a sollevarmi oltre il bordo del fiume e a infilarmi dentro il sacco a pelo. Mi addormento di colpo e solo un'ora più tardi riesco ad accendermi il fuoco e a preparare la cena. La grande pace mi circonda e continua a scorrermi dentro. Dopo «appena» quarantacinque giorni di traversata, sono curioso di andare avanti, di addentrarmi sempre più in questa natura sconfinata abbandonandomi a essa. *E tra tanti mesi, cosa sarà*, dove *sarò?*

Mi fermo alla baita presso il fiume Rotla per quasi una settimana. Tra i boschi così simili a quelli di casa dove sono nati e cresciuti, i lupi sono a loro agio come mai prima. E anch'io,

Un alce ci osserva nascosto nel bosco

mentre loro stanno fuori tutto il giorno a seguire odori e tracce di ogni tipo, ritrovo la tranquillità poiché finalmente non devo andare in alcun luogo e posso quindi ascoltare davvero, fermarmi e guardarmi attorno. La prima mattina indugio a lungo nel sacco a pelo nel luogo del mio bivacco tra gli alberi. Ascolto il rumore del vento lontano che a tratti riesce a intrufolarsi fino a me. Infine, quando mi rimetto in marcia, non appena scorgo la baita dietro un'ansa del fiume, un pezzo di foresta coi suoi tronchi antichi, penso tra me che in un posto come questo potrei passare il resto della vita.

Ecco l'Alaska, la mia baita di tronchi presso il fiume Yukon e io sono il cercatore d'oro che attende il ritorno della primavera. Mi sento felice come un bambino e poi sorrido al pensiero che l'oro di cui sono in cerca in questo momento è ben diverso ed è spesso quello che l'uomo si è venduto in cambio del metallo luccicante; ma c'è qualcosa, adesso, che vale più di entrambi questi «ori», qualcosa di cui ho assoluto bisogno: la neve. La prima sera, immobile presso l'entrata della piccola capanna, fisso il cielo oltre le sagome sottili delle conifere. E resto in silenzio. Poi, lentamente, comincio a pregare o meglio a ringraziare. Ascolto lo spirito del bosco e quello del torrente che gorgoglia sotto il ghiaccio. E ringrazio, ringrazio perché tutto sia ed è come dev'essere. E poi chiedo, con umiltà, senza pretendere: *ho bisogno della neve...*

Lascio che il cielo e il bosco e il torrente percepiscano la mia necessità reale, l'esasperazione e lo sforzo massacrante col quale a tratti devo andare avanti. Poi ringrazio, alzando le mani al cielo e tirandole giù lentamente, come a simboleggiare per l'ultima volta la mia richiesta. *Un nativo avrebbe fatto così?* Di certo, ciò che conta è ascoltare e tornare a sperimentare l'unione con quanto abbiamo attorno.

Rapidamente prendo il ritmo del luogo, ne assimilo lo spirito e subito è come se vivessi qui da sempre. Nelle brevi ore di luce del giorno compiamo, io e i lupi, numerosi giri esplorativi, imbattendoci spesso in tracce di ogni dimensione. Il bosco è popolato, anche se al nostro passaggio tutto tace immobile. Un pomeriggio, con l'ultimo chiarore prima del buio, riesco a scorgere una fugace forma scura attraverso gli alberi. Dalle dimensioni, si direbbe un alce maschio. Poi ogni sera, avvolto dal grande silenzio e dal respiro pacato e antico del fitto popolo di abeti rossi, accendo la piccola stufa Jøtul e dopo cena resto a lungo a osservarne le braci e ad aspirare con beatitudine il profumo dolce della betulla che brucia. Meravigliosa natura, mai casuale. Anche in questo ti riveli formidabile: nell'aver creato questa pianta. Un albero che cresce solo nelle regioni del Nord dove scaldarsi è una necessità, la cui scorza, anche se umida, brucia assai meglio della carta e sprigiona per di più un profumo senza pari, un vero regalo per le tante popolazioni native, costrette dal lungo inverno a una vita non di certo semplice.

Spenta l'ultima brace, prima di coricarmi nel sacco a pelo, torno a dare un'ultima occhiata alle stelle. E in silenzio, rinnovo la mia preghiera. Il terzo o quarto giorno, nel pomeriggio, il cielo si è coperto, bello grigio e compatto; più tardi, mentre me ne vado a dormire, qualche leggero fiocco comincia a scendere. La mattina dopo nevica fitto e continua così per tutta la notte e il giorno successivo. Non posso crederci: solo una coincidenza? Credendoci con tutto me stesso, ero stato spinto a rivolgermi al cielo pregando umilmente. E allora perché ero sorpreso se alla fine nevicava davvero? E poi da quando ho lasciato Lindesnes, mi è divenuto via via sempre più chiaro che quando un uomo trova davvero la propria strada e la imbocca, diventa egli stesso forza, direzione e meta, come insegnavano i vecchi maestri Zen. E ogni energia del cosmo « cospira » a suo favore, aggiungo io.

Ascolto nella notte il silenzio meraviglioso dei cristalli leggeri che urtando impercettibilmente tra di loro vengono a posarsi sulla terra, sugli alberi. Sugli animali che osservano e poi riposano. Ed è come esser avvolto da un vasto respiro d'amore che mi culla e che permea il mio essere di pace profonda e luminosa. L'energia dell'universo e quella dell'uomo sono tutt'uno; quando l'uomo segue il suo cuore autentico egli si trova nel centro della propria energia e quindi dell'energia del cosmo. Per questo ogni cosa, ogni frammento è a suo favore. E così farà parte di lui suscitare una nevicata, così come egli suscita un pensiero.

Lago di Iesjar'vi, Sàpmi (Lapponia), 20 luglio 1987
Pomeriggio

Era questo il percorso del Noaj'de o, semplicemente, la dimensione interiore dell'essere nativo? Appartenere sin dalla nascita alla grande natura, senza alcuna distrazione. «... solo la neve, il vento, il silenzio vastissimo e, la sera, potertene stare all'interno del lavvu, in compagnia dei tuoi cari...» aveva sintetizzato Pekka. Era questo il senso di *appartenere*: come un albero della foresta, la vita secondo se stessi? Oggi purtroppo, veniamo allontanati subito da ciò, e tornarvi è una grande fatica, un sogno! Ma, come tale, può diventare reale. «I nativi hanno sempre saputo che tutto è un essere vivente» mi spiegava Pekka mentre la pioggia prendeva a ticchettare appena sul lavvu, portata da un vento leggero e lontano, «... e che tutto, inclusi noi, siamo cellule, frammenti dell'unico essere che è l'universo intero...» Arrivare a sentire l'acqua scorrere dentro di sé, o il proprio respiro pari al rumore del vento, o le gambe affondare nella terra come radici... Questo è, penso tra me osservando le braci all'interno della piccola baita presso il fiume Rotla. Questo è il

Donna sami in un branco di renne

sogno? Fuori il vento leggero sussurra tra gli abeti. *Un sogno*, sospiro appena; *eppure...*

« Presso i Sami, tutte le cose erano considerate come dotate di un'anima. » Il racconto di Pekka, riguardo l'antica spiritualità del suo popolo, è riemerso limpido durante questi silenziosi giorni di riposo. Parlò a lungo senza interrompersi, mentre la pioggia leggera si era tramutata in acquazzone. All'interno di un lavvu, era come vivere sotto il cielo. Non vi era pavimento artificiale, bensì la nuda terra ricoperta appena di rametti di betulla nana e da pelli di renna. Se il vento tirava, il telo sembrava volare via e se pioveva bisognava alzare un poco il tono della voce per farsi sentire o semplicemente si taceva. La notte, poi, attraverso il *riehpen*, il foro per il fumo, era possibile scorgere le stelle, quando il sole di mezzanotte avrebbe gradualmente abbandonato il cielo dei Sami.

« Noi siamo sempre vissuti in stretto contatto con la natura; la spiritualità del nostro popolo, così come ogni aspetto della vita quotidiana, riflettono il nostro assoluto rispetto per essa » mi spiegava Pekka. « E questo poiché, all'inizio dei tempi, uomini e animali erano legati da un medesimo linguaggio e da una fratellanza spirituale. Col tempo, purtroppo, questo legame è venuto meno e gli uni si allontanarono dagli altri. L'unico uomo ancora in grado di ritrovare questo legame antico rimase il Noaj'de, lo sciamano; nel silenzio profondo della foresta o delle montagne, egli giungeva a partecipare del modo di essere delle piante e degli animali, abolendo così la propria condizione umana e ritrovando il legame dei tempi antichi, quando la frattura non si era ancora verificata.

« Le forze della natura... » riprese lui dopo un attimo di silenzio, « restarono comunque nostre divinità e in ogni cosa, persino nelle pietre, percepivamo un'anima. Per tali motivi, dunque, noi non abbiamo mai avuto un unico dio supremo, un essere troppo distante dai problemi quotidiani coi quali gli antichi cacciatori dovevano confrontarsi ogni giorno. Riuscire nella pesca o nelle battute di caccia era sinonimo di sopravvivenza e, al successo nella caccia, erano legate tutte le varie forze naturali che era impossibile prevedere e controllare, ma che influenzavano la vita di ogni giorno: il vento, la pioggia, un inverno particolarmente rigido, le tempeste estive e così via... »

Per questo, penso tra me, i Sami avevano organizzato tutta la realtà che sfuggiva al loro controllo (e con la quale premeva entrare in rapporto), mediante una pluralità di esseri extraumani, aventi ciascuno attribuzioni specifiche e limitative: avevano quindi optato per un'articolazione organica che escludeva l'esistenza stessa di un dio o essere supremo. Ho già raccontato di Biegolmai, il Dio del Vento e della leggenda relativa all'età dei ghiacci nella quale egli ruppe una delle due pale con le quali gestiva i venti. Ho anche accennato a Rana Neida, la Dea della Fioritura e a Varalden Olmai, l'Uomo del Mondo, rappresentato con una betulla capovolta nella mano destra. A questa divinità si attribuiva il compito di sostenere la terra; per questo, ogni autunno, si teneva una cerimonia in suo onore durante la quale un *sarves*, vale a dire un maschio adulto di renna, gli veniva offerto in sacrificio. Ucciso l'animale, si sradicava una giovane betulla, la si cospargeva col sangue della renna e, infine, la si ripiantava nel terreno, ma con le radici rivolte verso il cielo. Come segno di soddisfazione, Varalden Olmai doveva acconsentire, quando il Noaj'de percuoteva il tamburo, che l'anello poggiato su di esso andasse a fermarsi sulla figura della divinità di maggior rilievo ivi rappresentata. Se così accadeva, si poteva stare certi che Varalden Olmai non avrebbe lasciato precipitare la terra. Ho raccontato anche di Peive/Beaivvi, il sole; Akse era la Luna, divinità molto considerata durante il buio periodo invernale, mentre Tjas Olmai era l'Uomo dell'Acqua: se ben onorato con offerte di grasso di pesce, egli concedeva sempre una pesca abbondante. Esisteva poi Mader Akka, la protettrice del focolare domestico, Tiermes, il Signore del Tuono e infine il grande Leibolmai, Signore degli Animali. Tiermes era colui che influenzava la salute e la sorte degli uomini. Egli scagliava sulla terra i fulmini grazie all'arcobaleno, il suo arco (*Ajanjoksa*, « l'Arco del Nonno », lo chiamavano i Sami), ma era anche abile nel far tornare il bel tempo, contrastando Biegolmai.

La divinità principale, però, come per ogni altro popolo nativo, era quella che riguardava gli animali: da essi, infatti, dipendeva totalmente la sopravvivenza dell'intero gruppo. Non a caso il Noaj'de, figura fondamentale della spiritualità del popolo dei Sami, viene fatto discendere da uno degli animali più nobili e importanti, come racconta, appunto, la leggenda relativa alle sue origini: « Un giorno le divinità del cielo decisero di dare agli uomini uno sciamano per combattere la malattia e la morte e inviarono l'Aquila affinché potesse istruirli. Ma gli uomini non ne comprendevano il linguaggio; l'Aquila quindi tornò pregando le divinità di darle la parola. Essi la inviarono di nuovo con l'ordine stavolta di concedere il dono dell'arte sciamanica alla prima persona che avesse incontrato e amato sulla terra. Appena giunta, l'Aquila vide una donna addormentata presso un albero, si congiunse con lei e, dopo qualche tempo, la donna diede alla luce un figlio che divenne il primo sciamano. Per questo l'apparizione dell'Aquila in sogno è interpretata come segno di vocazione sciamanica ».

Il Signore degli Animali dunque, o della Foresta, o della Montagna (rappresentato in forma di vecchio dai capelli bianchi, abitatore dei boschi), è diffuso presso tutti i popoli cacciatori. « La sua presenza è avvertita quando si odono nella foresta rumori improvvisi » diceva Pekka, « o nella grande pace silenziosa ». In base a un « Accordo » mitico, il Signore degli Animali provvedeva a offrire la preda al cacciatore il quale, a sua volta, doveva sottostare all'osservanza di alcune norme rituali e morali, che gli garantivano la benevolenza del signore. Quindi si cercava di risolvere sul piano magico e rituale il problema della precarietà dell'esistenza. Il Signore degli Animali, Leibolmai presso i Sami, non era dunque il riflesso di un trascendente dio supremo. Leibolmai, che assiste il sami nell'aleatoria impresa della caccia, è il suo Essere Supremo.

Per i nativi, l'Accordo ha origini ancestrali e fu stipulato con il Signore o Padrone dell'animale ritenuto più importante presso quel determinato gruppo. Tra i Naskapi del Labrador, come per esempio ci racconta Barry Lopez,* esso è il Caribù. Quando veniva ucciso un animale, essi ritenevano che il suo spirito andasse alla Casa dei Caribù. Questo luogo si trovava lungo una catena montuosa a ovest di Ungava Bay, nell'odierno Québec. Le montagne di quelle regioni non erano bianche, secondo i Naskapi, per la neve caduta, ma per i peli dei Caribù lì depositatisi durante i secoli. I peli, in effetti, formavano uno strato di diversi centimetri e per chilometri l'ammasso delle corna al suolo arrivava alla vita di un uomo... Presso gli eschimesi, Padrona degli Animali era Takànakapsâluk, la Madre della Foca; a essa Angakok, lo sciamano, doveva rivolgersi quando il villaggio era minacciato di carestia. Qui, sul fondo dell'oceano, egli avrebbe trovato la dea col volto nascosto dai capelli, sporca e trascurata per il dolore che i peccati e le mancanze degli uomini le procuravano. Angakok avrebbe dovuto pettinarla, carezzarla e tentare di riconquistarne il cuore: solo così avrebbe nuovamente ottenuto abbondanza di selvaggina. Non a caso Angakok era anche «colui che scende in fondo al mare».

Presso i Sami, Leibolmai era il Signore delle Renne e, benché lo si rappresentasse spesso sotto le sembianze di un orso, esso era considerato il Signore di tutti gli animali. I recinti di corna di renna che delimitavano il suo territorio sacro nei pressi di un villaggio erano assolutamente interdetti alle donne nubili, pena terribili calamità per la propria gente. Il Signore degli Animali era eterno e indistruttibile. Era lui che deteneva il potere di allontanare gli animali se il cacciatore si mostrava indegno. E questo avveniva quando egli trascurava diverse condizioni, come ad esempio quella di trattare l'animale con rispetto e riconoscenza o quello di non sprecarne la carne. «La caccia era sacra, le prede erano sacre» scrive ancora Barry Lopez. «E la vita di un popolo di cacciatori era considerata sacra poiché scaturita da questo potente e fondamentale Accordo. L'uccisio-

* Barry Lopez, *Lupi*, Piemme, Casale Monferrato, 1999.

ne degli animali, al contrario di oggi, implicava dunque una grande responsabilità spirituale.»

È qui interessante ricordare il rituale che accompagnava l'uccisione dell'orso presso numerose popolazioni artiche. Tra i Sami, come presso i siberiani o i nativi del Canada settentrionale, l'orso era l'animale più importante, considerato un vero re della foresta; il suo signore, come detto, era Leibolmai. I Sami erano convinti che esso possedesse un'intelligenza pari a quella dell'uomo e una forza nove volte superiore e che negli orsi si reincarnassero gli uomini che si erano distinti per saggezza e senso della giustizia (il lupo invece si riteneva avere la forza dell'uomo con un'intelligenza nove volte superiore). Non c'è da stupirsi dunque se il rituale che accompagnava la sua uccisione (che avveniva solo in caso di stretta necessità), fosse a tal punto elaborato e sentito.

A inizio autunno, colui che trovava la tana dove l'orso avrebbe trascorso il lungo letargo, ne rivendicava il diritto dell'uccisione la primavera successiva, sempre che se ne fosse presentato il bisogno; costui veniva denominato lo *skuorkah*. Alla fine dell'inverno, infine, interpellato il Noaj'de e ricevuto responso positivo da esso, il gruppo di cacciatori con in testa lo skuorkah, abbandonava il campo e raggiungeva la tana. Essi partivano in silenzio, con la cura di non nominare mai l'orso poiché, come presso ogni altra popolazione artica, i Sami credevano che l'orso capisse la lingua degli uomini. Per questo lo si appellava «il Vecchio», «Zampa di Miele», e in tanti altri modi.

I cacciatori si appostavano attorno alla tana; l'orso veniva svegliato e, nella foga della sua ira, veniva trafitto grazie al suo stesso peso dalla lancia dello skuorkah, la *saithe*, ben piantata nel terreno, non appena si catapultava all'aperto. Ucciso l'animale più saggio con l'inganno, gli uomini si inginocchiavano e gli domandavano il perdono. Ma ancora non potevano toccarlo. Si alzavano e, cantando un inno di ringraziamento, tornavano al campo; qui, le donne, uditili, si dipingevano il viso di rosso con una pasta ottenuta masticando corteccia di betulla e prendevano a cantare; pare che per questi canti si ricorresse ad antichissime melodie che narravano le leggendarie imprese del primo tra gli orsi.

Il Noaj'de durante tutto il tempo, le accompagnava col tamburo intonando un suo canto particolare, lo *joik*;* in seguito, egli avrebbe attaccato al tamburo una zanna dell'orso. Le donne, non potendo guardare gli uomini in quanto ritenuti ancora impuri, li sottoponevano a un rituale di purificazione: come i cacciatori tornavano, essi dovevano introdursi nelle proprie tende attraverso il *possjo* o *boasso*, il piccolo pertugio opposto all'ingresso. All'interno avrebbero trovato le donne pronte a sputare sulla loro testa quella stessa pasta rossa (colore della vita) con la quale avevano dipinto il proprio volto. Le donne in quei momenti, ritte accanto ai focolari, personificavano la divinità femminile Maderakka, protettrice del focolare domestico e alla quale si attribuiva il potere di conferire la capacità di procreare; per questo gli uomini entravano dal pertugio del *boasso* (a simboleggiare la laboriosa fatica della rinascita) e si toglievano i berretti inginocchiandosi.

Inoltre, a completare la purificazione, essi non avrebbero potuto avvicinarsi alle loro compagne per tre giorni, mentre lo skuorkah, avrebbe dovuto attenderne cinque. Nel frattempo l'orso giaceva lontano nel bosco; i Sami ritenevano che gli Ulda (i folletti sotterranei che, secondo le loro credenze avevano il compito di nutrire gli orsi durante il letargo), venuti a vedere il

* Con lo joik, i Sami cantavano il vento, una montagna, una persona cara. Lo si è spesso definito un'arte di ricordare: nel mettere la sensazione del soggetto nello joik, nel tentare di imitarne le sue caratteristiche in suono, scrive Stefano Lucchi nel suo *Sciamanismo Saami*, il sami evocava un pascolo estivo, un amico perso, un cucciolo appena nato. Per i Sami lo joik e l'uomo sono legati strettamente, come è legato l'uomo alla sua ombra e al suo nome. Con esso non si descrive, imitandolo, qualcosa, bensì si *joika* la cosa: nello joik non parlo *di te* ma parlo *te*, proprio come noi diciamo amo *te* e non amo *di te*.

morto, prendevano solo atto che, nell'inverno successivo, ci sarebbe stata una bocca in meno da sfamare; anche per questo motivo essi lo abbandonavano per un giorno nella foresta. Al mattino, gli uomini tornavano e lo caricavano sulla slitta: su tale slitta non avrebbe potuto viaggiare alcuna donna per un periodo di un anno, pena la perdita della capacità di generare, così come esse, sempre per un anno intero, non avrebbero potuto camminare dietro la renna che aveva tirato quella slitta. La preda veniva infine introdotta nella tenda attraverso il boasso, già utilizzato dagli uomini durante la cerimonia di purificazione, e questo al fine di evitare che l'animale, conoscendo l'ingresso principale, potesse tornare e vendicarsi. Quindi si teneva il banchetto nel quale ognuno aveva la cura di mantenere lo scheletro intatto per ricomporlo, poi, durante la sepoltura; questa, difatti, avveniva con profondo rispetto, con offerte di cibarie e mormorando parole gentili all'orso, quali: « Alla prossima primavera tornerai in vita e passeggerai per le colline e dormirai in un letto di mirtilli. Ora perdonaci, avevamo bisogno di ucciderti per nutrire i nostri piccini. Va', e racconta a Leibolmai di come sei stato trattato e riverito da noi! »

13 gennaio, 53° giorno

La mattina in cui lascio la baita per raggiungere il villaggio di Meråker, la fatica nella neve alta è tale che impiego l'intera giornata solo per uscire dal bosco. Il cielo è coperto e a tratti nevica ancora. I lupi si muovono da un abete all'altro affondando fino al petto, ma ben presto si convincono che è molto meglio seguire la profonda trincea che mi lascio dietro. Mentre avanzo con lentezza non riesco a vedere gli sci seppelliti dalla neve, solo di rado le punte fanno rapidamente capolino. È davvero dura e spesso preferisco sganciarmi dalla pulka e andare avanti per battere la traccia prima di tornare a prendere la slitta. Una tattica simile a quella dei musher alaskani quando sono costretti ad aprire la pista per i cani nella neve profonda, precedendoli con le grosse racchette ai piedi. Ma la prendo con calma: mille volte meglio così che la solita marcia massacrante delle settimane scorse! Mi fermo spesso per riprendere fiato. La neve ora scende un po' più fitta sullo sfondo scuro delle conifere immobili.

Quando raggiungo un'altura oltre il limite del bosco, sono così esausto che a proseguire non penso affatto: decido di tornare alla baita e di lasciare la pulka qui dove sono sicuro di poterla ritrovare domattina. Dopo aver riempito lo zainetto rosso con le poche cose necessarie per la notte, mi siedo sulla slitta e, come i miei lupi, resto immobile nel vento, nelle raffiche irregolari e leggere, nel nevischio. Chinook e Mohawk sono uno di fianco all'altro, acciambellati muso contro muso. Il collo alto, le orecchie ben dritte, ascoltano versi di pernici lontane. Oppure quando tutto tace, decifrano il lieve canto del vento. Poi, come nulla fosse, prendono a leccarsi a vicenda; si puliscono gli occhi, le orecchie: quanto non è possibile raggiungere da soli. Poi, distratti da chissà cosa, i miei lupi avvertono ciò che io non riesco a udire. La loro *compostezza* e il loro silenzio sono magnifici; il loro appartenere senza un fremito a quanto li circonda, alla neve leggera che sembra attraversarli. Li osservo ancora per un po': è come se mi facessero da tramite con la grande Natura.

Infine mi alzo, lascio la pulka in un punto ben riconoscibile e, sfruttando la traccia perfetta che mi sono lasciato dietro, scendiamo veloci alla baita, percorrendo in meno di un'ora quello che mi è costato quattro ore in salita. E questa ulteriore e imprevista sosta presso il fiume Rotla si rivela quanto di meglio potessi desiderare!

Dopo un incontro in paese col mio amico Anders, durante il quale resta sorpreso per non dire allibito dalla quantità di cibo che riesco a ingurgitare (e sì che anche lui non scherza, grande e grosso com'è), il mio viaggio riprende verso nord. Non riesco a

Bellissimi

credere di essermi comunque lasciato il villaggio di Meråker alle spalle. Nonostante le condizioni della neve siano di nuovo disastrose (sembra che le nevicate dei miei giorni presso il fiume Rotla abbiano interessato solo quella regione o a sud di essa, lasciando invariata la situazione altrove), e continuino a ostacolare la marcia, pian piano avanzo lo stesso.

In paese ho studiato con cura un nuovo itinerario che dovrebbe permettermi di procedere comunque abbastanza spedito verso nord; si tratta di un percorso basato il più possibile sui fiumi e sui laghi, anche se ultimamente non sempre il ghiaccio si è rivelato sicuro. Quel che conta, comunque, è esser passato oltre questa linea immaginaria che per me simboleggia l'ingresso vero e proprio nel grande, selvaggio Nord. Se tutto va bene, sciando come previsto da un fiume all'altro, dovrei riuscire ad attraversare tranquillamente la zona del Parco Nazionale di Gressåmoen fino a raggiungere i «Grandi Laghi» partendo dai quali riuscirò poi a mantenermi costantemente in quota, dove la neve non è male. Da quel punto avrò la traversata in *pugno* poiché potrò scivolare dritto fino in Sàpmi, la Lapponia, senza interruzioni. Almeno, con questo pensiero, tento di farmi forza.

Nel frattempo, continuo a sperarci, chissà che l'inverno non torni a farsi vedere sotto questi poveri sci! Questi sono la preghiera e il desiderio che accompagnano ogni mio passo da ormai due settimane. Del resto dopo tutta la strada fatta, nonché dopo i vari tentativi precedenti e dopo tutto quanto passato finora, so che non potrei mai abbandonare. Questa volta, torno a ripetermi, la mia vita è andare a nord. Posso solo sperare che verranno tempi migliori. E nel frattempo faccio più che mai mio il detto: «meglio così che peggio»! Per questo mi sono fermato ormai nell'ultimissima luce e, invece di lacerare il silenzio della foresta con un'ennesima imprecazione, ho deciso di ignorare ciò che accade e, «tranquillo», adattarmi come nulla fosse a ogni situazione.

Dopo la mattinata trascorsa nel tentativo di uscire dalla neve crostosa del bosco, e una bella neve su in alto oltre i cinquecento metri, incrociando la pista di una lince nel primo pomeriggio (che i lupi hanno seguito per un buon tratto, fermandosi spesso ad annusare o a scavarne le impronte), ho dovuto trovarmi l'itinerario migliore per tornare a scendere verso valle. L'ultimo sole ancora bassissimo durante tutto il giorno, ma perfetto nel cielo sgombro di nubi, è ormai sceso da tempo alle mie spalle. Ora il gelo sembra farsi ancora più intenso mentre una leggera nebbiolina comincia ad avvolgere le innumerevoli collinette di cui sono circondato e le prime contorte betulle nane che annunciano l'imminente ritorno del bosco. Ho cercato invano il fiumiciattolo che vorrei discendere fino a valle, il terreno qui sembra un labirinto e con il buio in arrivo e la nebbia è difficile distinguere le forme del territorio. Poco più tardi ho trovato il corso d'acqua, ma mi rendo presto conto che non sarà affatto semplice seguirlo. Il pendio scende ripido e il torrente è spesso interrotto da piccoli salti ghiacciati. Più si scende e più questi si fanno alti e ripidi, vere e proprie rapide di ghiaccio. Del resto, quando me ne accorgo, è troppo tardi per tornare nel bosco poiché ora, su entrambi i lati del fiume, incombono pareti rocciose verticali. Non mi resta altro da fare che continuare a scendere da un salto all'altro e, con la slitta dietro e senza ramponi, mi invento parecchi numeri: a volte mi lascio scivolare, altre, uno sci da una parte e uno dall'altra, l'acqua impetuosa sotto di me, gioco il mio peso con estrema cautela. Infine, quando esco dal canyon, l'idea di entrare nel bosco mi pare ancora più assurda: ora che sto scendendo, la neve manca quasi del tutto.

Più tardi non c'è più speranza. Il torrente si è stretto a non oltre un metro di larghezza e piomba deciso tra poderose rapide e pareti rocciose in fondo alle quali si sente lo scrosciare dell'acqua. Nel buio mi fermo e respiro tranquillo. Le stelle mi osservano tra le punte degli abeti. Tolgo gli sci che lego sullo zaino che ho in spalla poi, presa la slitta al «guinzaglio» per evitare che si impigli tra i rami e se ne vada per i fatti suoi, mi addentro nel fitto bosco di abeti. Non c'è quasi più neve, ma sono deciso a non fermarmi più fin quando non avrò raggiunto il fondo della valle. Penso che, dopo questa avventura, se volessi raggiungere il Polo Sud o attraversare la Groenlandia, farlo mi parrà una passeggiata al confronto. Lì ogni giorno non dovrò fare altro che scivolare sulla superficie liscia e compatta in compagnia dei miei pensieri o delle bufere. E nessun paese a distrarmi, come anni fa attraverso i vasti spazi bianchi delle Saint Elias Mountains tra Canada e Alaska! Qui invece ogni giorno è una lotta. Gli unici pensieri sono volti al passo successivo, poiché appunto ogni metro, ogni zona «offre» problemi e ostacoli diversi. Di costante c'è sempre solo una domanda durante queste settimane di gennaio: *Come sarà la neve? Come sarà il ghiaccio? Riuscirò a passare?*

Comincio a intravedere le prime luci delle poche case di Sul. La neve è praticamente sparita. La slitta mi segue, scivolando sui cespugli di genziana e gli sci si *impigliano* di continuo tra i rami degli abeti. Ma ormai ci sono e, dritto per dritto, vado senza fermarmi giù attraverso il bosco. A un tratto sorrido a denti stretti e penso che forse sto inventando un nuovo tipo di sport; a chi possa interessare non so, ai più convinti masochisti forse! Dopo un ultimo strattone allo zaino e un'ultima scivolata sull'erba, mi ritrovo su un ampio sentiero pianeggiante, imbiancato dal freddo intenso del fondovalle. Riprendo fiato per qualche istante mentre le stelle ammiccano nel cielo nero. Le luci sono a poche centinaia di metri, oltre il fiume. Anche per oggi è finita! Riparto seguendo il sentiero che in breve mi conduce a una casa, o meglio a una specie di prefabbricato simile a quelli nei quali vivono alcuni nativi dell'Alaska. Attorno ci sono dei magnifici husky, anche loro in attesa della neve. Dentro c'è una luce e, all'abbaiare dei cani, esce il tipo che abita qui presso il fiume. Ha un aspetto molto sami, di quelli che ti aspetteresti in un luogo come questo: volto scurito dal vento e dal freddo, abiti caldi e vissuti e, quel che più conta, cordiale. Anche lui, chiuso nella sua «scatola» tra gli alberi, sembra in attesa della neve e scuote la testa sconsolato riferendosi alle condizioni attuali. Poi mi mostra la scorciatoia per il «paese» e la luce di una casa presso la quale potrò trovare alloggio. Mi accompagna fino al fiume perfettamente ghiacciato e quindi mi saluta sorridendo coi suoi occhi luminosi, vispi e vigili; proprio quelli di chi passa più tempo tra i boschi e le montagne che con la gente.

17 gennaio, 57° giorno

Un mondo senza contorni mi circonda come se ciò che attraverso sfumasse nella trasparenza dei sogni. La realtà pare alternarsi al sogno con fugaci frammenti quando, nella nebbia gelata, intravedo d'un tratto un albero, un masso, una pernice che vola via senza preavviso. Ma è una partita persa in partenza poiché poi tutto torna a essere avvolto nel bianco opaco; solo la mente tenta di riferirsi alla realtà. È difficile in questo silenzio; e poi so che se sono qui è per capire qualcosa di più di quanto sono abituato a definire «realtà». Per questo tento di accogliere questo silenzio lasciando che l'affollamento nella mente si dissolva come la nebbia. Ma ecco che, non appena ci riesco, qualcosa si ritrae dentro di me, come quando le dita sfiorano un ferro rovente. È la *paura* costante, il solito continuo oscillare tra il desiderio di andare oltre, di spiccare il salto attraverso il vuoto e la paura di farlo, il dubbio, semplice e ancestrale che ti fa temere di non trovare terreno solido sull'altra sponda. È il miracolo di essere *umano*; che senso avrebbe se sapessimo già tutto e se non ci fosse questa paura? La vita è figlia della paura poiché sa farci crescere impedendoci di compiere il passo più lungo della gamba, ma guai rinunciare a compierlo per timore della paura stessa!

Gradualmente scendo di quota, pian piano riappaiono arbusti, piccole betulle contorte e infine, ancora più in basso, la serie di laghi che cercavo, coronati dai boschi di abete rosso. Mi fermo e ascolto il grande silenzio bianco. Dove gli abeti sono più fitti c'è un'energia densa, una *saggezza* che ha il sapore di mille inverni, il respiro del luogo. Qualcosa che, al contrario di me, non ha bisogno di essere in cammino e di tentare di scoprire. Per questo sono attratto dalle forme immobili delle conifere che io amo definire «Signore del Silenzio». Un discorso sottile si instaura tra di esse e qualcosa che nel mio essere non riesco a definire tanto giace in profondità. Percorro la neve faticosa lungo il lago e inizio a cercare il torrente che tenterò di seguire per attraversare il bosco tra breve. La neve infatti, man mano che scendo, si rifà crostosa e la marcia diviene un vero calvario. Ogni passo, sprofondando, finisce sui rami, sulle rocce, sui cespugli.

Prendo il fiumiciattolo con l'ultima luce del giorno: una striscia di ghiaccio vivo che serpeggia nel bosco fitto. A tratti un piccolo salto, una breve rapida congelata. E nel silenzio e nel buio ne immagino il limpido scrosciare estivo, quando le notti non conoscono più le stelle e il tempo non ha fretta. Avanzo «fiutando» il terreno. Non posso mai distrarmi, potrei trovare un buco improvviso nel ghiaccio appena celato dalla neve. Ma soprattutto, devo stare attento a non smarrire il corso principale del fiume, a intuire, nel raggio di luce della lampada frontale, una deviazione, un torrente secondario che si divide da quello sul quale mi trovo e sceglie un altro itinerario attraverso il bosco. Il fiume ora gira con una curva a gomito verso sinistra e d'improvviso mi trovo circondato da uno spazio bianco. Sembra un lago ma intuisco che si tratta solo di un momentaneo allargamento del fiume. È tutto scuro, e non riesco a trovare la continuazione del mio torrente. Annuso l'aria come d'istinto, mi sento un animale di quassù, forse un lupo, alzo lo sguardo dai miei sci e percorro il bosco buio che mi circonda fin quando mi pare di scorgere un'esile striscia bianca: la seguo mentre la notte si fa più fitta e il torrente, sempre più stretto, inizia a zigzagare. So che ciò mi allunga il cammino, ma non ho alternative poiché la neve nel bosco è un disastro. Un silenzio incredibile mi circonda. *Dove sono gli animali?* Incrocio spesso impronte di tutti i tipi dalle più piccole alle più grandi. Scendo il fiume fino a quando questo diviene poco più che una sottile striscia di ghiaccio melmoso. Ora gli sci affondano nell'acqua e, anche se per pochi centimetri, questo è sufficiente a far sì che si formi un sottile e pesante strato ghiacciato sotto di essi. Sono quindi costretto ad abbandonare il torrente anche se il bosco adesso è divenuto fitto e intricato e alla base delle conifere c'è tutto un groviglio di arbusti, betulle nane e così via. In più anche qui, sotto la solita neve crostosa, c'è una poltiglia di neve mista ad acqua. Sono finito davvero in un bel posto e tento di uscirne il più rapidamente possibile. Il profondo sconforto unito alla stanchezza fisica si tramuta in un'ondata di rabbia e imprecazioni grazie alla quale riesco ad attraversare la boscaglia melmosa come un ariete e quindi a risalire il ripido pendio che delimita il fiume. Oltre, ritrovo il bosco, che almeno è asciutto. Anche quella sera i toni del diario sono gli stessi: *Sto facendo una fatica ladra per avanzare su questa non neve: crosta che si rompe, sotto direttamente il terreno. Allora seguo i fiumi ma c'è pappa ancora più schifosa che mi impasta gli sci. L'energia che mi manda avanti è terribile quest'anno, me ne rendo conto ora che sto affrontando questa 'roba'! E la gente che continua a ripetermi, come se già non lo sapessi, che neanche i più anziani ricordano un inverno come questo! Come posso attraversare la grande wilderness e restarne in ascolto, se ogni passo è una lotta?*

Certo, sono contento di riuscire comunque ad avanzare, ma sento che così forse sto rovinando tutto. Mi chiedo a volte che senso abbia continuare con queste condizioni disastrate, attraverso luoghi incantevoli che non riesco a godermi, luoghi nei quali normalmente sarei stato in grado di scivolare senza peso come nelle lontane tappe del sud. *Sì, sto procedendo, sto arrivando a nord, sto entrando nelle zone più belle, i traguardi da sempre più ambiti mentre progettavo questo lungo viaggio, ma cosa conta farlo con questa tristezza nel cuore...?* Eppure ci sono mille modi diversi per sperimentare le «cose», non solo quei pochi dei quali sono convinto io. E quindi, questa tensione animalesca che mi tiene desto e vigile nel continuo fiutare e interpretare quanto attraverso, *non è forse già questo un accostarmi alla natura e ai suoi animali, un penetrare il silenzio e lo spirito del bosco, come poche volte capita, alla stregua di un lupo che passa come un ombra lungo la pista impressa nel suo istinto...?* Sì, ogni volta che lontano dalla fatica della marcia torno a pensarci, ne sono sempre più convinto: ciò che sto vivendo è un grande privilegio!

Il giorno seguente incontro la grande natura, ed è un momento che non dimenticherò più: emerge d'un tratto dalla fitta nebbia come si fosse tolto un sipario per mostrare la sorpresa a lungo celata. Come per incanto la giornata si fa serena e fredda e delle nubi dissoltesi nel nulla non resta che una fitta cappa a ricoprire la valle in basso; al di sopra, all'orizzonte, c'è solo lo spazio di conifere e montagne a perdita d'occhio, il grande silenzio bianco. Il sole ormai accarezza i vasti spazi alle mie spalle, ma il colore col quale investe queste montagne svedesi di Skäcker Fjällen mi strappa un grido di gioia. I rilievi sono alti e imponenti anche se addolciti e arrotondati nelle loro forme dal lavorio di mille inverni e di milioni di piogge. Alla loro base, come un tappeto regolare a tappezzarne l'ingresso, boschi di conifere. Più in basso la nebbia ricopre il vasto lago di Sveet. Resto di sasso al di sopra della valle. I lupi si accucciano tranquilli, ma il muso è teso come le orecchie, fisso nella stessa direzione dei miei occhi. Ecco la «risposta» al perché di questo «viaggio»: da qui comincia il *Grande Nord.* È difficile tradurre la parola *wilderness*; «wilderness» è ciò che ora sta di fronte a me e mi disarma nella sua bellezza primordiale, nella sua energia che squarcia l'aria con questo silenzio di piombo. Lo si può rendere con «natura selvaggia incontaminata», ma *c'è* di più; ... quel *WRrr...*

Scendo verso le montagne dove la nebbia che ricopre il lago mi attende. Il sole è rosso e le punte ricoperte di gelo di alcune conifere ne sono infiammate. Entro nel bosco e ora che sono di nuovo nella nebbia e che mi sto avvicinando al lago, il freddo si fa più pungente. Nuovamente nell'ultimo chiarore, intercetto il corso d'acqua che mi consentirà di attraversare gli alberi senza distruggermi gambe e sci sulla solita neve crostosa. Sull'ottimo ghiaccio appena ricoperto da pochi centimetri di neve farinosa, scivolo tranquillo da un piccolo salto all'altro delle varie rapide gelate e tanto mi diverto stavolta, che quasi non me ne accorgo quando finalmente sbuco sul lago di Sveet. Mentre scivolo di buon ritmo sulla sua superficie puntando alla fioca luce che intravedo oltre la nebbia sull'altra sponda, sono contento di essere arrivato fino a qui. Poiché da domani, lasciata la baita di Sveet, unica presenza umana tra questi boschi, comincerò ad affrontare i primi tratti veramente selvaggi e isolati della traversata; non riesco a credere di riuscire comunque a procedere nonostante le condizioni disastrate e le difficoltà continue. E non importa se con condizioni «normali» sarei stato alle stelle. Ciò che conta è che io sia qui, ora.

La luce della mia lampada deve essere stata vista; un ragazzo sorridente e cordiale mi viene incontro e mi saluta. Mi domando se non sia abbastanza normale per lui, veder sbucare dal lago ogni inverno, altri tipi *matti*, con la barba lunga e la slitta dietro. In effetti, più tardi, mentre mi viene servito un piatto d'alce arricchito da patate e verdure che divoro senza ritegno, mi racconta che di *pulkisti* ne arrivano diversi, chi con una meta, chi con un'altra. Pare proprio che questa meravigliosa baita in riva al lago sia meta comune a molti *viaggiatori*. Mi mostra il libro degli ospiti e mentre lo sfoglio trovo anche chi, come me, è passato di qua in questo periodo. Osservo con curiosità le date tentando di capire i vari commenti, gli umori, le condizioni. Dell'ultimo «passaggio», effettuato due inverni fa da due ragazze, c'è anche la cartolina spedita dalla Lapponia e una loro piccola foto, gravate da zaini spaventosi (pensavo che tutti preferissero la pulka qui in Norvegia), scattata qui, circondate da metri di neve. Rune, il ragazzo che abita questo posto coi genitori, mi dice che è normale ogni inverno avere la neve appena sotto le finestre, e che quando si esce per una breve escursione sugli sci è meraviglioso scivolare sulla superficie uniforme. Il buon umore della serata svanisce; tutte quelle frasi ricche di punti esclamativi sul libro degli ospiti, al termine di entusiastici commenti sulla neve e sulla tappa della giornata, le parole di Rune, tutto continua a sottolineare ciò che so fin troppo bene. Dopo cena ringrazio la gentile famiglia e raggiungo la mia piccola baita. Domani tornerò nella natura incontaminata, attraverso il silenzio bianco, e per parecchi giorni non incontrerò più nessuno. Percorrerò un lungo fiume che, passato in territorio svedese dopo pochi chilometri da Sveet, punterà deciso e dritto a nord fino a una serie di laghi. Questo è quello che devo fare ora per riuscire ad avanzare nonostante tutto. Ma, lo so bene, i fiumi non sono sempre sicuri. Osservo la sottile crosta di neve che circonda la baita e mi domando che senso abbia trovarmi qui per una traversata in sci. Non so rispondermi, so solo che mai come in questo momento il desiderio di abbandonare tutto e di tornarmene a casa è forte e presente dentro di me. So anche però, e questo ora è come un peso che mi toglie il respiro, che quest'anno arriverò fino in fondo.

19 gennaio, 59° giorno

Apro gli occhi con la prima luce del giorno. Senza muovermi, attraverso la piccola finestra, vedo i verdi rami degli abeti, immobili. Il cielo è grigio, ma non scende neve. Il pensiero di dovermi alzare e di dover affrontare una nuova tappa con le condizioni che mi attendono *là fuori* non solo mi pesa e mi schiaccia ma, per la prima mattina da quando sono partito, mi fa male e mi ferisce come se dovessi uscire nudo nel freddo intenso del bosco. Richiudo gli occhi... *Per oggi no, non ne voglio proprio sapere...* Mi volto dall'altra parte e tento di scacciare da me questa realtà. Tengo gli occhi chiusi, li stringo fin quasi a farli lacrimare e d'un tratto ci sono, vedo il Campo circondato dalle conifere, vedo ogni singola roccia, ogni albero, e vedo la mia baita: *Che ci faccio io qui?* Mi concentro su questa immagine, la chiamo con forza, con disperazione. *È lì che vorrei trovarmi in quest'istante, lì dentro, mentre nevica.* E per alcuni istanti ci sono, la vedo, sento un calore che spazza via il gelo che mi serra il cuore. E vedo la neve che scende fitta e lenta fino a coprire la legnaia sotto la finestra; ascolto il silenzio e il vento leggero che attraversa gli alberi. Mi addormento e sono sempre lì, la sogno per alcuni istanti e quando torno ad aprire gli occhi, sfrutto questa flebile scintilla di energia per uscire dal letto e prepararmi.

Risalgo il fiume Strådøla sotto il grigio cielo uniforme. Ho la slitta ricolma di cibo in previsione dei sei o sette giorni che impiegherò fino al prossimo punto abitato. Mi piacerebbe raggiungere entro stasera il grande lago di Törron, sempre in Svezia. Conto di fermarmi sotto le conifere proprio di fronte alla vasta distesa ghiacciata e lì *stravaccarmi* come un re, senza neanche montare la tenda, scaldandomi un grande fuoco mentre preparo la cena. Ma, man mano che avanzo, penso che sarà difficile farcela tutta in un giorno. Risalgo il largo fiume Strådøla, striscia bianca nel bosco denso. *Sono piccolo quassù*, penso tra me ricordando il terrore di stamattina al pensiero di dover ripartire. Nel cuore, benché tenti di ignorarlo, quel timore continua a farmi compagnia come una vaga nebbiolina che lascia intravedere il sole di tanto in tanto, ma che so potrebbe tornare a addensarsi, richiudendosi grigia e pesante a ogni istante.

Mi torna in mente, quasi a farmi coraggio, mentre concentro i miei occhi sul ghiaccio del fiume, quanto narrava Pekka riguardo la paura presente in ogni giovane Noaj'de durante il proprio percorso iniziatico; di come questi ragazzi predestinati si ritirassero in gran solitudine sulle montagne o nei boschi. Nel dedicarsi anima e corpo al richiamo della propria voce interiore, nel perseguire questa sacra via dell'essere, essi finivano col prendere l'aspetto di veri e propri asceti e per anni, l'unico a potergli fare qualche visita sarebbe stato il loro maestro Noaj'de. Nel corso di queste rare visite, agli apprendisti sciamani veniva in particolar modo mostrato il valore di quella parte del proprio essere capace di liberarsi dal corpo durante il sonno poiché, come spiegavano gli anziani, «l'uomo, come pure gli altri esseri viventi, ha due anime, il soffio vitale che non precede né sopravvive al corpo fisico e che si dissolve dopo la morte, e l'anima vera e propria, un elemento distinto dal corpo che preesiste alla nascita e resta dopo la morte». Quest'ultima, si riteneva, era quella in grado di abbandonare per un certo periodo di tempo l'essere fisico durante il sogno e nell'estasi; il Noaj'de, con le sue tecniche, era il solo capace di raggiungere uno stato in cui liberava l'anima al fine di compiere viaggi nei regni dello spirito così come in qualsiasi altro posto della terra. Tra i Sami, al contrario dei nativi del Nord America, un destino da Noaj'de era particolarmente temuto a causa delle privazioni, delle lunghe solitudini e delle pesanti prove dello spirito cui dedicare la propria gioventù; un Noaj'de, però, era di gran lunga la figura più considerata e autorevole all'interno di ogni comunità.

«Finché non avrai appreso a morire per divenire, sarai solo un ospite fosco della terra oscura» diceva Goethe; sono fermo e osservo le conifere immobili. *La Via dell'Essere*, sospiro tra me e me tentando di ritrovare un poco di calore; quasi rabbrividisco al pensiero di quei giovani, soli per anni, in un silenzio e in una vastità come questa che mi circonda adesso e che, anche se solo per pochi giorni, è capace di raggelarmi il cuore. Ma il rammentare che anch'io sono quassù per questo mi fa sentire già meglio e meno solo. *Torneremo amici*, sorrido rivolto alle conifere e al silenzio assoluto che le pervade. Scende il buio e metto la lampada.

Con l'ultima luce che si dissolve è tornata anche un po' di fiducia. Tanto male oggi poi non è andata e anche se probabilmente ormai ci arriverò domani, il grande lago non è più tanto distante. Assaporo questa wilderness immobile e muta che mi circonda e nella quale continuerò ad avere il privilegio di inoltrarmi per ancora tanti giorni e poi tra breve il fuoco, e la prelibata cena di stasera: pennette tricolore Barilla e un intero pollo arrosto!

Pian piano il fiume ha preso a restringersi e a salire gradualmente da una piccola rapida all'altra. So che tra breve svanirà in un torrentello, ma sarà più su dove probabilmente la neve è migliore e dove potrò sciare veloce fino a rientrare nel bosco poco più in basso, presso le sponde del...: con un tonfo sordo, come se fossi stato spinto da una forza gigantesca, cado attraverso il ghiaccio del fiume nel buco che si è improvvisamente aperto sotto gli sci; senza aver ancora avuto il tempo di comprendere, mi sento afferrare da un getto violento e gelido. Le gambe e gli sci lottano nell'acqua impazzita mentre tento di bloccarmi con le braccia che, per fortuna, sono prontamente riuscito a spalancare sulla superficie del ghiaccio intatto. Il fragore è assordante e già mi vedo cedere contro la forza del fiume mentre vengo risucchiato sotto lo spesso strato di ghiaccio. Ma in un istante sono fuori con uno scatto violento, mi allontano dal buco e mi rimetto in piedi; uno sci si è spezzato in due, proprio all'altezza dell'attacco. Resto come indifferente per alcuni istanti mentre fisso lo sci rotto e riprendo fiato. Resto lì a guardarlo senza alcun pensiero. Poi caccio un urlo selvaggio; vorrei piangere ma lo sconforto e la delusione che mi piombano addosso, sono troppo forti. *Ma come... il lago, il fuoco...?*

Mi siedo sulla neve mentre Chinook viene a leccarmi in volto. Poi in silenzio mi osserva coi suoi occhi dolci e, infine, va ad accoccolarsi vicino al fratello, a poca distanza. Osservo i miei due fedeli compagni, ombre silenziose, sempre presenti. Non chiedono mai nulla, non si lamentano mai eppure sono sempre pronti a darmi un bacio, una zampa d'affetto. Guardo il cielo adesso e gli alberi ed è come se non volessi o non potessi accettare questo momento. *Non è possibile, proprio oggi che ero così a terra!* Me ne resto a lungo in silenzio, nel buio. So che non ho alternative e che c'è un'unica scelta possibile. Ma ormai non ho più fretta e indugio a lungo come per farmi una ragione di quanto mi sta capitando. Penso per un attimo che, se proprio doveva accadere, è stato un bene che sia successo qui e non più avanti, nel cuore di questa zona selvaggia. «Meglio così che peggio», dunque, sembra un detto che si conferma ogni giorno un po' di più. Scuoto la testa, carezzando i lupi e mi preparo per tornare a valle. Poco dopo do un'altra occhiata alla slitta che attenderà qui il mio ritorno e con lo sci rotto legato alla meglio allo scarpone, come uno zoppo, riprendo la pista appena tracciata giù lungo il fiume.

Sono così svuotato che non so neanche più cosa scrivere, riporto sul diario una volta tornato a Sveet dopo una marcia spossante, *come quando alle 16.00 si è aperto il buco nel torrente e lo sci si è spezzato in due. Sono rimasto a guardarlo senza più pensieri, totale indifferenza.* Dopo la sorpresa iniziale la famiglia di Rune è stata meravigliosa. Compresa la situazione, ha saputo starmi vicina con discrezione, donandomi tutto il calore di cui avevo bisogno. So che non sono mai stato così vicino alla rinuncia, forse anzi ho già deciso. Non ce la faccio più, stavolta sono davvero a pezzi e dopo quest'ennesima «mazzata», la forza sconosciuta che fino a ora ogni volta è stata in grado di parare il colpo, questa volta è svanita.

Chiamo Mattia su in Lapponia. Il mio caro amico tenta di tutto per risollevarmi il morale, dandomi mille buone notizie, dicendomi che lui (come deciso prima di lasciarci) è sempre pronto a raggiungermi per fare un tratto di traversata assieme e poi che le cassette video che ho girato e gli ho inviato per posta gli sono piaciute molto ed è certo che ne verrà un grande reportage. Parlo con Anders e deve sentirmi davvero a pezzi e prossimo alla rinuncia per promettere subito che mi raggiungerà domani pomeriggio. Poi mi chiama Sara, la ragazza di Mattia, dolcissima, che avrei voluto abbracciare gridandole «Ti amo!» e subito dopo, avvisata da Sara, mi chiama Liv: «Tieni duro», mi dice. «Sento che ce la farai e ti sento bene comunque.» Bene, avanti allora, terrò duro; per lo meno, non sono solo!

L'indomani Rune si offre di accompagnarmi in auto al villaggio di Verdalsøra, circa due ore di strada, dove compro il nuovo paio di sci. Chissà dove riuscirò ad arrivare con questi? Tornati a Sveet, dormo per tutto il pomeriggio. Mi sveglia la voce nota e amica di Anders col quale, poco dopo, ceno coi migliori manicaretti della madre di Rune che domattina mi riporterà alla pulka in motoslitta. La *forza* non mi ha ancora abbandonato!

Chinook e l'aurora boreale

Così come è stato per mio fratello (*a sinistra nella foto*) e me, anche i cuccioli Chinook (*in basso a sinistra*) e Mohawk (*in basso a destra*) sono cresciuti a diretto ed esclusivo contatto con i boschi e le montagne.

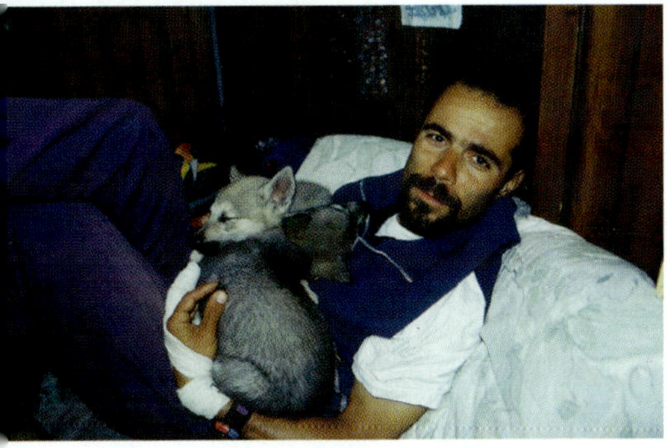

Io a sedici anni dopo la salita al Gran Zebrù (3851 metri) nel gruppo dell'Ortles.

A vent'anni dopo la prima via « tosta » da capocordata, la mitica Philipp-Flamm al Civetta, Dolomiti.

Sul celebre traverso della Via Messner, Sass dla Crusc, Dolomiti.

In vetta a una cima senza nome a –35°, con gli amici Renato (*a sinistra*) e Gianni (*a destra*), durante la traversata delle montagne del Sarek (Svezia settentrionale), nell'inverno Artico.

Mount Logan (6050 metri), Yukon, la montagna più grande e isolata della Terra! Qui, sull'interminabile e terrificante cresta « Hummingbird » (quindici chilometri di lunghezza per quattro di dislivello!). È maggio e sono le undici di sera.

Nuove avventure: qui lungo la costa sudorientale dell'Alaska, traversata in kayak con Mattia (*nella foto*). Non ci sono uomini; solo orsi, lupi, balene e... noi due!

Marzo 1989, con Renato durante il primo tentativo di traversare la Norvegia in inverno. La tormenta sta per strapparci via dalla montagna!

Tentativo decisivo di traversata del 2000-01; sono partito da un giorno da Lindesnes e, sotto la pioggia gelata, affronto in mountain bike i primi duecento chilometri.

Chinook e Mohawk a quattro mesi; dopo la loro prima nevicata, curiosano sotto il ghiaccio appena formatosi sul laghetto del Campo.

I miei cucciol...oni dopo la traversata, tra le Dolomiti, le montagne di casa.

Haukeliseter, 27 novembre 2000; sto per muovere i primi passi sugli sci e i lupi, a loro modo, mi esprimono la loro partecipazione.

Appena sveglio, presso il lago di Törron (si nota la poca neve che mi accompagnerà per tutto il mese di gennaio).

Il sole fantasma delle due del pomeriggio accende le montagne dello Jotunheimen con colori fiabeschi...

... e cosa dire di questo cielo all'alba (ovvero alle dieci di mattina!) sull'altopiano dell'Hardangervidda (qui presso il rifugio Hellevassbu a fine novembre).

Le « creature della notte artica »; così amo definire l'aurora boreale. Qui, un accenno di aurora nel quarto mese di marcia, sopra le montagne settentrionali della Svezia.

Lago di Lyimede (Limingen): acque scure, senza ghiaccio. Eppure, che incanto!

Tra le montagne del Børgefjell durante i giorni più glaciali della traversata (–40/–50). Chinook curiosa di fronte l'autoscatto!

Quando Chinook mi fissa così, so per certo che l'istante successivo mi salterà incontro per invitarmi al gioco. Per loro, ogni istante della traversata è stato un gioco.

7 febbraio 2001, 78° giorno: il vento aveva abbassato la temperatura a circa –60! «... aveva cominciato soffiando rasoterra, leggero e silenzioso, quasi una carezza...»

Lapponia: monto la tenda nell'infuriare del vento, poco prima che sopraggiunga la tormenta.

Chinook e Mohawk sparivano spesso durante la marcia per comparire poi improvvisamente di fronte a me con l'aria di chiedermi: « Allora...? »

I due magici fratelli erano sempre assieme. Sempre.

La traccia della mia pulka: una striscia di lumaca lunga ben tremila chilometri!

A volte, ciò che si è vissuto è troppo grande da potersi esprimere con le parole. Ma ciò che si è sentito in quei momenti resta dentro per sempre. Fine marzo: è ormai il vento dell'oceano Artico questo che sento?

I « miei » spazi. Qui mi sono perso per quasi cinque mesi, ritrovandomi. Nella foto, sul lago di Iesjar'vi, Lapponia, il 24 marzo 2001, 123° giorno.

30 marzo 2001: il primo terreno libero dalla neve dopo centotrenta giorni sugli sci!

1° aprile 2001, Hopseidet, inizia qui la penisola di Nordkinn; dopo tremila chilometri, mancano solo due giorni alla meta!

2 aprile 2001: nell'infuriare della tormenta, ho appena raggiunto la meta, l'oceano Artico.

Lasciando la baia di Nordkinn il 5 aprile 2001, prima di raggiungere il villaggio di Mehamn. Gli spazi conquistati divengono anche gli spazi che ci hanno conquistato.

Sto per lasciare il vecchio capanno di Roren, dopo i «giorni di Nordkinn», ma sento che potrei restare qui per sempre.

Marzo 2003, Artico canadese. L'ultima traversata con i miei due angeli Chinook (*a sinistra*) e Mohawk.

I due fratelli durante il loro ultimo inverno al Campo.

Sosto per alcuni minuti sulla linea del Circolo polare artico, in un attimo di tregua dalla bufera.

La sosta per il pranzo nel primo pomeriggio a inizio traversata: qui sto lasciando le montagne dello Jotunheimen.

Inverno 2002: io e i due lupi riattraversiamo il vasto lago di Namsvatnet e torniamo a Johkegaske ove, in questa baita degli amici sami, a lume di candela e con le mani gelate, ho scritto parte del presente racconto.

Mohawk a casa, tra i boschi della sua infanzia.

Chinook amava sempre scavarsi un rifugio tutto per sé nel quale restarsene al fresco... La foto è del maggio 2001, con l'ultima neve al Campo: il mantello invernale della traversata è ancora completo!

21 gennaio, 61° giorno

Chinook fissa l'aurora boreale che sovrasta le conifere. Nonostante sia il primo inverno della sua vita, sa bene quando non è il caso di andarsene in giro. E ora, a 32 gradi sotto zero, lui e il fratello mi osservano attenti e vigili con le orecchie belle tese, acciambellati l'uno contro l'altro per non disperdere il calore. È buio anche se sono appena le quattro del pomeriggio e oltre l'orlo immobile delle conifere del Nord, esile e sottile, comincia a striarsi nel cielo, leggera e misteriosa, la lunga linea viola e verde dell'aurora boreale. So che più tardi il cielo ne sarà pieno e la neve assumerà il colore del cielo. Uno spettacolo indescrivibile, una danza silenziosa che riporta la memoria a frammenti di un mondo primordiale, perso solo in apparenza. Osservo ancora per qualche istante su in alto oltre le punte degli abeti. Poi torno a sistemare la mia slitta. Dopo questa breve sosta durante la quale ho mangiato qualche biscotto con del tè caldo è ora di rimettermi in marcia.

Chinook alza il collo ricoperto dalla folta pelliccia e mi osserva: non sembra affatto convinto di volermi seguire. Ha l'aria di un re quassù. Una linea ininterrotta attraverso i millenni lo collega ai lupi che lo hanno preceduto. Per questo «sa» che con questo freddo e con il cielo colorato dalle strisce verdi non è il momento giusto per viaggiare. Solo dopo qualche minuto, quando mi volto, nel buio vedo apparire due paia d'occhi, luminosi nel fascio di luce della mia lampada frontale.

Un paio d'ore più tardi, Chinook osserva l'aurora boreale sul lago di Törron. Il suo volto è disteso e comprendo che egli non «osserva», bensì comunica, accetta; comunica con i branchi dei suoi simili attraverso la lunga striscia verde e viola che si allunga da un capo all'altro del cielo stellato. Comunica attraverso i millenni e nei suoi occhi limpidi, volti verso l'alto, oltre le conifere appuntite, riflette la storia della sua specie, che è la storia del mondo. E io, qui, ho il privilegio di trovarmi al suo fianco. In questo istante lui potrebbe essere un lupo qualsiasi di quelli che l'hanno preceduto e che hanno alzato lo sguardo verso l'aurora. Ho la tentazione di carezzarlo sul muso, ma poi rinuncio: *Come potrei spezzare una comunicazione così intensa?*

Tiro la slitta su fin oltre la sponda del lago sotto gli alti abeti rossi. Da quando stamattina Rune mi ha riportato nel luogo del mio incidente, dove avevo lasciato la pulka, non ho fatto altro che marciare, volevo assolutamente raggiungere questo lago, dormire presso le sue sponde. E ora che ci sono riuscito, mentre preparo come si deve la legna per un bel fuoco, sento di aver ritrovato la fiducia persa durante gli ultimi giorni. Le aurore continuano a sovrastarmi, la loro lenta danza nel cielo, impercettibile, ogni volta mi incanta; resterei lì nell'aria gelida a fissarle per tutta la notte. Ceno di fronte all'orgia di scintille, quella che mi sono ripromessa l'altra sera. Poi resto a lungo di fronte alle fiamme. Le osservo senza pensieri: i guizzi furtivi del fuoco lambiscono gli alberi, la neve appena attorno a me e i corpi addormentati dei due lupi. Un passo più in là, e la notte inghiotte ogni forma e ogni ombra, nella sua insondabile oscurità; sembra che la luce stessa del fuoco abbia timore ad avventurarsi in quel buio. *L'incanto di fissare il fuoco*, penso. *Nel fuoco c'è la nostra storia. Attraverso il tempo, seduto di fronte alle fiamme, accompagnato dai suoi perché e dai suoi timori verso l'ignoto, l'uomo ha attraversato ogni epoca, fino a me, fino a questo istante.*

Mi viene in mente uno dei principali miti ai quali i nativi del Nord avevano legato il sacro fuoco: quello relativo all'« Uccello Tuono » divino. Si trattava di un motivo largamente diffuso nell'America e nella Siberia settentrionale, oltre che presso i Sami. Secondo la leggenda, il tuono originato dal movimento delle ali e il fuoco è stato portato sulla terra da lui, l'Uccello del Tuono. Per questo, si doveva enorme rispetto al fuoco e vi erano numerose prescrizioni e divieti; tra i Sami, ad esempio, non bisognava ferirlo passandoci attraverso la lama di un coltello, non bisognava sputarci sopra, né lo si poteva spegnere con l'acqua, e così via. Presso i Tartari dell'Altaj, invece, nel trasferirsi in una nuova tenda, vigeva l'usanza di portare con sé due tizzoni ardenti del vecchio focolare, per accendere quello nuovo. Vista la sacralità del fuoco, luoghi e persone colpiti da fulmini erano di conseguenza circondati da grande rispetto e timore. Osservo le fiamme fin quando non resta che la brace a contrastare l'oscurità. Spentosi l'ultimo guizzo, sprofondo nel silenzio abissale della terra, come ne fossi cullato. Mi infilo nel sacco a pelo sopra un bel letto di rami di abete e mi addormento sotto le stelle limpidissime del Nord.

Nel cuore della notte, apro gli occhi: il cielo, come una vastissima coperta, è infiammato dalle luci delle aurore boreali. La loro danza sembra accarezzare la volta celeste o tentare di abbracciare la terra, darle calore, rassicurarla in questa lunga e gelida notte invernale. *Vorrei comprendere chi siano, tanto il loro pulsare appare vivo, sensibile, dolce*, mi sono più volte detto. *Creature della notte artica, capaci di ammutolire il cielo con la loro grazia: non è possibile staccarne gli occhi né il cuore. Credo che ogni essere umano, pur non potendole toccare, riconosca nella loro purezza, la grazia che è dentro ognuno di noi e che esse ci vengono a rammentare.* Vorrei gridare per il calore che riesco comunque a sentire in questa notte fredda. Osservo l'universo come da un balcone in questa prima visione tutta per me. Potrei non desiderare altro per il resto della vita e restare così, immobile e silenzioso, sotto il cielo striato di verde. Come le conifere o come lo sguardo di Chinook.

La mattina dopo, quando mi sveglio, mi domando se non sia stato tutto un sogno. Riprendiamo la marcia attraverso il lago senza fine. *No, non è un sogno, sono solo io che continuo a sognare. Riuscirò mai a svegliarmi e a comprendere gli occhi del lupo rivolti al cielo? A volte osserva una nube, altre una stella, ieri sera le aurore... È come se contemplasse; che stia «ritrovando» anche lui, così come sto facendo io?* Palpita anche nei miei lupi l'anelito di tornare alle origini, di unirsi all'ululato del branco che attraversa la storia del tempo? Non è anche questo il mio sogno, il sogno di ogni uomo?

Il sole scende veloce quassù a fine gennaio. In compenso, il buio è più lento a venire e c'è il tempo per rivestire il cielo e i monti e le conifere di un'infinita gamma di colori. Dal rosso intenso degli ultimi raggi che pare bruciare le punte degli abeti, dei rilievi più alti, alla penombra di ghiaccio che precede di un soffio la notte dove gli alberi divengono macchie scure che tappezzano le montagne argentate dal viola intenso del cielo. È un momento speciale, né giorno né notte, ancor più dato che il giorno, breve e illusorio come il sole bassissimo, è stato ben poca cosa. È attraverso questo passaggio quasi sospeso che da settimane mi sistemo la frontale in testa, sopra il berretto, lasciandola però ancora spenta fino all'accendersi delle prime stelle che ormai riconosco come un navigatore. Penso che ogni sofferenza e difficoltà valga la pena di essere affrontata pur di poter partecipare ogni sera al lento crepuscolo del Nord.

Avanzo senza più fatica: dopo tante ore di marcia i sensi vibrano all'unisono con quanto ho attorno e d'un tratto si fanno ancora più desti e ricettivi. È un momento solenne. Mentre scivolo veloce sul lago non c'è altro rumore se non quello leggero degli sci sulla neve. *Cosa sto vivendo? È come trovarmi in una fiaba, come quando stanotte ho aperto gli occhi e c'erano le aurore boreali.* Sto vivendo semplicemente il mio sogno, che è l'espressione più autentica del mio essere. Nella maggior parte dei casi, invece, i sogni sono ignorati fino a farli morire.

Eppure esiste un itinerario speciale che attende e che chiama ogni singolo individuo di questo pianeta. Ma si è troppo distratti dalla carriera, dalla corsa al «benessere», si è troppo presi dall'accumulare: come si può, giunti a questo punto, seguire il proprio cuore, lasciarsi andare e, semplicemente, *essere*? Come si può raccontare un'avventura come la mia quando poi mi sento chiedere di continuo: « Sì, ma perché, a cosa serve ? Ti pagano, cosa ci guadagni? » Finisco comunque col passare per matto.

Sono sul secondo lago di oggi e già assaporo un'altra notte sotto le stelle tra gli alberi della riva opposta, altri cinque chilometri di fronte a me. Mi trovo nella fase finale del gioco dei colori. Ora le montagne e i boschi giù in fondo, che qualche ora fa osservavo illuminate dall'ultimo sole, sono lì come non mi fossi mosso di un metro. Solo la luce è cambiata e un viola intenso che si tramuta in azzurro scuro scende dal cielo come la cappa di gelo che mi corazza la barba. Di tanto in tanto un rumore lontano e gutturale interrompe il silenzio. Fino a qualche tempo fa ero convinto si trattasse del verso degli alci. Lo si udiva ovunque, nel folto dei boschi o in mezzo ai grandi laghi. Una specie di singhiozzo intermittente o come se l'aria stessa fosse stata una gigantesca corda tesa fatta vibrare di tanto in tanto da qualche gigante nascosto. Un rumore profondo, basso. Altre volte l'impressione era di tamburi lontani, cupi, e allora la fantasia faceva presto a galoppare e a immaginarsi un campo di tepee indiani sperso chissà dove. Ma poi ho compreso e ormai, io e i lupi, vi abbiamo fatto l'abitudine. Ora che sono fermo, mi rendo conto che l'origine del suono è sotto i miei piedi! Sono le acque del lago che ogni tanto, smosse dai numerosi affluenti, vanno a toccare il ghiaccio sovrastante, creando questa curiosa eco gutturale. A volte si tratta di vere e proprie scosse che mi fanno sussultare.

Sono felice di fare l'abitudine a tutte queste « cose » oggi irrimediabilmente dimenticate. Sentirmi a casa mentre mi inoltro sempre più in un territorio selvaggio, pregustando il momento in cui mi fermerò per creare un altro fuoco sotto le aurore e riconoscendo una a una le varie stelle e i pianeti che si accendono nel cielo. Allora non è riconoscere, ma osservare. Poi d'improvviso nel buio lo spazio bianco del lago si interrompe e il bosco immobile mi circonda di nuovo. Ho raggiunto la meta, scivolo ancora in silenzio attraverso un'insenatura protetta in cerca del luogo più agevole per salire sulla riva. Ma d'un tratto intravedo una lunga striscia sulla neve che non può essere la traccia di un animale come quelle incontrate più volte durante tutto il giorno. *Che cos'è?* Non posso credere ai miei occhi quando mi trovo sulla pista creata da una motoslitta. La risalgo velocemente oltre l'argine del fiume e la seguo tra gli alberi attraverso quello che d'estate ha l'aria di essere un sentiero. Infine una luce, c'è una casa e, sorpresa, è abitata!

L'incantesimo del vasto bosco selvaggio per me si spezza; la delusione affiora e manda in fumo il progetto di un altro bel bivacco accanto al fuoco. Mi avvicino, accompagnato dal latrare di un cane e poco dopo incontro la coppia che abita quassù; un luogo che, seppur segnato sulla carta, ritenevo abitato solo durante l'estate. Si tratta dei coniugi Gjevsjøen (sono loro che hanno dato il nome al lago omonimo che ho appena percorso, o viceversa?); hanno un figlio che però oggi non c'è, è sceso a valle in motoslitta e ne avrà per alcuni giorni. Mi fanno entrare in una vera e propria casa norvegese, cucina, frigo, televisore, solo che questa è spersa quassù in mezzo ai boschi, non vi arriva alcuna strada e il negozio più vicino è a un intero giorno di motoslitta da qui, condizioni permettendo. La cosa mi affascina. Realtà come queste sono frequenti, anzi normali in posti come l'Alaska, ma qui non me l'aspettavo. Chiaramente non posso rifiutare l'invito a fermarmi per la notte, nonché a cena; come potrei spiegare loro che preferisco dormire all'aperto sotto le stelle. E poi, dai profumi che mi giungono dal forno, qualcosa mi suggerisce di accettare. E così, mentre la signora si mette ai fornelli, Knut, il marito, mi accompagna di nuovo fuori e, a cento metri dalla casa, mi apre la piccola baita nella quale dormirò stanotte. Poi mi lascia, avvisandomi che la cena sarà pronta verso le sette, di lì a due ore... Un'attesa un po' lunga, ma, di certo, ne varrà la pena! E così, ancora in *assetto* da viaggio, ovvero frontale in testa, barba ghiacciata e imbrago per la pulka addosso, mi ritrovo di punto in bianco a guardarmi attorno, seduto sulla poltrona in questa inaspettata casetta illuminata. *Bel modo di affrontare la natura selvaggia*, sorrido tra me, *proprio un bel bivacco tra i boschi, lontano dagli agi della civiltà! Ma cosa posso farci?*, tento di scusarmi mentre accendo il fuoco nella stufa; *se l'avessi saputo, avrei potuto cambiare itinerario, ma ormai sono qui.*

Questa dei continui contatti con centri o luoghi abitati è la costante che più mi infastidisce durante la traversata. È difficile creare un legame crescente con la natura quando questo viene interrotto di continuo. Certo al Nord andrà meglio, già dal Børgefjell. Ma il desiderio di un rapporto costante con la natura sta accendendo dentro di me l'idea per un nuovo progetto, quello di attraversare una terra senza alcun punto d'appoggio, probabilmente l'Alaska; il rapporto che si crea in quei casi è impareggiabile. L'attesa della cena con lo stomaco che brontola non è facile. Accanto alla stufa lascio che la barba lentamente mi si scongeli, poi do da mangiare ai lupi. Quando torno a sedermi sulla poltrona di fronte al fuoco, chiudo gli occhi e tento di addormentarmi, tanto per far passare il tempo: pochi minuti dopo non resisto più. Avvicino il pacco dei croccantini per cani e infilo dentro la mano. Male non mi faranno di certo, penso dopo averne annusato uno. Quando lo assaggio, non lo trovo poi così cattivo, anzi! Sarà la fame? Passo l'ultima mezz'ora sgranocchiando questo snack stile antipasto col risultato che, quando mi presento di fronte la porta, la fame è aumentata ancora di più. Ma stavolta ad attendermi c'è un pezzo gigantesco di carne d'alce, condita con quella salsa così deliziosa ai mirtilli che solo qui sanno fare. Mangio a più non posso e continuo a sentirmi vuoto. Divoro anche le patate belle calde mentre osservo con interesse ciò che si sta indorando dentro il forno e che sta inondando la cucina di un profumo da capogiro. Poco dopo infatti ne esce una torta bella soffice di quelle che amo da impazzire e con le quali sono cresciuto. *Sarà per me o per il figlio?* È questo il dilemma assillante adesso; poiché già me la divoro con gli occhi e se non è per me sono sicuro che tornerò qui stanotte per mangiarmela tutta, proprio come potrebbe fare l'orso Yogi con quella di Nonna Papera! Con ansia osservo gli spostamenti della torta e intanto mi spolvero un'altra porzione di carne d'alce. «Appena cacciata!» Mi assicura il marito; non hanno il problema di fare la spesa quassù. È incredibile la fame che ho. Attraverso il mio stomaco sembra essersi aperto un buco senza fondo. Poi, quando la torta ricompare e mi viene posata innanzi, la gioia è tale che devo farmi forza per mascherarla. Più tardi sul diario, descrivo così l'avvenimento della giornata: *Stasera, nel cuore della wilderness, ho mangiato un ciambellone appena sfornato il cui profumo inondava i boschi. È stato duro trattenermi, me lo sarei divorato tutto come faccio a casa in condizioni normali. Stavolta, con noncuranza e 'raffinatezza' inglese e frenando ogni più selvaggia tentazione, me ne sono pappato solo la metà! Evviva la wilderness norvegese!*

In televisione, accesa nell'altra stanza, parlano di lupi. Pare che una coppia si sia avvicinata a una casa nella zona di Oslo. Per questo è in corso, qui in Norvegia, un dibattito che ha per tema la caccia a questi animali. Pare che vorrebbero uccidere tutto il branco e, cosa ancor più assurda, facendo ricorso all'utilizzo degli elicotteri! Per cosa poi, per quelle quattro pecore che i lupi riescono a mangiarsi nel corso di un inverno? Com'è possibile pensare di risolvere il problema optando subito per lo sterminio di questo splendido essere che è il lupo (e io ne so qualcosa), mentre nessuno pensa che basterebbe recintarle come si deve quelle pecore!

Il signor Gjevsjøen è a favore della caccia e ora mi ricorda un po' il tizio della sera di Natale con il fucile in mano. Gli chiedo se ce ne sono di lupi quassù in giro, se lui ne ha mai visti. Mentre mi risponde, mi fa cenno di seguirlo nell'altra stanza e ciò che mi mostra mi fa impallidire. L'intera parete è tappezzata da decine di foto in bianco e nero di numerosi lupi, o meglio di ciò che ne resta, appesi in bell'ordine a una parete di legno e, in posa «fiera», l'autore della carneficina col suo fucile. Mi ricordano alcune immagini scattate nel secolo scorso durante la « grande » corsa dell'uomo bianco attraverso le terre dell'Ovest, tra Canada e Stati Uniti.

Mi racconta che gli ultimi esemplari fotografati risalgono a circa trent'anni fa. Però di lupi ce ne sono ancora qui attorno, aggiunge, giungono dalla vicina Svezia dove questi splendidi animali sono un po' più amati e considerati. Noto inoltre, attaccato alla finestra, l'adesivo ovale che ho più volte visto sulle auto durante le mie discese a valle: « *Ja til ulvejakt* », recita a bei caratteri neri, ossia, « Sì alla caccia ai lupi ». Appena torniamo a sederci attorno al tavolo della cucina, non sono più tanto contento di essere capitato qui. Ora Knut osserva con aria curiosa Chinook e Mohawk che giocano tranquilli fuori nel cortile. Io provo a distrarlo, tentando di depistarlo il più possibile e quindi gli chiedo, fingendo un lieve timore, se c'è la possibilità di incontrare qualche branco attraversando queste montagne e se ho qualcosa da temere. Lui distoglie lentamente gli occhi dai miei lupacchiotti e, spiegandomi che nessun branco ha mai attaccato l'uomo, mi rassicura con l'aria di chi la sa lunga. Poi mi chiede se per caso nei giorni scorsi mi è capitato di scorgere tracce di lupo. Scuotendo la testa come un bimbo innocente e aggiungendo che non sarei neppure in grado di riconoscerle, trattengo un sorriso e guardo fuori oltre la finestra dove Chinook e Mohawk si rincorrono. *Bell'esperto*, faccio tra me, *se non ti sei neppure accorto che di tracce di lupo è interamente cosparso il cortile di casa tua!* Dopo di che lo saluto e me ne vado a dormire. Questa è proprio bella! Ma prima allontano i cuccioli da qui e meglio sarà per loro.

La mattina dopo, con l'ultima metà del ciambellone al sicuro nello stomaco, faccio un cenno di saluto ai Gjevsjøen che osservano i miei preparativi fissandomi dalla finestra della cucina. C'è un po' di ansia nei loro sguardi, visto che tra raffiche furiose e nevischio, il tempo non promette nulla di buono. Hanno fatto di tutto per convincermi a restare ma, nonostante la tentazione, ho gentilmente rifiutato. E non era solo per il desiderio di allontanare rapidamente i lupi dalla casa; ora che i «Grandi Laghi» sono davvero vicini, una meta così importante che fino a pochi giorni fa ancora non avrei mai pensato di raggiungere, ho un certo desiderio di affrettare la marcia. Quel giorno, comunque, non avrei percorso molta strada. Man mano che torno a salire verso le montagne e il bosco si fa sempre più rado fino a sparire del tutto, la tormenta aumenta la sua intensità e, ormai al buio, col vento e la neve pungente dritta in volto, attraverso un lago alla cieca, opponendomi quasi di peso alla furia degli elementi.

Non appena trovo, o meglio, vado a finire contro una piccola collina che si insinua nel lago, ricoperta da qualche piccola conifera, vi monto la tenda sul versante sotto vento e mi ci chiudo dentro, incrostato di neve e di ghiaccio fin dentro le tasche della giacca. *Tra solita neve insciabile e vento forte all'inizio e tormenta furiosa e buio poi, è trascorsa un'altra giornata!* Così commento sul diario. Però, dentro di me, mentre ascolto il vento, sono felice: sto raggiungendo i «Grandi Laghi» ed è quanto mi basta per addormentarmi sereno o quasi. I Grandi Laghi, ovvero Limingen e Tunnsjøen, situati a un nulla dai 65° nord. Mille sono i motivi grazie ai quali, durante la pianificazione dell'itinerario e poi nel corso degli anni, nell'attesa di riuscire a compiere questa traversata, essi ne sono divenuti il punto più importante, un po' come il passaggio chiave nel corso di un'ascensione in roccia, oltre il quale si ha ormai tutta la salita in pugno. E questo per il fatto che, di lì in avanti, entrando le montagne del Børgefjell, fin su in cima, l'itinerario diverrà una linea ininterrotta di montagne e altopiani attraverso i quali filare senza più intoppi, creando finalmente un vero legame con la natura selvaggia. Ma il motivo principale riguarda Gudfjelløya e la sua *seite* (vale a dire un sito per le antiche cerimonie religiose), l'isola con la montagna sacra ai Sami, situata nel bel mezzo del lago di Tunnsjøen. Sono più di dieci anni che sogno di quest'isola, da quando cioè Pekka mi raccontò di essa. Da allora, mi immagino di raggiungerla la sera e di bivaccare tra i suoi alberi. Percepii dalle parole di Pekka lo spirito sacro di quel luogo, uno spirito creato da coloro che avevano vissuto lassù a stretto contatto con ogni aspetto della natura, degli animali, delle stagioni...

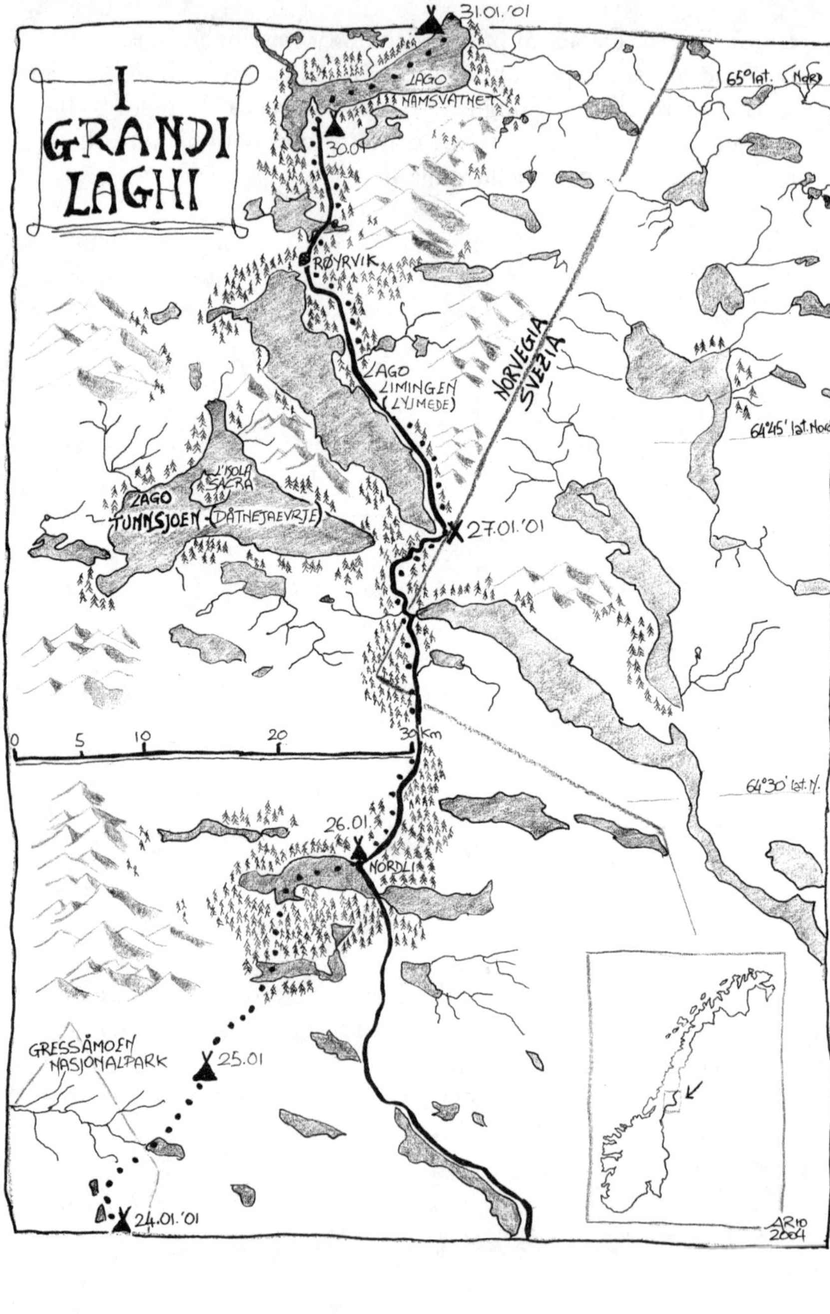
I GRANDI LAGHI
31.01.'01
LAGO NAMSVATNET
65° lat. Nord
30.01
RØYRVIK
LAGO LIMINGEN (LYJMEDE)
NORVEGIA
SVEZIA
64°45' lat. Nord
L'ISOLA SACRA
LAGO TUNNSJOEN (DÅTNEJAEVRJE)
27.01.'01
0 5 10 20 30 Km
64°30' lat. N.
26.01.
NORDLI
GRESSÅMOEN NASJONALPARK
25.01
24.01.'01
AR10 2004

I Grandi Laghi

Dåtnejaevrie, Lyjmede, Nåamesjenjaevrie

Nonostante le moderne invenzioni, i bianchi non riescono a vivere come noi e se ci provano muoiono, perché non capiscono cosa dice il sole quando tramonta e non sentono le voci degli avi nel vento. Il lupo è selvaggio, ma è nostro fratello, egli vive l'antica saggezza; l'uomo bianco, qualche volta è proprio come un cucciolo e muore quando il vento gli soffia contro, poiché egli vede solamente alberi, rocce, acqua, solo la parte esteriore del libro: e non sa leggerlo.

Anaquoness, nativo Odschibwa

Lago di Iesjar'vi, Sàpmi (Lapponia), 20 luglio 1987
Sera

«Tutto ciò che separava le persone dagli animali era la parola...» mi spiegò Pekka dopo che gli avevo chiesto cosa fosse esattamente un *seite*, e cosa intendessero i Sami con luogo o montagna sacra. «Grazie a essa, gli uomini potevano rivolgersi alle loro divinità, sussurrare parole di ringraziamento alla terra, e parlare col vento. La magia della parola era davvero potente. Ma poteva anche essere pericolosa. Se usata nel modo scorretto, il suo potere poteva rivoltarsi contro di te. E allora stava a te trovare nuovamente le frasi giuste con le quali rivolgerti alle divinità, nel tentativo di rappacificarle. La parola e la preghiera erano sempre una questione di giusto equilibrio: bisognava essere in grado di pregare le divinità, al fine di ottenere una buona caccia, ma occorreva non esagerare nella richiesta per non suscitare l'ira del Signore degli Animali...» Parlare con le divinità o con gli spiriti che impersonavano la Natura, era questo uno dei compiti del Noaj'de, ed era qui che risiedeva la grande importanza delle *seite* o *sei'di*.

«*Seite* erano la cima di una montagna, un macigno nella tundra, un albero dalla particolare forma o particolari sassi o legni, adorati così com'erano o in seguito a piccoli aggiustamenti...» scrive Stefano Lucchi in *Sciamanismo Saami.* «*Seite* è come un dio, è una sua rappresentazione, è quasi una locale concentrazione del divino.» Il culto quotidiano era legato alla *seite.* Le si concepivano come ricettacoli particolarmente dotati di energia e si sacrificava a esse per assicurare il successo nella pesca e nella caccia o nell'aiuto nei problemi della vita. Ogni famiglia aveva la propria *seite* e il villaggio (*si'ida*) ne aveva una come santuario comune, più grande e posta su un luogo più elevato.

«Tra le varie funzioni vi era, tra l'altro, quella di fungere da limite fisico per delimitare l'influenza di una famiglia o *si'ida* o villaggio su un certo territorio. Non era dunque solo luogo o oggetto sacro, ma anche delimitazione geografica entro cui si era autorizzati ad accedere alle risorse.»* La cosidetta *seite*, fosse essa un idolo di pietra o di legno» scriveva mezzo secolo fa il professor Karsten nella sua opera *The Religion of the Samek*, «non era venerata di per sé, ma in quanto si credeva che l'idolo era abitato da un essere che era lo spirito tutelare locale non solo di questo particolare oggetto materiale, ma di tutto lo spazio circostante. Il potere della *seite* non era illimitato e su tutto. Poteva andarsene e svanire e perciò doveva essere periodicamente rinnovato. I Sami non esitavano ad abbandonarle: esse perdevano il loro potere quando si smetteva di condurvi sacrifici, offerte di corna o sangue o grasso di renna, nonché di altri animali, quali orso o pesce.»

«Grande importanza aveva la *seite-pesce*, situata in prossimità dei corsi d'acqua» raccontava Pekka. «Ce n'era una particolare

* Nuccio Mazzullo, *Il luogo del popolo dei Sami*, La cultura tecnologica & il pensiero del movimento, 1993.

per la sua forma presso il lago Saivo, a nord del monte Akkavare tra le montagne del Sarek, in Svezia. Ogni fiume o corso d'acqua aveva per la mia gente la sua divinità o spirito. Quando invece una *seite* era una montagna intera, questa diventava Passevare, ossia la montagna sacra; avevano spesso la cima simile a un cono troncato. Proprio come Tjåehkere, Gudfjellöya in norvegese, quella di cui ti ho parlato, situata nel bel mezzo del lago di Tunnsjöen, Dåtnejaevrie nella nostra lingua. Lassù, a esempio, presso una roccia che i missionari non riuscirono a eliminare del tutto, si sacrificavano le renne a Leibolmai. Il Nordkapphornet (Coarvi in lingua sami), vale a dire la penisola di Capo Nord, situata appena a ovest di quella di Nordkinn, era un luogo sacro e inviolabile da tempi immemori», mi disse lui; pensare a cosa c'è ora, in cosa il turismo ha potuto trasformare quel luogo, mi fece venire la nausea. Spesso la *seite* era una pietra dalla forma particolare spaccata da un fulmine o, più di frequente, erano dei pezzi di legno dall'aspetto vagamente antropomorfo che venivano ritoccati appena per accentuarne la somiglianza con l'uomo. In questi casi, la *seite* si trovava su di un prato che in inverno veniva decorato con i verdi rami dell'abete e veniva circondata da una corona di corna di renna; il sami vi si avvicinava a capo scoperto, in ginocchio e a digiuno. La *seite* ha dunque analogia con la concezione occidentale di luogo o oggetto sacro. Ciononostante, come già detto, anch'esse vennero distrutte, come tutto il resto, dall'isterica opera distruttrice dei missionari.

«Si aggiungeva la violenza del sacrilegio con la distruzione e profanazione di tutti i luoghi sacri e delle *seite*...» scrive ancora Stefano Lucchi. «Il missionario Pehr Hogstromm racconta lui stesso come compì il grande sacrilegio di camminare assieme a delle donne sopra un luogo sacro a esse interdetto...» Questo, come se ce ne fosse il bisogno, ce lo confermano le parole del missionario Francesco Negri che nel XVI secolo così scriveva: «I lapponi si sono, come è noto, abbandonati durante lunghi secoli agli errori di una grossolana idolatria, a un feticismo basato in parte sul culto della natura, ma alimentato dalle più assurde superstizioni. Creavano di una sommità di montagna, di una pietra dalle forme bizzarre, un oggetto di adorazione. Si mostrano ancora in quelle contrade, una quantità di punte di rocce, di sommità angolose, che hanno conservato il loro antico nome di Passevare. Era là che nelle circostanze più gravi della loro vita, i lapponi andavano a invocare i loro dei. Sovente si prostravano nel mezzo di queste montagne, e si trascinavano ginocchioni fino alla cima, per deporre le loro corna di renna o le altre offerte.» «Errori», «superstizioni»... «Siamo, come sempre, alla concezione dell'unicità della verità cristiana, di una verità che ammette al suo interno il culto delle immagini e delle reliquie, ma che rifiuta alle altre una dignitosa autonomia» scrive Mazzoleni in *Same*. «Le credenze diverse, ancora una volta, sono 'assurde superstizioni', bizzarrie determinate da un abbandonarsi o persistere negli 'errori'...»

23 gennaio, 63° giorno

Nell'infuriare della tormenta attorno alla mia piccola tenda, penso a quando un tempo tutta questa vasta terra era sacra per i nativi Sami e non solo quei luoghi che chiamavano *passevare* o *seite*. Per loro il vento era sacro e sacri erano gli spazi con i quali si svegliavano e nei quali tornavano a addormentarsi. Sacro era il grande silenzio. Ascolto il vento che scuote in modo irregolare la tendina protetta dall'esile penisola di questo lago. La sua foga, appena più in alto tra le rade conifere, assomiglia a un urlo selvaggio. I lupi dormono sereni; tiro fuori la mano dal sacco a pelo e trovo il pelo umido al mio fianco che nel buio, riconosco essere quello di Chinook. È sveglio; forse sono stato io a destarlo con la mia lieve carezza. Lo sento muoversi appena: d'improvviso la sua lingua prende a leccarmi il dorso della mano. Lo fa lentamente, con estrema cura. Direi, quasi, con amore.

Sacro era il silenzio, sacro era il canto del vento per gli amici nativi ai quali sto tentando di riaccostarmi, sacra era la terra, sacro il vivere. Io quassù lo sento, nella tormenta che sembra cancellare tutto lo schifo che li ha spazzati via. Loro, Chinook e

Mohawk, me lo dimostrano a ogni istante, in ogni circostanza. *Cos'era e cos'è sacro per gente che ha saputo distruggere chi credeva in questo?*

Hanblecheya, presso i nativi nordamericani, era la «Ricerca della Visione».

Raggiunta la pubertà, verso i dodici anni, ogni ragazzo si allontanava dal proprio villaggio per diversi giorni. Nudo e senza cibo, si sarebbe trovato un luogo appartato nei boschi o tra le montagne e lì avrebbe «meditato», tentando di andare oltre la sua paura, oltre la fame e il freddo... «fino a quando tu abbia ottenuto la visione, o finché non avrai la certezza di non poterla ottenere». *Hanblecheya*, ricercare il sogno o la visione, era «semplicemente» un centrarsi sul proprio silenzio, restando in ascolto del proprio cuore fino a comprenderlo completamente. Era un «vedere» davvero ciò per cui si era nati (*hanble* = vedere), uno svelare il percorso che avrebbe guidato la propria esistenza. I nativi definivano il vivere «la strada rossa che porta alla bontà» (rosso è un colore tenuto in gran conto). Ogni atto era sacro, come sacra era la Madre Terra che li ospitava. Per questo l'*Hanblecheya*, oltre che un *entrare* in se stessi, costituiva soprattutto un uscire e fondersi col tutto. In proposito, Hehapa Sapa, vale a dire Alce Nero, uno degli ultimi grandi sciamani del popolo dei Sioux, diceva: «La ragione più importante per ricercare la visione consiste nel fatto che ci aiuta a realizzare l'unità con tutte le cose, a comprendere che tutte le cose sono nostre parenti».

L'*Hanblecheya* non era il punto di partenza di questa «strada rossa»; semmai, essa ne rappresentava il punto di passaggio più importante. Questo *percorso sacro*, per ogni nativo nordamericano, cominciava infatti già all'interno del ventre materno. A ogni nuova luna, ogni madre incinta raggiungeva un luogo elevato e solenne; qui, al cospetto delle forze *wakan* (vale a dire il «Grande Mistero», una forza avvertita in modo indeterminato nel vento, nel sole, negli alberi e negli animali, voce e volto stesso della Natura) essa «presentava» il suo bambino: volgendosi lentamente verso i quattro punti cardinali e pronunciando parole di ringraziamento alle forze naturali che ciascuno di essi rappresentava, la madre mormorava al vento: «Abbi cura del mio piccolo. Egli sarà rispettoso e camminerà leggero sulla terra...» Al contempo, con questa cerimonia, si intendeva far entrare, ancor prima della nascita, le sacre forze *wakan* nel proprio bimbo. Forze che sarebbero state la guida di tutta la sua vita. Il fanciullo veniva poi cresciuto nel più assoluto rispetto di ogni più piccolo frammento del mondo che lo circondava e, di conseguenza, di se stesso. L'*Hanblecheya* era come un atto di «conferma» dunque, una specie di cresima o comunione con la quale il ragazzo entrava definitivamente nel percorso che il «Grande Mistero» aveva posto dentro di lui.

Cos'era e cos'è dunque sacro per gente che ha saputo distruggere chi credeva in questo? torno a chiedermi. Chinook continua a leccarmi metodicamente il dorso della mano. Di tanto in tanto, quando la tormenta muta la sua tonalità, si ferma e resta in ascolto; avverto i suoi occhi fissi nel buio, le orecchie tese a scrutare la notte. Mi domando se ciò che *giunge* a lui è anche ciò che avverto io. Forse, almeno per ora, lo è solo in parte, penso tra me. Il vento tace per alcuni istanti. C'è ancora qualcosa di «sacro» nel nostro mondo, qualcosa di valido da poter offrire ai nostri giovani affinché essi non si trovino a brancolare in un abisso di vuoto e di superficialità? C'è davvero qualcosa che si possa ancora definire religiosità, spiritualità, un qualsiasi semplice percorso interiore?

Il vento mi parla con forza, voce stessa di tutto quanto oggi si è dimenticato. *Solo i miei lupi e poche altre persone ne conoscono il linguaggio ancora*, sospiro sconsolato...; «*Quale assurdo livello di presunzione ha raggiunto il mondo occidentale per far sì che esista la figura di chi deve anche dirci ciò che dobbiamo 'sentire', vale a dire i preti, la chiesa...* » scrissi non poco tempo fa. « *Dobbiamo essere istruiti, indirizzati, indottrinati anche per rapportarci con noi stessi, con la nostra spiritualità!? E, se questo non bastasse, oggi abbiamo la televisione e la moda e i politici che ci dicono cosa mangiare e come vestire.* » Cosa resta alla fine del meraviglioso essere umano? Cosa resta della gemma di luminose potenzialità che ogni bambino porta con sé a ogni nuova nascita?

Come gli alberi o gli animali selvaggi, sono loro, i nostri bambini, ciò che di « nativo » resta ancora al nostro fianco, e non è poco... Non è assolutamente poco! Forse proprio per questo non vogliamo accorgercene; e ci affrettiamo con ogni mezzo possibile a cancellare nuovamente tutto. E dunque, noi, *dov'è che finiamo? Dov'è il* nostro *sentire, il* nostro *emozionarci, il* nostro *seguire ciò che ci sgorga limpido dal cuore? Forse che siamo qui, che possiamo abitare questo pianeta disperso tra le stelle, solo per darci in pasto a tanta superficialità?! Per cosa abbiamo venduto il nostro cuore? Per questo benessere, per questo seppellirci di cose?*

« Anche una formica conosce il disegno della propria esistenza; solo gli esseri umani sono arrivati al punto di non sapere più perché esistono... » scrive Bernard Dubant, studioso dei nativi americani. « Essi hanno scordato di ascoltare i messaggi segreti del proprio corpo, ciò che viene detto loro dai sensi e dai sogni... » *Ciò che mi spaventa è che noi stessi non facciamo nulla perché questo non accada, quasi ne fossimo soddisfatti, come se ormai la nostra fosse l'unica condizione possibile.*

Per l'ultima volta, ascoltando il vento dei Sami, mi domando: *Dov'è il sacro in tutto questo scempio?* Ripenso ai ragazzi dell'*Hanblecheya.* Al silenzio della grande cattedrale Terra mentre essi tentavano di ascoltare l'essenza più vera del proprio cuore... Che contrasto tra questa « antica » via dell'essere e il modo di vivere odierno. Il cristianesimo, in origine, attraverso le parole e l'esempio di Cristo (e non sono poche le splendide persone, preti o missionari, che ancora le mettono in pratica), era un modo di essere che si scostava ben poco da quello dei nativi. *Come può ancora ritrovarsi, cosa può ancora avere a che fare la «filosofia» della povertà interiore e dell'amore con il nostro mondo, annoiato e falso?*

Il vento attorno alla tenda assomiglia a una storia sussurrata dalla terra. A un racconto antichissimo che mi avvolge, mi culla, mi trasporta con sé e raggiunge l'essenza più profonda del mio cuore. *Nulla può frapporsi all'appartenenza magistrale alla grande Madre, tanto meno qualcosa di imposto da* certa *gente, così remota da essa*, penso tra me con un respiro profondo. Non c'è da stupirsi dunque se non in questo vento, né negli spazi che esso attraversa, né nel silenzio della Terra, risieda la sacralità per costoro. Né tantomeno nel sussurrare e nel ritrovarsi del proprio essere con ciò che conta; come me, quassù, ora.

Il vento continua a trasportarmi dolcemente verso il sonno. Chinook ha appena terminato di leccarmi la mano; adesso si è alzato per cambiare posizione, si è riacciambellato, e con un lungo sospiro ha annunciato che è ora di dormire. Mohawk, come a rispondere a questa «*buonanotte*», ha fatto lo stesso. Avverto ora il calore dei miei cuccioli sistemati uno per parte contro il sacco a pelo; li amo più di ogni altra cosa al mondo. Scivolo nel sonno felice di trovarmi quassù; felice di potermi riaccostare a una sacralità antica quanto questa meravigliosa terra sulla quale, stanotte, ho ancora una volta l'incredibile opportunità di addormentarmi.

24 gennaio, 64° giorno

La mattina dopo, sulla nuova carta 1:50.000 ogni nome di montagna, fiume, lago o altro luogo, per la prima volta è scritto in *Sàbmegjella*, la lingua dei Sami. Mi sono appena lasciato alle spalle un'altra zona di neve incredibilmente disastrata. Il problema è che quest'autunno non ha nevicato affatto, quindi manca il solito e indispensabile strato di fondo di diversi centimetri di neve umida. È su questo che le nevicate invernali più fredde dovrebbero compattarsi e invece ora mi trovo (ormai da inizio gennaio) a dover sciare affondando su tutte le mille asperità del terreno, costretto di continuo a dover aggirare sassi, torrenti, avvallamenti e cespugli.

Il cielo è coperto da nubi alte mentre attraverso il Parco nazionale di Gressåmoen. A nord il sole pare aver voglia di farsi strada e poco dopo eccolo che riesce a sfiorare con la sua luce meravigliosa la cima di una montagna. Osservo quella vetta splendida, una ripida piramide completamente rivestita di bianco; è così bella che devo fermarmi un attimo e trovarne il nome riportato sulla carta che porto appesa al collo nella custodia verde acquistata a Haukeliseter. E intanto non mi accorgo che la neve sotto gli sci, dopo quasi un mese, è di nuovo perfetta, liscia, uniforme, neanche un buco, come se fossi stato riportato indietro sugli altopiani del Sud attraversati a novembre.

Trovo il nome *Tiohkele*, un nome magnifico, il primo nella lingua dei Sami. Tiohkele, *cosa vorrà dire?* Quando riprendo il cammino, sono sorpreso di constatare che le condizioni della neve sono davvero migliorate. Per un po' non riesco a crederci. Ne ho passate così tante ormai, che ora non voglio illudermi: meglio continuare ad avanzare, controllando, come se nulla fosse. In fondo al cuore però non posso trattenere l'entusiasmo che mi si accende come una miccia. Il cielo ora è sereno in alto, mentre nubi basse lasciano liberi ampi tratti di montagne. E lì il sole ormai rosso si getta con forza, uno spettacolo che mi fa gridare. Poi tramonta definitivamente e mi ritrovo da solo nella notte a scivolare veloce come tanto tempo fa. Non devo più badare a dove poggio gli sci, ora percorro lunghi tratti con la luce spenta, posso tornare a guardarmi attorno, a fissare le stelle, le montagne e gli sci vanno, vanno, una scivolata dopo l'altra.

Sto raggiungendo il primo dei «Grandi Laghi», probabilmente dopodomani sera dormirò di fronte all'isola sacra... e d'un tratto c'è di nuovo anche la neve, quella vera! Torna l'energia, la gioia di essere qui, la volontà di andare fino in fondo, di voler vivere ogni istante, di dormire sotto le stelle, salire ogni vetta, di stare più lontano possibile dalle strade e dai villaggi, di entrare e permeare sempre più questa terra, questa immensa avventura, sogno e visione. Scio nel buio contornando a lungo la base di un vasto pendio. Poi senza sapere più di preciso dove mi trovo, scendo giù verso la scura macchia del bosco, nella speranza di trovare le conifere e di potervi accendere un bel fuoco. Raggiungiamo alcuni laghetti ma attorno a me ho solo betulle contorte. Tutto è immobile e silenzioso mentre monto la tenda. E non sapere neppure dove mi trovo perché da tempo ho lasciato perdere la carta, aumenta il senso di solitudine e la sensazione di essere *perso* nel nulla. Siamo solo noi, io e i lupi, le uniche cellule di calore sotto queste stelle gelide. Purtroppo la legna in giro è tutta incrostata di ghiaccio e, dopo un debole tentativo di accendere un fuoco, vinto dalla stanchezza, mi chiudo in tenda a lottare col fornello che, ancora una volta, non ha alcuna intenzione di funzionare.

Esco poco più tardi sotto il cielo infiammato di stelle: appaiono vicinissime, quasi sull'orlo delle montagne. La notte è così buia, che sembra aver cancellato la terra e crea l'impressione di galleggiare in un nero denso e infinito trapuntato di stelle... Cerco i miei amici lupi, ma senza luce è impossibile; frugo allora l'oscurità con la frontale e li scorgo poco più in là, acciambellati a qualche metro l'uno dall'altro. *È magnifica la compostezza e il silenzio di questi esseri; il loro appartenere senza un fremito a quanto li circonda, alla neve leggera che sembra attraversarli*, ripenso tra me osservando la volta notturna e rammentando quanto scritto pochi giorni prima. Quindi spengo la luce e lascio che gli occhi si abituino alla notte. Pian piano torno a riconoscere le forme immobili dei miei angeli; quella più chiara, vale a dire Chinook, riposa su un ampio tratto libero dalle rade betulle: ho come l'impressione, così, che oltre al suo corpo non ci sia che cielo, quasi fosse una delle sue tante stelle. Lo osservo a lungo nel silenzio profondo e nello spazio della Terra circondata dall'universo.

Non stento a comprendere come per i nativi d'America il

lupo fosse *Shunkamanitu Tanka*, «Colui che Comunica con gli Spiriti», e il misterioso ululato ne rappresentasse il dialogo più importante. *Sono grato per un silenzio come questo*, penso tra me; *grato, in particolar modo per i miei cuccioli...; un silenzio che ci fa ricordare del nostro piccolo pianeta sperso nel Grande Universo: di quanto si sia parte di tutto.* Poi, ciò che d'un tratto avverto, resterà per sempre stampato a fuoco in ogni frammento del mio essere: mi entra nel cuore e nelle vene come un'ondata di luce, come se il sangue fosse stato rinnovato... È come se, per alcuni istanti, Chinook avesse fatto da tramite tra me e la grande Madre Terra sulla quale poggio, ora, col fiato quasi sospeso: per brevi attimi, ho «parlato» con essa: come il mio cucciolo, nel suo magistrale silenzio, è in grado di fare a ogni istante; è nel suo respiro, nel suo trottare fiducioso sulla superficie innevata, nel suo restarsene acciambellato, immobile, sotto le stelle vastissime, come stasera. Questo sento per brevi istanti, e forse è troppo: vacillo nel mio piccolo essere ma poi, ciò che resta, è solo luce, silenzio, amore. Quella sera ciò che percepii tramite Chinook fece entrare in me qualcosa che mi cambiò. Mi addormento ascoltando il silenzio profondo.

Shunkamanitu Tanka dorme fra le stelle

25 gennaio, 65° giorno

Giornata con scarsa visibilità trascorsa a cercare la strada migliore per tornare a scendere giù verso i boschi di conifere che mi condurranno all'abitato di Nordli. Le rade betulle nane sono interamente rivestite di bianco. Ho l'impressione di vagare da solo su questa terra silenziosa e vasta, da un numero imprecisato di giorni. Il tempo stesso perde il suo senso e tutto si svolge al ritmo dei pensieri, degli stati d'animo che si modificano e si adattano in base a quanto mi accade attorno. Risalgo pendii che si perdono nel nulla per ritrovarmi tra laghetti sospesi sulle sommità di rilievi senza nome, discendo stretti e ripidi canyon e sono in mezzo a vasti altopiani, vallate di cui non si scorge inizio né fine. *Sono io che continuo a adattarmi al terreno, intuendolo, decifrandolo, sentendolo sotto gli sci poiché la vista non mi è di grande aiuto nella nebbia fitta e gelata, oppure è la terra stessa che mi conduce e io vi scivolo come riconoscendola, poiché è la terra dei* Sami, *dei nativi?* È facile perdersi quassù, perdere il senno, un soffio e inizi a vedere e sentire cose che si creano solo dentro di te. Ma forse la difficoltà maggiore sta proprio nel lasciarsi andare restando al contempo coi piedi per terra, almeno fin quando si è certi di non aver preso un abbaglio o di aver trovato qualcosa di «valido».

Ho percorso una lunga valle bianca su dei laghi bianchi. L'aria bianca avvolge ogni cosa e quasi non ne posso più e mi domando quand'è che la valle prenderà a scendere e io potrò scorgere gli alberi. Altri venti minuti passano e continuo ad attraversare il nulla. Poi, ancor prima di scorgere alcunché, percepisco qualcosa di forte, un'energia ben nota, viva e assai diversa dal mondo che ho fino a ora avuto attorno. Quasi ne avessi colto il profumo, percorro altri trenta passi; i lupi, inutile dirlo, sono già lì che osservano dall'alto: d'un tratto il pendio scende ripido, la nebbia si dirada e lì ci sono loro, il meraviglioso popolo di abeti rossi, signori del vento. Urlo di gioia dall'alto del pendio; Chinook mi osserva per un istante, come sorpreso, poi comprende e viene a condividere questa gioia arrampicandosi fino alle mie spalle per darmi un bacio. I boschi si estendono a perdita d'occhio sotto di me, inframmezzati da alcuni piccoli laghi. Di nuovo la vita, ma soprattutto, sento in quest'istante, la discesa finale verso i «Grandi Laghi» è infine qui di fronte a me.

Qualcosa dentro il mio cuore, una vocina lieve ma insistente, comincia a sussurrarmi: *Ce la puoi fare..., ce la fai, ce la stai facendo!* Ma la giornata, prima di raggiungere Nordli, sarà ancora lunga e dura. Il pendio che scende ai boschi è molto ripido e finisce dentro il profondo canyon di un fiume. Come risalgo il lato opposto e raggiungo il primo lago, la sorpresa non è delle migliori. Non sempre sotto la neve c'è ghiaccio compatto. A tratti la poltiglia acquosa mi si attacca allo sci, appesantendo ogni passo. La neve, si sa, qualsiasi sia la temperatura esterna, isola a zero gradi tutto ciò che ricopre! Vado da un lago all'altro passando tra intricati tratti di bosco e finendo spesso col perdere l'orientamento o con l'invischiarmi in strette vallette o vere e proprie trappole di rami aggrovigliati. Poi altri laghi e neve acquosa. Infine con il primo buio, dopo nove ore di cammino, raggiungo una stradina forestale battuta fortunatamente dalla traccia di alcuni sciatori e lì, poco oltre la riva, mi siedo sulla pulka e mangio qualcosa per la prima volta da quando sono partito.

Più tardi, dopo aver chiesto presso una casa isolata se sono o meno sulla direzione giusta, percorro un tratto della strada principale. Poi, come mi appaiono le luci del paese, la abbandono, scendo attraverso il fitto bosco di abeti e infine scivolo sull'ultimo lago, a pochi chilometri da Nordli. Il ghiaccio qui è così lucido che stento a sciarvi sopra, non c'è neanche un filo di neve che possa agevolarmi ma, in compenso, i riflessi che si creano rispecchiando le luci lontane sono il benvenuto più bello che potessi ricevere per festeggiare questo traguardo importante.

26 gennaio, 66° giorno

Cosa sta diventando ora il mio viaggio? Di nuovo, in questa zona di bassa quota, non c'è neve tra i boschi, uno strato ridicolo e ora anche sui laghi non c'è più ghiaccio! A cosa serve continuare se così facendo, cozzando contro condizioni senza senso, sto rovinando tutto?! Stamattina, quando con la luce del giorno mi sono reso conto che raggiungere il lago dell'isola sacra di Gudfjelløya, con la pochissima neve presente al suolo, sarebbe stato assurdo, ho preso a malincuore l'unica decisione possibile: raggiungere l'ultimo dei due laghi, quello di Limingen (il *Lyimede* in lingua sami), utilizzando la strada e la bici che mi hanno prestato dove ho dormito. Toccate le sue sponde, sarei rientrato a Nordli e il giorno dopo, in taxi, mi sarei fatto riportare fino al punto raggiunto in bici. Da lì, attraverso il vasto lago, avrei finalmente potuto sciare fino al villaggio di Røyrvik. Dovevo ahimè, sì rinunciare all'isola sacra, e solo io so quanto ci tenessi ma, per lo meno, il secondo lago e soprattutto un magico bivacco presso la sua riva, quello no, non me lo avrebbe portato via nessuno. Così ho pedalato per tutto il giorno mentre i miei due cucciolotti attendevano nella baita di Nordli. Ho attraversato meravigliosi luoghi selvaggi ricoperti a perdita d'occhio da fitti boschi di conifere che seguivano l'andamento di vaste colline, piccoli villaggi ospitati in valli silenziose presso corsi d'acqua immobilizzati nel ghiaccio. Luoghi che avrei dovuto percorrere scivolando sugli sci, creando un legame con essi fino a non conoscere altro, perdendomi nel silenzio antico, nel gelido inverno del Nord e poi, d'un tratto, il bosco si sarebbe diradato e con l'ultimo chiarore di ghiaccio, tra i rami delle conifere imbiancati dall'umidità, avrei scorto il vasto spazio bianco del lago di Dåtnejaevrie e poco più in là, inconfondibile, come l'avessi conosciuta da sempre, l'isola sacra di Gudfjelløya. *Per lo meno*, così mi consolo, *stasera raggiungo il lago di Lyimede e da domani si riprende e poi, dalle montagne del Børgefjell, tutto dovrebbe tornare possibile...* È questa speranza che continua a mandarmi avanti. Attraverso per due volte il confine tra Svezia e Norvegia, poi dopo oltre trenta chilometri, la strada prende a salire, si fa sempre più ripida e mi ritrovo a zigzagare lungo i tornanti che portano al passo dal quale infine vedrò il Lyimede.

Arranco per gli ultimi chilometri. Le conifere man mano che salgo si diradano e cedono lo spazio alle piccole betulle. Di nuovo ho la conferma che in alto, oltre i cinquecento metri, la neve non manca. Sono ormai giunto sul punto più alto del passo. Dovrei ritenermi soddisfatto poiché da qui è tutta discesa fino al lago che ancora non vedo; domani mi faccio lasciare in questo punto dal taxi e via, mentre ora, col buio in arrivo, sarebbe bene girare la bici e tornare a Nordli. Ma continuo, ormai che ci sono, voglio vedere il lago di Limingen. Scendo un po' sul versante opposto. Poi è come se lo sentissi, una sensazione chiara, prima ancora di vedere, già ho compreso. Un'ultima curva, il bosco si dirada e nell'ultima luce osservo in basso col cuore in gola: le acque scure, *niente* ghiaccio. Torno al passo e scendo i ripidi tornanti fino alla prima casa solitaria. Qui chiedo di poter chiamare un taxi. Attendo assieme alla gentile famiglia che si stava preparando la cena. Racconto un po' della mia avventura. Ma sento che d'improvviso non ho più forza dentro e vorrei trovarmi a casa anch'io.

A Røyrvik attendo Anders che si è offerto ancora una volta di raggiungermi. Cammino attraverso le piccole casette colorate di questo bel paesino posto presso l'ultima sponda settentrionale del lago di Limingen circondato da montagne e boschi di conifere. Un territorio vastissimo che si unisce senza interruzione ai boschi svedesi verso est e al cuore del grande Børgefjell selvaggio poco più a nord. Cammino fin giù presso le sponde e osservo lontano verso sud. Da lì avrei dovuto giungere con i miei sci. Invece qui ci sono arrivato pedalando lungo la strada. Unica alternativa, certo, ma così sento in qualche modo di aver tradito l'etica (e non solo) della traversata. E quindi, in questo momento, sto considerando l'idea di mollare tutto e di tornarmene a casa. Per questo ho un dolore profondo. Continuare in questo modo non ha senso, ma anche mollare non ha senso, dopo tutte le difficoltà superate. Entrambe le scelte comunque mi feriscono, nonostante sia convinto che dalle montagne del

Børgefjell, quindi da ora in poi, le condizioni saranno senz'altro migliori. Eppure c'è l'etica tradita. Questo mi sussurra tormentosa una vocina nascosta.

« Va bene l'utilizzo della bici per il tratto iniziale a novembre, era previsto, per di più lo avevi percorso già diverse volte a piedi; ma poi, il resto, doveva essere fatto tutto attraverso le montagne, fino in cima. Dopo queste due ultime tappe percorse in bici, hai ormai rovinato tutto... » E dunque, anche se con la bici, non ho pur sempre percorso ogni centimetro di questa immensa terra con le mie gambe e la forza dei miei muscoli, fino a qui, dove mi trovo ora? E se tra breve le condizioni torneranno buone, come posso pensare di mandare tutto in malora, tutta questa fatica, questo sogno meraviglioso nel quale ho creduto e sto credendo con forza e amore mai visti?

Anders mi raggiunge il 29 gennaio e discutiamo a lungo a cena. Ho bisogno di sentire l'opinione di un'altra persona, soprattutto la sua che da sempre considera l'etica di ogni avventura o scalata con molta serietà. E alla fine, ciò di cui sono convinto, risulta essere l'unica realtà: in base alle condizioni incontrate fino a ora, il modo in cui mi sono adattato e ingegnato per affrontarle, è sempre stato l'unico possibile. In parole povere, non vi è mai stata la ricerca di un modo più agevole o veloce per andare avanti. È una montagna immensa questa e ogni grande montagna presenta in continuazione condizioni diverse, a volte ottimali, altre disastrose. Sta a chi la sale sapersi adattare e tener duro. Ed è quello che ho fatto fino a ora e in modo egregio. Di questo Anders mi rende atto, proponendo un bel brindisi. Però, adesso, esser stato in grado di tener duro per così tanto tempo mi ha tolto ogni energia. Avrei solo bisogno di un po' di riposo, o forse che le condizioni tornassero davvero buone, quasi da subito!

Il giorno dopo con Anders torno in auto al punto raggiunto in bici: il luogo è riconoscibile senza alcun problema: ho spezzato a metà uno dei bastoncini di bambù con l'etichetta fosforescente che delimitano il bordo della strada. Scarichiamo la bici, la mia vecchia amica delle prime tappe da Lindesnes: il mio amico me l'ha portata ed è con una certa emozione che la rivedo. Non avrei mai pensato... Faccio per partire ma poi mi fermo; mi accosto al bastoncino di bambù spezzato e lo sfilo dalla neve. Anders me lo conserverà a casa sua assieme a tutti gli altri cimeli che vado man mano accumulando. L'ultimo è stato lo sci spezzatosi in due durante la tappa del lago di Törron. Quante disavventure! Da lì fino a Røyrvik ci sono circa trenta chilometri e da Røyrvik al termine della strada di fronte al grande lago gelato (ce ne siamo accertati chiedendo in giro!) di Nåamesjenjaevrie (*Namsvatnet* in norvegese), attraverso il quale entrerò nel Børgefjell, ce ne sono altri quindici. E in fondo al cuore, mentre pedalo, mentre l'aria a –16 mi gela il fiato sulla barba, sento di fare la cosa giusta, l'unica possibile. Amo troppo questo sogno per abbandonarlo e ho fatto troppo per esso. Pian piano torna l'energia; filo veloce verso Røyrvik, dove i lupacchiotti mi attendono con Anders e poi con le ultime luci, continuo verso il vasto magico lago di Namsvatnet che si perde in fondo nel nulla e nella profondità di una wilderness senza tempo.

Seconda parte

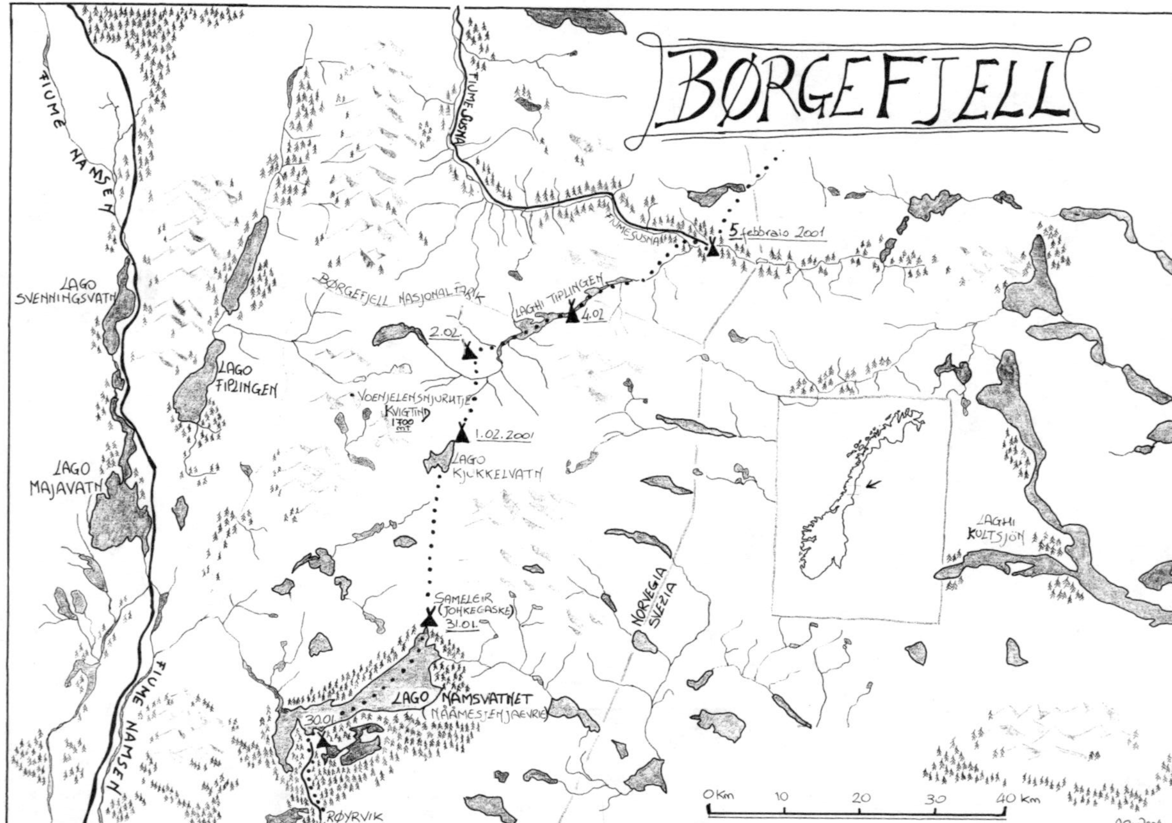
BØRGEFJELL
FIUME NAMSEN
FIUME SUSNA
FIUME SUSNA
5 febbraio 2001
LAGO SVENNINGSVATH
BØRGEFJELL NASJONALPARK
LAGHI TIPLINGEN
4.02
2.02
LAGO TIPLINGEN
VOENJELENSNJURUTJE
KVIGTIND
1700 mt
1.02.2001
LAGO KJUKKELVATH
LAGO MAJAVATH
LAGHI KULTSJÖN
NORVEGIA
SVEZIA
SAMELEIR (JOHKEGASKE)
31.01.
LAGO NAMSVATNET
NÅÅMESJENJAEVRIE
30.01
FIUME NAMSEN
RØYRVIK
0 Km
10
20
30
40 Km
ARI 2004

Børgefjell

Quel silenzio...
musica amica, musica antica.

31 gennaio, 71° giorno
Johkegaske («Il Luogo tra i due Fiumi»)

Nella giornata chiara e fredda, avanzo sulla superficie perfetta del Namsvatnet. Di fronte a me, in lontananza, c'è il Børgefjell. Le conifere appuntite circondano questo vasto lago e si perdono in ogni direzione fino a sfumare indefinitamente. Il profilo di alti rilievi arrotondati dal tempo si stagliano contro il cielo azzurro senza sole che, basso, continua a scivolare silenzioso alle mie spalle. *E che diamine: quant'è lontana Lindesnes...*, penso d'un tratto, *quanto tempo...* Non riesco ancora a credere di essere «già» quassù. Eppure, sono ben settantun giorni che marcio! Sono diretto all'estrema punta settentrionale del lago con la pulka ben attrezzata per affrontare il primo tratto veramente selvaggio della traversata.

Ma è proprio vero che sono qui? continuo a domandarmi, *che finalmente ciò che mi attende sono solo centinaia e centinaia di chilometri di sola grande, potente, magica natura senza nome? È proprio vero che infine sia giunto il momento che sognavo, l'obiettivo principale di questo viaggio, quel «WRrrr», l'energia che sprigiona da un rapporto intenso con la natura selvaggia, senza interruzioni di sorta che possano distrarmi?*

I miei sci sono qui e scivolano davvero attraverso il Namsvatnet! È stato duro riuscirci, certo, e forse, proprio come ogni conquista preceduta da notevole impegno e fatica, anche questo momento mi appare come un sogno. Forse è stato tutto troppo duro e difficile arrivare quassù, lo sconforto spesso enorme, l'esasperazione, lo sfinimento, tutto a tal punto apparentemente insormontabile e gigantesco per le mie forze, che la fiducia è infine svanita e il riuscire a intravederne la cima, divenuta utopia fin troppo improbabile. Eppure intanto, concentrato con determinazione selvaggia su ogni singolo passo, pian pianino, senza accorgermene, arrivavo fino a qui. Per questo ora tutto mi appare improvviso e inatteso. O forse ciò che più di tutto il resto adesso mi rende incredulo, è il fatto che le condizioni della neve, dopo un mese esatto di marcia massacrante, sono di nuovo buone, più che accettabili! Non so se sia questo il regalo più bello, o il fatto di essere qui, di oltrepassare i 65° nord in questa splendida giornata serena mentre scio verso le montagne del Børgefjell. Quanto *poco* c'è voluto per tirarmi su il morale, per ritrovare la fiducia!

Come sempre accade sui grandi laghi ghiacciati, Chinook e Mohawk si divertono come matti a rincorrersi e a tendersi agguati. Stavolta, vista la novità di questa incredibile estensione, sembra abbiano più voglia di allontanarsi e di vagare in lungo e in largo che di giocare; anche se qualche agguato ogni tanto non guasta: a un certo punto, sono così distanti da me che mi appaiono come due puntini scuri, ma pochi minuti dopo, e questo è di nuovo un loro «classico», sono lì che mi si riavvicinano correndo di buon ritmo e sorridendo. Quando un anno dopo siamo tornati quassù a gennaio, è stato questo il leitmotiv delle nostre escursioni giornaliere. Ricordo soprattutto Chinook che, raggiunta una distanza massima, si fermava, mi fissava e prendeva a corrermi incontro; poi, arrivato a poche decine di metri da me, mi puntava, compiendo infine gli ultimi metri con gran foga. Il tutto terminava col solito bacio sulla bocca, quello che non poteva darmi in presenza del fratello.

Filo veloce sul lago mentre lo sguardo si perde lontano tra le conifere appuntite verso le montagne solitarie. *Ecco un luogo nel quale mi perderei per sempre... Costruirei una bella baita di tronchi là in fondo, da qualche parte tra quegli abeti, prima o poi vi crescerei un bimbo e non avrei più bisogno d'altro per il resto della mia vita.* Il sole è sceso. Adesso che siamo a oltre un mese dal solstizio d'inverno, il sole sparisce dietro l'orizzonte poco dopo le tre del pomeriggio; ne ha di strada ancora da compiere prima di restare in cielo per quasi ventiquattr'ore consecutive, come avverrà tra tre mesi circa, ma intanto, rispetto a un mese fa, i progressi sono già notevoli. Ora una striscia rosso arancio tinge il cielo a sud-ovest, sopra le montagne. Scio attraverso un esile lembo di terra che si insinua dritto nel lago. Gli abeti che lo ricoprono si stagliano scuri contro quest'ultima luce. Ne sono i muti testimoni.

Ritorno sul lago e ormai il bosco che lo delimita inizia a delinearsi sempre più chiaramente di fronte a me. Il cielo diviene viola e poi blu. Le stelle si accendono a nord-est dove la notte regna già da tempo. Alle mie spalle invece resiste il ricordo del giorno, un tocco sottile d'arancio che tinge la silhouette dei monti. La sponda si avvicina. Tra i fitti abeti già intravedo alcune case, piccole baite in legno abitate solo d'estate. Il luogo è denso di un'energia particolare, qualcosa che percepisco da quando mi sono messo in marcia stamattina e che ora pervade l'aria e mi penetra con forza.

È il soffio lieve della grande natura, il respiro della terra nella quale sto avanzando, una forza creata da questi abeti immobili e ritti verso il cielo come un esercito, come sentinelle; è il vento leggero, impercettibile che scende dai monti che ho di fronte e mi porta lo spazio immenso che essi ricoprono, in cui essi si estendono, attraverso i quali sto per perdermi... Sì, sì, c'è tutto questo ed è ciò che mi scuote e mi fa scorrere veloce il sangue dentro; è tutto questo, ciò per cui sono venuto fin quassù. Ma c'è dell'altro... La costa è vicina. L'incanto mi pervade e tento di fare il minor rumore possibile. Sfioro quasi la neve e trattengo il respiro. Ho come l'impressione di entrare in un santuario, un luogo sacro. Poi mi appare. Presso la sponda destra dell'ampia insenatura nella quale sto entrando, tra le conifere scorgo qualcosa di familiare. È una tenda *kohte*, tale e quale ai tepee dei nativi d'America, o per lo meno è ciò che sembra, circondata per di più da una natura così simile a quella dell'Alaska o delle Montagne Rocciose. Ma quel che mi stupisce è che è proprio quel che mi aspettavo di trovare in un luogo come questo.

Dunque, una tenda permanente dei Sami, un *kohte.* Ed ecco che d'un tratto, appena tocco la sponda del lago e mi inerpico su oltre la riva, mi accorgo che il bosco ne è pieno. Ricoperte dalla neve, sparse qua e là in ogni direzione, sono così in simbiosi con gli alberi e il silenzio di questo posto, da farne parte. *Che luogo è mai questo?* L'ultimo chiarore del giorno sta ormai svanendo ma, lasciata la slitta, non posso fare a meno di esplorare la costa magica sulla quale sono appena *sbarcato*. *Johkegaske*, così è indicato in sami il luogo sulla carta. Al suo fianco, in norvegese, sta scritto *Sameleir*; vale a dire « Campo Lappone »; solo nel corso delle nostre visite successive (per i lupi e per me quel luogo sarebbe divenuto una seconda casa), mi riuscì di svelare il significato di *Johkegaske*, quel nome affascinante ma incomprensibile.

Kurt e Annaritta e i miei amici Sami di Røyrvik me lo avevano tradotto e ne avevano anche spiegato l'origine: « Il luogo tra i Due Fiumi »; era questo il nome originale dell'antico insediamento sami prima che la diga costruita presso l'estrema costa occidentale del lago lo cancellasse, assieme a vasti tratti di foresta: ai Sami, mi raccontarono i miei amici, non rimase altro che risalire le rive e ricostruire il proprio campo dove le acque non erano arrivate. I due fiumi sono l'Ovrejohke (l'Orrevasselva in norvegese) e lo Stoerrejohke (lo Jengelelva) che scende al lago con una cascata imponente. Tanti altri sono i nomi in lingua sami di questa zona, che durante gli anni mi sono divenuti familiari; il Lohtere, la « Montagna Ove Echeggia il Tuono », il Giengelevihke, il « Lago Profondo », il Golmesjaevrie, il « Lago delle Tre Persone Assieme », lo Svaalenjuenie, la « Punta della Volpe Rossa », il Faavretahke, la « Montagna

Meravigliosa», l'Jijsentjahke, la «Vetta Splendente». Quella sera, però, tutto mi era ancora nuovo, mentre mi addentravo tra gli alberi quasi in punta di... sci. Sameleir, *«Campo Lappone», dunque*, penso tra me *e, a giudicare da queste prime tende, deve trattarsi di un campo assai antico.*

I rami di betulla uniti all'interno per creare la struttura hanno ormai perso la loro scorza da diversi anni, il legno è secco e grigio e la stessa corteccia tirata via in ampi fogli, riveste le pareti del lato interno, mentre esternamente la copertura è costituita da terra, muschio, e altra betulla. *Da quanto tempo sono state costruite queste strutture? Quanti inverni ne hanno appesantito le pareti senza minimamente indebolirle?* Mi fermo a sedere dentro una di esse. Il vertice della piramide dove si incrociano tutti i pali è aperto per consentire la fuoriuscita del fumo dal focolare al centro dello spazio interno. Ora, la neve filtrata dall'alto l'ha ricoperto mentre tutt'attorno lo spazio è occupato da tanti piccoli rametti di betulla. È su di essi che vengono poi poste le varie pelli di renna sulle quali si dorme. C'è un silenzio incantato qui dentro. E quel qualcosa di più, costante... Osservo ogni particolare. È incredibile cosa riescano a fare i Sami con la betulla. E quasi ne percepisco il dolce aroma socchiudendo gli occhi e immaginandomi il fuoco acceso nel mezzo del *kohte.* Un fuoco pacato che riscalda e rischiara la pelle scurita dal freddo di questa gente, i volti sorridenti e i bimbi che non hanno nulla eppure sono felici e non hanno bisogno d'altro. Chiudo gli occhi e respiro a fondo. Aspiro con tutto il mio essere questo «qualcosa» di più... *È ciò che m'attende nei prossimi giorni, nelle prossime settimane? È l'energia potente e ancestrale della natura, alla quale sto tentando di riaccostarmi?*

Terminando il mio giro ormai al buio, mi accorgo che le poche case intraviste arrivando sono delle piccole baite di tronchi, alcune delle quali antichissime e tutte col tetto ricoperto di terra, muschio ed erba. Penso si tratti dei celebri *njalla*, depositi sopraelevati (tenuti sospesi da un unico tronco) che i Sami usavano per difendere il cibo da orsi, lupi e ghiottoni. Ho l'impressione di trovarmi in un museo all'aperto, eppure tutto è così sorprendentemente *vivo. Sono capitato davvero in un luogo che ha l'aria d'essere tuttora molto speciale per questa gente*, penso tra me mentre Chinook tenta di raggiungere un palco di corna di renna nascosto dalla neve presso l'ingresso di un grosso *kohte.* Nonostante ve ne siano diversi in ottimo stato, riparati dalle intemperie, mi sistemo all'interno del *kohte* più antico e fatiscente; manca la porta e il *riehpen*, il foro per il fumo, lascia intravedere tratti di cielo. Il muschio ha ricoperto gran parte della struttura esterna, mentre ampi brandelli di corteccia di betulla pendono indifferenti al tempo, scossi dal vento leggero. All'interno, sepolte dalla neve, si intuiscono ancora le pietre dell'*arran*, il focolare. Tutto è abbandonato da tempo, eppure si avverte un'energia viva e densa che manca negli altri *kohte.* Presso l'ingresso, fermo lì da chissà quanti anni, scorgo un grosso ramo ricurvo appena intagliato da qualcuno per accentuarne la forma già vagamente umana. Senza ombra di dubbio ho di fronte a me un oggetto sacro, un *seite.* Mi addormento in pace ascoltando il vento leggero che attraversa le conifere e continua la sua corsa verso le montagne.

1º febbraio, 72º giorno

Mi sveglio nel pieno della notte come non avessi fatto altro che ascoltare e osservarmi dormire. Mi tiro a sedere, poggiando la schiena contro i rami antichi. Percepisco nell'aria gelida qualche debole cristallo di neve scendere attraverso il foro per il fumo. Un biancore appena avvertibile entra dall'ingresso aperto. Non accendo la luce. Sognavo qualcosa di forte e vivido ma ricordo solo Pekka attorno al fuoco del suo lavvu, il volto illuminato dalle fiamme lente e silenziose. Sognavo un suo racconto forse, qualcosa che avevo completamente dimenticato; eppure, non ne sono del tutto convinto. Resto in silenzio nell'aria gelida, come in attesa di un segno rivelatore. I cristalli di neve giungono di tanto in tanto a sfiorarmi il naso con un solletico appena percettibile. Il silenzio è così assoluto che mi sembra di udire i cristalli di neve scendere, urtarsi a vicenda, depositarsi lievi al suolo, sul mio sacco, sui lupi. Mohawk è al mio fianco, lo so pur senza vederlo; di lui avverto l'essenza leggera, giocosa..., libera. Forse ogni tanto riesco a coglierne il respiro sereno, ma è così flebile o questo silenzio così assordante, che stento a distinguere l'uno dall'altra.

Un alito di vento giunge dal di fuori, mormorio pacato che s'accende tra le conifere immobili. Ascolto, ed ecco, è di nuovo lì: quella sensazione che mi ha destato poco fa quando dormivo e non facevo altro che osservarmi dormire. O era lui a osservarmi. Ma *lui* chi? Ora, comunque, è di nuovo qui e sono sveglio; pian piano, un freddo fastidioso prende a scorrermi lungo la schiena: inizio ad avere paura. Vorrei richiudermi nel sacco a pelo, raggomitolarmici dentro, «ripararmi» al suo interno... Eppure, qualcosa dentro di me «vuole» che io resti così, sdraiato nel gelo della notte, nel buio della wilderness che mi circonda, in attesa. No, non sono solo; è una forza piena di giustezza quella che avverto. Entra in me dal di fuori ma, soprattutto, tenta di espandersi da dentro di me verso l'esterno, di fondersi a esso, di andare oltre...

Può essere che sia questa la vera voce del grande «Wrrr»? Può essere che io percepisca i Sami *che abitarono questi boschi, il Sami che abitò questo kohte nel quale mi trovo, lo stesso Noaj'de seduto qui dentro in una sera d'inverno, oppure, il giovane Noaj'de, all'inizio del suo percorso spirituale...?* Ecco, ora *so*: riconosco nella mia paura la *sua* stessa paura. Tento di ascoltarla, di accoglierla, di non lasciarmene sopraffare. Chiudo gli occhi anche se è già buio, non un pensiero mi attraversa, l'oscurità e il silenzio paiono vivi, vibranti, densi di energia. *Lui* è sempre lì, mi osserva, o forse è il suo allievo che egli osserva, che incoraggia e conduce..., qui, in questa stessa tenda. Io, come il giovane, continuo a oscillare tra il terrore e la tentazione di lasciarmi andare (e sento che basterebbe un attimo, un soffio, un mio «consenso», ed entrerei in un mondo... diverso), e il desiderio di restare con i piedi saldi per terra, senza rischi: per il Noaj'de questo conflitto era quotidiano; terrore, attrazione e infine lasciarsi andare.

Questa sera, la paura ha il sopravvento e mi ritraggo, come una decisione improvvisa. L'aria gelida filtra debole dal bosco

Mohawk nel khote

sfiorandomi la pelle e portandomi l'odore della neve. Mohawk ha poggiato il suo dolce muso grigio sulle mie gambe e ora mi osserva con i suoi occhi da fanciullo; lo so, pur senza vederlo.

Un vento potente da nord-est mi taglia la pelle del volto e mi costringe a camminare di sbieco. Da tempo è buio e già molto prima mi sono lasciato alle spalle Namsvatnet e i boschi di Johkegaske. L'ultima volta che ho controllato il termometro sistemato sulla slitta, la temperatura era di –20 gradi. Con il vento che soffia per lo meno a cento chilometri orari, il fattore *wind chill* sulla mia pelle non deve essere lontano da una temperatura di –40°, forse anche –50°. In più, nonostante in cielo si distinguano chiaramente le stelle, non riesco a vedere assolutamente nulla davanti a me. Il nevischio sollevato nell'aria è tale da creare una gelida e impenetrabile cortina bianca che cancella tutto. Mi si impasta la barba di ghiaccio e mi si gelano le sopracciglia, ma io sono contento come mai prima; cosa aspettarsi di meglio per festeggiare la metà della traversata? Potrei andare avanti all'infinito a questo modo, col calore della mia gioia dentro che mi fa avanzare in un mondo glaciale.

Ormai è tardi e non sarebbe male trovarmi un posto un po' riparato dove piantare la tenda. Sono sul grande altopiano centrale del Børgefjell e, alla mia sinistra, distinguo la sagoma scura del Kvigtind, la vetta più alta di questa zona. Sto attraversando un grande lago, tagliato in due da una piccola striscia di terra oltre la quale dovrei trovare una baita, in base a quello che dice la carta. Se la tormenta non si placa, sarà duro montare la tenda e ancora passare la notte. Quindi, o mi scavo un bel buco in un accumulo di neve farinosa, oppure tengo duro ancora per un po' e vado a vedere se la baita c'è davvero. Ma avanzare, o meglio, farlo riuscendo a capire dove sto andando in questo nevischio furioso che cancella ogni riferimento è un'impresa ardua. Non riesco a rendermi conto di quanto mi circonda e quindi orientarmi è praticamente impossibile. In più, spira in direzione contraria alla mia marcia e non mi consente nemmeno di alzare gli occhi.

Consulto di continuo la carta appesa al collo. L'unica possibilità osservandola è imprimermi il più possibile nella mente la conformazione del territorio che ho attorno e quindi tentare di intuirlo sul terreno nei fugaci frammenti di tregua che il vento mi concede. Grazie a essi, riesco a lanciare furtive occhiate ai rilievi che mi si sono svelati, rubando il maggior numero possibile di dettagli. Ma sono istanti così brevi che la lotta è davvero impari. E così non mi resta che fiutare, intuire, interpretare il terreno in base alla direzione del vento, al tipo di superficie che sento sotto gli sci. Una mezza luna alta nel cielo sereno tenta di aiutarmi. Di tanto in tanto, mi fermo e, dando le spalle al vento, mi concedo qualche istante di tregua dal fragore che mi assorda le orecchie, ma soprattutto dal gelo che mi brucia il volto. Resto fermo scosso dalle raffiche e senza più alcun tratto di pelle esposto alla tramontana glaciale, riesco a osservare la luna e le stelle, a sentire comunque il grande silenzio di queste montagne solitarie e selvagge e quasi resterei lì ancora un po', potrei addormentarmi in piedi.

Sono certamente stanco, ma soprattutto in pace, perciò mi sento a casa. E così, ripresa la marcia, come quando si vaga al buio ma sicuri attraverso le stanze della propria abitazione preceduti dalle proprie dita protese verso punti certi e ben noti, in breve oltrepasso la sottile striscia di terra tra i due laghi, attraverso il secondo più grande e dominato dall'inconfondibile sagoma di un rilievo imponente e, arrivato in vista della sua sponda opposta, rapidamente intravedo la sagoma scura della piccola baita. La costruzione, antica e fatiscente, è invasa dalla neve ma riesco comunque a sfruttare la protezione del suo lato sottovento per piantare la tenda. Quella sera i toni del mio diario sono ben diversi da quelli delle ultime settimane.

Dal diario del 1° febbraio

Secondo giorno con condizioni di neve buone per non dire ottime. Posso cominciare a sperarci? Oggi vento da nord dritto in faccia per tutto il giorno, così va bene, questo è l'inverno! Ho la pelle bruciata dal gelo e la barba ancora incrostata di ghiaccio; prima, quando mi sono fermato, stentavo ad aprire la bocca. Ma sono venuto qui per questo. Vestito di tutto punto, ho finalmente sciato veloce verso nord, spesso opponendomi di peso alla tormenta. A tratti mi tastavo il volto col guanto per controllare che tutto fosse a posto: guance e naso si congelano molto rapidamente e senza il minimo dolore. Più di una volta quindi mi sono fermato per nascondere il volto tra le mani, schiena al vento, e ridargli calore. Il freddo, quello vero, è una dimensione meravigliosa, speciale, ma non ammette errori! È come muoversi nello spazio, un ambiente che non è fatto per l'uomo, che sembra respingerlo, e che ti frega al primo errore. Ma se lo si riesce a vivere, se si apprendono le regole, ti regala una dimensione di essenzialità e concentrazione assoluta sull'essere che non ha eguali.

Prima di addormentarmi, metto la testa fuori dalla tenda. Il vento si è placato e ora la luna e le montagne sono nitide e chiare nella notte gelida, pulsano e sono vive. *Le stelle sembrano cadere dietro le montagne come si fosse sul bordo della terra... Sono solo quassù ma non mi manca nulla. Vorrei che questi istanti non finissero mai.*

2 febbraio, 73° giorno

Terza giornata consecutiva con condizioni buone! Oggi sono andato a «spasso» per il Børgefjell. Uscire dalla tenda e smontarla col vento gelido che trapassa ogni indumento fino alle ossa non è stato entusiasmante; e la preparazione della slitta e tutto il resto hanno richiesto del tempo. Il tutto per constatare, una volta partito, che non riuscivo più a scaldarmi. Soprattutto per il fatto che avevo ancora il vento dritto in volto. Ho deciso quindi di prendermela comoda, godermi questa che è la parte principale del Børgefjell e ho deviato la rotta un po' a est, per offrire meno pelle possibile al vento. Sono passato al cospetto

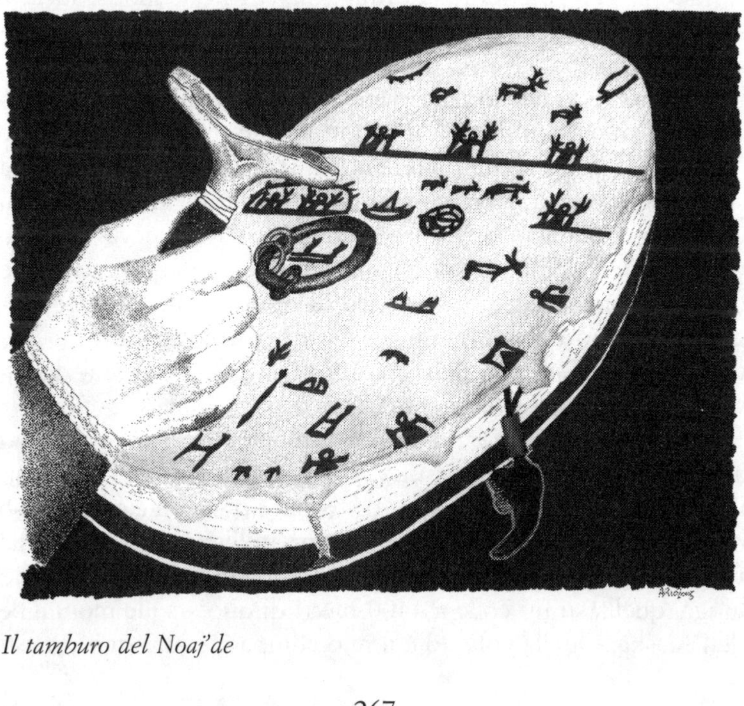

Il tamburo del Noaj'de

del Kvigtind, la vetta più alta di questa zona. 1700 metri! A vederla ora, con le sue creste affilate, corazzata di bianco e di ghiaccio, non ha rivali con nessun 4000 delle Alpi in inverno! Quando oggi ho voluto fotografarmi con questa vetta alle spalle, Chinook è andato a curiosare di fronte all'obiettivo e, nonostante i miei richiami, non ne ha voluto sapere di spostarsi. Sono curioso di scoprire il risultato finale! Il sole torna a farsi vedere nel cielo, di scaldare non se ne parla, ma l'impressione è quella che si stia ricordando che ormai siamo a febbraio. O forse sono solo io che, dopo i lunghi mesi iniziali, quando (benché al Sud) era solo un fantasma, non sono più abituato a vederlo più in alto all'orizzonte. Alla fine mi sono fermato presto. Il tempo sta peggiorando, inutile continuare a sprecare energie contro questo freddo per guadagnare qualche chilometro di più! Aspetterò; stare in tenda nel sacco a pelo non è niente male quando si è soli e attorno si ha tanta natura selvaggia e il rumore del vento.

Ascolto la tormenta nel dormiveglia per i due giorni successivi. Col termometro fisso a –25° e il vento feroce che scavalca appena un piccolo dosso, oltrepassando la tenda e riprendendo la sua corsa attraverso l'altopiano, non ho avuto alcuna intenzione di muovermi. Un grigiore lattiginoso impasta il cielo e le montagne e io, ora che finalmente la traversata sembra avviata sicura verso nord, non ho più fretta né ansia di dover ogni giorno, a ogni passo verificare le condizioni della neve, assillato dal dubbio di poter passare o meno. Accolgo con gratitudine dunque questo inatteso momento di riposo. Posso restare meglio in ascolto del luogo nel quale mi trovo, raggiungere una migliore *comprensione* della natura selvaggia che ormai da diversi giorni, indisturbata, mi circonda.

Il telo della tenda è scosso da raffiche irregolari; penso ad altri momenti analoghi vissuti più e più volte, quando interminabili bufere mi hanno costretto a restare così come ora, chiuso nel sacco a pelo, isolato da meno di un millimetro di stoffa, dal vento e dalla neve. Ricordo con un sorriso la permanenza più lunga, quella su un colle a 4400 metri di quota sulle montagne dell'Alaska. Quella volta io e il mio compagno eravamo rimasti chiusi in tenda per dieci giorni consecutivi! Una vera prova, anche se poi, ciò che più di tutto il resto mi torna in mente, è l'originalissimo metodo, inventato sul momento, per poter *andare* in bagno restando all'interno della tenda. Un'operazione davvero tragicomica, il cui ricordo ogni volta mi strappa un sorriso; eppure uscire era improponibile, c'era un vento da far paura, e così ci si doveva arrangiare... Ora la situazione non è così disperata! Penso a casa, sogno i prati di montagna in fiore a giugno, il loro profumo e calore..., poter stare tra l'erba tiepida a piedi nudi. *Che effetto mi farà?* Dopo mesi di neve e freddo, mi pare impossibile che possa esistere una stagione ben diversa, fatta di colori e piena di vita!

4 febbraio, 75° giorno

Nella notte sogno di volare veloce nel vento impetuoso che mi circonda, quasi fossi uno degli infiniti cristalli di neve che turbinano sull'altopiano. Quando apro gli occhi, alla prima luce del giorno, la sua foga sembra essersi attutita; ho la mente sgombra, trasparente, e una pace profonda traspira da ogni mio poro. Cristallino ho in me il ricordo del sogno di sere fa all'interno del *kohte.* Le immagini tornano vivide, più che altro è *quella* sensazione che mi permea: terrore, attrazione, infine lasciarsi andare... proprio come ora, come nel sogno di stanotte: libero come un frammento di neve nella corsa del vento. È questo «lasciarsi andare»? Tornare a incontrarsi al di là di ogni confusione e illusione, è questa pace, quest'assenza di paura?

I miei lupacchiotti sono svegli; mi hanno baciato e ora, nella più totale tranquillità, si sono riaccucciati ai miei piedi e si puliscono a vicenda leccandosi gli occhi, le orecchie, il muso. A tratti, appena il vento tace, si arrestano d'improvviso e restano in ascolto, le orecchie ritte e lo sguardo attento. Poi, come nulla fosse, riprendono il loro meticoloso lavoro.

Tyoweh, lo chiamavano i nativi delle Montagne Rocciose. *Tyoweh*, vale a dire «Entrare nel Silenzio», che troviamo dentro di noi quando non esiste più il chiacchiericcio che proviene dai pensieri. Per millenni *Tyoweh*, come l'*Hanblecheya*, aveva rappresentato l'esistere per quelle genti, facendo sì che essi restassero uniti alla Madre Terra, rendendo sacro ogni istante, ogni atto del loro vivere su di essa.

«Dobbiamo entrare nel *Tyoweh*, la quieta immobilità e andare oltre il chiacchiericcio della nostra mente per immergerci nel silenzio infinito e maestoso...» spiega Jamie Sams, una nativa nordamericana appartenente al clan del Lupo dei Seneca, il cui nome originale, Hancoka Olowampi, vuol dire «Canto di Mezzanotte».* «L'essenza dell'essere umano è priva del caos creato dalle illusioni e dalla paura che sono gli elementi principalmente responsabili della confusione che c'è dentro l'uomo di oggi» aggiunge Jamie. «Dobbiamo acquietare i nostri pensieri e i nostri sentimenti, in modo da sintonizzarci su di una frequenza serena che sia in sintonia con la maestosità del Grande Mistero e quindi di Madre Natura. Solo allora potremo ricevere i messaggi che sono parte della nostra essenza spirituale.»

«*Immergerci nel silenzio infinito e maestoso*», mormoro come un sussurro denso di meraviglia, quasi un guizzo di luce dietro i miei occhi. Devo trattenere per alcuni istanti i ricordi degli ultimi minuti al fianco di Pekka; l'immagine di quel sogno, del Noaj'de col suo allievo nel *kohte*, preme dentro di me: è questo che mi riporta a lui, alle ultime parole del mio amico sami, così lontano nel tempo eppure vicino. Come folgorato osservo i miei cuccioli. *... nel silenzio infinito e maestoso... Sì*, sussurro infine, *è quello loro, quello di Chinook e Mohawk!* «Il silenzio assoluto che percepisco in queste creature...» *L'ho sempre saputo, non avevo scritto qualcosa del genere entrando, se non sbaglio, nelle montagne dello Jotunheimen, tanto tempo fa? Sono loro i veri nativi che mi hanno accompagnato per aiu-*

* Jamie Sans, *Danzare il Sogno*, Edizioni Il Punto d'Incontro, Vicenza 2000.

tarmi a tornare, semplicemente, nativo della Terra; sono loro i miei due grandi maestri o spiriti guida, non l'ho sempre saputo?

Chinook si alza e, nonostante lo spazio ristretto, viene ad accucciarsi più vicino. Poggia il muso sul mio petto e restando immobile mi fissa dal basso verso l'alto sollevando i suoi dolci occhi. Gli sussurro alcune paroline e, senza mutare posizione, lui prende a muovere lentamente la coda scodinzolando le sue risposte. I suoi occhi continuano a fissarmi con quell'espressione che neppure mille parole potrebbero raccontare. Poi, come al solito, alza il muso di scatto, mi allunga un paio di baci sul volto e, assieme al fratello, chiede il permesso di uscire. Apro la zip della tenda, e loro si catapultano fuori tutti festosi. I miei angeli, i miei maestri...

Lago di Iesjar'vi, Sàpmi (Lapponia), 20 luglio 1987
Mezzanotte

Ho un ultimo ricordo, dicevo... O è forse ancora il ricordo del sogno nel *kohte*? Poco importa, la differenza ormai è davvero minima.

È tardi ma non è buio nel lavvu di Pekka; il sole è rosso e basso all'orizzonte ma alcune nubi sfilacciate lo nascondono. L'aria si è fatta frizzante, e un vento leggero ma teso mi ha fatto rabbrividire quando Anti ha spalancato il telo dell'ingresso ed è tornato a sedersi di fronte a noi, come poche ore fa. Pekka ha parlato a lungo del tamburo del Noaj'de; c'è silenzio adesso. Ascoltiamo il canto del vento, la voce dell'altopiano. Anti ha aggiunto legna al fuoco. Poi ha preso un pezzetto di betulla dalla piccola catasta ammucchiata al suo fianco; l'ha scelto con cura. Tira fuori il lungo *puukko*, il coltello sami, e con estrema serietà comincia a intagliare il legnetto. Sarà questa la sua occupazione nella prossima mezz'ora.

La vita del nativo, di colui che appartiene alla Terra, è la vita lenta, penso tra me ascoltando il vento e osservando Anti. *È la vita fatta tutta con le proprie mani; è la vita vissuta con il proprio essere senza che altri lo facciano al posto nostro.* È *Tyoweh.*

Il racconto di Pekka riguardo il tamburo dell'antico Noaj'de, era stato lungo e profondamente sentito. « Esso è l'elemento fondamentale della spiritualità dei Sami » mi aveva detto, « la sua costruzione richiede estrema cura e pazienza. » Dalle sue parole, spesso sussurrate, imparai che già la scelta dell'albero col quale fare il tamburo non era senza significato. Doveva essere pino, betulla o abete e doveva essere cresciuto in un posto appartato, lontano dagli altri alberi, un posto che il sole non poteva raggiungere. Una volta scelta la pianta, il tronco doveva essere tagliato in senso orario. « I miei antenati ritenevano che da uno dei rami dell'Albero Cosmico, caduto in terra, il Noaj'de creasse la cassa del *kobdas*, il suo tamburo; il ruolo dello sciamano era quello di fungere da intermediario tra gli uomini e le divinità del cielo ed egli, percuotendo il *kobdas* (fatto appunto col legno dell'albero mitico), veniva proiettato verso tale albero. »

Ascoltai con interesse la descrizione dei diversi rituali che accompagnavano la scelta dell'albero presso alcune popolazioni siberiane. Lo sciamano ostiaco e samoiedo, ad esempio, bendatosi gli occhi, andava nella foresta e toccava un albero a caso che, l'indomani, sarebbe stato abbattuto dai suoi compagni. Presso gli Altaici, il *bügä*, vale a dire lo sciamano, riceveva direttamente dagli spiriti la precisa indicazione del bosco e del posto ove cresceva il *suo* albero. Lo sciamano Yacuto, l'*ojun*, invece sceglieva una pianta colpita dalla folgore. Era comune invece a quasi tutte le popolazioni artiche, da quelle nordamericane, ai Sami, ai siberiani, la « cerimonia di animazione del tamburo ».

« Con il tramite del Noaj'de » mi disse Pekka quasi parlando sottovoce, « il *kobdas*, toccato e irrorato d'acqua, raccontava di come l'albero di cui faceva parte fosse cresciuto nella foresta... » il suo tono sembrava carezzare ogni singola parola, « lo stesso il Noaj'de faceva con la pelle del *kobdas* che, animandosi, raccontava anch'essa del suo passato. Il tamburo era come un essere vivente che parlava e che comprendeva le parole degli uomini. » A proposito della pelle, mi disse che veniva utilizzata quella di una giovane renna, sulla quale, poi, sarebbero state pazientemente dipinte le figure.

« La pittura si eseguiva con una specie di spillo » mi spiegò, « una volta creato il disegno, veniva poi utilizzato come colore il potente e magico succo dell'ontano che diventava rosso come sangue quando la corteccia veniva bollita. » Era nelle figure dipinte che risiedeva gran parte della potenza del *kobdas*; su di esso era raffigurato tutto il mondo dei Sami, dalle potenti divinità ai più semplici frangenti della vita quotidiana. Era tramite il tamburo che il Noaj'de, con i suoi rituali, controllava l'intero universo religioso del suo popolo; attraverso il *kobdas*, egli entrava in contatto e padroneggiava l'alterità, vale a dire quegli esseri *divini*, oggetto di culto, dai quali gli eventi della vita quotidiana in buona parte dipendevano. Attraverso la pelle del *kobdas*, veniva tracciata una linea trasversale ai lati della quale erano disegnate le varie divinità. *Peive* o *Beaivvi*, il Sole, era posto al centro e sotto erano le cose terrene, laghi, montagne e vari animali. *Biegolmai*, il Dio del Vento, rappresentato sotto forma umana, era posto sulla destra del sole mentre *Tjermes*, il Dio del Tuono, anch'esso riprodotto in forma antropomorfa con due martelli per parte, era disegnato alla sinistra di *Peive. Varalden Olmai*, l'importante Uomo del Mondo con la sua betulla capovolta tenuta nella mano sinistra, occupava invece la parte alta del tamburo, spesso al fianco di *Leibolmai*, il Signore degli Animali. Assieme agli altri disegni erano inoltre presenti sul *kobdas* gli spiriti guida o animali protettori del Noaj'de, quelli che l'avevano accompagnato e assistito durante i lunghi e duri anni di tirocinio e iniziazione di gioventù. Ogni sciamano ne possedeva diversi. Ve ne erano però tre che erano comuni a tutti i Noaj'de, vale a dire: *saivosarva*, lo stallone di renna, *saivolodde*, l'uccello, e *saivoguolle*, il pesce; questi tre animali rappresentavano infatti le tre zone cosmiche attraversate dal Noaj'de nei suoi « viaggi »: terra per la renna, cielo per l'uccello, acque e mondi sotterranei per il pesce.

Pekka infine mi parlò del percussore; era chiamato *vetjer* e anche la sua scelta non poteva essere casuale, dato che, col suo aiuto, il Noaj'de entrava in contatto con spiriti e divinità. Per tale motivo si utilizzava il corno della renna selvatica (chiamata *goode*), animale ritenuto assai potente dal momento che si pensava che in esso si reincarnassero le anime dei Noaj'de defunti. Il *kobdas* era innanzitutto uno strumento di divinazione. Sulla pelle c'era un piccolo oggetto (*baja*) con il quale, percuotendo il tamburo, il Noaj'de lo interrogava. A seconda di dove il *baja* andava a fermarsi, una volta che la pelle aveva cessato di vibrare, si ricavava una determinata profezia. Se ad esempio essa si fermava sull'immagine della renna selvatica, che portava fortuna durante la caccia, si poteva esser quasi certi che, nel corso della battuta successiva, il cacciatore avrebbe avuto sorte favorevole. La sacralità del tamburo è rivelata anche dal fatto che esso veniva conservato nella parte più riservata della tenda, quella chiamata *possjo* o *boasso*, zona assolutamente interdetta alle donne.

« Avevo un parente che era Noaj'de », concluse Pekka facendo spesso pause, quasi facesse fatica a pronunciare le parole.* « Egli fece il suo tamburo con il legno di un albero cresciuto in un luogo particolare... Adesso lì, ci hanno costruito un albergo... Aveva trovato quella betulla cresciuta verso il sole, davvero bello quel luogo e l'energia che vi regnava. I suoi antenati erano passati da quelle parti un tempo con le loro grandi mandrie di renne... Ora è stata tagliata tanta di quella foresta che è difficile ritrovare un posto come quello... Lui prese quella betulla e ne fece un tamburo. Come pelle utilizzò quella di una sua renna che definiva un po' Noaj'de, perché amava i luoghi solitari e perché le mancavano le corna. Era una piccola montagna quella ove cresceva la betulla del suo tamburo... »

A questo punto Pekka si interruppe e, con mia grande sorpresa, intonò un *joik*, l'antico « canto » col quale i Sami *cantano* un luogo, una persona lontana, un frammento del vento... Non avevo mai udito nulla di simile, una nenia apparentemente mo-

* Il seguente brano è tratto, in realtà, da un discorso del sami L. Pirak, raccolto da Stefano Lucchi nel suo *Sciamanismo Saami*: l'ho utilizzato in questo contesto perché riflette bene il pensiero di Pekka.

notona ma che esprimeva una forza sconosciuta.* Seguì un momento di silenzio e di raccoglimento; capii subito che Pekka non era più lì, o almeno non era più con me. Anti aveva terminato il suo piccolo lavoro di intaglio; non comprendevo bene cosa rappresentasse, ma i motivi e le decorazioni che aveva creato avevano un certo pregio. Osservò per un attimo il suo legnetto, poi, borbottando qualcosa, lo gettò nel fuoco, si alzò e uscì. Anche stavolta non rimasi stupito. Pekka mi aveva avvisato quella mattina di questa usanza; sedere presso il fuoco a intagliare pezzi di legno che poi, una volta terminati, venivano semplicemente gettati tra le fiamme.

«Spesso si va via non solo quando la tazza di caffè o la visita è terminata» mi aveva spiegato, «terminare il bastoncino è ugualmente importante...» Pekka continuò a tacere. Pensai che anche lui si sarebbe alzato e mi avrebbe lasciato come aveva fatto Anti, ma prima, con mia sorpresa, tornò a parlarmi. Nell'aria ormai fredda, nel rossore del fuoco morente, fissandomi come volesse farsi comprendere dagli occhi e non dalle sue labbra, Pekka aveva pronunciato *quelle* ultime parole. *Aveva acceso con esse il motivo per il quale io ora mi trovo qui?* Ancora una volta non posso saperlo, ma solo intuirlo. Io feci *quella* domanda. Lui mi fissò per alcuni istanti e infine uscì.

* Lo *joik* aveva lo scopo di stabilire un contatto con l'alterità quando un sami, e in particolare il Noaj'de eseguiva il proprio. Ogni sciamano, difatti, aveva il suo *joik*, la melodia che lo caratterizzava e che aveva imparato nel periodo di solitudine del suo apprendistato. Con lo *joik*, si dice che si sente ciò che sente una persona o un animale, e che con esso, il Noaj'de, fosse in grado di trasformarsi in uccello o altro animale per visitare altre dimensioni. Lo *joik* si interrompe improvvisamente ma non si sa quando ciò accadrà; quando lo sciamano era in trance, i presenti, all'interno del lavvu, cantavano in cerchio lo *joik* per una o due ore, fin quando egli non «tornava»: questo è probabilmente il motivo per cui lo *joik* si interrompe bruscamente.

Ascolto Chinook e Mohawk che corrono giocosi e allegri nel vento gelido. Li sento rincorrersi attorno alla tenda come hanno fatto ogni santa mattina da quando siamo partiti mesi fa. Ormai non presto più attenzione alle innumerevoli volte in cui inciampano contro i tiranti della tenda. È una *danza* che da tempo fa parte di questo mondo, come il vento o il silenzio. Per alcuni minuti non sento più nulla: qualcosa deve avere attratto la loro attenzione altrove. Nella pace e nella luce che continuano a pervadermi, alcune domande, sebbene ormai non più così importanti, mi riattraversano la mente. *Perché Pekka mi aveva parlato del «Sogno del Lupo»? E ancora, perché io avevo incontrato Chinook e Mohawk?* Esisteva davvero un «Sogno del Lupo» nella religione dei Sami o nel percorso spirituale del Noaj'de? Qualcosa che si potesse accostare alla Via del Dharma dell'allievo Zen, o alla Via del Nagual degli antichi Maya, o ancora, all'*Hanblecheya*, la ricerca della visione presso i Sioux e al *Tyoweh*, l'entrare nel silenzio dei nativi delle Montagne Rocciose?

Torno a ripetere: non è più così importante ormai trovare una risposta. Quassù, ora, conta ciò che apprendo dai miei lupi, da me stesso e dalla Madre Terra. Ciononostante, mi chiedo per l'ultima volta: ciò di cui quel sami mi parlò, poteva forse accostarsi al percorso spirituale che, in tanti modi diversi, ha da sempre accompagnato ogni nativo? *Può essere*, penso tra me; ma questo, quel giorno con Pekka non mi fu dato saperlo.

Del mio amico sami non ho altri ricordi, semplicemente perché non ci fu più nulla. Era per l'appunto mezzanotte quando mi fissò e uscì. Ricordo che attesi qualche minuto all'interno del lavvu, prima di uscire a mia volta. Camminai fino alle rive del lago di Iesjar'vi, così immenso da non vederne la fine. Mi resi conto di ondeggiare anch'io un po' sul soffice tappeto di ginepro nano, come aveva fatto lui quella mattina all'alba. L'irreale luce notturna di mezza estate era diffusa da nubi leggere e alte nel cielo, attraverso l'infinita distesa dell'altopiano, che si riflettevano sul lago increspato appena dalla brezza fredda. Fissai a lungo quegli spazi che avevo conosciuto da così poco tempo, quel silenzio che non potevo ancora né comprendere, né tantomeno descrivere, ma che era già entrato con forza in fondo al mio cuore. Restai a lungo senza pensieri, forse confuso. Avrei avuto bisogno di tempo, di molto tempo per assimilare... tutto.

All'interno della mia tendina, riposo come in seno alla terra: ogni pensiero, infine, tace e io mi riaddormento. Poi, nel fragore del vento e negli spazi vasti che mi attorniano e che permeano i miei sogni, una vocina mormora *Tyoweh* dentro di me. *Tyoweh*, mi accompagna nel dormiveglia; nel graduale risveglio

Johkegaske e il lago di Lansvatnet

un'ora più tardi; nel ronzare del fornello che sovrasta il profondo silenzio. *Tyoweh*, sussurra ancora mentre mi vesto, mentre esco e quando riprendo il cammino: *Tyoweh*. Ora è chiaro: non più Pekka, non più Sami, non più me né i nativi... solo lei Madre Terra o, forse, neppure più essa. Solo, ormai, vado nel vento, nel sole... Vado: *Nativo della Terra*. Con i miei lupi.

5 febbraio, 76° giorno

Tutto sfuma nel grigio anche se, nella luce omogenea, si intravede il chiarore del cielo. L'aria è pervasa da una nebbiolina sottile creata dai cristalli di gelo, dalle nubi pallide che sfumano ogni contorno. Un velo trasparente e ovattato nel quale mi muovo con attenzione: sono come un corpo indifeso nel gelo dello spazio. Sto uscendo dal Børgefjell ed è tutto il giorno che scio alla cieca non potendo tenere gli occhi troppo esposti al vento frontale con una temperatura prossima ai 40 gradi sotto zero. Mi sento davvero come un astronauta chiuso nella sua tuta ermetica, attento a che tutto proceda bene, poiché ogni minimo imprevisto, o malfunzionamento, può tramutarsi in dramma. Ma dentro sono tranquillo, un'oasi di pace...

Attraverso una lunga serie di laghi sulle cui sponde via via tornano a comparire le betulle. Sono esse ora l'unico riferimento oltre al bianco nel quale navigo da giorni. Così come da giorni non conosco altro che questo gelido vento che ormai mi ha spezzato la faccia; e il silenzio profondo, e la pace che cominciano a crescere dentro di me. Sono felice, poiché ciò che ritenevo perso per sempre, ormai irraggiungibile, la mia traversata, ma soprattutto il rapporto diretto, continuo e intenso con la natura, tutto invece è qui. È incredibile come, dopo appena una settimana di solitudine vera, io abbia adesso l'impressione di viverla da molto più tempo, come se non avessi mai conosciuto altro. Sbuco sulla strada e sono una maschera di bianco permeata di essenzialità e di silenzio. Quasi un frammento stesso dei boschi e delle montagne attraverso i quali, fino a qui, ho creato la traccia con la slitta. E d'un tratto, ancora una volta, *riconosco* quésto momento... *Ma io tutto ciò l'ho già vissuto! O è mai possibile che sia solo la stanchezza a farmi immaginare cose inesistenti?* Eppure quante volte ho riconosciuto, nel corso di questi settanta giorni, ciò che avevo già visto a casa? Ecco di nuovo la mia *visione*, da sempre quella più limpida e viva: io che esco dai boschi del Børgefjell incrostato di ghiaccio e pieno d'incanto. Non posso far altro che sorridere e accettare nuovamente la forza che mi sta guidando e che è in me.

Percorro la lunga strada verso est, verso la piccola casa dove passerò la notte, unica in fondo alla valle. Presto appare una fioca luce in lontananza tra le conifere. Poco dopo sono di fronte alla porta d'ingresso. Sgancio la pulka e sfilo gli sci. Non mi par vero poter di nuovo camminare liberamente sui piedi! Busso. Una nonnina compare dietro l'uscio: proprio come nelle fiabe! Mi fa entrare senza esitazioni. È diverso quassù, non si chiede chi è, non si apre a mezz'uscio con la catenella; si apre e prima di tutto si fa entrare. Mi fa sedere presso la stufa mentre tolgo i guanti incrostati di ghiaccio. Il calore mi scalda in volto e comincia a fondere i ghiaccioli della barba. Tutto ciò, così dimenticato, improvviso, mi provoca per un attimo, un leggero capogiro. La nonnina mi prende le mani per scaldarle ed esclama nel notarle gelide, ma io la rassicuro: «*Bare kaldt...* (solo fredde)» e sono le prime parole dopo giorni e giorni di gran silenzio e solitudine nella natura. Tutto questo mi incanta: un lento disgelo, un graduale ritorno. Intuisco quanto di meraviglioso sia mutato lassù. *Sono pieno di silenzio*, «sento» sopra ogni altra cosa. *Esisto*, fino all'ultima cellula... Non un fremito, non un desiderio.

Più tardi, arriva il resto della famiglia. Mentre ceniamo e chiacchieriamo, riconosco l'inconfondibile accento del Nord, quello che ben ricordo da ogni mio viaggio precedente quassù ed è come se solo ora mi rendessi conto di dove sono riuscito ad arrivare con le mie sole gambe. *Sono davvero a nord...*, e quasi mi gira la testa per la gioia che provo. Sono felice di essere qui, di avere questa gente meravigliosa attorno a me, di poter parlare con loro, rispondere ai loro sorrisi, di essere in marcia, verso la mia meta.

Mattia disperso

C'è paura nel sentire il freddo
giungere nel grande mondo
e nel vedere la luna,
ora nuova, ora piena,
seguire le sue tracce antiche nella notte invernale.
Detto Inuit, da Alvah Simon, *A nord verso la lunga notte*

6 febbraio, 77° giorno

L'ospitalità discreta e calorosa della famiglia che abita la piccola casa isolata in fondo alla valle, presso la quale ho dormito; il silenzio illuminato dalla serenità di queste persone, riflesso della quiete magnifica nella quale l'abitazione si confonde; il sole basso, quasi inesistente, che durante le brevi giornate serene d'inverno scivola leggero lungo il profilo dei monti e delle conifere. Tutto questo mi accompagna mentre riprendo la marcia e, soprattutto, crea la sensazione che tra ora e i giorni precedenti, sperso nella vastità e nel silenzio della wilderness, non vi sia stata alcuna interruzione: a tal punto la sosta presso la famiglia è riuscita a conservare intatto e acceso l'intenso, pacato *discorso* che pian piano inizio a instaurare con quanto attraverso. È una giornata gelida, come ormai lo sono tutte da diversi giorni. Oggi però il cielo è sereno, non c'è vento e il sole crea delle luci meravigliose sulla neve, sulle montagne bianchissime. Poi, con rapidità, nel primo pomeriggio, l'oscurità torna ad avvolgere le montagne. Il freddo si fa più pungente, tutto pare ancora più immobile. Le poche ore di luminosità e di illusorio calore, adesso, sono istanti sempre più lontani. Eppure, sono servite a ricordare a questa parte di terra che la luce del mondo non si dimentica di lei... Il buio non è mai immediato; ormai ho fatto l'abitudine alle varie sfumature che la luce attraversa prima di scomparire del tutto. E ora, mentre torno a scendere verso la macchia scura delle betulle, so che dovrei riuscire a raggiungere il passo con ancora un po' di chiarore.

L'aria è adesso pervasa dal pulviscolo denso fatto di gelo e di cristalli di neve portati da nubi che sembrano amalgamarsi alla terra e ai boschi. Più che nubi, sembrano veli creati dalla terra stessa, una cortina grigio-chiaro che avvolge tutto. Scendo alcuni ripidi pendii nella neve polverosa e aggiro un ultimo rilievo. Ora posso dominare l'ultimo tratto di discesa, fino al fiume. Di fronte a me, inghiottiti dalla gelida cortina di nevischio, si perdono verso est, in direzione della vicinissima Svezia, i vasti, sconfinati boschi di betulle e di conifere; quanto a prima vista potrebbe essere liquidato come *estremamente desolante*, porta invece, dritto nel mio animo, un soffio di energia, di pace e di essenzialità che ancora una volta lo fanno tremare. *Voglio perdermi in esso e continuare a non conoscere altro per giorni e giorni.*

Raggiungiamo il fiume. Tra gli alberi, nella neve fonda, mi faccio strada a fatica fino alle sue sponde. La riva opposta dista una ventina di metri. La corrente è forte e il ghiaccio lo ricopre in modo discontinuo. Poco più giù, presso una piccola capanna, c'è un ponte di legno di quelli che dondolano quando li si attraversa, con le travi aperte sul vuoto sottostante. Comincio a percorrerlo ma dopo pochi metri mi fermo, poiché i lupi non sembrano avere l'intenzione di seguirmi. Tento di tranquillizzarli, ma i miei richiami sono inutili. Del resto ora devo concentrarmi poiché, sciare sulle assi traballanti con la slitta dietro non è proprio semplice. Ma quando torno a voltarmi il cuore mi si gela nel petto: Chinook è finito nella corrente gelida. Il ghiaccio ha ceduto nel punto in cui ha cercato di attraversare e ora, con le unghie delle zampe anteriori che artigliano disperatamente la superficie solida, è in lotta contro la forza del fiume che sta per portarselo via. Impotente e in precario equilibrio, lo osservo dall'alto. Tento di incitarlo con i richiami che lui ben conosce; Mohawk, come a volermi dare sostegno, si agita sul ghiaccio vicino alla riva, emettendo brevi ma decisi guaiti in direzione del fratello.

Per pochi istanti Chinook dà l'impressione di riuscire a liberarsi. Io ne approfitto per togliermi dal ponte. Raggiungo la riva opposta, e mi disfo rapidamente della pulka e degli sci. Intanto continuo a incitarlo; quasi non posso credere che lui non sia già riemerso da quel buco. Più di una volta l'ho visto cavarsela in situazioni abbastanza ingarbugliate, magari all'ultimo momento, rivelando energie fino ad allora rimaste nascoste. Per questo, mentre grido di continuo sul bordo del ghiaccio, sono convinto di vederlo guizzare fuori da un momento all'altro. Ma il problema qui è la mancanza di un punto d'appoggio per le gambe posteriori immerse nella corrente. Tutto lo spasmo del suo sforzo è infatti concentrato sulle zampe davanti. Il collo e il muso protesi, lui spinge e spinge, ma da quella posizione non riesce a spostarsi. Poi sembra esausto, molla la tensione e, pur restando artigliato al ghiaccio, tenta di riprendere fiato. Io cerco di avvicinarmi, ma il ghiaccio si crepa e scricchiola pericolosamente. Continuo a parlargli; un campanello d'allarme, forse in ritardo, comincia a raggelarmi il cervello. Lui si volta appena per fissarmi, non fiata, ma di certo non sa più cosa fare... Sono minuti ormai che sta lì dentro... *Quanto riuscirà ancora a sopportare quel gelo?* comincio a chiedermi. *Per quanto ancora avrà l'energia per rimanere così aggrappato?*

Non so cosa fare. Provo a spezzare il ghiaccio sotto i miei piedi per vedere se riesco ad avvicinarmi camminando sul fondo. Ma per quanto vi immerga la racchetta, l'unica resistenza che riesco a incontrare è quella della corrente... Cosa fare? Ormai ho provato ogni tratto di ghiaccio, ma ovunque questo sembra troppo fragile per tenere il mio peso. Ho cercato nel bosco un pezzo di legno abbastanza lungo per arrivare dal mio cucciolo. Sono corso al capanno sulla sponda opposta nella speranza di trovarvi qualcosa... un pezzo di corda, una scala... qualsiasi cosa! Chinook, ormai fermo e impotente, osserva ogni mio spostamento. Di lui ormai vedo emergere solo la testa, la scura mascherina che incornicia i suoi occhi dolci; incredibile come, seppur spaventato, riesca a mantenere una calma perfetta.

Ormai è passato un quarto d'ora. Le ho provate tutte e sono di nuovo sull'orlo del ghiaccio. Ci fissiamo. Sono terrorizzato e il cuore che mi batte forte in petto, si alterna al frastuono della corrente infernale. Provo a incitarlo ancora una volta e lui, di nuovo, raduna le forze e riprende a spingere sul ghiaccio con le gambe anteriori, il collo proteso nello sforzo... spinge e spinge di nuovo fin quando, con uno schianto, il ghiaccio cede sotto la sua spinta e solo per miracolo lui riesce ad aggrapparsi nuovamente alla superficie. *Da lì non uscirà più da solo*, sento dentro di me. In quell'istante, non so come, percepisco con estrema chiarezza che Chinook, il mio cucciolo Chinook, ha cominciato a vivere gli ultimi istanti della sua vita. Nello stesso tempo, un pensiero freddo e limpido si fa largo nella mia mente, spazzando via il terrore e l'angoscia.

Giù lui, giù io, emerge improvvisa e decisa una voce. *Giù lui, giù io*, ripeto a me stesso. Non ci penso un istante di più. Mi stendo sul ghiaccio pancia a terra per distribuire in modo più uniforme il mio peso e con rapidi movimenti delle braccia e delle gambe, come se nuotassi una specie di stile «rana», in pochi secondi striscio fino a lui. Incrocio i suoi occhi da vicino. Questa volta sì, vi leggo terrore e sfinimento. Mi fermo a un metro dal buco. Cerco di allontanare Mohawk che mi è venuto dietro... Non fa che agitarsi, guaire... *No, non è così che puoi aiutare tuo fratello! Dio mio, come può tenerci questo ghiaccio?*

Chinook mi osserva. È artigliato con le ultime energie, coi suoi occhi pare mi voglia dire, forse rassegnato: «*Non ce la possiamo fare...*» Eppure, disteso a un metro da lui, gli tendo il braccio destro, lui si allunga e si stacca fiducioso. Io lo afferro e so che non lo mollerò più. Pochi istanti dopo ci ritroviamo tutti e tre al sicuro sulla sponda del fiume. Lui si sgrulla energicamente più volte, quasi sapesse che con venti gradi sotto zero non può restare bagnato. Quindi, tutto festoso, mi si avvicina e mi bacia. *C'è mancato poco angelo mio...*, sospiro mentre Mohawk lo accoglie con grandi feste. Se non altro è stata una lezione che non dimenticherà più (tantomeno io)!

La strada è a meno di un chilometro. La raggiungiamo rapidamente, una sottile striscia bianca attraverso il bosco, più simile a un sentiero che altro. Non passa un'auto da parecchio tempo. È questo il «passo» che dà accesso alla Svezia ed è qui che troverò (fortuna per Chinook che ha assolutamente bisogno di calore) la grande sorpresa: imbacuccato dentro la macchina, c'è Mattia che m'attende! L'avevo contattato da Røyrvik e lui, percependo il terribile momento di crisi che stavo attraversando, si era offerto di lasciare il paese di Karasjok in Lapponia, per raggiungermi qui, appena oltre le montagne del Børgefjell e portarmi il suo sostegno... Mai avrei immaginato una settimana fa che da esse ne sarei uscito *così* come sono ora! L'incontro è stato davvero speciale; c'eravamo separati a Finse a inizio dicembre... un secolo fa, più o meno. Mi domando quale sia la sua impressione nel vedermi sbucare dai boschi ammantato di brina, con la barba completamente incrostata di ghiaccio e tanta luce e silenzio negli occhi... Dopo aver, come prima cosa, fatto salire Chinook in auto affinché potesse asciugarsi al caldo, ci salutiamo con un grande abbraccio, ostacolato dai vari indumenti dai quali è ricoperto, e poi tante parole. Dopo tutto questo tempo trascorso da solo, è bello riavere la sua compagnia anche se ora è come se fossi un po' geloso della mia solitudine, del rapporto speciale che sto vivendo e che si sta creando con questa grande natura e stagione e terra selvaggia. Sono contento di rivederlo, ma sotto sotto avrei preferito continuare a restare da solo, e un po' mi sento in colpa per avergli fatto fare tutta questa strada.

Il programma ora è di affrontare le prossime tre tappe assieme. Ciò gli consentirà di effettuare alcune riprese per completare quelle che mi faccio da solo. Dopo di che tornerà in *Sàpmi*, dove continuerà ad attendere il mio arrivo, nonché a portare avanti il suo lavoro documentaristico con il popolo dei Sami. Quella sera i cuccioli sprofondano in «letargo» (soprattutto Chinook), appena dopo la loro cena. Noi, invece, ci addormentiamo alle quattro passate; incredibile quante cose ci siano da raccontare dopo *appena* due mesi! Siamo nel piccolo villaggio di Hattfjelldal, circa quaranta chilometri dal passo e io, come sempre, ho mangiato da far paura a un orso... Prima di addormentarmi, dopo aver baciato Chinook e aver osservato a lungo queste meravigliose creature abbandonate al sonno profondo, di nuovo nel silenzio, penso a come tutto sia cambiato rispetto a una settimana fa. La neve è di nuovo perfetta, l'inverno, quello vero del Grande Nord e l'armonia che pian piano nasce e comincia a crescere. Stento ancora una volta a capacitarmi del fatto che quanto ora mi attende sono tratti di wilderness sempre più ampi e ininterrotti e che, tra una settimana, dovrei passare la linea del Circolo Polare Artico!

7 febbraio, 78° giorno

Una cappa di vento invisibile e trasparente ma dalla forza brutale è scesa sulle montagne. Aveva cominciato soffiando rasoterra, leggera e silenziosa, quasi una carezza a sfiorare appena la superficie della neve... Lasciato il passo assieme a Mattia, siamo lentamente saliti di quota tra gli ultimi abeti, districandoci tra i rami contorti delle betulle prima di sbucare su in alto presso il lago. Chinook, di nuovo in forma perfetta, mi precede allegro, giocando e rincorrendosi col fratello; ha proprio l'aria di aver superato la sua disavventura, anche se di certo non la dimenticherà più. La superficie del manto nevoso è in assoluto la migliore che ho incontrato finora. Questo mi mette le ali ai piedi, complice il freddo terribile che si insinua sotto ogni indumento appena ci si ferma per più di due minuti. L'aria è pervasa dalla solita cortina grigio-bianca, nubi da nord-est che avvolgono le montagne come gelidi veli fantasma. Al passo, poco prima, il termometro segnava –22°; poi siamo saliti di trecento metri e non l'ho più controllato. Ciononostante non ho voglia di lasciare indietro il mio amico, anche perché, altrimenti, non potrebbe effettuare alcuna ripresa. A volte, se ho accelerato un poco per scaldarmi, devo fermarmi per attenderlo anche se questo mi fa raggelare. Certo, per questa tappa, avrei dovuto optare per un «assetto» da viaggio diverso da quello adottato finora, vale a dire, avrei potuto coprirmi maggiormente, sarebbe stato semplice, non fosse stato per il piccolo particolare che avevo addosso già tutto. Non ho mai avuto altro

ÅREFJÄLLET II
8 feb.
NAIREKE
1004 mt.
930 mt.
7 feb.
674 mt.
LAGO ARE
65°30' LAT. NORD
STUORE TJAKKE
1230 mt.
1241 mt.
1026 mt.
1205 mt.
1211 mt.
LAGO SKALMA JAURE
715 mt.
Arefjället
965 mt.
NORVEGIA
SVEZIA
6
65°25' LAT. NORD
1225 mt.
CHINOOK!!
GIEMSE
1280 mt.
1005 mt.
902 mt.
OLLEKEN
1100 mt.
LAGO DAARHEGE
944 mt.
VARDOFJÄLLET
1052 mt.
5 FEBBRAIO
0
1000
2000
3000
4000 mt.

nella pulka, da quando sono partito, se non la giacca a vento, la maglia di capilene che è divenuta la mia seconda pelle, e sopra, un pile più grosso. Questo per il semplice fatto che durante il giorno sono sempre in marcia, quindi anche se col freddo più terribile riesco a scaldarmi e, se c'è vento, la giacca è più che sufficiente a proteggermi; quando invece sono fermo è per piantare la tenda e infilarmi rapidamente (coi primi brividi), nel sacco a pelo. Così è ormai da oltre settanta giorni e non avevo assolutamente pensato di portarmi dietro per questa tappa con Mattia qualcosa di aggiuntivo come un bel piumino imbottito!

Mi fermo presso il limite ultimo del bosco dove le betulle si fanno rade e piccole. Da quassù la valle appare lontana e già avvolta nel buio, mentre di fronte a me, tra le nubi che si alternano al cielo, esce a tratti l'ultimo sole del primo pomeriggio. *Fa freddo...* continuo a ripetermi; la gioia che ho dentro, però, mette tutto a tacere. Ormai la traversata non mi *sfugge* più e io mi sento un re tra queste terre sconfinate, un re del silenzio e dell'inverno gelido attraverso il quale passo e dal quale vengo gradualmente attraversato come il vento leggero tra gli abeti. Mattia mi raggiunge. La sua lentezza mi avrebbe esasperato in altre circostanze (e sì che mi ero raccomandato con lui di tenersi un po' allenato durante queste settimane su in Lapponia, in previsione di un incontro con me!). Ma oggi va tutto bene! Effettua alcune riprese, seguo le sue istruzioni su come muovermi, dove passare. Poi raggiungiamo il lago e lì con l'ultima luce, benché il buio sia ancora lontano, giriamo le ultime immagini.

Aveva cominciato leggero ma adesso, mentre attendo appoggiato ai bastoncini da sci, sono costretto a dare le spalle al vento che si è fatto più teso e che ora non soffia più rasoterra. Osservo le punte degli sci: vengono ricoperte irregolarmente dai cristalli di neve che corrono su, lungo il pendio come a creare una specie di vapore che aleggia a pochi centimetri dal suolo. Il lago è giù in basso e stiamo risalendo l'ampio versante dell'Arefjället, la montagna che ci separa dal lago successivo dove passeremo la notte. Puntiamo a un'ampia sella attraverso la quale svalicheremo prima di scendere il ripido pendio opposto. La sella è ancora in alto, lontana. E se ora taccio e tendo bene le orecchie, ecco che percepisco un fragore distante eppure sempre più vicino, un frastuono che sovrasta quello del vento che mi corre attorno. È il fragore della tormenta e proviene da lassù, dalla sella, una tormenta di vento che sta calando sulle montagne e che già ne avvolge i crinali più elevati. *Come sarà passare di lì? E che freddo farà con quel vento, se già ora il termometro è a –25°?!* L'ultima volta che ho atteso Mattia è stato presso un boschetto di betulle isolato attraverso il quale il soffio del vento mi giungeva come un'unica voce sempre più adirata. Riscuotermi dal gelo che mi era penetrato fin nelle ossa era stato difficile. Poi mi ero fermato al riparo di un grosso masso, ultima protezione prima del vasto spazio che conduceva al passo. Nella luce azzurra che ormai diveniva notte, non ero riuscito a sostare a lungo. E poi Mattia poco dietro sembrava seguirmi senza problemi: nonostante il vento, la traccia restava impressa a lungo nella neve e forse adesso aveva finalmente capito anche lui che era meglio darsi una mossa e attraversare il passo il più rapidamente possibile per poterci infine mettere al sicuro giù sull'altro versante, dove avremmo trovato una piccola baita aperta, in territorio svedese. Quindi proseguo, salgo il più lentamente possibile, quel tanto che basta per non tremare di freddo. Attorno a noi intanto il mondo bianco va tingendosi della luce della luna. Il cielo è sereno, le stelle e i pianeti sembrano diamanti scolpiti su uno specchio di zaffiro. Pare di scorgere l'universo.

Tutto è così nitido e perfetto. Ma dell'universo ora percepisco anche il freddo opprimente, una morsa che risveglia in ogni mia cellula, in ogni mio senso, la coscienza del pericolo, della nostra vulnerabilità. Siamo esposti a una dimensione che si è fatta ostile all'uomo, stiamo osando penetrare in essa, un territorio nel quale non esiste alcun margine di errore. Ora le montagne hanno un colore azzurro mentre la notte, rischiarata dalla luce lunare, accende di bianco la superficie nevosa ed è possibile avanzare senza l'aiuto della lampada. Mattia diviene un'ombra scura che mi segue e che tengo costantemente sotto controllo. Vorrei che mi fosse vicino nel momento in cui attraverseremo il colle; quindi, tento di rallentare ulteriormente. *Non può essere difficile. Si svalica e poi giù dritti fino all'altro lago. Non ci si può sbagliare!* E già pregusto la bella cenetta che ci portiamo nelle slitte, mentre ci scongeliamo il volto accanto alla stufa rovente e possiamo finalmente tornare a vederci negli occhi e a parlarci... Ma sulla montagna scende una cappa grigia, che ora mi avvolge e che ha cancellato la luna e le stelle. Artigli che mi graffiano il volto con la furia del vento carico di gelo. Quel vento che poco prima correva rasoterra creando giochi di neve, ora è diventato un muro feroce che investe la montagna e tenta di strapparla via. E noi con essa.

Continuo verso il passo: non ho alternative, non potrei assolutamente fermarmi qui ad attendere. *Scenderò quel tanto che basta per trovare un luogo riparato e lì attenderò che le mie tracce lo conducano fino a me: la neve quassù non è altro che un'unica compatta superficie levigata dal vento, una superficie sulla quale lascio una traccia perfetta che neppure una tormenta come questa può cancellare.*

Ora che ho deciso, riparto con buon ritmo e raggiungo rapidamente l'ampia sella, più che altro un vasto altopiano che tiene nascosta fino all'ultimo la discesa sull'altro versante. Riesco a scorgere le stelle e la luna; è chiaro che poco al di sopra della mia testa il cielo è limpido e perfetto come lo avevo visto prima: non ci sono nubi. È la tormenta di vento che, alzando la neve, cancella ogni riferimento. Tutto ciò che riesco a scorgere sono le punte degli sci; non sento altro se non la forza brutale che mi assorda, mi acceca e mi gela il volto. All'ultima sosta avevo dato un'occhiata al termometro: –28°! *E con questo vento che urla a oltre cento chilometri orari, che forza glaciale di inaudita brutalità sta sperimentando la mia pelle?! Di certo, non meno di 60° sotto zero!* Sì, siamo davvero in bilico, stiamo percorrendo *il* limite sottile... Poiché 60° sotto zero senza vento sono una cosa e se l'aria è secca, coperti nel modo dovuto, si sopportano abbastanza bene. Ma così, con questa furia che graffia via il calore di dosso, la tua vita diviene un soffio, una piuma da stringere forte fra le mani perché se solo le apri per una frazione di istante... Non posso permettermi il minimo errore.

Controllo di continuo lo stato del naso, delle guance, degli zigomi già segnati dai precedenti giorni di gelo, delle dita dei piedi. Accosto la mano guantata alla pelle e, se non c'è sensibilità, do le spalle al vento per ritrovare calore. Continuiamo ad attraversare il passo. I lupi sono ombre silenziose che appaiono e scompaiono. A volte non li vedo per diversi minuti: è chiaro che corrono incontro a Mattia. Il fatto che poi me li rivedo tornare poco dopo apparentemente tranquilli è segno che il mio amico non può essere troppo distante. D'un tratto l'oscurità lattiginosa che mi avvolge si interrompe come per incanto: infine posso vedere il lago al quale siamo diretti e i boschi di betulle tutt'attorno. Il pendio prende a scendere e a farsi più ripido. Ben presto, continuare con gli sci e con la visibilità quasi nulla diventa troppo azzardato, così decido di togliermeli e, tenendoli in mano, continuo a piedi; in questo modo, tra l'altro, le tracce saranno ancora più visibili. La discesa diviene dritta come una parete. *Com'è possibile? Sulla carta non erano così ravvicinate le curve di livello. Che mi sia sbagliato nella tormenta? Che sia davvero quello il lago giusto? Dove andrà a finire questo pendio del quale scorgo solo i pochi metri che ho attorno?*

Non c'è molto da star lì a pensare. Il vento mi artiglia la faccia, mi ferisce gli occhi; inutile e penoso tentare in continuazione di guardarmi in giro, di scrutare ciò che non mi è dato vedere... Allora giù, continuare a scendere. Ora conta solo concentrarmi su ogni singolo passo, calciare bene la neve fronte al pendio, uno sci per mano a mo' di piccozza, e giù, con la slitta che mi precede e mi opprime i fianchi e mi risucchia verso l'abisso scuro.

Dal diario di Mattia: «Il vento è forte e gelido contro i miei occhi ogni volta che alzo lo sguardo su verso il passo che sembra non avvicinarsi mai. Allora, a testa bassa, mi concentro sulle tracce degli sci di Ario, ma ancor più su quelle lasciate dai lupi, spesso più riconoscibili alla luce della grande luna che domina il cielo. Non posso fare altro. Ho solo un desiderio: togliermi da questa situazione il più rapidamente possibile, raggiungere il passo, scendere giù al lago, alla baita... Per non perdere tempo prezioso, non ho neppure tirato fuori la lampada frontale che tengo nella slitta. Per ora la luce della luna è più che sufficiente per riuscire ad avanzare. Mentre sono fermo a riprendere fiato col volto al riparo dal vento, un calore improvviso mi passa per le labbra e mi fa sobbalzare per lo spavento: è Chinook che mi sta baciando tutto festoso come sempre. Lui e Mohawk, che mi fissa immobile pochi metri più in là, sono tornati verso di me, come a farmi coraggio e a mostrarmi la strada. Ripartono quasi subito, sparendo rapidamente nel vento; io mi affretto a seguirli. Seguendo le impronte dei lupi che rimangono ben impresse sulla neve, riesco pian piano a raggiungere il passo. Ho ritrovato un po' di morale e son certo che Ario è qui da qualche parte che mi attende. Finalmente mi appare il lago; riesco a spaziare per ogni dove con lo sguardo, nessun segno dell'uomo per 360° attorno a me, solo la luce della luna e il mondo bianchissimo e le stelle a migliaia a incantarmi. Prima di proseguire, decido di tirar fuori la mia lampada. Se Ario è nei dintorni, sarà più facile per lui riuscire a scorgermi con la luce accesa. Traffico a lungo coi guantoni per aprire la pulka e cercare la frontale. Con questo freddo, non mi voglio azzardare a liberare le mani. Appena riesco a sistemarmi la lampada in testa, provo ad accenderla, ma si spegne in pochi secondi! Torno a trafficare all'interno della slitta alla ricerca della batteria di riserva e stavolta, per sostituirla, sono costretto a togliermi i guanti. È incredibile come le dita si congelino in pochi secondi e senza il minimo dolore. Quando termino l'operazione e rimetto i guanti, la sensibilità infatti è del tutto svanita. Cerco per lunghi minuti di riscaldarmi le dita e quando infine provo ad accendere la lampada, questa, di nuovo, non dà segni di vita. Ario, dunque, non potrà vedermi. Provo a scendere per un po' verso il lago ma d'un tratto, di fronte a me, trovo un precipizio. Senza lampada non riesco a definirne la pendenza e, in più, questo versante si trova in ombra rispetto alla luce della luna. Non so più cosa fare. Osservando le tracce, non ho dubbi che Ario è passato per di qua, ma per dove è sceso?»

La discesa è lunga, interminabile, ripidissima. Di certo, sballottato dal vento, mi sono inavvertitamente spostato troppo verso est, su in alto attraversando il passo, fino a trovarmi sopra questo precipizio. Scendo lentamente, tentando di essere il più rapido possibile. I lupi sono invece schizzati giù come saette e ormai è da un bel pezzo che non li vedo. Ho le mani gelate a causa degli sci che devo stringere con forza e devo fermarmi spesso a riscaldarle insieme alle punte dei piedi. Per infiniti minuti scendo nel nulla; il pendio si perde nel vuoto buio che la mia frontale non può in alcun modo rischiarare. Tutto quello che mi auguro è di non trovarmi la strada sbarrata da un salto improvviso, nel qual caso, sarebbe davvero un'impresa tornare su, con la slitta dietro! Ma poco dopo, con mio grande sollievo, la pendenza accenna a diminuire: riesco a girarmi di nuovo faccia a valle e a scendere di talloni. Ora il lago, vasto e accogliente, è di fronte a me. Presto raggiungo le prime betulle che lo contornano fitte. Mi addentro nel bosco dove la neve è di nuovo farinosa. Qui il vento mi giunge attutito e sovrastato dal mormorare degli alberi.

Ne raggiungo rapidamente la riva. *E adesso? Da qui alla sponda opposta dove si trova la baita ci sono solamente due chilometri. La superficie è bella scorrevole, non dovrei impiegare molto a raggiungerla, ad accendere la stufa e, lasciata la pulka, se ancora Mattia non è apparso tornare indietro sulle mie tracce. O è meglio che lo attenda qui? E i lupi dove sono?*

Mi tornano in mente in un solo istante denso di ricordi tutte le altre volte in cui mi sono trovato ad attenderlo... dai giorni attraverso l'altopiano dell'Hardangervidda a quelli più lontani ma indelebili, mentre pagaiavamo sulle gelide acque d'Alaska, ma ciò che sento ora ha la spietatezza roca e profonda della realtà che « no, non può esser vero » e che invece per la prima volta appare presente, inevitabile. Questa sensazione è come se trapassasse diretta il mio petto, mi pietrificasse il cuore con un freddo al cui confronto ciò che mi gela il volto e le mani non è più nulla. Vedo con chiarezza terribile Mattia lassù che non ha né tenda né fornello, poiché sono nella mia slitta. Il mondo diviene irreale, un morso crudele che non voglio accettare, eppure tutto attorno a me mormora spietatamente: « Stavolta è successo..., stavolta non lo vedrai apparire... » Intanto ho attraversato il lago. Alle mie spalle c'è il pendio dal quale sono appena sceso, avvolto nella luce lattiginosa della tormenta. Scruto invano su in alto, spero di vedere apparire quella luce... *ma come potrei vederla?*

Da lontano il bosco dal quale sono uscito ha la forma di un'immensa V rovesciata. Non dimenticherò mai quell'immagine... I lupi mi hanno raggiunto poco prima che toccassi la riva opposta. Sono apparsi improvvisi, portandomi un momentaneo soffio di calore. Quando troviamo la baita dopo aver a lungo costeggiato il bosco, siamo così annientati dalla fatica e dal freddo che, per un po', non riesco a muovermi. Mangio del cioccolato visto che non ho toccato cibo dall'inizio della tappa. Ma non riesco ad attendere per più di dieci minuti; senza neanche aver acceso il fuoco, mi alzo e torno fuori nel vento gelido. Osservo il pendio lontano, il bosco a forma di piramide. La morsa attorno al cuore diviene una disperazione silenziosa, un urlo che non può uscire. Chiamo i lupi ma non hanno la minima intenzione di venire fuori. Sanno da fin troppo tempo che non era questa la giornata giusta per andarsene in giro e sanno anche che è passato l'usuale momento di porre termine alla tappa. E ora che abbiamo raggiunto la baita, non capiscono perché io mi rimetta in marcia. Tuttavia, *sanno* che Mattia è lassù. Sono distrutti anch'essi, soprattutto per l'energia che hanno consumato per difendersi dal freddo. Ma non posso lasciarli qui, potrebbero rivelarsi utili su in alto nella ricerca. E mentre, costretto a tirarlo fuori di forza, incrocio lo sguardo di Mohawk, quello di un bimbo stanco e smarrito, gli occhi orlati da grossi pezzi di ghiaccio, socchiusi contro il vento pungente, la disperazione e il dolore si fanno insopportabili; tutto perde il suo senso e quest'avventura, ciò che sto facendo passare ai miei due dolci compagni e a Mattia, disperso nella tormenta, tutto diviene un'assurdità, una follia e io ne sono l'artefice. In un lampo avverto tutto questo e distolgo lo sguardo. *Non possiamo cedere ora, non ancora...*

Mattia: «Siedo sulla slitta con le spalle al vento, ma con questo freddo non riesco a stare fermo per più di dieci minuti. Una sola cosa mi appare chiara: scendere giù per il pendio ripido senza lampada vuol dire andare incontro a guai certi.

Mohawk nella bufera

Ma anche restare quassù ad attendere la luce del giorno sarebbe improponibile. Non ho la tenda e la neve è troppo indurita dal vento per riuscire a scavare un buco nel quale ripararmi; alle mie spalle invece ho la strada appena percorsa, posso scendere alla macchina; dovessi anche impiegarci l'intera nottata, so che è questa l'unica scelta possibile. Eppure indugio ancora a lungo lassù nel vento che sembra penetrare ogni mio indumento, nel gelo che mi rende sempre più difficile ragionare in maniera lucida; come faccio capire ad Ario che non mi sono perso, ma che sono tornato indietro? Vorrei lasciare un segno, una racchetta conficcata nella neve, ma il vento è troppo forte, un sasso, qualcosa... ma cosa? I pensieri sembrano farsi sempre più lenti, confondersi, rallentare nella morsa di questo freddo che non riesco più a sopportare. Non ragiono più, so solo che devo tornare indietro se voglio mettermi in salvo, ma intuisco anche, senza riuscire a immaginarmele, le conseguenze che questa mia scelta potrebbe avere sul mio amico. Cosa penserà? Che rischi correrà tornando quassù nella ricerca delle mie tracce? Non posso indugiare oltre. Mi alzo, do un ultimo sguardo verso il lago, provo a gridare, cerco di nuovo di accendere la lampada ma invano. Mi riallaccio la slitta alla vita con le mani che rispondono a stento, tanto sono irrigidite dal freddo e, con estrema fatica, comincio a risalire verso il passo. Mezz'ora dopo la tormenta mi avvolge feroce. A tratti la neve sollevata dal vento cancella completamente la luce della luna. Vago nel nulla e il pendio continua a salire. Con una morsa allo stomaco, so di essermi perso».

Ho risalito il lungo e ripido pendio seguendo passo passo ogni mia singola traccia. Più su, l'altopiano sembra interminabile e il vento ha incrementato la sua forza. Ma forse ora è solo ciò che percepisce il mio essere sfibrato dalla fatica e dal freddo. So che non posso resistere a lungo quassù, il mio margine di sicurezza si è assottigliato paurosamente, forse ormai è svanito da tempo. Mi coglie il terrore al pensiero che la pulka è rimasta giù in fondo al lago: senza alcuna protezione né cibo, né altro, se dovessi perdermi a mia volta non avrei assolutamente alcuna speranza. Ma non posso ancora abbandonare le ricerche, non posso lasciare Mattia quassù. Avanzo penosamente verso la sommità vera e propria del passo, che sembra non avvicinarsi mai. I lupi sono al mio fianco e, adesso che il vento può penetrare più agevolmente attraverso i loro corpi stanchi, la folta pelliccia non sembra più in grado di offrire loro una protezione adeguata. Li osservo con profonda pena, il modo col quale nonostante tutto continuano a seguirmi. È una pena che si alterna alla rabbia, al dolore profondo che mi brucia in petto. Immagini indelebili nella memoria visiva della mia mente. È Mohawk, il più magro dei due, quello che patisce maggiormente: a tratti il vento sembra portarselo via, ma la cosa peggiore è l'espressione del suo volto, una maschera di sofferenza e tensione portata allo stremo, gli occhi ridotti a due fessure; è questa immagine di lotta ormai persa, che ricordo in modo vivido, come una colpa stampata a fuoco dentro il mio petto.

Alla fine il pendio comincia a scendere e poco dopo scorgo il lago di stamattina e in fondo, distante, la macchia scura del bosco, giù verso il passo e la valle. Come sembra distante, quasi mai esistita, la nostra partenza di qualche ora fa attraverso gli abeti e le betulle, quando il vento correva leggero e rasoterra, un sussurro che faceva compagnia alla mia gioia. Laggiù eravamo ancora assieme, mi pare quasi un sogno, e ora vivo quest'incubo, vago alla cieca mentre scendo quasi fino al lago. La stanchezza è terribile, più che altro dovuta al fatto che sono praticamente a digiuno da stamattina. E più scendo più è come tagliarmi dietro tutti i ponti, e la possibilità di sopravvivere diviene incerta. È questo istinto primordiale ciò che tenta di farsi strada al di sopra del mio desiderio di continuare a cercare. Non posso accettare l'idea di fermarmi e di tornare indietro. So che in quell'istante avrò voltato per sempre le spalle a Mattia; lui resterà quassù dove è difficile sopravvivere e io l'avrò abbandonato.

La risalita della montagna su verso il colle avviene in uno stato di incoscienza e forse è grazie a questo che riesco a mettermi in salvo; ho interrotto la ricerca senza peraltro essere riuscito a scorgere la minima traccia. Una decisione nata al di fuori da me o forse, così nel profondo, nella parte di me che ancora non conosco. Non c'è voluto molto, prima scendevo in direzione del lago e d'un tratto ero impegnato a risalire il pendio, verso il colle. *Qualcosa* aveva percepito il limite oltre il quale, se avessi continuato, non sarei sopravvissuto: c'era un'unica cosa da fare, tornare indietro. Per questo le gambe si erano fermate e girate verso l'alto quasi da sole. E per questo quel *qualcosa* aveva dato loro la forza di riportarmi lassù quando ormai da tempo l'ultima flebile energia si era dissolta dal mio corpo, ogni passo sembrava l'ultimo e i miei muscoli, torturati dai crampi, erano ormai prossimi a bloccarsi definitivamente. Nell'incoscienza che mi annulla la mente, e ne anestetizza la fatica e il terrore di non farcela, raggiungo il colle e solo quando torno a scorgere il lago in fondo al quale ho lasciato la slitta, mi desto come per incanto e ogni energia sembra rinascere.

Ora non c'è più nebbia, sono anzi più desto che mai, come se la coscienza dello scampato pericolo mi avesse donato una seconda vita. Scendo con cautela il ripido pendio, le gambe mi tremano sfinite, ma l'attenzione è nitida e formidabile. Non ho dimenticato il mio amico in lotta per la vita lassù da qualche parte in balìa del vento, ma ora tutta la silenziosa concentrazione e determinazione del mio essere è protesa nel farmi arrivare sano e salvo giù al lago. L'unica possibilità di salvezza per Mattia sono io, lo so bene, e non potrò essergli di alcun aiuto se stasera non riuscirò a sopravvivere.

Dal diario del 7 febbraio, Arevatnet, Svezia

Mattia si è perso sulle montagne perché non ho avuto la pazienza di aspettarlo per l'ultima volta, ma lassù mi congelavo a ogni sosta e soprattutto il passo era poco più avanti e da lì si vedeva il lago e la discesa. L'avrei atteso lì... Ora sta bivaccando da qualche parte, forse nel gigante accumulo incontrato salendo, forse è tornato giù tra i boschi del primo lago. Fatto sta che qui fa –25° e su tira vento. Una volta al lago e trovata la baita, sono tornato su, fino in cima al colle e poi giù di nuovo per un bel pezzo... gran freddo, fatica... sono tornato indietro, altro non posso fare stasera. Inutile dire come mi sento, non so come farò ad attendere l'alba... Perché un'idiozia del genere, proprio in una delle tappe più belle dopo un mese di schifo: ottima neve e poi la luna. Ho fiducia in lui, anche se poco allenato sa usare la testa per queste cose. Comunque stasera tutto perde il suo senso finché non avrò ritrovato Mattia.

La vecchia capanna in legno mi circonda muta e più vuota che mai mentre giaccio disteso nel mio sacco a pelo per tutta la notte. Poco prima di coricarmi, ho provato una sorta di paura alla prospettiva di andare a letto, di affrontare le lunghe ore d'attesa... Gli stessi lupi non sembrano riuscire a prendere sonno. Nella buia penombra creata dai riflessi della luna, che sfumano nella trasparente cortina grigia del cielo, intravedo l'immobile compostezza dei loro corpi acciambellati l'uno accanto all'altro, il muso teso e le orecchie dritte ad ascoltare la notte. È evidente che avvertono il contagio della mia ansia. Sull'aria, pesante come piombo, grava un'atmosfera irreale, soffocante. Mattia avrebbe dovuto esser qui con me, ma adesso il silenzio di ghiaccio e la certezza che non ce la farà a sopravvivere mi tormentano e mi fanno battere il cuore con forza nel petto, non riesco a calmarlo. Per tutta la notte non cesso un solo istante di stare al suo fianco. Il vento attraversa irregolare il bosco di betulle, a volte è come un sussurro, un canto lontano, altre, come un'improvvisa ondata che nasce flebile e indistinta e cresce d'intensità fino a raggiungere la baita, a scostare appena la tendina della finestra che si chiude male, a passare oltre e divenire come una cascata distante, fino a spegnersi.

Nel dormiveglia angoscioso accompagno Mattia, lo aiuto a trovare la strada giusta, mi assicuro che continui a controllarsi la punta del naso, a tastarsi gli zigomi, a non lasciare che le mani gli si gelino. Poi, con gli occhi fissi, sbarrati nel buio fitto, provo a ragionare, a convincermi che anche senza tenda, chiuso nel solo sacco a pelo, le possibilità di sopravvivenza non sono poche. E poi, se anche su, lungo il pendio la neve è talmente indurita dal vento da rendere impossibile scavarsi una buca, più in basso, nel bosco, è invece più farinosa e in certi punti, salendo, abbiamo incontrato accumuli impressionanti, sufficienti a crearsi una truna di gran lusso! Ma poi, se si è raggiunto il bosco, a cosa servirebbe fermarsi; la valle, il passo, l'auto non sono più così distanti. È *lì* la vera salvezza, scendere, scendere assolutamente, perché non avrebbe dovuto farlo? È questo ciò che nelle lunghe ore di lucidità continuo a ripetergli, sicuro di essere udito da lui. «*Scendi Mattia, scendi...*» Certo, perché non avrebbe dovuto? Perché tutta questa angoscia? Poiché lassù, nonostante si veda e percepisca ogni cosa in modo semplice e preciso, non è affatto facile riuscire a prendere le decisioni corrette. L'ambiente estremo rende terribile l'operazione più banale, come infilarsi un guanto, richiudersi la giacca a vento, cambiare batteria alla lampada. Infiniti particolari dai quali dipende la tua vita. Basta dunque un solo sbaglio e si è finiti. Anche se si vede la strada più semplice per mettersi in salvo. È questo ciò che mi tormenta; che Mattia nel tentativo di tornare a valle possa essersi perso su in alto, possa aver preso una direzione del tutto opposta, finendo chissà dove e ancora, che possa aver perso un guanto, aver avuto un guasto alla lampada...

Penso di essermi addormentato nella prima parte della mattina. Quando riapro gli occhi, la luce incerta, grigia e fredda, mi abbaglia come un sole improvviso e spietato. Non voglio accettare di continuare a vivere questa realtà che per una frazione di istante avevo con sollievo scambiato per un brutto sogno. Mi richiudo nel sacco a pelo come a voler tenere lontana da me quella luce. Fuori il tempo sembra peggiorato, il vento avvolgere con maggior forza la piccola baita. Mi richiudo nel sacco a pelo, non voglio far altro che restare qui disteso, per non affrontare la realtà. Eppure essa è presente, alienante; probabilmente il mio amico lassù non ce l'aveva fatta, avrei dovuto organizzare una ricerca con le motoslitte e poi tornare in Italia dalla madre, vivere nell'incubo per chissà quanti anni. Osservo i miei due amici lupi. Uno di fianco all'altro, le orecchie dritte e lo sguardo attento, sembrano non essersi mossi da ieri sera. Mi fissano a loro volta ma è come se non mi riconoscessero. Per la prima volta da quando stiamo assieme, non c'è il benché minimo accenno alle solite feste e baci che mi riservano a ogni risveglio. La cappa di piombo soffocante è divenuta aria di morte, di follia. Non riesco ancora ad affrontarla, a riscuotermi.

Ho finito di preparami. C'è un vecchio disegno scolorito su una parete. Rappresenta due ragazze tra l'erba presso un torrente, in una tranquilla sera estiva. Non posso fare a meno di fissarlo e finisco con l'imprimermene ogni dettaglio nella mente. Mi richiudo la porta alle spalle. Devo tornare lassù in cima a quel pendio. Devo andare da lui... Di nuovo il lago, di nuovo la salita ripidissima, su oltre il bosco a forma di v che sembra indicarmi la strada, di nuovo il colle. Ho il cuore in gola mentre torno a scendere giù lungo il versante opposto. Il freddo è sempre intenso, ma per lo meno il vento si è un po' placato.

Mattia: « Devo aver vagato per un'ora buona sulla montagna, sballottato dalla furia del vento. Il terrore di morire congelato se mi fossi fermato ad attendere una schiarita, è stato più forte della paura di precipitare da qualche parte, continuando a vagare così alla cieca. Ma appena la luna torna a illuminare il mondo intorno a me, il sollievo che provo mette a tacere l'angoscia che mi serrava lo stomaco, la fame, e la stanchezza che mi morde le gambe. In più, mi rendo conto di essere abbastanza vicino al lago di stamattina. Solo, resta ora in me il dubbio sulla correttezza della mia decisione; cosa starà passando Ario adesso, non avendomi visto arrivare? Più di una volta l'idea di tornare indietro mi attraversa la mente, ma ogni volta sono sempre più distante. Ormai il lago è sotto i miei sci e il vento è calato. Mi volto spesso a osservare con attenzione su, verso la cima del passo nella speranza di riuscire a scorgere la luce della sua frontale. Riprovo a far funzionare la mia e stavolta si accende! Me la metto al contrario in direzione del passo: se Ario è lassù, non può non vedermi, ora che mi trovo nel bel mezzo del lago. Scio lentamente sulla superficie bella liscia, con la luna che illumina il mio cammino e con la testa zeppa di interrogativi. Sicuramente il mio amico mi sta cercando, mentre io mi metto in salvo; è difficile esser lucido, vorrei trovare un'alternativa, ma so che l'unica scelta giusta è stata quella suggerita dal mio istinto. Raggiunti gli alberi, mi concentro sulla marcia: mi mancano ancora diverse ore di cammino attraverso il bosco intricato di stamattina. Mi volto un'ultima volta verso il passo: ma nel bianco della luce lunare sulle montagne innevate e nel blu della notte ho l'impressione di essere solo su un pianeta lontano anni luce dalla Terra. Mi incammino tra le betulle contorte e fitte e mi perdo quasi subito. Decido di scendere dritto per dritto, prima o poi dovrei raggiungere il fondo della valle!

«La luna è calata, è sempre più buio e io sono sempre più esausto. A volte, più che scendere sciando, ruzzolo e scivolo, accecato dalla stanchezza, finendo con l'incastrarmi in grovigli continui di rami e neve... Un'agonia che dura per qualche ora... Poi, finalmente, una traccia di motoslitta, il pendio si addolcisce e, con grande gioia, riconosco anche le nostre tracce, lo zampettare allegro dei lupacchiotti..., momenti che sembrano ora appartenere a secoli fa. In breve raggiungo la strada, raggiungo l'auto e crollo sfinito. Passo il resto della notte al suo interno, chiuso nel sacco a pelo nel tentativo di riscaldare il mio corpo esausto. La temperatura dev'essere vicina ai 30° sotto zero, per questo la vecchia automobile non ne ha voluto sapere di mettersi in moto. Non ho la tenda per potermi creare un rifugio più confortevole, e poi devo tenermi pronto nel caso passi qualcuno. Né ho il fornello, anche questo rimasto nella pulka di Ario. Tento quindi di improvvisare un piccolo fuoco all'interno dell'auto... Mi arrangio con la pala da neve come base, bruciando, un pezzetto alla volta, la carta stradale della Svezia, e usando la cera di candela come combustibile. A questo modo riesco per lo meno a scongelare dei pezzi di pane e di formaggio, duri come sassi e a sfamarmi un po'. Poi resto in attesa dell'alba col vento che, almeno quello, soffia all'esterno del mio gelido ricovero.

«Con le prime luci del giorno, verso le nove di mattina, non ne posso più ed esco. Da ieri sera non è passata un'auto! Ne sono certo poiché sulla strada la neve soffiata dal vento non mostra alcun segno. Attendo per un'altra ora nella speranza che arrivi almeno lo spalaneve, ma alla fine, vinto dal freddo, decido di incamminarmi verso valle. Dovessi camminare per tutto il giorno, e non incontrare altro che questi boschi immobili, almeno riuscirò a scaldarmi e poi, alla fine, qualcuno si farà pur vivo! Percorro diversi chilometri. Un silenzio incredibile mi circonda. Anche il vento ora è calato. Solo il gelo resta, più intenso e spietato che mai. Comincio a preoccuparmi un po' a causa della parte superiore del naso e il mignolo della mano sinistra che hanno perso sensibilità, quando scorgo una leggera colonna di fumo che si alza dal bosco a poche centinaia di metri da me. Col cuore in gola, mi avvicino, lascio la strada principale, scorgo un'abitazione nascosta tra gli alberi, busso... La famiglia di Lars mi accoglie come un naufrago. Mi mettono davanti alla stufa avvolto in una coperta di lana, mi danno una crema per il naso e mi rifocillano con tè e minestra calda. Solo allora possiamo passare alle presentazioni reciproche. Resto sorpreso dal fatto che Lars è stato in Alaska nello stesso villaggio di nativi Gwich'in visitato con Ario due anni fa e che sua moglie, una simpatica Inuit della Groenlandia, conosce le stesse persone presso le quali su a Karasjok, in Lapponia, sto svernando da dicembre... Qualche ora più tardi, scendiamo alla strada principale: il carro attrezzi chiamato da Lars è infine in arrivo. Quando questo si avvicina e rallenta e io scruto meglio, non posso credere ai miei occhi: all'interno, accanto al guidatore, c'è Ario che mi saluta».

L'incontro è stato inatteso. E anche senza parole. Ci abbracciamo sotto lo sguardo di Lars, l'uomo che ha raccolto Mattia ore prima e che vive quassù tra i boschi. Sembra più che mai consapevole di cosa voglia dire ritrovarsi dopo un'esperienza del genere, sopravvivere al grande inverno del Nord quando questo decide di coglierti impreparato su sulle montagne, con tutta la sua furia. Ci fissiamo brevemente io e Mattia, forse per nascondere l'emozione. Portiamo entrambi in volto i segni del grande gelo e della grande fatica. Lui ha tutta la parte superiore del naso scurita dal congelamento, ma per il resto non ha riportato danni seri né ai piedi né alle mani. Da quando stamattina ho intercettato le sue tracce volgere verso valle, poco sotto il passo, benché ormai convinto che ce l'avesse fatta, ho voluto attendere fino all'ultimo prima di allentare la tensione. Per questo, ho continuato a sciare giù, fino al lago, e poi attraverso il bosco di betulle, fino alla strada. Sull'auto, infine, avrei trovato un suo messaggio: «*Motore congelato! Ho chiesto un passaggio verso Hattfjelldal!*» Mezz'ora dopo, riesco anch'io a farmi caricare da un mezzo del soccorso stradale che mi porta verso la famiglia groenlandese: qui si è così in pochi che tutti sanno tutto di tutti!

Salutiamo Lars. Il suo sguardo aperto e luminoso parla di un profondo amore per questi boschi, per questo freddo, per il sole quasi inesistente e per lo spazio e il silenzio senza fondo che si respira quassù. E per me che solo ora mi risveglio dall'incubo terribile, è tornato il momento di riprendere la strada attraverso questo spazio e questo silenzio. Un nuovo rispetto e un'accresciuta umiltà verso la grande natura del Nord, illuminano adesso il mio cammino, segni indelebili, come gli zigomi e la punta del naso scottati dal gelo, della grande lezione appena vissuta.

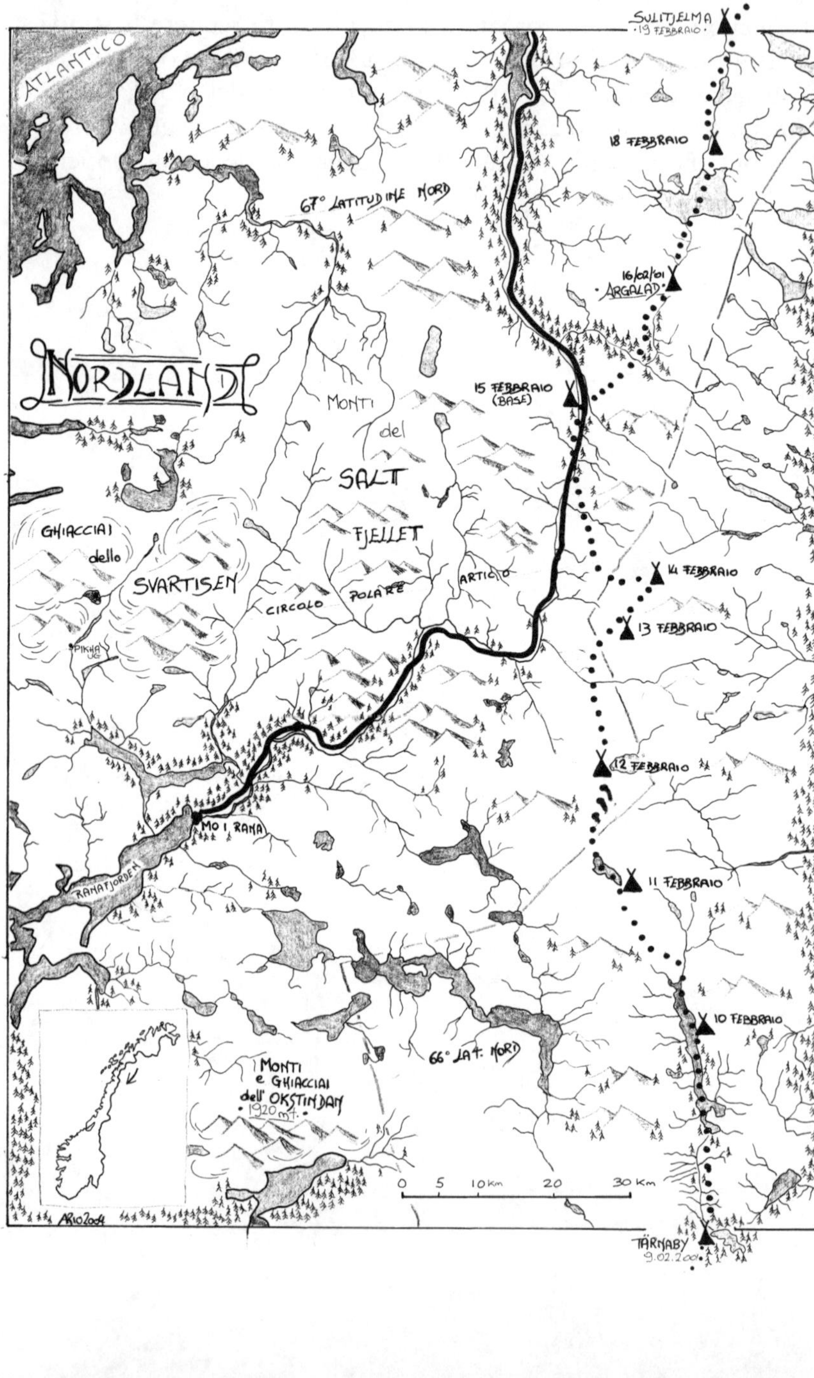

ATLANTICO
NORDLAND
67° LATITUDINE NORD
MONTI del SALT FJELLET
GHIACCIAI dello SVARTISEN
CIRCOLO POLARE ARTICO
MO I RANA
66° LAT. NORD
MONTI e GHIACCIAI dell' OKSTINDAN
1920 mt.
SULITJELMA
19 FEBBRAIO
18 FEBBRAIO
16/02/01
ARGALAD
15 FEBBRAIO (BASE)
14 FEBBRAIO
13 FEBBRAIO
12 FEBBRAIO
11 FEBBRAIO
10 FEBBRAIO
TÄRNABY
9.02.2001
0 5 10 Km 20 30 Km
ARIO2004

Chinook e Mohawk

Solo nel momento della separazione
riconosciamo tutta la grandezza dell'incontro.
Ludwig Wittgenstein

10 febbraio, 81° giorno
65° 59' lat. nord
Tärnasjön (Svezia)
27 chilometri in 8 ore

Oggi sono partito tardi da Tärnaby, e ho sciato fin verso le dieci di sera. Non ho altro ora negli occhi e nel silenzio della mia mente, se non il ritmico alternarsi degli sci sulla neve soffice e perfetta, il loro fruscio. Non sento altro con tutto me stesso, se non l'immenso spazio che ho attorno, la natura selvaggia, questo silenzio potente, quest'energia primordiale che mi permea. È stato come esser tornato indietro alla prima tappa in sci (quanto lontana!) quando, incantato dalle stelle e dal silenzio, mi chiedevo cosa sarebbe successo dentro di me dopo tanti mesi così: forse, ciò che ho sentito oggi. Una vecchia luna calante s'è alzata lentamente a farmi compagnia. Ci sono solo io. Anche i lupi oggi non sono più con me. Mattia, Chinook e Mohawk stamattina mi hanno accompagnato attraverso i boschi per le prime due ore e ho succhiato la loro compagnia come col contagocce. A malincuore e non del tutto convinto di prendere la decisione giusta, ho optato per questa scelta:

resteranno con Mattia per una settimana circa, ad attendermi più a nord ad Argalad, un antico rifugio norvegese che dà accesso alle montagne di Saltfjellet, oltre il Circolo Polare Artico. Questo per consentirmi di viaggiare più leggero e quindi più spedito, al fine di recuperare il tempo «perso» con la disavventura sul monte Arefjället.

È stato duro separarsi. Loro non comprendevano perché gli impedissi di proseguire con me dopo quasi tre mesi assieme. Poco più tardi, in lontananza, dal bosco si è levato il loro ululato sconsolato e non avrei mai voluto udirlo. No, non è stato facile, ormai erano andati, né avrei potuto richiamarli dato che non c'era cibo per loro nella slitta. Subito mi sono mancati in modo terribile. La loro presenza era ormai naturale per me. Li percepivo ovunque alle soste, era normale vederli acciambellati o sentirli giocare o esplorare i dintorni. Forse però è per questo che oggi ho sentito così intensamente il silenzio e l'energia che mi circonda. Ho dubitato a lungo di raggiungere questo grande lago che si insinua dritto verso nord per diversi chilometri. La neve, a tratti morbida, rallenta la mia marcia mentre tento di uscire dal bosco di betulle. Sono stanco e mi sento terribilmente solo, ma quando, ormai al buio, l'ampio spazio bianco mi si apre davanti e sotto gli sci la neve si fa scorrevole e compatta, tornano la gioia e le forze. Mi fermo in mezzo a questo lago immenso e mi siedo sulla pulka per mangiare qualcosa. La vecchia luna si alza a est tra alcune nubi sfilacciate e pian piano prende a illuminare lo spazio nel quale in silenzio mi sto addentrando. A ovest scorgo montagne ondulate che corrono verso nord e la linea scura indistinta dei boschi di betulle a coronare il lago vastissimo. Resto in ascolto. Ci sono solo io quassù, privo di pensieri. Ormai sono in marcia, ormai ho trovato la mano della natura che sembra accogliermi stasera in un modo nuovo. Devo continuare a lasciarmi condurre da essa e arrivare fino in fondo. Tornare indietro a questo punto sarebbe impossibile.

A volte è terribile trovarmi così da solo in mezzo a tutto questo «nulla»; quando sono un po' scollegato, non in armonia, tutto quanto sembra schiacciarmi, annientarmi... Ma se solo riesco a lasciarmi andare, a mettere da parte ogni paura, allora mi rendo conto che tutto quanto mi circonda è ciò che ho dentro... Questa esperienza, con le pochissime cose che mi porto dietro, indispensabili e sempre quelle, mi sta arricchendo più di ogni altra cosa al mondo. Dopo i giorni di gelo (momenti a –30° con vento a 100 chilometri orari) vissuti fino a ieri, dei quali il naso e gli zigomi portano gli inconfondibili segni, oggi giornata «primaverile», dovuta al vento da ovest: –5°! Sento spesso la grande stanchezza di questi ottanta giorni di sci a volte con condizioni tremende, ma sono proprio questi i momenti in cui so che devo tener duro fino in fondo. È l'avventura più grande, più bella e difficile che io abbia mai vissuto. Stasera sono a meno di un chilometro dai 66° nord. Tra due giorni, penso, passerò oltre il Circolo Polare Artico.

11 febbraio, 82° giorno
66° 10' lat. nord

Ancora grandi spazi, grandi laghi e fiumi della Svezia. Tutto intorno a me montagne che si perdono per ogni dove, boschi e boschi... Cosa si «sente» quando non si ascolta altro che il silenzio e il vento tra gli alberi per giorni e giorni, per settimane, per mesi interi, quando si è lontani da ogni confusione, da ogni distrazione? Semplicemente, si sente meglio, si sente, si ascolta davvero. Ascolto me stesso e ciò che ho attorno, soprattutto, ascolto il lento «ritrovarsi» tra il mio essere e la vera madre e origine dell'uomo, la grande natura. Sono ormai più di ottanta giorni che vado attraverso questa terra e questa stagione inclemente: non ho nulla eppure non mi manca nulla! Dopo quasi tre mesi di contatto con la natura, sento che potrei andare avanti all'infinito. Certo, c'è la stanchezza che si accumula sempre di più, ma nulla mi manca di ciò che comunemente si ritiene «indispensabile». Semmai la grande nostalgia a volte è per le mie montagne, i miei boschi, Liv, la mia compagna, il cui nome vuol dire «vita». Apprezzerò tutto mille volte di più una volta tornato. Proprio oggi mi chiedevo, scivolando veloce sulla neve polverosissima: saprò ancora camminare, dopo tutti questi mesi passati sugli sci?! Oggi vento e neve di schiena (fortuna!), spesso così forte che sui tratti più pianeggianti, venivo spinto in avanti a una bella velocità. Se avessi avuto una vela!

12 febbraio, 83° giorno
Virvatnet (Saltfjellet, Norvegia)

Tappa leggera, con rientro in Norvegia nel pomeriggio, in previsione del tappone di domani col quale mi propongo di attraversare il Circolo Polare Artico! Attorno a me grandi spazi, luci magiche tra le nubi e la terra bianca; tutto sa sempre più della terra di Sàpmi, meta finale del mio viaggio. Ogni fiume, lago, monte, valle o altro sulle carte è scritto in sami e incontro sempre più segni della vita estiva di questa gente: recinti chilometrici per le renne e «scheletri» di lavvu, raggruppati presso qualche lago al limite della vegetazione che qui ormai (addio conifere!), per via della latitudine, è di sole betulle nane. I recinti più di una volta me li sono trovati sulla strada a sbarrarmi il cammino, non c'è verso di aggirarli, e ogni volta è un bel divertimento scavalcarli con la pulka. Mi immagino queste terre d'estate, quando il sole non tramonta mai, le betulle ricoprono di verde i fianchi di queste montagne e i laghi prendono un colore azzurro intenso. Oggi mi sono fermato per diversi minuti all'interno di un kohte, l'ingresso aperto, fuori solo il vento e lo spazio bianco. Sono rimasto in ascolto. Pace primordiale; non sarei più andato via.

13 febbraio, 84° giorno
Näsa (Saltfjellet)
66° 28' nord

«White Out» vuol dire più o meno «biancore totale», quella condizione di tempo con la quale, bianco al suolo per la neve e bianco attorno per neve, vento e nebbia, non si vede praticamente nulla o meglio, per l'appunto, si vede solo bianco! È un po' come andare al buio, ma almeno in quel caso ho la luce della lampada a fornirmi qualche riferimento. Col « White Out », per vedere qualcosa che non sia bianco, devo fissare le punte degli sci che si alternano verso nord; oppure girarmi e scorgere la pulka rossa, fedele compagna, dentro la quale, da oltre ottanta giorni, trasporto tutto il mio mondo. Non ho bisogno di altro né mi manca nulla, forse ecco, solo una vera spaghettata italiana e la presenza di Liv: non chiedo troppo! Oggi quindi, « White Out » per tutto il giorno con neve e vento violento, condizioni non proprio ottimali per il tappone previsto fino al Circolo Polare, che comunque, stasera è davvero a un passo da me, circa sette chilometri più a nord. A domani dunque i festeggiamenti (forse).

La tormenta dura tuttora, sono le condizioni classiche che fanno cadere tanta neve qui in Norvegia: venti da ovest carichi di umidità che arrivano furiosi dall'Atlantico qui vicino, fino a scaricare il loro fardello di neve sulle prime barriere che incontrano, cioè le montagne norvegesi. La condizione anomala, con la quale mi sono scontrato durante tutto il mese di gennaio, si è verificata a causa della prolungata alta pressione a est, tempi duri e per fortuna passati! Un messaggio a tutti, pieno di umiltà, dopo questi tre mesi di traversata: « Tornare semplici e ascoltare il proprio cuore: non c'è nulla di più importante... » Accumulare cose non serve a nulla, seppelliscono solamente il nostro vero essere. Ho sempre apprezzato questo detto: « Se possiedi più di tre cose, saranno le cose a possedere te ». Quel che conta è dentro!! Ed è il tesoro più grande.

14 febbraio, 85° giorno
Tormenta, « White Out »
Percorsi 5 chilometri

Ieri avevo detto forse e infatti oggi ancora non posso festeggiare il passaggio oltre il Circolo. La tormenta ha raddoppiato la sua intensità durante la notte e da stamattina nevica in orizzontale. Pur di non restare inattivo, mi sono mosso per alcuni chilometri nel pomeriggio. La linea del Polarsirkel attraversa proprio alcune montagne che non posso assolutamente passare col «White Out». Se perdura questo tempo, sarò costretto a deviare nettamente a est per un'ampia vallata e quindi di nuovo a nord, lungo un lago. Tutto ciò allungherebbe il tragitto, ma è fattibile anche con questo tempo. Se resto qui ad attendere un miglioramento per poter passare direttamente le montagne, potrei aspettare anche una settimana (devo anche stare attento al cibo)!

Il Circolo Polare Artico non mi lascia passare. La tormenta è diminuita di intensità, ma la neve continua a cadere fitta e, con 4 gradi sotto zero, illuminandoli con la mia lampada, riesco a distinguere in modo perfetto ogni singolo cristallo. Il vento l'accompagna, leggero ma costante e animato da questo muro bianco che precipita fitto e allegro, pare rivelare le sue forme, le sue spirali, le sue folate; pare rendersi visibile. Attendo sdraiato nel sacco a pelo, cullato da questo fruscio pacato. Di tanto in tanto, raggiunto un peso critico, una parte di neve scivola via del tutto dal telo della tenda con un rumore breve, delicato, quasi un soffio. Altre volte sono io a procurarlo, colpendo la tela in modo deciso, con la punta dei polpastrelli: come per incanto all'interno del piccolo rifugio, la luce si fa più viva. Ma, ben presto, l'intensità della nevicata è tale che questo vago chiarore torna a svanire. Poi mi rendo conto che sta semplicemente facendo buio e allora richiudo gli occhi e torno ad assaporare la pace profonda; la cena può ancora attendere.

Torno a sognare casa, la primavera delle mie montagne, riesco a percepire l'odore dei boschi pieni di vita, i prati, i fiori, l'aria tiepida, il torrente che gorgoglia pigro, il sorriso dei bimbi che porto in gita. Aspiro tutto a pieni polmoni e assieme mi giunge il profumo della mia compagna... Tutto questo mi attende, un mondo che saprò apprezzare mille volte di più. Un'improvvisa folata, e ogni pensiero viene messo a tacere. Il vento si è fatto più vivace attorno alla tenda e ora ne scuote i teli, dai quali scivolano giù con un rapido fruscio tante piccole valanghe di neve fresca. Mentre preparo la cena in formato ridotto, poiché la tappa è stata breve, ma soprattutto per cominciare a razionare il cibo, so che non avrei alcun problema a restare qui in attesa. Penso ai lupi e a Mattia. *Che ne sarà stato di loro con questo tempo?*

D'un tratto mi viene in mente che in questo momento mi trovo nel punto più vicino a una strada (circa quaranta chilometri), di quanto non sia stato negli ultimi giorni. *Che il telefono riesca ad avere linea?* Lo accendo, e con mia sorpresa, *prende!* Trovo subito un messaggio di Mattia. Ciò che leggo mi lascia pietrificato: «*Ario, problemi con la polizia per i lupi. Fatti sentire appena puoi!*» Lo chiamo immediatamente, ma la linea è pessima; riesco però a capire che la caccia ai lupi della quale si è a lungo discusso qui in Norvegia, ha avuto il via libera. La cosa più assurda è che essa si svolgerà con l'utilizzo degli elicotteri e delle motoslitte! Per ora Chinook e Mohawk sono ancora con Mattia, ma ce li uccideranno se non li rimandiamo immediatamente in Italia. Il mondo mi crolla addosso; d'un tratto, la terra che mi circonda, e la tormenta che l'attraversa, senza accennare a voler diminuire, mi divengono estranee, come se mi tenessero prigioniero. Dopo un attimo di silenzio avviso Mattia con un messaggio che l'indomani sarò da lui. Anche se, con la bufera che continua a imperversare, ancora non so come questo sarà possibile. So solo che lo farò. Dopodiché, spengo il telefono e mi chiudo nel sacco a pelo. Quella notte dormo con le orecchie tese alla voce del vento. Ma questa non si placa per un solo istante.

La mattina dopo decido di forzare la bufera. Parto presto, prima delle sette, al buio e con l'obiettivo di raggiungere la strada. Lì troverò Mattia ad attendermi coi lupi. Nevica ancora fitto e a parte l'oscurità che pian piano si dissolve nel chiarore incerto del giorno, la visibilità è nulla a causa delle nubi che poggiano sulla terra. È faticoso fare la traccia con quaranta centimetri di neve fresca al suolo né mi sarei mai messo in marcia con un tempo del genere. Ma il desiderio di tornare ad abbracciare i lupi non mi fa sentire ragioni; la determinazione che brucia dentro mi rende tranquillo, certo di riuscire a passare. Mentre avanzo spostando la neve fonda quasi senza fatica, come fossi un mezzo apripista, mi domando come sia possibile che proprio quando ogni cosa comincia a ingranare e finalmente a filare per il meglio, una difficoltà sopraggiunge a rovinare tutto. Vedi la neve improvvisamente sparita da sotto i miei sci a inizio gennaio con la rottura dello sci; vedi quel che è capitato a Mattia giorni fa, e ora pure questa!

Che anche questo sia qualcosa di non casuale? Non posso pensare che in questo momento di energie positive possa succedermi qualcosa di grave, di «non giusto». Che tutto sia una preparazione al gran balzo finale, a ciò che riuscirò veramente a scoprire dentro di me, spogliato infine da ogni prova, come in un rito iniziatico al quale io ho dato inizio ormai tre mesi fa, ma del cui termine non posso avere alcuna idea, se non aver fiducia e lasciarmi condurre? E dunque quest'ultimo avvenimento accaduto proprio ai lupi, unici compagni in questo lunghissimo viaggio solitario, che non sia anch'esso parte di questa grande «visione», o disegno, o cammino iniziatico che dir si voglia? Che tutto è come è, perché così deve essere?

Ho attraversato un lungo lago costeggiando a ovest le montagne del Saltfjellet; ora il vasto pendio prende impercettibilmente a salire, è quello che mi porterà ad attraversare la linea del Circolo Polare Artico. Ho ben desto e presente dentro di me questo ennesimo déjà-vu della traversata. Tutti finora si sono avverati, ma stavolta questo tento di *precederlo*. E quindi ce l'ho già in mente. Da ormai oltre dieci anni «vedo» il passaggio di questo traguardo, in una giornata nella quale basso, ma pieno di luce, il sole illumina la mia avanzata nella neve alta e tra i cristalli di neve sollevati dal vento. Ma il cielo oggi è una cappa grigia che avvolge le ampie montagne simili ad altopiani in lieve ascesa, è tutto fuor che sereno.

Ripenso a questi ultimi giorni, così solitari attraverso la natura sepolta da neve e nubi, a quest'ultima settimana da quando ho lasciato Tärnaby, Mattia e i lupi: tutto è stato così intenso da aver io stesso perso la cognizione del tempo e di ogni altra cosa. Solo dentro di me, nonostante l'attuale forte preoccupazione per Chinook e Mohawk, resta una pace sempre più ampia. Percepisco l'immenso territorio selvaggio che ancora mi separa dalla meta come un unico *ponte d'oro* da doversi centellinare e assorbire in ogni suo frammento. La voglia di casa è forte, ma lo è altrettanto il desiderio di andare avanti, avanti e, sempre verso nord, scoprire, capire, ascoltare, divenire tutt'uno, sì, andare avanti all'infinito! Avanzo in silenzio sulla superficie perfetta. Come sono belli i cristalli di neve spostati dal vento. Quasi mi dispiace dover rovinare questo miracolo bianco con la trincea che mi lascio dietro. Provo amore profondo per quanto sto facendo, per le punte degli sci che spariscono a ogni passo, per le nubi, per i cristalli di neve, per la salopette in goretex che indosso da tre mesi e che, così scurita e macchiata, è l'abito più bello che potessi desiderare. Sono felice per la mia «povertà».

La visibilità è migliorata; su, lungo il pendio della montagna riesco a distinguere alcune renne che mi osservano curiose. La nebbia va diradandosi e tingendosi di un color azzurro e viola: è come se si stesse aprendo un sipario. Non posso più continuare. Come in un sogno, resto a fissare lo squarcio apertosi tra le nubi attraverso il quale il vento teso si fa strada. Infine, dopo giorni di biancore assoluto, il cielo azzurro, limpido, scuro, profondo, appare come un re. Attendo col fiato sospeso, vorrei urlare ma ancora non posso farlo e aspetto e quasi soffio anch'io col vento che spinge l'immenso ammasso grigio verso est: il sole esplode nel cielo azzurro, la neve si accende e i cristalli smossi dal vento sembrano miriadi di lucciole. *Allora avevo visto giusto anche stavolta...*, sorrido tra me. Poi, dopo un altro centinaio di passi, preceduto finalmente dalla mia ombra, mi fermo, sgancio la pulka, sfilo gli sci e mi lascio cadere sulla neve: *questo* è il Circolo Polare Artico.

I miei occhi non sono più abituati alla luce del sole. Li tengo socchiusi o li chiudo del tutto e semplicemente non penso più a nulla se non ad ascoltare la fatica e l'incanto dei novanta giorni che mi hanno portato fino a qui. Resto sdraiato sulla neve per un po'. Quando mi tiro a sedere, il pensiero va ai cuccioli che avrebbero dovuto trovarsi qui a condividere con me questo momento: dolore, gioia e fatica si alternano. *Questa è una prima meta, è come l'anticima!* scriverò più tardi. *È stata così dura fino a ora che non ci credo. E poi con quello che è successo ai lupi! Continuo a rialzarmi, una batosta dopo l'altra. Ma oggi, questa è la ricompensa. Ora sono qui... dopo ottantacinque giorni di marcia credo, boh, non importa!*

Quando inizio a scendere dal passo il cielo si richiude torna a nevicare e il sole è di nuovo lontano e irraggiungibile. Neanche avessi avuto il telecomando! Più tardi, ancora distante, mi appare la lunga strada che scende verso valle, di nuovo verso i boschi. Mi fa un certo effetto tornare a scorgere i fari delle auto. *Sono stato lassù così a lungo?* Ricordo in un lampo le stesse luci apparse d'un tratto nella precoce notte di fine novembre durante la lunghissima tappa nella tormenta poco prima della cena nella fermata dell'autobus, o quelle viste mentre scendevo alla Vallata Buia, poco prima di entrare tra le montagne dello Jotunheimen, e ancora le luci delle case e della valle di Gudbrandsdalen, mentre tentavo di uscire dal canyon sopra Dovre nel quale ci eravamo persi, poco prima di Natale... I lupi erano sempre stati lì con me, al mio fianco. Oggi, invece, per la prima volta sono solo...

Discesa lunghissima nel grigiore che si fa scuro, nella neve alta, sotto la neve che scende. Non conosco più stanchezza, ormai fa parte di me. Sul fondo dell'ampia vallata ancora ben al di sopra del limite del bosco di betulle, nell'attraversare il fiume, il ghiaccio acquoso nascosto dalla neve mi si impasta agli sci appesantendoli e costringendomi a fermarmi per ripulirli con cura col *puukko*, il coltello sami. La strada è ormai alla mia stessa altezza, mancheranno ormai non più di seicento metri e potrò riabbracciare Chinook e Mohawk. Sono stanco, svuotato, ma pieno di pace. Riprendo la marcia con la neve che mi arriva alle ginocchia. Non avevo progettato di scendere da questo versante, di interrompere la mia permanenza sulle montagne, ma va bene lo stesso.

L'auto con Mattia ora è lì in fondo che mi attende. Dopo aver pattugliato il passo di Saltfjellet avanti e indietro innumerevoli volte, è infine riuscito a scorgermi, un puntino scuro in fondo in fondo, inghiottito dal nulla, apparentemente immobile. Avanzo nella neve alta e le ultime centinaia di metri sono interminabili. Raggiungo le due linee parallele di metallo della ferrovia e, per passarle con gli sci in mano e la neve alla pancia, devo letteralmente nuotare. Dopo di che, faccio un cenno a Mattia. I lupi schizzano via dalla macchina come fossero stati catapultati. Con profonda pena penso a tutti questi giorni chiusi là dentro nello squallido piazzale della polizia della cittadina di Mo i Rana, giorni che avrebbero dovuto passare qui con me. Corrono leggeri sulla neve, mi fermo e siamo di nuovo assieme. Mi baciano, mi abbracciano, mai mi sarei immaginato una simile dolcezza e intensità. Sono veramente dei grandi esseri, dai quali avrei voluto continuare ad apprendere. Infine l'abbraccio con Mattia, visibilmente provato da questa brutta settimana.

Lunedì abbiamo appuntamento con le autorità e la fortuna ha voluto che in mezzo ci sia ora il lungo weekend norvegese; ma soprattutto, e la cosa mi ha lasciato sorpreso, che i lupi siano rimasti con noi! Raggiungo la baita nella quale passeremo la notte, percorrendo gli ultimi quindici chilometri sulla strada cancellata dalla bufera. In volto ho i segni del freddo e del vento. Dentro, dopo tanti giorni di solitudine, a sovrastare la profonda stanchezza, sento luce e ricchezza.

Il torrente mormora pacato giù in fondo alla valle. Non è distante, ma il fitto bosco di betulle lo nasconde alla vista. C'è una brezza leggera che sussurra tra le verdissime foglioline degli alberi. Un canto che le attraversa e le scuote ed esse paiono vibrare come in un saluto o in un sorriso. È stata questa voce sommessa che fonde in sé il sospiro del bosco, del torrente e del silenzio che mi attornia a farmi tornare indietro. Era appena cominciato l'autunno in Norvegia, tanti anni fa e io stavo tornando a casa. Nei fondovalle il verde tenue delle betulle non aveva ancora ceduto ai primi freddi, mentre più in alto, sui pendii delle montagne, un giallo acceso le infiammava di colori e di una luce inimmaginabile... Poi, c'era stata quella voce, quel canto sommesso. Dapprima non l'avevo udito o, almeno, non con le orecchie. Così, senza ragione alcuna, viaggiando verso sud, avevo svoltato per questa strada secondaria e poi su, lungo una valle sempre più stretta fin quando ero giunto qui, dove finisce. Avevo spento il motore, ero uscito e mi ero addentrato

Il bacio di Chinook

di alcuni passi nel bosco. E d'un tratto, l'ho udita, una *voce* che conoscevo, che evocava in me dimensioni familiari che avevo già vissuto. Mi sono addentrato ulteriormente e, restando immobile, ho cercato di riconoscerla... Incredibile come la sentivo appartenere a me, sembrava che non avessi udito altro fino al giorno prima; eppure lì, in quel luogo, io non ero mai stato, né riuscivo a trovare altri riferimenti, per quanto tentassi. Allora ho smesso di pensare e semplicemente sono rimasto in ascolto.

Il silenzio profondo, il mormorare pacato del torrente giù in basso, il rumore del vento tra gli alberi, le foglie che vibrano leggere e delicate, tutto porta una melodia di pace e tutto sembra riconoscermi, salutarmi, sorridermi. Solo io non riesco a comprendere, ma accetto di buon grado questo *discorso* pacato e resto a lungo immobile, senza pensieri. Infine, benché il colloquio sia ben lungi dall'essersi esaurito, decido che a questo punto non mi resta altro da fare che tornare all'auto e riprendere il viaggio. Ma dopo cento metri, come una forza che mi risucchia indietro, mi fermo, inserisco la retromarcia e presto sono di nuovo lì. Solo che stavolta ho chiuso la macchina a chiave e ho lo zaino sulle spalle. *Qualcosa* mi chiama lassù, su per questa valle e ben presto mi ritrovo a risalire l'incerto sentiero, quello che conduce ad Argalad, il più antico rifugio norvegese, una piccola baita costruita nel 1912, incustodita, ma aperta a tutti.

In un istante, questo ricordo mi attraversa come un soffio, mentre nella nuova neve di questi giorni attraverso il bosco che ora è privo delle sue foglie. Chinook e Mohawk sono con me per queste ultime tre tappe e ora attendiamo Mattia. Sono fermo presso il torrente del quale, attraverso lo strato invernale che lo ricopre, riconosco la voce. Il cartello in legno al mio fianco, incorniciato dalla neve fresca, porta la scritta: ARGALADHYTTA. *Eccomi qui*, penso, e il tempo sembra non essere mai trascorso.

Torno a ricordare quel pomeriggio di settembre... Salgo veloce su per il sentiero, lo zaino è leggero e la pendenza impercettibile. Se non altro, penso tra me, potrò trascorrere la notte in questo famoso rifugio, prima di riprendere il viaggio verso casa. Il cielo è coperto e a tratti gocce gelide scendono attraverso il fitto bosco di betulle. Ora che ho soddisfatto questa *voce*, che ne ho assecondato il richiamo, mi sento tranquillo e torno a pensare a *lei*. L'avevo conosciuta due settimane prima, tra le selvagge montagne dello Svartisen, una vasta terra di ghiacciai, coronata da una natura lussureggiante a cavallo del Circolo Polare Artico. Lei stava scendendo in cerca di funghi e licheni per condire il riso serale, io stavo salendo verso la piccola, antica, accogliente capanna presso il lago Pikhaug. Ci incontriamo a una curva del sentiero, una traccia inesistente percorsa sì e no da una decina di persone all'anno e per entrambi la sorpresa è così inattesa che saltiamo per lo spavento. Più tardi a cena, lei mi offre un po' del suo riso, più che altro uno strano mix di licheni, muschi e funghi, che mando giù con le dita incrociate. Si chiama Petra, è tedesca, e ha qualche anno meno di me. È in marcia da diversi mesi e traspare evidente la forte nostalgia di casa e la difficoltà di trovarsi quassù da sola. Si sposta da un gruppo montuoso all'altro, utilizzando la corriera. Ha uno zaino troppo pesante per la sua schiena, nel quale porta la tenda, il sacco a pelo, i viveri necessari per stare sulle montagne il più a lungo possibile, prima di scendere al villaggio o alla strada successiva.

Ora sembra preoccupata per l'inverno ormai imminente; a fine settembre la neve quassù può arrivare da un giorno all'altro. Eppure il suo progetto appare assai ambizioso. Vorrebbe continuare a camminare fino a dicembre e raggiungere la Lapponia per Natale, sostituendo, quando sarà il momento, le sue pedule da trekking con sci e pulka. La invidio e d'un tratto sarei tentato di proseguire assieme a lei, una cosa che, a quanto sembra, la renderebbe estremamente felice. È la solitudine in questo momento ciò che più di ogni altra cosa sembra pesarle. Ma di tornare a casa non ha alcuna intenzione. Parliamo a lungo, il suo sorriso e il suo buonumore mi catturano. *Dove la « trovo » un'altra così?* sorrido tra me. *Ario e Petra, sembrano per di più due nomi creati per stare assieme...* Sono ben lieto di poterle offrire almeno per una sera la compagnia di cui sente così fortemente la mancanza, anche se questo, l'indomani, le renderà ancor più pesante ritrovarsi da sola.

Penso a lei ogni giorno durante le due settimane successive. Gli occhi tristi e quasi imploranti con i quali mi ha fissato il mattino in cui ci siamo salutati non mi abbandonano per un solo istante. Sono con me anche ora mentre risalgo il sentiero fangoso alla volta di Argalad. La pioggia accenna a farsi più insistente e accelero il passo. Ora la *voce* mi ha lasciato, o forse, soddisfatta, semplicemente tace. C'è il silenzio del bosco adesso, il vento di tanto in tanto, la sera che scende. E io dovrei ormai essere arrivato. La pendenza è terminata, percorro un tratto pianeggiante, circondato dalle betulle che qui, appena duecento metri di quota al di sopra della strada, non sono più verdi. Nell'ultima luce, riesco a distinguerne il giallo oro, ma poi guardo meglio giù in fondo, come un varco che si apre improvviso nel folto degli alberi, anche lì c'è un chiarore dorato... *E questo profumo? C'è una stufa accesa, c'è qualcuno nel rifugio!* Era lei, era Petra.

Questa volta Mattia e io impieghiamo cinque ore per raggiungere Argalad, quasi il doppio del tempo. La neve farinosa che sfiora le ginocchia rende la marcia attraverso il bosco uno sforzo penosissimo. Per questo, l'unica alternativa è quella di seguire il fiume. Qui, non occorre fare traccia e per un buon tratto procediamo bene. Ma poi, dove questo si allarga, cominciamo ad affondare attraverso un sottile strato ghiacciato che ricopre dai dieci ai venti centimetri buoni d'acqua. A causa delle correnti da sud e della temperatura attorno agli zero gradi, il fiume è in una situazione di disgelo momentaneo. Non è l'acqua del corso principale che fuoriesce bensì quella della neve che, fondendo in superficie, scorre sopra lo spesso strato di ghiaccio che sparirà solo in primavera. Ma quando si affonda fino alle ginocchia in quest'impasto acquoso, lo spavento è notevole.

Avanziamo a lungo vicini, io e Mattia. A un certo punto, quando per un tratto siamo dovuti rientrare nel bosco, ero così esausto che ho dovuto chiedergli se poteva andare avanti lui a fare la traccia. È stato il momento nel quale ho dubitato di riuscire ad arrivare al rifugio. E, come sempre accade ogniqualvolta che il momento si fa difficile, ecco che la stanchezza accumulata piomba addosso e fa vedere tutto nero. Ora penso ai lupi e non posso credere, non posso accettare che tra pochi giorni dovranno abbandonarmi, non posso permetterlo! Lunedì, quando scendiamo al villaggio di Sulitjelma, dovrò tentare di tutto per riuscire a farli rimanere. Metterò di mezzo l'Ambasciata, qualsiasi cosa. Quando rientriamo sul fiume, questo si è ristretto al punto tale che ormai non è più che un semplice torrente che sale lentamente attraverso le betulle. La neve fonda ora ricopre tutto anche qui, compreso il ghiaccio acquoso, ma alla fine è meglio così. Se non altro, fuori dai rami del bosco, riesco a mantenere un ritmo costante. Gradualmente il lumino di Mattia di nuovo dietro di me si fa sempre più distante, fin quando non sparisce del tutto tra gli alberi e le curve del fiume. La lotta è finita, anche se far la traccia è tutt'altro che riposante. Il silenzio si riaccende dentro di me. Pian piano torno a percepire lo spirito di un luogo che è rimasto a lungo conservato nel mio cuore. E con esso riconosco quella voce, quella melodia densa di pace.

Seguo le varie anse del torrente. D'un tratto il silenzio viene interrotto da un rumore ormai ben noto che assomiglia a tanti pezzetti di legno che urtano tra di loro. Si tratta di un gruppo di renne che riposano nella neve alta e che i lupi hanno già messo in fuga. È lo schioccare dei tendini delle loro zampe a creare questo curioso effetto. Seguo sulla carta il fitto serpeggiare del torrente e, man mano che lo percorro, conto ogni curva che mi lascio alle spalle come in un conto alla rovescia. D'improvviso, dopo cinque durissime ore di marcia, non manca più molto, ormai sono vicino. Dopo le ultime anse del fiume, la sento nell'aria ancor prima di vederla e poco dopo *è lei*, piena di neve, esattamente come la ricordavo. Assomiglia a una baita delle fiabe norvegesi, tetto in scorza di betulla e paglia e tronchi antichi. Attorno, immobile e scuro, il bosco di betulle. *Ciao Argalad*, sussurro felice mentre riprendo fiato appoggiato ai bastoncini.

Sono quasi le nove di sera, libero la piccola porta d'ingresso dalla neve ed entro. Non accendo alcuna luce. Raggiungo il letto e nel buio, la porticina aperta sul bosco, resto disteso a lungo, in ascolto. Tutto in me tace in questo istante magico... Più tardi, è lo zampettare dei cuccioli ciò che mi risveglia. Mi tiro a sedere, accendo una candela, trovo il quaderno del rifugio del 1994 ed eccole lì le nostre scritte, come appena lasciate: «Sono salita oggi, non lontano da qui, da Triggvebu e me ne stavo tranquilla a leggere alcuni vecchi giornali, quando all'improvviso è arrivato un ragazzo; per tutti i diavoli!! Ci siamo incontrati circa due settimane fa nella Glomdalen e abbiamo avuto una bella serata assieme e ora eccoci qua: è incredibile esserci incontrati ancora! Abbiamo pianificato assieme un giro in sci nel Finnmark, in Lapponia, per il prossimo inverno, e speriamo che il desiderio si avveri. Io, tedesca, parlo un po' di norvegese ma pochissimo inglese; lui, italiano, pochissimo norvegese ma un buon inglese, un bel mix! Ma con mani e piedi, ci comprendiamo benissimo lo stesso! Petra, Norimberga». Io appena sotto, il giorno dopo aggiunsi: «Ecco che siamo tornati a incontrarci, dopo che tutti questi giorni l'ho pensata e l'ho sperato; sembra proprio che avremo delle belle avventure assieme. Ora lei è partita di nuovo verso nord, dove abbiamo deciso di incontrarci il prossimo inverno per un'avventura in Lapponia. Ario».

Mattia fa infine capolino nel rifugio mentre leggo le ultime frasi. Petra poi riuscì a raggiungere davvero il villaggio di Karasjok in Lapponia, e lì restò per tutto l'inverno fin quando andai a prenderla, di ritorno dalle montagne del Sarek nell'interno della Svezia. Restammo assieme alcuni anni, fin quando lei, di nuovo vinta dal richiamo del Nord, tornò su a Karasjok e stavolta in modo definitivo. Ora abita lì, ha un bimbo ed è proprio a casa sua che Mattia è rimasto ospite per alcune settimane a dicembre. Io, invece, non la vedo più da diversi anni.

Petra ad Argalad

Pian piano riprende a nevicare. Festeggiamo con una bella cenetta e infine, vinti dalla stanchezza, ci addormentiamo.

Argalad, posto del cuore; ritornare qui è come non essere mai andato via. Nonostante lo stridore con la realtà dei lupi, che tento di mettere a tacere poiché per il momento non c'è nulla che possa fare, sono riuscito a « sentire » questo momento speciale. Argalad, ovvero Petra; Argalad, ovvero l'inizio dell'« autostrada », del ponte finale: da qui alla cima è tutto un dritto. Ora però devo prima sistemare i cuccioli. Questa storia mi opprime anche se sento che devo continuare ad avere fiducia, tutto deve andare bene, deve aggiustarsi. È una vera e propria prova iniziatica in tutto ciò che ho patito finora. Mi pare d'essere l'aspirante allievo che bussa e bussa alla porta del maestro Zen e le prende sempre, ma non molla, non va via e alla fine riesce.

È stato molto duro arrivare fino a qui oggi, traccia faticosissima nella neve alta. La pulka si lasciava dietro una vera e propria trincea. Il vento tra gli alberi spogli creava una dolce melodia di pace, la stessa che mi guidò quassù quella sera d'autunno di sette anni fa. Una dimensione che solo il rapporto prolungato con la grande natura rende possibile. Sono arrivato verso le nove di sera, da solo, sono entrato e mi sono disteso sul letto, in ascolto. Per ora i lupi sono qui con me e ci sono arrivati da Lindesnes.

Il vento soffia attorno e ci culla.

Sosta forzata ad Argalad per la bufera, ma sosta più che gradita! Alle nove di mattina, quando Mattia ancora dorme, lascio uscire i cuccioli; fuori nevica fitto e, quando apro la porta, la quiete del bosco entra come un sussurro leggero, come l'aria che soffia i cristalli bianchi. Chinook e Mohawk fanno alcuni passi, Mohawk si stira pigramente; come prima cosa, restano immobili, ascoltano. Il bosco di betulle sembra mormorare quieto, di certo loro ne comprendono le parole. Poi giocano a rincorrersi attorno alla baita per venti minuti buoni; quando rientrano, tutti felici e ricoperti di bianco, si sgrullano, facendo un disastro. Tento di farli stare tranquilli, ma non c'è verso, per loro la giornata ha avuto inizio: intercettato un movimento sul letto a castello in cima al quale dorme Mattia, decidono che saranno più che felici di potergli dare il buongiorno. Le zampe, sul bordo del letto, si arrampicano fino a lui, distendendosi in tutta la loro altezza. L'obiettivo è quello di portare le loro feste, possibilmente con dei bei baci sulla bocca. Quindi Chinook, mentre Mohawk è alle prese con le trapunte che tenta di tirare giù, sale sul tavolo nella speranza di riuscire a raggiungere meglio il suo obiettivo, ma finisce col combinare un disastro. Una sveglia certamente infallibile!

18 febbraio, 89° giorno

Oggi ho lasciato l'incantevole rifugio sepolto dalla neve lavorata dal vento e ho proseguito verso nord mentre Mattia tornava da solo a valle. Ci rincontreremo domani a Sulitjelma per l'appuntamento con le autorità norvegesi. Questa dunque, per quanto ne so, è l'ultima tappa che facciamo assieme, io e i lupi. L'ultima dopo tre mesi indimenticabili durante i quali, benché ancora « bambini », ho apprezzato tutta l'incredibile meraviglia di questi splendidi compagni. Pare un'ironia della sorte che questo debba avvenire proprio col nostro arrivo all'ultimo villaggio della traversata, appena di fronte ai grandi spazi che ci avrebbero condotto fino in cima. Li osservavo oggi mentre lasciavo la valle di Argalad con splendide luci sulla neve perfetta. Mentre io avanzavo lentamente, loro vagavano per ogni dove in caccia di pernici o di *lemmings*, instancabili! Che differenza rispetto alle prime tappe di mesi fa tra gli altopiani e le montagne del Sud, quando a ogni ora avevano bisogno di fermarsi e di riposare per un po'.

Oggi sono qui, ancora con me, come non fosse mai accaduto nulla, e come se potessimo continuare verso la meta ormai così incredibilmente vicina. Attraversando l'ultimo lago nel pomeriggio, sono infine apparse le montagne di Sulitjelma, più volte visitate d'inverno. Assomigliano a coste di terre remote verso le quali abbiamo navigato per un tempo indefinito e ora, vederle apparire è come un sogno... Per lo meno, queste, siamo riusciti a scorgerle assieme.

Dal diario del 18 febbraio
Coar'vi

Il peso di ciò che accadrà da domani incombe su di me come un macigno.

Stasera dormo a un nulla dai 67° nord.

Dopo aver raggiunto Sulitjelma, la sera successiva scrissi:

Dal diario del 19 febbraio, 90° giorno
Sulitjelma, 67° nord

Dedico queste poche righe alla fatica e a tutte le difficoltà di questi ultimi tre mesi, quando solo per poter scrivere sul diario

«67°» o Sulitjelma, avrei dato non so cosa. Eppure ora, proprio perché ho saputo crederci fino in fondo, eccomi qui. Sono sceso dalle montagne sotto la neve bagnata che poi si è trasformata in pioggia (questo paese è ad appena cento metri di quota!) seguendo prima tracce di sci, quindi di motoslitta, fino a raggiungere la strada vera e propria che ho disceso veloce fino in paese dove mi attendeva Mattia. Abbiamo avuto una prima telefonata con la Toll (la polizia di frontiera) della cittadina di Mo i Rana che ha in mano il nostro caso. La faccenda è tutt'altro che semplice e di rapida soluzione. Tutto è in attesa, un'attesa che pesa e che per ora ha quasi cancellato il mio viaggio.

L'attesa si protrae per sette lunghissimi giorni. Per la Toll, la cosa è semplice: i lupi dovranno lasciare la Norvegia in aereo, non appena riceveremo dall'Italia i contanti necessari per tutta l'operazione. Per noi invece questa attesa rappresenta l'ultimo tentativo di poter far loro cambiare idea. Alloggiando in una baita incustodita tra i boschi che trasformiamo in base operativa (cento chilometri a nord di Mo i Rana), ci rimbocchiamo le maniche, mettiamo di mezzo l'Ambasciata italiana a Oslo, nonché l'intera produzione del filmato che stiamo girando, il quale sfumerebbe senza più lupi. Lettere, telefonate, contatti a non finire senza mai ricevere da parte della Toll risposte chiare. A volte sembra che forse inizino a cedere, altre che invece siamo riusciti a farli arrabbiare ancora di più; il morale va su e giù di continuo appresso a questi capovolgimenti. Tutto ha per riferimento l'agente Ragnhild, una ragazza tarchiata che parla bene l'inglese e che probabilmente è in cerca di promozione. È lei che ha in mano tutto, è a lei che indirizziamo ogni nostro contatto ed è lei che chiamo e che vado a trovare ogni volta che occorre qualcosa. Anche se per farlo devo percorrere ogni volta cento chilometri di strada all'andata e al ritorno attraverso il passo del Circolo Polare. E questo nonostante ci abbiano intimato di non allontanarci di oltre dieci chilometri da Mo i Rana! Ecco ciò che più di tutto il resto mi sorprende: il fatto di non essere controllati e ancor più che i lupi siano rimasti con noi. Forse hanno fiducia o, più semplicemente, coi nostri documenti in mano, sono certi che non faremo alcuna sciocchezza... Questo se non altro, nei momenti di tregua, ci consente di compiere bellissime escursioni sulle montagne di Saltfjellet. Tuttavia pian piano, inesorabilmente, sento il mio sogno allontanarsi sempre più.

Il 23 febbraio scrivevo: *Sarà mai possibile riprendere tutto come se non fosse stato mai interrotto? Potrò crederci? Sarà bello ricominciare così com'è stato per tutti questi mesi, ma senza di loro sarà davvero possibile? Ora sto vivendo come nel sogno che ho più e più volte avuto: essere tirato fuori dal mio viaggio... Riuscirò anche stavolta a risvegliarmi come ogni mattina quando il sogno svaniva? Riprendere in mano le carte, preparare il thermos prima di mettermi in marcia e la sera, montata la tenda, poter segnare l'itinerario compiuto sulla carta al lume di candela. Questo è divenuto tutto il mio mondo ormai da tempo e ora è più che mai distante da me e improbabile.*

Pian piano si delinea la realtà: appare ormai chiaro che questo viaggio dovrò portarlo a termine da solo. Uno degli ultimi giorni raggiungo assieme ai lupi una splendida vetta a forma di piramide; non c'è una nube in cielo e riesco a vedere in ogni direzione, a nord, quanto ancora m'attende, ma soprattutto a sud, tutto ciò che ho, anzi, che abbiamo attraversato assieme. Resto a lungo lassù, nel vento gelido, mentre i colori del sole sulla neve si fanno sempre più rossi... I lupi riposano sereni al mio fianco. *Posso ancora farcela*, penso tra me. Li osservo con affetto.

La sera che precede la partenza di Chinook e Mohawk lasciamo la nostra baita tra i boschi del Saltfjellet e scendiamo a dieci chilometri da Mo i Rana. L'agente Ragnhild ci attende nella sala principale del piccolo aeroporto. Sbrigate le ultime formalità, ci lascia, dandoci appuntamento per le quattro della mattina successiva. Dobbiamo montare le gabbie, due scatoloni in plastica dura neanche troppo grossi con qualche sottile striscia di metallo per far passare aria e luce. Qui domani dovrò rinchiudere i miei due amici e poi spingerli dentro la stiva buia dell'aereo. E sì che loro hanno pagato un biglietto doppio rispetto a quello di un passeggero a due gambe. E Chinook e Mohawk non protesteranno ma accetteranno con fiducia come hanno sempre fatto durante questi mesi. Purtroppo la terra è gestita da creature assai meno meritevoli che si pensano in diritto di far funzionare tutto a seconda delle loro esigenze, distruggendo, assoggettando all'occorrenza, rinchiudendo tutto quanto in schemi, categorie e regole assurde.

Monto le gabbie e ho la morte nel cuore. Nulla traspare dal mio volto, ma dentro ho un dolore che è come un fuoco e mi divora. Questo sarà il mondo dei miei cuccioli ora, questo spazio angusto; non più gli altopiani, le montagne, i boschi di conifere, non più gli spazi delle aurore boreali, della tormenta, dei silenzi assordanti nelle notti sotto le stelle. Tutto resterà come un sogno per i miei cuccioli. Ora che sono in partenza vedo chiaramente qual è sempre stato il *sogno*: quello di poter tornare a ululare attraverso i millenni unendosi al coro dei loro simili, poter *appartenere alla pista*... Tornare alle origini... E ora che sto per restare solo, solo davvero, penso che questo loro sogno, come a un passaggio del testimone, diviene mio più che mai. Andrò in fondo, fino alla fine anche per loro, i miei due magici amici lupi.

26 febbraio, 97° giorno

Chinook e Mohawk riposano nel Grande Silenzio. Il cielo è perfetto, pieno di stelle e l'aurora boreale accarezza con dol-

Il difficile addio sotto l'aurora boreale

cezza la volta notturna, la superficie della neve, le ombre degli abeti. A venti gradi sotto zero i cuccioli (che hanno ormai nove mesi) riposano sereni, ignari del fatto che questa è la loro ultima notte nelle terre del Nord. Poggiato al tronco dell'albero, osservo la luce verde e viola che danza quasi immobile nel cielo. Il silenzio è profondo e vasto. Dovessi restare qui tutta la notte a vegliare affinché nulla venga a disturbarli, lo farei. Pare cristallizzato e scolpito nella notte questo silenzio, come il gelo che immobilizza tutto. Vorrei prolungarlo all'infinito per i miei due lupi, duplicarlo, espanderlo il più possibile affinché essi possano permearsene fino alla fine, fino in fondo e averlo sempre nel cuore.

Domani mi lasciano. Io dovrò continuare da solo; tutto questo però adesso è solo come un brutto sogno. Stasera siamo tutti qui sotto le stelle, stasera tutti e tre ancora come durante gli ultimi novanta giorni, piccolo branco, apparteniamo alla pista. E la pista, almeno così dovrebbe essere, non può né dovrà mai venire interrotta. L'aurora si allunga nel cielo fino ad abbracciarlo da un capo all'altro. Chinook alza il muso per osservarla mentre gli occhi ne riflettono il verde e il viola. *Appartenere alla pista*, appartenere al grande silenzio bianco, appartenere a se stessi per tutta la vita: non conoscere altro. È questo il sogno del lupo? L'aurora si affievolisce. Il lupo cala lo sguardo e mi osserva per un istante che a me pare senza fine. Poi torna a infilare il muso sotto la folta coda e si riaddormenta nel silenzio profondo.

27 febbraio, 98° giorno

Camminiamo nel frastuono dei motori verso il piccolo aereo della Widerøe che attende sulla pista ghiacciata col portellone spalancato. Ho trascorso l'intera attesa fuori, al freddo, accovacciato sui polpacci tra i miei due amici. Ho tentato di sorridere, di non far loro sentire la mia inquietudine. Ma forse, dalle mie parole affettuose qualcosa è trapelato. Mentre Mohawk mi sale con le zampe sulla testa, letteralmente abbracciandola, Chinook, di fronte a me, dopo avermi baciato e leccato in volto, improvvisamente si interrompe e mi osserva coi suoi meravigliosi occhi come se, d'un tratto, qualcosa avesse attirato la sua attenzione nel mio sguardo. Resta un attimo così, come a voler comprendere meglio quelle che, forse, intuisce come coccole *diverse*. Non dimenticherò mai il modo in cui mi ha guardato per quei brevi istanti quella gelida mattina...

Adesso camminiamo lungo la pista ghiacciata; Chinook e Mohawk mi trotterellano al fianco come sempre, sorpresi forse solo del fatto che la marcia stamattina sia cominciata assai prima del solito. Io invece ho come l'impressione di condurre i miei due fedeli compagni, a loro insaputa, verso la pena capitale, comunque qualcosa di terribile che sa di tradimento imperdonabile. Percorriamo gli ultimi metri ed è come se le gambe mi cedessero. Ci avviciniamo al portellone della stiva. Dentro, vicino alle due gabbie, c'è un ragazzo pronto ad aiutarmi. Ora dovrò caricarli lassù, chiuderli là dentro... Sono confuso. Un dolore violento comincia a farmi a pezzi, una disperazione che vorrebbe uscire, urlare, rivoltarsi contro questa assurdità. Tocca a Chinook per primo. Non so a chi affidare il guinzaglio del fratello e così alla fine lo porgo allo stewart che mi sta di fianco, impassibile. Sollevo di peso il mio cucciolo. Lo spingo verso la gabbia ma lui non comprende e si oppone. Sento il suo pelo contro il mio volto, profuma ancora di bosco, di neve, e come potrebbe essere altrimenti? Sono costretto a spingere con forza, il ragazzo all'interno della stiva non mi dà alcun aiuto se non quello alla fine di serrare il cancelletto della gabbia nella quale ora Chinook è rinchiuso. Sollevo Mohawk e il dolore mi soffoca. Lui si oppone con maggior energia: è sempre stato tra i due il più ribelle, quello che non ha mai accettato alcun tipo di costrizione.

Ora sono dentro, i miei lupi, chiusi dentro le gabbie. Lo stewart è impaziente perché l'aereo deve partire. Ma io non posso ancora andare via. Con un balzo sono dentro la stiva. Bacio i lupi e mentre loro, ancora fiduciosi, gli occhi limpidi attraverso le sbarre, fanno altrettanto, rivedo ogni istante passato assieme in questi novanta giorni. Ogni singolo momento al loro fianco mi attraversa la mente. Non vedo altro, non sento altro. Poi sono fuori che mi allontano a passi veloci dall'aereo. Chinook e Mohawk hanno cominciato a ululare; il loro richiamo disperato, nonostante il rumore dei motori, mi giunge dritto in fondo al cuore... Non ce la faccio più. Tento, allontanandomi, di far più rumore possibile coi miei passi sull'asfalto ghiacciato, ma l'urlo delle due magiche creature non si attenua, non si allontana, mi ferisce, mi graffia a fondo e io sento d'averli traditi ed è peggio che se li avessi uccisi.

L'aereo si muove, si prepara al decollo. Sparisce un attimo alla mia vista poi, quando riappare, è già alto nel cielo. Resto a lungo a fissare la notte gelida mentre le luci dell'aereo si alzano verso le stelle. Guardo quel puntino luminoso che se ne va, che si porta via i miei meravigliosi compagni. Resto fin quando il rumore è svanito, le luci si sono dissolte nel buio e di nuovo non ci sono che stelle. Ma la voce dei cuccioli è ancora qui, dentro di me, mentre d'un tratto mi guardo attorno e sono solo, più solo che mai e il freddo che mi ha gelato gli occhi mi serra il cuore come a soffocarlo per sempre. Vorrei esser lassù con Chinook e Mohawk, con Mattia, anch'io, come loro, in volo verso casa.

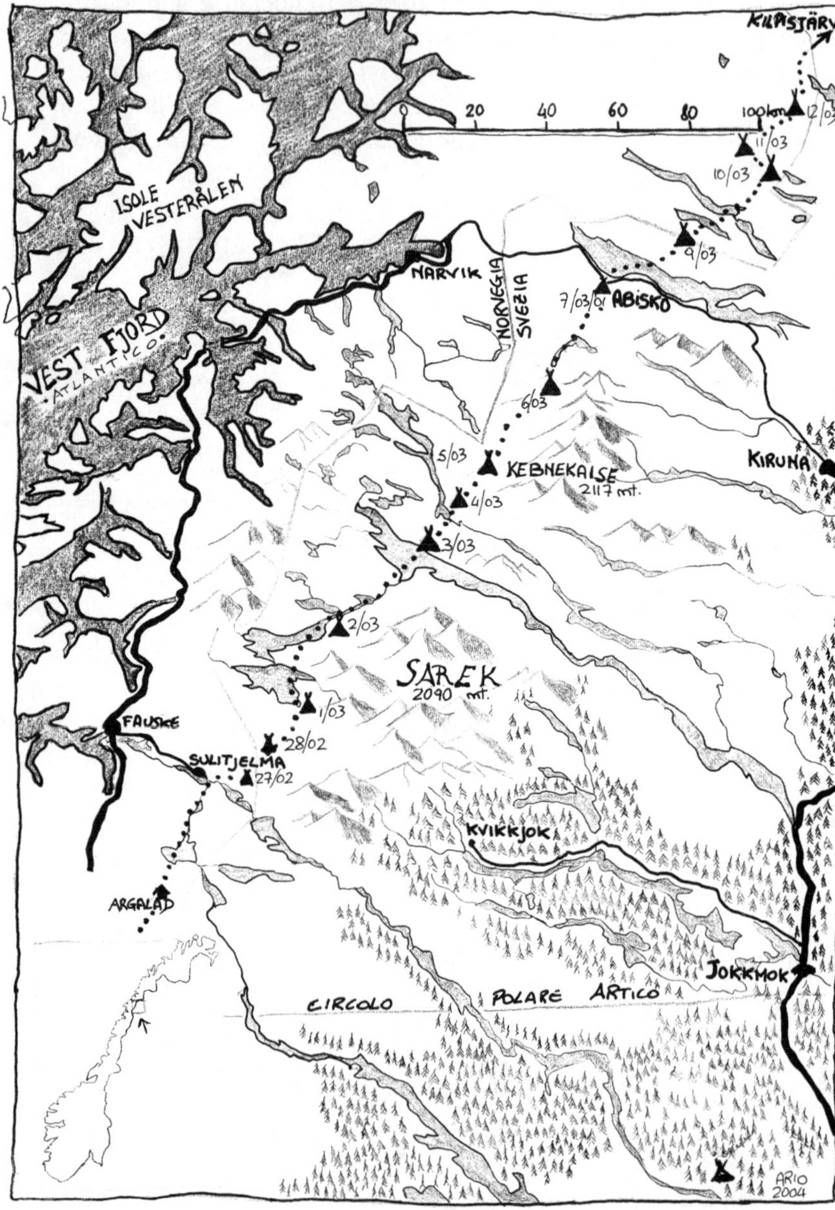

KILPISJÄRVI
0
20
40
60
80
100km
12/03
11/03
10/03
9/03
ISOLE VESTERÅLEN
NARVIK
NORVEGIA
SVEZIA
7/03/01
ABISKO
VEST FJORD
ATLANTICO
6/03
5/03
KEBNEKAISE
2117 mt.
KIRUNA
4/03
3/03
2/03
SAREK
2090 mt.
1/03
FAUSKE
28/02
SULITJELMA
27/02
KVIKKJOK
ARGALAD
JOKKMOK
CIRCOLO POLARE ARTICO
ARIO
2004

A nord di me stesso

Guarda, una voce sacra ti chiama.
Per tutto il cielo una voce sacra chiama.
Essa proviene dal Nord, il luogo dove abita il gigante.
Alce Nero Parla

Quel mattino tutto il mio essere vola verso sud mentre in una bella giornata di sole io guido verso nord. Percorro per l'ennesima volta la strada che attraversa i boschi di abeti e sale verso il passo di Saltfjellet. Sono *allucinato*, senza più energia, e proprio adesso ho di fronte a me il tratto «finale» della traversata: ottocento chilometri attraverso i territori più vasti e isolati di tutta la Scandinavia. Come posso addentrarmi in tanta vastità vuoto e indifeso come sono ora? Dove troverò la forza? Quando raggiungo le montagne di Saltfjellet, mi fermo per un attimo. Discendo l'esile traccia che si insinua tra i pini silvestri e raggiungo la baita. Tutto attorno è pieno delle *loro* impronte, dei mille segni lasciati dai cuccioli durante la lunga settimana che abbiamo passato quassù. Tutto è così vivo, fresco, scolpito sulla neve e dentro di me. Non posso sostare a lungo. Torno alla macchina e continuo verso nord. Raggiungo Sulitjelma nelle prime ore del pomeriggio. In questo villaggio arrivavo in compagnia dei lupi, e qui la traversata si interrompeva otto giorni fa. Da qui ora devo ripartire, riprendere il filo interrotto. Eppure, mentre scarico l'equipaggiamento dalla macchina, preparo la pulka e mi vesto, io non sono *qui*, stento a ritrovare quel filo, al momento sembra non esser mai esistito.

Eppure, ancora una volta, non posso fermarmi, non posso tornare indietro.

Su un foglietto che resterà in auto ad attendere Mattia, scrivo: «*27 febbraio 2001, Sulitjelma, ore 15.30. Direzione: nord*». Ho il terrore di quest'ultima parola... Stavolta questo ignoto, questo «Nord» buio e vuoto, attraversato da solitudini e spazi tremendi, diviene più che mai il territorio sconosciuto e dimenticato dentro di me, il luogo di memorie ancestrali che attendono di essere svelate.

Sullo sfondo della chiesetta dal tetto aguzzo, appaiono tra le nubi illuminate dall'ultimo sole le montagne di Sulitjelma. Risalgo una stradina ripida che s'inerpica veloce su lungo il pendio percorso da alcune tracce di sciatori. Il lago bianco e le case colorate del paese si allontanano velocemente giù, sempre più in basso. Un vento teso spazza la neve e viene a pungermi il volto come mille spilli. Anch'io urlo a tratti, come per riconoscere me o quello che ho attorno. A volte, semplicemente, grido i nomi dei miei cuccioli. Sono di nuovo in marcia e, senza rendermene conto, sto lasciando l'ultimo villaggio della traversata: il prossimo sarà quello di Mehamn... dopo l'arrivo.

Dal diario del 27 febbraio

Giornata troppo intensa per riuscirne a parlare... Cominciata alle sei di mattina caricando i cucciolotti nelle gabbie dell'aereo. Mentre li baciavo per l'ultima volta, non vedevo altro che tutti gli infiniti istanti passati assieme in questi ultimi mesi. Poi hanno chiuso il portellone e li ho sentiti ululare a lungo. E a lungo ho fissato le luci dell'aereo che volava via. Lassù c'era parte di me. Com'è possibile? Che incubo è? È distrutto il mio sogno dopo aver vissuto al di fuori di esso tutti questi giorni? E ora che sono partiti? Non riesco a «sapere» che devo continuare, che marcerò ancora verso nord per almeno un altro mese. Per ora ne sono fuori, sono «fuori»... Che stia vivendo in modo esagerato tutto quanto?

Sono salito con un forte vento gelido e tutto mi parlava di

loro in giro, tutto, anche il vento, la neve; sarà dura, dura... Prima ho gridato: «Cucciolotti vi amoooo!» Forse era destino che dovessi finire da solo questa scalata, senza più sostegni. Probabilmente è questo tutto il «senso». Che dire... per ora provo a continuare.

28 febbraio, 99° giorno

Lunghe e ripide salite mi impegnano l'ultimo giorno di febbraio per raggiungere la quota media degli altopiani che attraversano le montagne settentrionali della Svezia, ultimi rilievi prima del mio ingresso in Lapponia... incredibile, tra ormai non più di dieci giorni! È il grande spazio ininterrotto a lungo sognato, la lunga cavalcata «finale» che mi porterà diritto in cima. E mi viene da tremare al pensiero di entrarvi disarmato e debole come sono adesso mentre avrei avuto bisogno di ben altra energia. È come quando da bambini si restava improvvisamente sprovvisti di palle di neve e il nostro avversario poteva bersagliarci a più non posso fin quando, con la neve fin giù nel collo e lungo la schiena, non si chiedeva la resa. O forse questo è solo ciò che penso io; di certo non ho bisogno di alcuna forza da dover opporre a quanto sto per affrontare, ma anzi più di ogni altra volta, dovrei lasciarmi andare e restare in ascolto. Nulla è stato casuale fino a ora; questo vuoto che ora mi stordisce non può dunque che essere la condizione più giusta: una prova dopo l'altra, sono stato spogliato da ogni attaccamento e da ogni stampella.

La neve ventata è dura come cemento e l'attraversamento di alcuni ripidi pendii avrebbe richiesto l'utilizzo dei ramponi che non ho. Il cielo è limpido e fa freddo, eppure il sole, che per la prima volta sembra davvero alto, dà l'impressione di scaldare e mi dona una grande forza. A est, vicinissime, ho le montagne di Sulitjelma innevate. A sud vedo ancora la vallata omonima. È in quella direzione che continuo a voltarmi. È lì che fisso a ogni sosta. Lì a sud dove tutto *sa* di loro... Ecco perché questo sole che non conoscevo più da mesi ora, a –20°, sembra scaldarmi. Riconosco in lontananza le montagne di Argalad dalle quali sono sbucato coi cuccioli otto giorni fa... dopo tre mesi di marcia assieme. Non riesco ad allontanarli da me, li vedo ovunque, li sento a ogni istante, eravamo divenuti un'entità unica. Là a sud ci sono loro, c'è il mio mondo, ciò che conosco, c'è casa... a nord invece, di fronte a me, c'è il grande spazio bianco, l'ignoto. Ho paura: *a quanto di sconosciuto dovrò continuare ad attingere dentro di me per non soccombere?* mi ripeto spesso durante la marcia. Soprattutto, sono cosciente del fatto che non è mai saggio affrontare una scalata difficile quando dentro non si è nella condizione giusta. Eppure stavolta ho deciso di continuare, di tentare comunque, di aver fiducia. Poiché se questo «vuoto» non è casuale, vuol dire che adesso, come mai prima, dovrò lasciarmi andare, lasciarmi condurre, lasciarmi essere... Questo sembra il *senso* di tutto ma certo è che, se mi sto sbagliando, potrei perdermi per sempre.

Avanzo fino al tramonto tra laghi e montagne bianchissimi e ripidi pendii. Poi ogni superficie pian piano si tinge d'arancio, di rosso. Il cielo a nord è di un blu così intenso e trasparente che, nonostante tutto, sembra invitarmi. E io continuo ad andare attratto da esso mentre con un'altra parte di me stesso desidererei semplicemente voltare gli sci e tornare indietro. È come se fossi sdoppiato e sebbene sia la parte «timorosa» quella che appare più *reale*, le gambe, come obbedendo a una forza o a un richiamo che per ora non riconosco, continuano verso nord. Quella sera scendo un'ultima forcella fino a un lago chiuso tra montagne da ogni lato. Lascio una scia perfetta sulla neve che in fondo al pendio è di nuovo farinosa. Il sole ormai tramontato, la valle di Sulitjelma e quella di Argalad, tutto ora resta nascosto dietro la montagna che ho appena sceso. Questo mi rende più tranquillo.

Dal diario del 28 febbraio

Un po' meglio... Altra tappa di grandi salite. Mi pareva a tratti di rivivere la fatica dello Jotunheimen, quasi tre mesi fa! C'è stato un punto molto ripido, con la neve resa come cemento dal vento, dove ho dovuto togliere gli sci; se «partivo» lì, andavo giù con la slitta al seguito! Inoltre stamattina, sorpresa magnifica: il ritorno del sole del quale, per il costante maltempo delle ultime settimane, non mi ero accorto. Lontani sembrano ormai i giorni che vivevo fino a poco tempo fa quando non facevo in tempo a svegliarmi che già il giorno moriva. Gli occhi, non più abituati, ne hanno subito sofferto e fortunatamente, in previsione di ciò, avevo con me gli occhiali da sole: fino a dieci giorni fa avrei sorriso al pensiero di doverli usare!

Da oggi dunque in marcia in completa solitudine per questi «ultimi» ottocento chilometri. Quanta strada, quanto tempo, che viaggio! In un certo senso son «contento» di poter affrontare da solo quest'ultimo mese fino in cima. Lo sento come un gran privilegio poter vagare attraverso questi spazi, queste latitudini, poter conoscere ciò che non si conosce più: il silenzio profondo, la semplicità, lo stupore. E continuare a domandarmi: come ho fatto ad arrivare fin quassù con le mie sole gambe? Non esistono limiti alla volontà dell'uomo e a ciò che può sopportare! Poi aggiungo: dunque, ho accettato la «sfida». Continuo verso nord. Voglio penetrare e sentire questa wilderness vastissima che mi circonda. Voglio arrivare fino in fondo, qualsiasi cosa questo possa voler dire. Sposterò i miei limiti e conoscenze se servirà: i segni fuori, i segni dentro. Ora –24°, cielo di stelle e magiche aurore boreali.

1° marzo, 100° giorno

Sole a tratti oggi mentre avanzavo tra grandi spazi e laghi sempre più ampi. La sua luce riprende a illuminare le montagne pur restando comunque tenue e discreta. La luce di un sole senza tempo, di terre senza tempo dove la fretta non sembra esistere. Sono in Svezia e ne sto traversando parchi nazionali grandi come regioni italiane. Non a caso questi posti rimangono l'ultimo vero pezzo di territorio incontaminato esistente in Europa. Attraversarlo da solo è qualcosa di speciale, ma sento quanto sono vulnerabile, quanto tutto potrebbe schiacciarmi se non sto attento.

Ho un'apprensione continua di poter danneggiare la mia attrezzatura, di perdere e dimenticarmi qualcosa. Tutto il poco che ho mi è assolutamente indispensabile; sono davvero solo ed esposto quassù. Dopo tutto questo tempo, di una cosa sono certo e felice: ora più che mai ogni passo verso nord è un passo verso casa!

Scio su neve perfetta in una giornata perfetta e fredda. Su in alto, sulle montagne che delimitano il versante orientale di questa lunghissima e ampia valle, il sole crea giochi di colore e il vento arruffa le vette e le creste affilate facendole assomigliare a vulcani fumanti. Il vento a tratti scende fino a me gelido, mentre scio di buon ritmo concentrato su ogni passo. È solo nell'azione che tutto si dissolve e riesco a ritrovare un po' di pace nella quale riesco a percepire il mondo meraviglioso che mi circonda, i colori, le forme della neve. Sono concentrato, centrato su me stesso mentre avanzo. A tratti la sensazione di essere così solo nel cuore selvaggio di questa grande avventura mi porta un soffio di energia vastissimo, ma è solo un istante, un frammento ancora troppo distante. Poiché il mio cuore è debole e tutto in esso e attorno a me parla di loro; tutto senza Chinook e Mohawk è mille volte più vuoto, mille volte più ignoto. Ma «grazie» a questo, sento più intensamente la solitudine che mi circonda e che mi attrae.

Di buon ritmo vado lungo la valle, vado col rumore del vento nel cappuccio della giacca, vado con questi sci di cui fisso le punte che si alternano ininterrottamente ad aprirmi la strada verso nord da ormai tanto tempo. *Voglio capire*, penso nel ritmico fruscio del mio procedere... *voglio scoprire ciò che ho dentro: no, non posso accontentarmi di quello che già conosco.* Gradualmente la luce inizia a scemare e la valle impercettibilmente a scendere. Sono diretto al grande lago di Virihaure che conto di traversare domani. Il terreno ora si è fatto meno scorrevole e mentre la valle prende a girare verso nord-ovest con una grande curva, mi ritrovo tra un'infinità di piccole colline che mi costringono a salite e discese continue.

Mentre avanzo, mi torna alla mente un'antica leggenda sami su questo luogo: la leggenda di Stalo e della sua Rocca. È in questa zona, forse in estate con una luce migliore riuscirei a scorgerlo meglio, che si trova un gigantesco macigno, dimora, per molti anni, del perfido e stupido Stalo, il gigante cattivo presso i Sami, una creatura metà uomo e metà bestia. Egli amava stabilirsi vicino ai sentieri percorsi dalle persone, per rubar loro le renne con maggior facilità. Gli Stalo avevano pochissime donne poiché, molto spesso, se le mangiavano assieme ai bambini. Se le donne erano Sami se le mangiavano una volta fatto l'amore con esse. *Stalo* odiava in particolar modo i bambini ed era attratto da tutto ciò che luccicava. Ma era un essere stupido e si riusciva quasi sempre a ingannarlo con l'astuzia. Qui, dunque, presso Staloluokta (ancora oggi un importante campo estivo dei Sami), viveva uno di questi esseri. La sua dimora era il gigantesco masso che tento vanamente di individuare nella luce morente.

«Già da lontano questa roccia appare inusuale» racconta la leggenda, «si erge sola nella pianura. Come è arrivata qua se non grazie a Stalo? Solo lui sarebbe così forte. Stalo di Staloluokta terrorizzava tutti i Sami. Rubava loro le renne e faceva sparire i loro bambini, ma un bel giorno un giovane coraggioso decise infine di vendicarsi. Raggiunta la roccia di Stalo, lo attese e quando arrivò ed entrò per dormire il giovane lo murò dentro. Ancora oggi osservando da vicino questa roccia, è possibile notare uno strato di uno strano muschio rosso e, soprattutto, si scorgerà la gran pila di pietre che blocca l'ingresso, la prigione di Stalo.»

Più tardi, quando nell'ultimo chiarore inizio a intravedere la macchia scura dei boschi di betulle che rivestono i ripidi pendii del monte Stuor Titer, la neve non sembra più perfetta come stamattina, anzi, più mi avvicino al grande lago più mi ritrovo a sciare su strati sottili e infine, per lunghi tratti, su esili superfici ghiacciate di pochi centimetri che ricoprono il terreno scuro. Non riesco a vedere bene, ma per quel poco che mi è dato di intuire, riconosco la *mano* di un vento furioso, probabilmente giunto dal lago, che con la sua forza ha letteralmente spelacchiato questa zona. *O forse c'è ancora lo zampino di Stalo in questo luogo che continua a portare il suo nome?* mi sforzo di sorridere. Tutto d'un tratto, però, mi tornano in mente i terribili giorni di due mesi fa, il momento in cui per la prima volta la neve era sparita sotto gli sci, le terribili tappe del 5 e del 6 gennaio. È come se il tempo non fosse assolutamente trascorso eppure ora, al confronto col terrore che mi prende incontrollato, l'esasperazione di quei momenti ormai lontani mi appare lieve e banale. Poiché qui, davvero isolato e privo di energie come sono, dovessero davvero ripetersi quelle terribili condizioni, non saprei più come venirne fuori. Inizio a sentirmi in trappola senza via d'uscita. Costeggio l'orlo spelacchiato del profondo canyon nel quale giù in basso scorre il fiume che scende dal lago vicino al quale ho trascorso la notte. Mi maledico. *Grazie a quale follia hai potuto addentrarti comunque verso nord. E ora era inevitabile che finisse così!*

Cerco di confortarmi pensando che se proprio non c'è più neve sul terreno, potrò almeno fare come a gennaio: sciare sul ghiaccio degli innumerevoli laghi e fiumi di questa regione. Conosco questa terra in ogni sua piega; ne ho appreso, delle montagne e dei ghiacciai, gli impronunciabili nomi in lingua sami, conosco la forma e la dislocazione esatta dei suoi laghi, ogni singolo tratto di costa, le piccole insenature, le penisole. E questo pur non essendo mai stato qui fino a ora. Nei miei viaggi precedenti avevo visitato solo le montagne del Sarek più all'interno rispetto a dove mi trovo adesso. E dunque sono stati i lunghi anni che la carta 1:100.000 di questa zona ha trascorso appesa sopra il divano di casa, a far sì che venisse a imprimersi nella mia mente ogni suo singolo dettaglio.

Poi, giù in fondo, la valle si apre e mi appare il lago. È il Virihaure, vastissimo al punto che stento ad avvistarne il confine. Uno spazio senza contorni che assomiglia a un mare improvviso che giunge a me, alla costa ultima che sto raggiungendo, come da profondità abissali. Un oceano, eppure è solo un trattino blu sulla mappa, un piccolo frammento inghiottito dalla terra sconfinata che mi respira attorno. La sera è ormai bruma grigia che si fonde al grigio del cielo e all'ombra scura delle betulle. Quasi trenta chilometri oggi, ma almeno eccolo lì in fondo, il *mio* lago. Riprendo fiato e lo osservo. Grigio anch'esso, il nulla nel quale sparisce, annienta come per magia ogni rilievo, ogni forma, ogni colore. Un oceano improvviso che si perde in lontananza... Ma poi, ne sono certo. Quel grigiore non può essere neve, né ghiaccio! *No! C'è acqua sul lago...!!* Eppure non ne sono proprio sicuro. Come posso distinguere con chiarezza a questa distanza e senza più luce? L'incertezza per la tappa di domani, e poi per tutte quelle dopo, torna a insinuarsi in me. *Oddio... non vorrei essere qui. Ritroverò mai più il senso?*

Al buio monto la tenda; il lago è ancora troppo distante e il pendio del canyon sarà meglio affrontarlo con la luce del giorno. Sogno di casa, dei fiori e della primavera con la certezza che non riuscirò mai più a vedere nulla di tutto questo. *Ho una specie di paura, di terrore stasera*, aggiungo sul diario. *Ho di fronte gli ultimi ottocento chilometri; mai mi sono addentrato così a nord e così a fondo dentro di me. Cosa dovrò affrontare ancora di sconosciuto per riuscire ad andare avanti? Come mi pare remoto e improbabile il mondo di casa, come se appartenesse a un sogno. Come se per sempre dovessi restare quassù e non far altro che vagare attraverso i vasti spazi bianchi. Fino in fondo come mai prima, oltre ogni paura e disperazione...*

2 marzo, 101° giorno

Attraverso il vasto Virihaure. Ancora stamattina al risveglio, per strani giochi di luce, il lago mi pareva d'acqua. Poi l'ho raggiunto e alla gioia per la sua neve perfetta e veloce s'è aggiunta la sorpresa di una traccia inattesa. Due «pulkisti» misteriosi passati per di qui non più di due giorni fa. È il primo incontro di questo genere durante la mia traversata. O meglio il secondo. Ora che ricordo c'era stato quello coi due tipi col cane nella tappa del 6 dicembre. Nella condizione di solitudine di questi giorni è come se li avessi incontrati di persona e, poiché come me attraversano il lago verso nord, mi tengono compagnia. Il sole illumina il lago sconfinato. C'è una penisola lunghissima in fondo che lo divide dal lago successivo, il Vastenjaure. Una penisola che da lontano ha tutta l'aria di una montagna vera e propria. Non ho ancora deciso cosa mi converrà fare, se costeggiarla e doppiarla o, semplicemente, affrontarla in modo diretto, scavalcandola e scendendo dall'altra parte.

Ben presto i due amici mi lasciano volgendo decisi a est verso le montagne e sono di nuovo da solo. La neve è veloce e compattata dal vento, anche se spesso la superficie si presenta composta da mille piccole crestine nevose, simili a onde estive immobilizzate dal freddo. E queste rallentano il cammino; ogni volta sento la slitta impennarsi e poi piombare giù con lievi strattoni ai fianchi, come una canoa leggera sballottata dalle onde del mare. Ciò che più mi mette in ansia, però, è quando la punta e la coda degli sci si trovano a poggiare su questi rilievi mentre al centro, dove sono costretto a caricare il peso, resta il vuoto. Ogni volta la tensione mi lascia col fiato sospeso, timoroso come sono di poter spezzare i preziosissimi attrezzi. Faccio di tutto quindi per alleviare questo «effetto ponte», scaricando il più possibile il peso sulle braccia. Intanto ho deciso per lo svalicamento diretto della montagna. Da lontano, mentre ne raggiungo il pendio, tento il più possibile di imprimermi in mente l'itinerario migliore da seguire. Poi però, tutto o quasi si cancella quando comincio a salire.

La salita con neve a tratti ventata e a tratti profonda diviene sempre più ripida, fin quando mi ritrovo con gli sci in mano a mo' di piccozze a seguire, scalciando e tirando, la fortunosa traccia di un piccolo branco di renne. Il vento aumenta la sua forza man mano che salgo. Poi in alto, mentre sbuco sul vasto altopiano che mi porterà a scendere sull'altro lago, mi fermo per lunghi minuti ad ascoltarlo. Quando sollevo lo sguardo di fronte a me, a poche decine di metri, ci sono le renne. Non mi ero accorto della loro presenza. Mi domando da quanto tempo si trovino immobili a osservarmi. Sono solo in due e sono possenti, le corna robuste, ramificate, come una corona, il folto manto invernale scosso appena dal vento teso. Per la prima volta, senza i lupi che puntualmente le mettevano in fuga, ho il privilegio di questo incontro, di questo dialogo silenzioso. Il vento mi scuote e oscillo alla stregua di un albero; *come* attraversa questa terra, come accompagna l'esistenza dei due splendidi animali che ho di fronte: silenzio e spazio per tutta la vita; *perché non dovrebbe essere così semplice?* Eppure sono io qui, adesso, l'unico ostacolo a questo vento, a questo respiro della terra che vorrebbe entrarmi dentro ma senza riuscirci poiché mi trova ancora soffocato dai miei fardelli, dalle mie paure.

Il cielo azzurro di stamattina si è ricoperto di nubi alte e sottili, portate e create dal vento. *Cos'è che mi trattiene ancora... perché infine ho paura di lasciarmi andare, ho ancora questo terrore di espormi? Prima o poi dovrà accadere!* Il sole dietro di me è ancora visibile seppur coperto dalle nubi striate... *Sì, voi siete laggiù*, sospiro ancora. Ecco ciò che mi trattiene, questo dolore...

La discesa mi attende, giù fino al lago di Vastenjaure che ancora non vedo. Le renne sono sempre lì, immobili nella neve. Indugio, lo sguardo a sud. Da quassù vedo ancora le montagne che portano a Sulitjelma dove siamo arrivati assieme e poi giù, ancora più a sud, la valle di Argalad e il lungo fiume serpeggiante. Riconosco l'allegro zampettare dei miei cuccioli nel sole basso dietro le nubi, verso le montagne dove i loro volti paiono scolpiti. Probabilmente vedo tutto ciò per l'ultima volta, tra breve, non appena scenderò, scompariranno. Forse è per questo che stavolta qualcosa mi trattiene più a lungo quassù, come se mi stessi congedando dal Sud luminoso, dai miei dolci amici. Ma non posso, come potrei abbandonarli, dimenticarli, cancellarli da me... Ora che di nuovo non vedo altro, ora che se chiudo gli occhi, incrocio i loro...

Il vento incalza, sembra irrequieto, impaziente. Le due renne hanno mosso il corpo. Una ha abbassato il capo e annusa il terreno. Ancora non posso, non riesco a muovermi. Chiudo gli occhi ma è come se rivedessi tutto... *Chinook*. Mi viene incontro mentre arranco nella bufera. La stanchezza lo fa traballare sulle gambe; viene a chiedermi quand'è che ci fermiamo, perché stavolta è così lunga la strada verso il nostro bosco? Lo fa coi suoi occhi dolci, è come un sorriso d'affetto, gentile e discreto. Spartivamo il cibo, la tenda, tutto; spartivamo la stessa unica pentola che ho nella slitta. Prima vi cenavano loro, poi toccava a me: non serviva lavarla né l'ho mai fatto. C'è ormai una crosta che sfamerebbe un esercito. Ricordo come il loro pelo affondava tra i miei occhi mentre li abbracciavo nei momenti più duri, più assurdi, e in esso ritrovavo calore e il sapore di casa, della nostra radura; o come, ancora, i baci dei miei angeli venissero a riportarmi «di qua» nei momenti di lotta furiosa, alienante, in uno stato meno remoto. Mi mancano infinitamente. Novanta giorni non sono pochi, sono tutto quassù, circondato dal nulla di ghiaccio, sono una vita intera. Novanta giorni di fatica e gioia, di esasperazione e incanto; cosa si può fare per l'amore di un sogno, per l'urgenza di essere e di tornare semplice. Novanta giorni e li sento dentro di me potenti e vastissimi, crudeli e magici come mai prima. E il ricordo di ogni attimo è dolore acuto e profondo per la loro mancanza. E rivedo le prime tappe, Chinook e Mohawk ancora piccoli... quante volte dovevo interrompere la marcia per lasciarli dormire; io attendevo in silenzio, con qualsiasi tempo. Ricordo le grida con le quali li incitavo a seguirmi nelle discese dove riuscivo a precederli e loro giù, felici o, infine, la sera della prima tappa in sci, l'ingresso nel rifugio di Hellevassbu, il silenzio assordante, la luce dentro gli occhi, le stelle, la neve fitta, la loro prima cena...

Piango. *Cos'è questo silenzio? Questo vento vasto e sconfinato che mi attraversa...* Le renne sono sparite. Le loro tracce che il vento ricopre veloce, scendono verso sud. *Cosa ci faccio ancora qui?* È tempo di rimettermi in marcia se voglio raggiungere il lago prima del buio. Smuovo gli sci ormai seppelliti dal vento.

Addio cucciolotti, mi volto un'ultima volta; *no, non potrò mai dimenticarvi. Siete qui, dentro il mio cuore: ora il Nord ci attende.*

Sul lago di Vastenjaure. Un rosso e viola scuro appare a un nulla dall'orizzonte lontano attraverso un inatteso squarcio tra le nubi compatte. La pulka diviene rossa, i vestiti, le mani, il cielo grigio e la neve dello spazio senza fondo si accendono di questa luce che attraversa l'abisso. Mi fermo, pieno di sgomento ma anche di stupore. Mi siedo sulla slitta; nulla conta di ciò che so, di cui sono certo. Ciò che conosco come me stesso perde tutto il suo senso. Sono in attesa; la luce mi attraversa, il vento mi passa dentro. Accettare la paura, la pace, il vuoto profondo. Semplicemente, lasciarmi essere. E vedere dove arriverò.

Scio ancora attraverso lo spazio bianco. Poi, ormai al buio, il grande Vastenjaure sfocia nel Vuojatätno, il fiume che lo collega agli altri laghi che mi attendono. È calata un po' di foschia e nevischia appena. Costeggio la sponda destra. Che energia possente emana da ogni cosa. Ogni forma è immobile, qualche cespuglio rado sbuca dalla neve; tra le forme scure della notte poco oltre la riva del fiume, vedo alcune forme appuntite, tende kohte dei Sami...

Il vasto spazio mi avvolge, mi assorda, mi svuota. Sono in una zona del pianeta lontana dall'uomo, quindi aperta verso i silenzi dell'universo e al contempo a contatto diretto con le profondità, con le viscere della grande Madre Terra. Lo sento, lo respiro. L'uomo è assente e c'è solo lei senza frastuoni che la ricoprano. È il silenzio che non proviene dalla momentanea tregua notturna delle attività umane, bensì dalla totale assenza di esse: dallo spazio profondo, casa del nostro pianeta... Non vi sono né aerei né elicotteri né auto che attraversano i boschi, né resse di turisti vocianti, né c'è quel brusio continuo simile a una macchina, emesso da paesi e città, una macchina che consuma avida e senza sosta: non è il dolce sussurrare del vento tra gli alberi, né l'urlo della bufera. No, è un rumore che cancella tutto questo, che sa di malato e che parla di gente lontana dalla terra. Stanotte mi sistemo «qui», all'interno di un rifugio dei nativi Sami.

Dal diario del 2 marzo

Tappa più lunga oggi attraverso due immensi laghi separati da una montagna che ho dovuto scavalcare con una ripida salita di trecento metri. Grandi spazi, grande solitudine. Quando mi renderò conto di quello che sto vivendo? Sono forse troppo centrato e concentrato ora per capirlo, del tutto preso nell'avanzare senza commettere errori, nel sopravvivere mentalmente e fisicamente? Continuo a chiedermi dove mi porterà tutto questo. Sono circondato da laghi, vallate, montagne senza fine. Il modo più rapido per uscirne è proseguire verso nord, altri sei o sette giorni forse. Ogni altra direzione richiederebbe settimane. Stanotte dormo in un kohte. Corna di renna, pareti di tronchi di betulla, fuori il vento, lo spazio. È meraviglioso poterlo ascoltare fino a addormentarmi.

Grazie Pekka..., sussurro tra me e non c'è più paura.

3 marzo, 102° giorno

Attraverso il lago di Akkajaure. Il fascio di luce della lampada illumina le punte degli sci che mi precedono e che cercano il più possibile la neve portata dal vento. Poco fa, con l'ultimo chiarore di un tramonto fatto di nevischio, s'è accesa una luce dalla riva che avevo lasciato mezz'ora prima. S'è fatta sempre più vicina e poi il silenzio si è interrotto. Una motoslitta e mi veniva incontro. Un sami; volto raggrinzito dal gelo di tanti inverni, occhio vigile e limpido come quello di un lupo. Spegne il suo trabiccolo sgangherato per chiedermi se voglio un passaggio fino alla sponda opposta, al kohte nel quale ha trascorso tre giorni in compagnia di un amico (ancora otto chilometri). Sorpreso per l'incontro, non voglio offenderlo rifiutando, anche se la proposta non poteva essere più allettante e gli faccio capire che preferisco andare con le mie gambe. Anche se ormai è buio, anche se sono in marcia da stamattina e ho percorso quasi trenta chilometri. Lui annuisce e poi si raccomanda di seguire la sua traccia, che mi condurrà fino al campo. Sono nella terra dei Sami e, anche se vanno in motoslitta, mi rendo conto che la tecnologia e il nostro mondo civilizzato sono marginali per loro, possono farne benissimo a meno. Le cose e l'avere non sono il fulcro della loro esistenza. Senza di esse, vivono comunque, poiché hanno o, meglio, *sono* altro. Noi non sopravviveremmo un solo giorno.

Alcune luci, otto chilometri di fronte a me; probabilmente il mio amico sami ha lasciato accesa quella del suo mezzo: vanno e vengono nel buio fitto, dev'essere questa gelida foschia che s'alterna sul lago sconfinato... È difficile scivolare bene sul ghiaccio proprio perché si scivola troppo, una condizione chiamata dai Sami *lavki* o *njuohpa*; gli sci a volte se ne vanno per i fatti loro e non riesco a tenere il ritmo. Fortunatamente, più mi avvicino all'altra sponda, più la neve torna a ricoprire il ghiaccio grigio. Anche se le luci sembrano sempre lontane, allo stesso posto.

È buio sul lago e io sono di nuovo una maschera di ghiaccio, di fatica e di silenzio; un frammento di quanto attraverso. Come un lupo, percepisco con ogni senso quanto mi circonda, lo «sento» sotto la suola degli sci, lo sento sulla pelle del viso attraverso la quale decifro gli infiniti linguaggi del gelo, sento il terreno e ogni tipo di neve con le gambe, con le mani e le braccia che ritmano la marcia, lo percepisce ciò che dentro di me ritrova il legame col silenzio e l'energia dei vasti spazi e con ciò che mi porta il vento. Dopo un'altra tappa di trentacinque chilometri, finalmente raggiungo la sponda del lago, presso questo kohte solitario. Sono così stanco e affamato e pieno di silenzio che sono io stesso stanchezza, fame e silenzio come fosse questa l'unica condizione possibile. Quanto ci si illude di avere tanto bisogno delle « cose » quando in realtà si può fare a meno di tutto, poiché l'incanto più bello è quello che riluce dentro di noi. È questa la magia dell'essere «nomade» nella grande natura: l'essenzialità. Il sentirmi bene indossando gli stessi vestiti per quasi cinque mesi, e il *gioire* per i miei capelli lavati solo dal vento teso e i miei zigomi bruciati dal gelo e le mani col colore della terra.

Nel freddo intenso mi avvio verso il profumo di un fuoco di betulla. D'un tratto i due Sami con le loro tradizionali vesti variopinte mi vengono incontro: forse hanno scorto la mia luce sul lago. Sono le prime persone che vedo dopo lungo tempo e provo un calore indicibile. C'è un po' di ansia nei loro sguardi, come se fossero sicuri di dovermi prestare aiuto. Probabilmente quassù è normale così: incontrare qualcuno che vaga di notte a –30° è forse come incontrare un naufrago in balia delle onde nel pieno dell'oceano!

Dal diario del 3 marzo
Stora Sjöfallets, Svezia

Oggi tappa più lunga, trentacinque chilometri, complici i grandi spazi, i grandi laghi e la neve perfetta. Sono arrivato un po' stanco. Sono passato per l'intero giorno al cospetto di montagne impressionanti, corazzate di bianco e con dislivelli di oltre 1500 metri; speroni, creste, couloir, ghiacciai, nulla da invidiare ai colossi himalayani, solo che qui si è davvero isolati se si deve affrontare una parete del genere (nonché raggiungerla!!) quando il sole non sorge, come a gennaio! E pensare a quanta gente si accalca ogni anno in Himalaya spendendo tanti di quei soldi per trovarsi nella ressa... Certo sono montagne fantastiche quelle del Nepal, ma mi sembra che oggi si faccia solo ciò che è di moda.

Trascorro la serata ospite dei due Sami all'interno del loro kohte. Mai mi sarei sognato ieri sera, durante la notte trascorsa nel kohte solitario presso il fiume, che avrei avuto l'onore di poter ripetere l'esperienza in compagnia dei Sami stessi! Una vecchia stufa brucia presso l'ingresso; dallo sportellino semiaperto le rosse braci occhieggiano pigramente sui piccoli tronchi di betulla che rivestono del tutto l'interno di questa antica struttura. Nila e Ailo, questi i loro nomi, indaffarati nel preparare qualcosa per la cena, parlano la loro incomprensibile lingua e vestono gli abiti tradizionali. Io li osservo, comodamente sdraiato su una pila di pelli di renna, e osservo l'apparente caos che regna all'interno del piccolo rifugio. Vi sono pentole accatastate, qualche indumento polveroso appeso al soffitto annerito dal fumo dal quale, infilzata in grossi ganci, pende la carne di renna affumicata, mestoli, cucchiai e, un po' ovunque, mucchi di pelli apparentemente appena conciate.

Ricordo l'impressione che ebbi visitando anni addietro una famiglia sami all'interno della loro abitazione: era stato quasi divertente osservare quella gente in una casa moderna. Era evidente che essi non vi appartenevano poiché, come Nila e Ailo o Anti e Pekka tanti anni prima mi avevano dimostrato, i Sami si trovano molto più a loro agio per terra che non su una sedia. In casa, fu questa l'impressione che ricevetti, era come se campeggiassero! Il profumo di qualcosa di delizioso che bolle sopra la stufa, la luce tenue del kohte, costituita da poche candele e dalle ombre che la stufa proietta sulla pareti scure, quasi giochi di fantasmi silenziosi, il borbottio della stufa stessa o di quelle parole incomprensibili, antiche, tutto si fonde e si confonde nei miei occhi appannati dalla stanchezza e dalla fame.

È meraviglioso potermene stare qui al caldo dopo una simile tappa, poter distendere le mie gambe stanche e asciugarmi col gelo di questa notte chiuso fuori... Ed è incredibile pensare di trovarmi qui, non solo tra due Sami (sono o non sono loro coloro che hanno accompagnato o condotto il mio viaggio finora?), ma soprattutto di essere giunto nella loro terra, così lontana e inaccessibile mesi fa e di esservi arrivato con le mie gambe.

È un sogno, mormoro tra me osservando le ombre sulle pareti. *Sembra tutto un sogno...* Tentando di non cedere al sonno (non mi sembrerebbe cortese), mi tiro su a sedere e nella penombra tento di riconoscere i dettagli delle due persone che ho di fronte. Riconosco i *pouvsah*, i pantaloni col pelo di renna rivolto all'interno, e le *skaller*, le calzature in pelle di zampa di renna con la tipica punta rialzata. Mi domando se anche Nila e Ailo utilizzino l'erba *suoine* al posto delle calze, come mi aveva spiegato Pekka. « Anche con questo freddo?... » domando soprattutto per rompere il mio silenzio; la risposta è sì. Ailo indossa il *kufte*, una tunica azzurra, riccamente decorata con motivi coloratissimi all'altezza dei polsi e tutt'attorno il collo dove, rialzata con un bavero rigido, forma come una corona. È questo il « pezzo » forte dei Sami. Anni fa ne chiesi il costo a un'anziana della penisola del Lyngen nella Norvegia settentrionale e ricordo che, nonostante il costo esorbitante richiesto, fui quasi sul punto di comprargliela...

So che i Sami, in inverno, hanno l'usanza di indossare una maglia di pelliccia sotto il *kufte*, con la pelliccia a contatto diretto con la pelle. Mi astenni dal chiedere ai miei due amici se anche loro facessero altrettanto. Non volevo esagerare. « Pochi di noi ancora vestono così », aveva commentato Ailo lasciando le incombenze culinarie a Nila e distendendosi comodamente al mio fianco, « e questo non perché oggi esistano indumenti migliori! » si era affrettato a precisare. « Il motivo è che ci vuole tempo, molto tempo per fabbricare le nostre vesti tradizionali. Solo per le scarpe si impiegano cinque giorni. Ma ancora prima di cominciare, bisogna essersi procurati il tendine della renna; è con questo che le nostre donne hanno da sempre cucito. Anche per questo ci vuole tempo; occorre tirare coi denti il tendine separandolo fibra dopo fibra e arrotolando man mano il filo tra le dita... Ci vuole pazienza; oggi, il mondo sembra non averne più... Non si possono cucire le *skaller* col filo normale » proseguì Ailo dopo un'attimo di pausa. « I tendini della renna, infatti, oltre a essere robustissimi, rendono le cuciture completamente impermeabili: nessun filo ha la stessa capacità! »

Ascoltavo incantato le parole di queste persone ancora *native* nonostante tutto, ancora legate alla propria terra; apprendevo nozioni e conoscenze antiche e tutto, come mi era capitato tra i nativi *Gwich'in* dell'Alaska o durante quella lunga giornata passata nel lavvu con Pekka, tutto assomigliava a un sogno, a frammenti di un mondo oggi inverosimile eppure, grazie a quei pochi che non ne volevano sapere di cedere, ancora vivo, reale. Volli sapere di più dei Sami di oggi; il mio interesse, nonostante la stanchezza, era forte quella sera... Se avevo percorso tutta quella strada sulle tracce di quell'antico popolo, volevo ora sapere, o quantomeno tentare di capire chi fossero realmente i loro discendenti. Nila e Ailo erano due di essi: per nulla al mondo mi sarei perso un'occasione del genere!

«Da qui, se cammini verso est per almeno dieci giorni, arrivi ai grandi boschi di conifere che circondano queste montagne; lì trovi il piccolo abitato di Kvikkjok» esordì Ailo. «Un tempo, quassù, ci vivevano i Sami con le loro renne: ogni autunno ridiscendevano con le mandrie, di nuovo giù, fino ai boschi dove avrebbero svernato. A quell'epoca, benché già qualche colono vivesse nella zona, non vi erano strade che collegavano Kvikkjok con la costa del golfo di Botnia, lontana quattrocento chilometri. Era lì che viveva la 'gente vestita di scuro', come i Sami chiamavano gli stranieri. Si viveva in grande tranquillità, sparpagliati un po' ovunque in quest'immensa regione boscosa ai piedi delle montagne.» Ailo accompagnò queste parole con un'ampio movimento del braccio. «Ho parecchi amici tra coloro che si trasferirono nei pressi di Kvikkjok attorno agli anni Cinquanta, prima che venisse costruita la strada» continuò lui. «Uno di essi ricorda spesso come i Sami migrassero sul lago di fronte casa sua. Passavano in silenzio con le loro renne, il leggero frusciare dei pattini sulla neve, il tintinnare dei finimenti delle slitte, il tipico schioccare dei tendini degli animali in marcia, gli abiti colorati e la serenità dei Sami... La gente li osservava con profonda riverenza: questo era sempre un momento speciale. Lo si attendeva con gioia per tutto l'anno, sia che si trattasse della migrazione di primavera, sia durante l'autunno, quando i Sami, i volti abbronzati dopo la lunga estate, tornavano stanchi ai loro boschi...»

Mentre Nila ci colmava le scodelle con la sua zuppa di riso, carne di renna e formaggio ricordai, come avevo fatto due giorni prima, la mia visita alle montagne di quella zona pochi anni addietro. Ero partito con un paio di amici proprio da quei boschi sconfinati dei quali Ailo mi stava raccontando. Le montagne erano ben visibili dal paese di Kvikkjok, sembravano vicinissime, eppure impiegammo quattro giorni per raggiungerne le pendici... Ricordo che, durante l'intero percorso, sognai il momento in cui avremmo cominciato a salire di quota emergendo gradualmente dai boschi, fino a trovarci alti, altissimi su quella sconfinata distesa selvaggia di conifere. Quando questo avvenne quattro giorni dopo, rimasi senza fiato e quasi piansi: il potente «*WRrrr*» mi era entrato dentro come un boato.

Penso a quando qui non c'era ancora la strada fino alla costa scrissi quei giorni sul diario, conoscendo già alcuni particolari sulla regione. *A quando qui ci vivevano i Sami... che diamine...; uscire da una natura sconfinata come già sono queste montagne del Sarek, per entrare in un'altra ancora più vasta, costituita da soli boschi e fiumi e alci e orsi...* Da allora, nonostante la strada e tutto il resto, battezzai quelle montagne e quei boschi come «l'ultima Alaska d'Europa»!

«I primi guai per questa regione arrivarono quando, nel 1634, si scoprirono importanti giacimenti di argento...» riprese a narrare Ailo. «L'anno successivo si avviò la miniera; la distanza che c'era tra essa e la costa ove attendevano le navi (circa quattrocento chilometri) era coperta dai Sami con carovane di renne caricate col prezioso metallo. Furono costretti a viaggi estenuanti, nel corso dei quali numerose renne, esauste, perivano. Molti di essi, per sottrarsi a questo tormento, scapparono oltre le montagne con le mandrie, fino in Norvegia. A chi restava e si rifiutava di lavorare, veniva riservato un trattamento di riguardo: praticati due fori nel ghiaccio del fiume a una distanza di circa cinque metri l'uno dall'altro, si gettava in acqua il malcapitato e lo si faceva passare tra un buco e l'altro, tirandolo con una corda, finquando non ne sopraggiungeva la morte o finché non accettava di ubbidire. Il posto ove tutto ciò avveniva si trova nei pressi del delta di Kvikkjok ed è tutt'ora chiamato Lappvika, 'l'insenatura dei lapponi'; è da notare che il

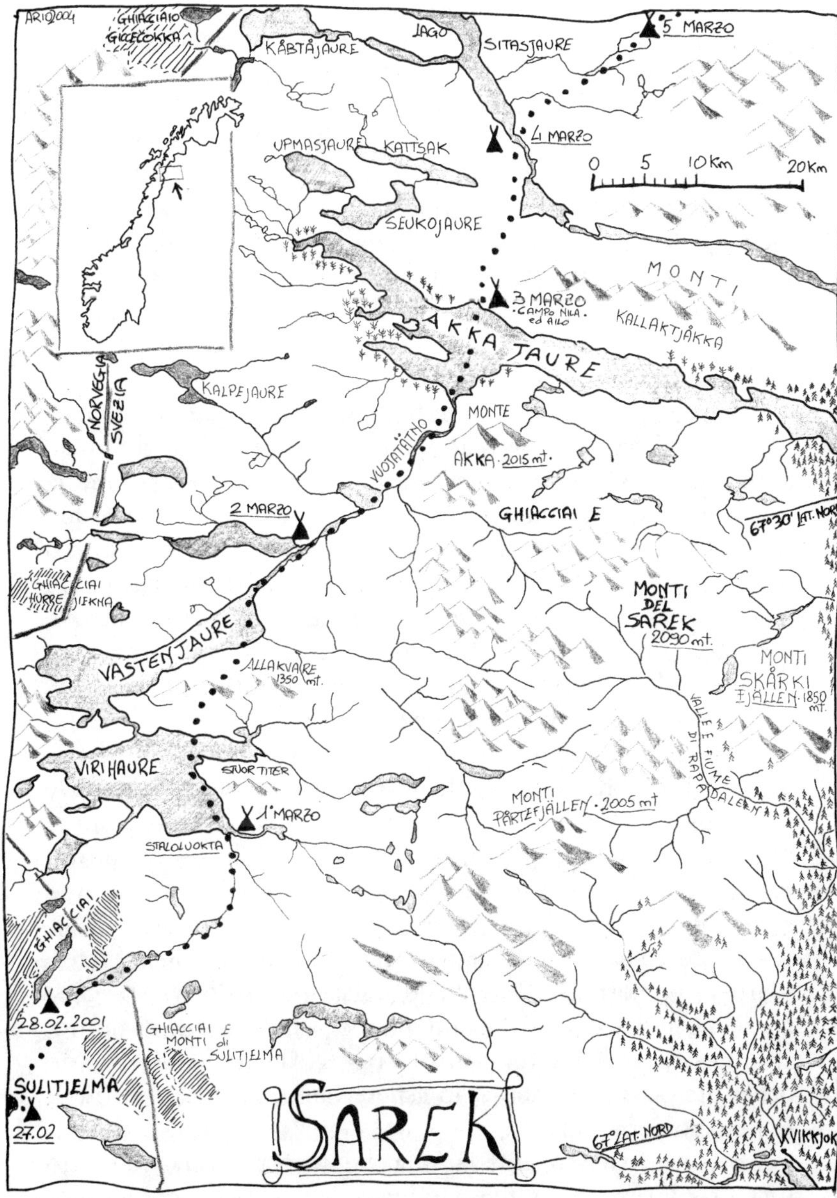
ARIO2004
GHIACCIAIO GICCEČOKKA
KÅBTÅJAURE
LAGO
SITASJAURE
5 MARZO
4 MARZO
0 5 10Km 20Km
UPMASJAURE
KATTSAK
SEUKOJAURE
MONTI KALLAKTJÅKKA
3 MARZO
CAMPO NILA ed AILO
AKKAJAURE
NORVEGIA
SVEZIA
KALPEJAURE
MONTE AKKA 2015 mt.
VUOJATÄTNO
2 MARZO
GHIACCIAI E MONTI DEL SAREK
2090 mt.
67°30' LAT. NORD
GHIACCIAI HURRE JIEKNA
VASTENJAURE
ALLAKVAIRE 1350 mt.
MONTI SKÅRKI FJÄLLEN 1850 mt.
VALLE E FIUME DI RAPADALEN
VIRIHAURE
STUOR TITER
MONTI PÅRTEFJÄLLEN 2005 mt
1° MARZO
STALOLUOKTA
GHIACCIAI
28.02.2001
GHIACCIAI E MONTI di SULITJELMA
SULITJELMA
27.02
SAREK
67° LAT. NORD
KVIKKJOKK

macabro rituale, avveniva a poche centinaia di metri dalla chiesetta in legno che i missionari, che sempre sopraggiungevano al seguito di coloni e mercanti, avevano appena eretto per 'civilizzare' quei poveri selvaggi.

«Con l'avvio delle miniere, i pastori persero gran parte dei loro territori di caccia e di pascolo» spiegò Ailo. «Questo, inoltre, con l'arrivo di ogni tipo di gente, accelerò lo sradicamento culturale dei Sami della zona. Furono queste (miniere, coloni e missionari) le 'violazioni antiche'. Poi, verso la fine degli anni Cinquanta, fu la volta di quelle nuove e si cominciò con le dighe, ma fu solo una continuazione di quanto ci è sempre stato fatto...»

«Siamo come foglie d'autunno, mi raccontò fino al suo ultimo giorno mio nonno Veiko Pirak», riprese Ailo dopo un attimo di pausa. «Lui, come tanti altri, aveva vissuto tutta la sua vita tra queste montagne. Il suo Campo era proprio qui, sulla sponda opposta di questo lago, quello che hai attraversato oggi. Presso le rive dei numerosi grandi laghi di questa zona, i Sami avevano i loro kohte; se ne trovavano gruppetti di cinque o sei a non più di una giornata di marcia l'uno dall'altro. Così era possibile mantenere i contatti con i vicini!...» sorrise lui. «Accanto a ciascun kohte, vi era la njalla; lungo le sponde erano tirate in secco le imbarcazioni a remi, riparate dalle intemperie... Quassù lui, come tanti altri, ha trascorso la vita. Saliva alle montagne in primavera e ridiscendeva ai boschi in autunno. Non c'è da stupirsi quindi se, a causa della diga e di tutto il resto, egli si rifiutò di scendere e preferì restare quassù...» Ailo scrollò il capo e fissò il buio ai suoi piedi per alcuni istanti.

«Restò sulle sue montagne e nessuno lo vide più. Preferì morire ripercorrendo le antiche tracce piuttosto che piegarsi a ciò che aveva stravolto il suo mondo.» Egli tacque di nuovo, scambiando una rapida occhiata con Nila che lo fissava con occhi lucidi. «Tutti noi ce lo aspettavamo. E tanti altri tra di noi fecero come lui.»

Cominciavo a percepire la zona che stavo attraversando sotto una luce diversa, più intensa, o forse, se possibile, con maggior riverenza... «Siamo come foglie d'autunno» riprese Ailo. «Così mi raccontava Veiko. Egli ripeteva questa storia sempre, come se, dopo anni, stentasse a crederla vera! Il vento e le onde ci portano dove vogliono, non serve a nulla combattere contro di esse, diceva. Mi era stato ripetuto ormai più e più volte: il lago avrebbe avuto la sua diga e il suo livello si sarebbe innalzato di quattordici metri. I paesi avevano bisogno di maggiore elettricità, ci era stato detto, e sarebbe stata prodotta grazie alla diga del lago. L'estate successiva, ogni insenatura, isoletta o promontorio, tutto sarebbe scomparso. Era impossibile immaginarselo e nessuno comunque voleva farlo. Ma fu ciò che accadde. I luoghi nei quali noi avevamo vissuto da sempre, i nostri kohte, i sentieri lungo la costa, i cespugli di mirtilli, tutto sparì. Giorno dopo giorno, l'acqua crebbe divorando la terra.

«Così raccontò il nonno Veiko Pirak» aggiunse. «Sono cresciuto con questa storia...» Ailo tacque; Nila si mosse, si avvicinò a un fagotto nascosto nella penombra, e ne estrasse una carta del Sarek in scala 1:100.000. Era simile a quelle che utilizzavo per la traversata, ma aveva l'aria di avere qualche anno di più. La aprì stendendola con cura di fronte a me e quindi, illuminandola con la lampada, mi disse: «Queste x sulla mappa, indicano dove quei Sami avevano i loro villaggi di kohte...» Notai con una stretta al cuore, che la carta era piena di quelle x nere... «Di otto kohte distrutti, la famiglia di Veiko Pirak, ne ebbe risarcito solo uno!»

«Una diga alza e abbassa le acque» Nila sospirò guardando di fronte a sé. «Le uova dei pesci depositate presso le sponde un giorno, quello dopo si ritrovano sui fianchi delle montagne...» Dunque, le «violazioni antiche», come le aveva definite Ailo, continuarono più tardi con lo sfruttamento dei laghi da parte del governo svedese e con la conseguente costruzione di centrali idroelettriche che intaccarono l'allevamento in questa splendida e selvaggia zona della Lapponia. Oltre ai terreni persi a causa delle dighe, si distrussero gli itinerari che venivano compiuti stagionalmente per spostarsi verso altri territori di pascolo, sia in estate, sia durante l'inverno; un tempo questi erano facilmente percorribili sul ghiaccio. Oggi non lo erano più a causa del continuo abbassarsi e innalzarsi delle acque.

Sempre a causa delle dighe, si bloccò inoltre la migrazione dei salmoni, riducendo così anche l'attività della pesca. La strada tra Kvikkjok e Jokkmok, di circa centoventi chilometri, fu terminata negli anni Cinquanta, al fine di servire la prima diga, quella del lago Seitevare.

«Basta una strada dove prima non c'era nulla e la vita delle persone che essa tocca viene stravolta» riprese Ailo. «Divenuti via via sempre più dipendenti dai beni esterni, trovando lavoro nei cantieri della diga, essi si ritrovarono letteralmente in mutande, abbandonati a sé, una volta terminati i lavori di costruzione. Alcuni si videro costretti a dover vendere le proprie attività e i propri terreni, altri finirono nelle città, in cerca di nuova occupazione. Nel giro di pochi anni la maggior parte dei corsi d'acqua di questa zona si vide munita della sua bella diga e il lavoro sparì improvvisamente» spiegò con maggior precisione Ailo.

«Restavano ancora libere le acque del lago di Sitojaure; i politici di Jokkmok al fine di mantenere alto il boom del momento, non esitarono – promettendo come sempre che dopo di questa non ce ne sarebbero state altre – di proporne lo sfruttamento costruendovi un'altra diga. Fu un'altra perdita terribile per i Sami; e questo, nonostante essa diede lavoro per soli due anni a circa un centinaio di persone. Questo purtroppo è accaduto un po' ovunque. L'esempio peggiore per la Norvegia, ad esempio, riguarda la diga del fiume Ædno, su presso Masi.»

Ricordai il racconto di Pekka a proposito dei «fatti di Alta» e sulla lotta che i Sami opposero alla costruzione di quella diga; il fiume in questione, tra l'altro, era poco distante dal campo del suo lavvu... Durante i quasi dieci anni di lotte, si ebbero manifestazioni e scontri di ogni tipo (anche a Oslo) per impedire l'annientamento di altri cinque distretti di pascolo dei Sami nonché la distruzione del canyon più grande del Nord Europa, con tutte le sue rare specie di piante. Ma il governo si rifiutò di riconoscere questi impatti negativi e così, dopo anni di opposizioni, la costruzione ebbe inizio nel maggio del 1987, sotto la stretta sorveglianza della polizia. In merito, il quotidiano nazionale *Dagbladet*, scrisse: «Tutto questo è sintomatico dell'imperialismo culturale che noi norvegesi pratichiamo nella parte settentrionale del nostro paese, e mostra quanto dipendiamo da un'eredità di arroganza e di oppressione, che non può venir estirpata se non attraverso un lungo e determinato sforzo».

«Una diga porta una strada che poi resta e consente, oltre che l'intrusione dei turisti, lo sfruttamento scellerato di boschi una volta completamente inaccessibili» intervenne Nila. «È vero. E così, allo scempio dei grandi laghi si è aggiunto quello creato dal moderno lavoro forestale. Esso implica il taglio a zero del bosco» spiegò Ailo.

«Non vengono tagliate le piante più vecchie o troppo vicine tra loro, al fine di mantenere l'equilibrio ambientale, ma vengono rase al suolo intere e vaste zone.» Scrive Stefano Lucchi in *Sciamanismo Saami*: «Conseguenza di ciò, è che tutto il sottobosco, di cui renne e altri animali si cibano, scompare. Viene così intaccato l'allevamento nei boschi, ma anche la vita dei Sami di queste zone, poiché essi si vedono costretti a ridurre il numero delle proprie renne...»

4 marzo, 103° giorno

La mattina successiva, i miei due amici, Nila e Ailo, partono di buon'ora per il villaggio di Kvikkjok. La strada è lunga e l'incognita del maltempo è sempre presente. Se le condizioni sono buone, mi hanno detto prima di salutarmi, non dovrebbero impiegarci più di due, tre giorni al massimo. «Pernotteremo in alcuni kohte di cui solo noi Sami conosciamo l'esistenza» rise Ailo. «I nostri luoghi segreti!...» gli fece eco Nila.

Ero uscito anch'io nonostante il freddo e il sonno, per augurare loro il buon viaggio. Le montagne si distinguevano appena nella semioscurità azzurrognola; oltre il lago, esse parevano emergere come reami incantati dalla fitta bruma grigia e bianca che lo ricopriva per buona parte. Nila e Ailo sistemano con cura il proprio bagaglio sul rimorchio delle motoslitte; avvolgono tutto con grossi teloni verdi e tendono le cinghie a dovere. Quello che mi impressiona, è che a –30°, essi svolgono questo lavoro a mani nude! *Che cos'hanno al posto del sangue?* mi domando rabbrividendo. *Di cosa è fatta la loro pelle?* Li osservo in silenzio; riconosco, in questi due Sami, la medesima pacatezza e accuratezza dei gesti che avevo rilevato in Pekka e in Anti.

D'un tratto, mentre seguo il loro lavoro, è come se al posto delle motoslitte riconoscessi le renne coi loro basti da carico. Mi par di rivedere nei gesti di Nila e Ailo, quelli stessi dei loro antenati quando, partendo per la migrazione di primavera o per quella d'autunno, occorreva sistemare per bene ogni carico al fine di non perdere nulla durante il lungo viaggio. I due Sami hanno lavorato in silenzio; io ho osservato in silenzio.

Ora, terminati i preparativi, mi si accostano e si infilano i pesanti guantoni in zampa di renna; fissiamo le montagne lontane oltre il lago emergere pian piano dall'oscurità e dalla nebbia bassa. « Quella era una montagna sacra per gli antichi Sami... » dice Ailo con gli occhi assorti, come ascoltasse voci solo a lui note. « Passevare le definivano loro... Quella laggiù in fondo, vedi? » Io annuisco, riconoscendo l'immensa mole montuosa costeggiata nel pomeriggio di ieri. « È il monte Akka... » aggiunse Ailo, « è una cima molto alta, supera i 2000 metri... È da essa che questo lago ha preso il suo nome. » « Akkajaure » sorride Nila, « Jaure, in svedese, significa lago. »

Seguì un altro breve momento di silenzio. Quindi, come mossi da una molla invisibile, Nila e Ailo montano sulle loro motoslitte, le accendono, alzano la mano per un breve cenno di saluto, e si allontanano veloci verso est ove la luce del nuovo giorno indugia ancora nella bruma notturna. Io li osservo a lungo nel freddo intenso. *È duro, ogni volta, ritrovarmi da solo*, penso tra me. Il rumore dei motori si dissolve rapidamente nel profondo silenzio che mi circonda e che sembra amplificarsi; ora, solo due piccoli puntini neri si alternano nella luce incerta, nelle nebbie lontane. Infine, svaniscono anch'essi.

Resto immobile di fronte all'immenso Akkajaure, il lago traversato ieri sera; lo splendido monte omonimo è di fronte a me. Ancora, sulle sue creste remote e misteriose, sembrano aleggiare le ultime parole di Ailo. Sono queste, come i suoi racconti della sera precedente, ciò che forse ora attutiscono il senso di abbandono che mi pervade, è come se mi facessero sentire un po' più a casa tra queste montagne selvagge e sconosciute. Poco dopo, mentre rientro nel ricovero riscaldato dalla vecchia stufa ancora accesa e mi richiudo per bene nel sacco a pelo, il sonno mi riavvolge come un'immensa coperta d'amore. Una serenità profonda regna all'interno del kohte. Un silenzio che è il respiro di queste montagne antiche, di una terra ancora viva, ancora nativa. La quiete della mattina mi avvolge; l'incontro con i due Sami, nella solitudine tremenda che mi avvolge, ora è come facesse parte di un sogno, ma non c'è paura; in pochi minuti mi riaddormento.

Dal diario del 4 marzo
Stora Sjöfallets, Svezia

Me la sono presa comoda oggi, dopo la partenza mattutina di Ailo e Nila. Tempo coperto con leggera nevicata e stanchezza per il tappone di ieri. Ma non avevo fretta: più si avvicina la meta, più sento che posso farcela ma soprattutto che devo vivere ogni istante fino in fondo. Mille pensieri mi hanno tenuto compagnia, il tema principale ovviamente, era uno solo: casa, primavera.

5 marzo, 104° giorno
Alpi del Kebnekaise, Svezia

La ferita si rimargina lentamente e ciò che ho finora attraversato torna gradualmente a illuminarmi... Grande stanchezza nel far la traccia oggi nei quaranta centimetri di neve fresca caduti stanotte. Stanchezza fisica sempre maggiore, ormai si accumula e non riesco più a recuperare... dopo oltre cento giorni di marcia non posso fare altro che tenere duro. Sto entrando nell'aria rarefatta di una grande vetta e, come sempre, nel momento in cui si ha maggiormente bisogno di energia per affrontarla, se ne è completamente privi. Ma va bene anche così poiché, per contrasto, la stanchezza e la tensione mentale svaniscono ogni giorno di più e qualcosa che potrei definire come una grande pace va crescendo in me giorno dopo giorno, pace vasta e sconfinata come la terra che ho attorno.

Verso fine tappa mi son fermato e, seduto contro la slitta, sono rimasto a lungo a riposare: spazio, sempre più spazio. Nubi leggere e striate avevano il tocco lieve del cielo, del sole che scende. Un muro variopinto che si spostava compatto sopra la terra bianca e azzurra, come una migrazione. Verso sera il cielo si è rasserenato del tutto, colorandosi con una luce azzurra, turchina mentre la luna è apparsa alta sulle montagne ardite; attorno a esse, vastità, spazio: non riuscivo a distogliere lo sguardo da tanta meraviglia. Domani dovrei riuscire a intravedere il massiccio principale del Kebnekaise, vetta più alta di Svezia nonché di tutta la Scandinavia settentrionale. Coi suoi 2117 metri presenta condizioni climatiche riscontrabili forse solo su un quattromila alpino nel pieno di un inverno molto rigido. Il sole continua a crescere. Non ho più fretta, è troppo bello qui e questi istanti troppo importanti e irripetibili. Magnifiche aurore boreali e luna stasera in cielo! Tutto quassù è armonia assoluta.

6 marzo, 105° giorno

Ritmo il passo attraverso la distesa perfetta che luccica e che quasi mi spiace violare col mio passaggio. Alterno la spinta delle braccia a quella degli sci e lo spazio attorno mi appare sempre più vasto, sempre più profondo: da solo bianco diviene gradualmente bianco rosa, bianco arancio, rosso. Il cielo, tavolozza delle tempere e artista al contempo, tinge la terra con tonalità infinite del blu e del viola e nell'essenzialità priva di ombre dei suoi colori scolpisce i rilievi come diamanti incastonati nel nulla. Il vasto altopiano che da stamattina in leggera ascesa mi ha accompagnato verso nord, ora accenna a finire. Con l'ultima luce azzurra del giorno, sbuco alto sopra la valle del Kebnekaise, il re di Svezia.

C'è una luna piena che tra breve rischiarerà la mia marcia e che già proietta la sua ombra mentre scendo il ripido e lungo pendio. Più tardi nel buio, sotto la luna, raggiunta l'ampia valle, solco profondo che attraversa le montagne verso nord, mi fermo a mangiare. Tutt'intorno a me ci sono vette antichissime come una parata di giganti e intuisco la presenza di altre ancora più ardite e solitarie, per ora nascoste alla mia vista. Più tardi, mentre da tempo mi trascino lungo il fiume e l'aria è di nuovo avvolta da una bruma di nevischio, una sagoma scura, alta su una roccia di circa venti metri interrompe il biancore. *Peccato*, dico tra me, nonostante l'ora e la stanchezza avrei voluto continuare ancora per un po' stasera: è il rifugio di Alesjaure.

Il vento gioca indisturbato tutt'attorno, cancellando ogni forma o impronta nella neve, la sua voce è una melodia che ormai ho dentro, è la voce di tutto quanto ho respirato e vissuto negli ultimi mesi, la voce di questa terra. Sosto a pochi metri dall'ingresso, dove le folate creano cornici e accumuli continui. Ho l'impressione di ritrovarmi di fronte il rifugio di Hellevassbu la sera della prima tappa con gli sci... Stessa voce, stessa pace dentro, i cucciolotti che curiosano attorno... L'improvvisa luce di candele oltre la piccola finestra mi indica che non sono solo e mi coglie di sorpresa. Dentro, quando busso, una meravigliosa ragazza, quasi un elfo, mi dà il benvenuto e comprende ogni frammento di pace e di luce che traspare dalle mie parole ma più che altro, dai miei silenzi. La barba corazzata di bianco mi gocciola e ne tengo i vari pezzetti di ghiaccio in mano per non bagnare per terra. La ragazza sorride, mi porta alla *mia* stanza e mi augura buonanotte. È sempre un sogno ascoltare il vento dall'interno di un piccolo rifugio in legno circondato dalle montagne e dalla neve, e questo *che sogno è*?

La mattina c'è il sole, un ragazzo spacca la legna e l'immensa valle percorsa ieri sera, da qui prosegue verso nord ricoperta da un lago lungo e stretto che si infila tra le montagne e di cui non vedo la fine. Però vi sono dei punti scuri, giù in fondo, unico riferimento nello spazio bianco. Mi lascio il rifugio alle spalle e mi incammino attraverso il lago; probabilmente oggi riuscirò a raggiungere lo scalo ferroviario sul passo di Abisko. I puntini sono in movimento e mi vengono incontro; dopo tutte queste lunghe settimane di cammino, nonché dopo questi ultimi giorni di meravigliosa solitudine, non mi aspettavo di incontrare gente sulle montagne, finora non mi era mai capitato. L'abitudine ad avere tutto questo mondo sconfinato solo per me è divenuta troppo forte; quasi senza accorgermene sposto impercettibilmente il mio itinerario un po' verso destra mentre i puntini, quattro persone con la slitta, procedono sul lato sinistro. Continuo rapidamente verso nord e, benché tentato dal riprendere la loro traccia, proseguo dritto per la mia strada. Il sole sembra scaldare nel cielo azzurro e montagne meravigliose esplodono della sua luce in ogni direzione.

Più tardi, incontro nuovamente altri pulkisti. Ce ne sono di tutti i tipi, grupponi, gruppetti, solitari, chi con la slitta dietro chi gravato da zaini allucinanti, la maggior parte in sci, alcuni con le racchette da neve! Resto sorpreso da questa folla, poi penso che effettivamente ormai è marzo e che qui, con partenza da Abisko si snoda un itinerario tra i più classici per gli scandinavi. Alcuni, raggiunto il rifugio di Alesjaure, vi passano una settimana, compiendo escursioni giornaliere. Altri, i più temerari, si spingono oltre, a vivere la propria avventura tra le montagne. Una moltitudine variopinta, simile a un esercito sfilacciato, continua a sfilare a poche centinaia di metri da me. A un tratto ce n'è uno che risale la pista tutto solo schiacciato da uno zaino più grosso di lui e ostacolato dalle goffe racchette da neve che porta ai piedi. *Che faticaccia...*, penso mentre lo osservo. Questo si ferma e dopo aver emesso un verso simile a un richiamo, agitando per un attimo il braccio, resta impassibile a fissarmi. Sorpreso, mi fermo anch'io e attendo ulteriori comunicazioni. Il tipo sembra un po' irrequieto ma non aggiunge altro; allora alla fine alzo un braccio per salutarlo e riprendo la marcia. Cosa intendesse comunicarmi non ne ho idea poi, penso, voleva probabilmente avvisarmi che la pista «giusta» era lì dove si trovava lui, quella seguita da tutti gli altri. *Quanto margine d'avventura è disposta ad accettare la gente*, penso, *quanto è davvero disposta a «perdersi» nella grande natura?* L'incontro appena avuto mi ha divertito, eppure, per quanto nel loro aspetto semisbaragliato ognuno di questi pulkisti mi faccia sorridere, apprezzo il loro sforzo, il loro impegno, poiché essi, per lo meno, sono in marcia. E chiunque si metta in marcia è qualcuno che ha acceso una nuova luce sulla terra. E non importa se lo fa per un giorno, una settimana, un anno, né conta il tipo di impegno che ciò comporta. Quello che conta è continuare a farlo, è decidersi e partire; anche se si fallirà al terzo passo. Ma almeno si è provato: di sicuro al secondo tentativo andrà meglio.

Osservo con amore questa «parata» di esseri umani. Ognuno di essi, come me del resto, rappresenta un livello diverso di cammino attraverso il proprio itinerario di vita. Nessuno è migliore o peggiore degli altri: l'incanto che ci accomuna è che tutti siamo consapevoli di avere un itinerario da percorrere o da dover ancora trovare; è che tutti siamo simili a *dei*, figli della Terra, custodi del seme dell'universo intero. Occorre solo rendercene conto. Occorre respingere quella pesantezza che per altri è ostacolo a questa comprensione, ad alzarsi e tentare... Poiché appunto, anche chi non è qui oggi, anche chi è rimasto a casa e ha paura di uscire, anche costoro possiedono la medesima luce e anch'essi potrebbero essere qui, in cammino.

La valle infine prende a scendere improvvisa e ripida. Sfreccio come un razzo giù lungo le tracce dei vari sciatori; i primi alberi qua e là richiedono la massima attenzione e infine mi ritrovo immobile, circondato dal bosco di betulle. Un altro lago e poi di nuovo tra gli alberi. Solo più tardi mi appare la sconfinata vallata di Abisko. I rilievi in fondo sono scolpiti nel cielo azzurro piombo che precede il buio, la luna è alta nel cielo e il tappeto scuro degli alberi che si estende all'infinito rende più acuta la stanchezza dei trentacinque chilometri di oggi e quella di tutta la traversata. Osservo in silenzio ciò che avevo finora esaltato come un traguardo, ma che invece non è che un ennesimo punto di passaggio che nuovamente dovrò lasciarmi alle spalle. La terra che ho di fronte sembra non avere mai fine. E io, nonostante l'incanto degli ultimi giorni, sono stanco, molto stanco.

Più tardi, giù nel bosco, numerosi torrenti dal ghiaccio acquoso mi costringono a cauti attraversamenti con gli sci in mano. Poi la lunga discesa finale verso le luci. Sbuco tra i lampioni della ferrovia e d'un tratto mi sembra di essere di nuovo a Finse. Percorro una strada battuta, una piccola salita e mi fermo di fronte a un edificio illuminato. Al di là dei vetri, parecchie persone stanno cenando. Mi siedo sulla pulka; sono esausto... *Quanta luce, quanta pace ho dentro... Avrei mai pensato di riuscire ad arrivare fino a qui otto giorni fa lasciando Sulitjelma?* Sono ricoperto di ghiaccio, un biancore che per ora nasconde il colore scuro che hanno assunto i miei abiti. Essi appartengono a me, come fossero la mia pelle in questo momento, la pelle di un nativo, scurita dalla terra e dal sole. *Non si appartiene più alla pista della propria vita, come gli animali o come facevano i nativi, tutto è distrutto dalla frenesia dell'usa e getta che devasta il nostro pianeta. Appartenere, è questo il significato di nativo.*

La pace, il silenzio, la luce che mi pulsano dentro, *appartengono* a me. Vengono da me. Questo cielo gelido mi appartiene. Eccola la mia casa. Non gli abiti puliti di quelle persone là dentro che mangiano e che appartengono alle *cose* e a ciò che «dicono gli altri». Mi alzo e osservo la pulka, graffiata e incerottata, regina di mille battaglie. Quando entro, devo attendere dieci minuti nel calore dell'ingresso per scongelarmi ed evitare di venir inzuppato dal ghiaccio che mi ricopre. Poi, così come sono (con la testa che gira per il calore improvviso), entro e mi ritrovo a vagare tra un piatto e l'altro del ricco buffet.

Dal diario del 7 marzo, 106° giorno

Dopo gli ultimi duecento chilometri di solitudine, eccomi ad Abisko. Comincio a scorgere la vetta dell'immensa montagna! Quanto ho avuto attorno in questi giorni è stato meraviglioso, tappe molto lunghe, giornate serene e montagne fantastiche. Porto in volto i segni del gelo; negli abiti e nell'attrezzatura, l'usura di questi cento giorni, dentro al cuore un gran silenzio e pace e incanto.

9 marzo, 108° giorno

La mattina è grigia. Dal lago che dovrò attraversare tira un vento teso che trasporta con sé qualche fiocco di neve. Non ho alcuna voglia di ripartire: non ne posso più... Guardo fuori dove il bianco pallido del lago svanisce nel nulla, tra le nubi grigio chiaro che sembrano inghiottirlo. Mattia e Sara, la sua ragazza, che due giorni fa sono tornati dall'Italia, e mi hanno raggiunto qui ad Abisko per un breve saluto, ancora dormono. Ripenso per un attimo alla bella giornata di ieri, trascorsa assieme. Dopo quattro mesi di solitudine e natura selvaggia è stato strano all'improvviso esser sceso in auto in una cittadina. Siamo andati nel pub e ho mangiato a più non posso. La loro compagnia è stata preziosa. Non ero più abituato a ridere fino a non poterne più e a girare tra la gente camminando senza sci... «Troppo» sento dentro di me mentre lo sguardo si perde nel nulla fatto di grigio. Come ogni cosa rara, ora ne pagherò il prezzo: me ne accorgo stamattina, ora che devo rimettermi in marcia, ora che «devo» tornare *là fuori.*

Di fronte al lago. Tutto è ancora più grigio. *Perché devo continuare, perché devo perdermi dentro quel vuoto?* Sono esausto, non ne posso più. Ho una paura tale che a stento mi reggo sulle gambe. *Riuscirò ancora una volta, a ritrovare l'armonia giusta?*

Mi volto spesso mentre mi allontano: Mattia e Sara diventano sempre più piccoli. Stanno lì, immobili: forse hanno capito e tentano di darmi fino alla fine un riferimento, un ultimo calore. E mentre vado e li osservo, a tratti è come se mi allontanassi definitivamente da quel poco che ancora mi è familiare in questo mondo vasto che mi sta schiacciando. Mi fermo a fissarli un'ultima volta. Ormai sono due macchie scure, eppure in quei due puntini c'è ciò che conosco, c'è tutto.

Sono mesi che ho lasciato casa, mesi che la sogno a volte con forza devastante, mesi che vado, che mi addentro nel nulla ma mai come ora la sento lontana, distante da me come se non fosse mai esistita, addirittura quasi improbabile, quasi fossi destinato a vagare per sempre, come Ulisse, in questo oceano che pare non aver mai fine. Tra un po' anch'essi saranno svaniti. Ho paura di lasciarli, ho paura di non ritrovare più ciò che conosco e di perdermi nel mondo del gelo e del silenzio che sta per inghiottirmi: stavolta sì, sono davvero stanco.

Mi volto ancora e non li vedo più. Il cielo si chiude, comincia a nevicare. Ora c'è solo uno spazio bianco senza fondo e ci sono io. E mi pare di essere in bilico sull'abisso spettrale: *Riuscirò a passare e a ritrovare una sponda sicura?* Quasi piango. Forse per la felicità di essere comunque in cammino, di essere sulla mia strada, senza compromessi. E penso a quei monaci tibetani che, pur di capire e di «andare oltre», riuscivano a isolarsi al cospetto dei ghiacciai per meditare e meditare e non conoscere più altro né nessuno; quanto terrore nel cuore a tratti: eppure non sono scesi. Poiché poi subentra il silenzio, la pace sconfinata. Sorrido d'amore verso l'essere umano capace di tanta poesia verso l'esistere. Ancora una volta, lasciarmi andare... lasciarmi trasportare e accettare il grande vuoto. *Sì, ma poi?*

Un passettino alla volta, concentrandomi su di me, forse così non mi perdo, forse ritroverò una luce che possa rischiarare questo mondo sconosciuto: non avrei mai immaginato di possederne tanto dentro il mio piccolo essere! Ora c'è solo bianco di fronte a me e il rumore del vento. Il lago si perde nel nulla e io avanzo. Fisso le punte degli sci. Come sempre s'alternano davanti a me, prima una poi l'altra, e come spesso è stato, sono l'unico riferimento visivo in condizioni come queste. Provo a vagare con la mente. Penso ai miei boschi, alla mia compagna, ai cucciolotti, ma è una nostalgia che mi soffoca e mi toglie il respiro.

Una vaga striscia scura: è la sponda opposta del lago, quella alla quale sono diretto. Finalmente qualcosa da vedere! Mentre mi avvicino e nella nebbia cominciano a delinearsi i boschi di betulle, come un animale selvaggio scruto attentamente il pendio che ho di fronte in cerca del passaggio più agevole per andare oltre. So che tra le betulle, oltre che dover lottare con i rami intricati, c'è il problema della neve farinosa nella quale, arrivando ad Abisko, spesso sono sprofondato fino alla pancia.

Il pendio porta a un colle e poi a un'ampia vallata che scenderà al lago successivo, anch'esso da attraversare fino a un altro colle da dover scavalcare, e poi? *Sarà possibile continuare? Riuscirò a far avanzare gli sci dove, sulla carta a casa, sono così facilmente passato con la mia matita quando studiavo il percorso generale da seguire?* Ogni volta è un'incognita, un'ansia che mi tiene ben sveglio da mesi e che ha fatto crescere in me un'attenzione e tensione speciali verso tutto quanto mi circonda, tale da farmi sentire ormai parte di quassù. Anche se a volte, come oggi, la testa vaga per i fatti suoi. Tocco la sponda e mi fermo a mangiare. Sono affascinato dallo spazio senza fondo che ho attraversato. Quando mi addentro tra le betulle ricoperte di neve la sensazione è quella opposta: qui è uno spazio scuro, denso e abitato da un'energia che mi sfugge, che non conosco e pare inghiottirmi e assorbirmi.

Intanto ho trovato una vecchia traccia di motoslitta che si addentra nel bosco e sale nella mia direzione appena visibile, ma quanto basta per non sprofondare fino alle gambe nella neve freddissima che ricopre tutto. Quando raggiungo la cima del colle, la vista sul lago in basso è meravigliosa. E di fronte tra le nubi e una striscia di cielo sereno, scorgo le montagne del Sarek e di Sulitjelma, attraversate la settimana scorsa: sono le ultime vette vere del mio viaggio. Oggi, infatti, entro « ufficialmente» in Lapponia e il territorio attorno a me sarà sempre più piatto, sempre più vasto. Appare l'ultimo sole color arancio, poi inizio a scendere verso la valle sull'altro versante.

È notte e sono ormai ore che discendo il fiume. La luna piena m'ha aiutato a cercare un kohte segnato sulla carta che però non ho trovato. Allora ho ripreso a scendere. *C'è il vento tra le betulle e sono vicino al lago* scrivo più tardi accompagnato dal ronzare del fornello. *La discesa lungo il fiume con la neve farinosa e profonda è stata spossante. Attorno solo grigiore, nevischio. Quando non ne ho potuto più, ho lasciato il fiume e ho montato la tenda tra le betulle presso la sponda destra. Entro nel sacco a pelo e ho un unico desiderio: chiudermici dentro e coccolarmi un po', allontanare da me il grigiore e la neve, ritrovarmi. Continuo ad ascoltare il vento. È la voce dello spazio; della grande natura che mi sovrasta. A tratti esso si alterna col debolissimo frusciare del nevischio sull'esile telo della tenda; sono impressionato al pensiero che tutto ciò che mi isola e che mi 'difende' dall'immensità che c'è fuori è questo sottilissimo telo di neppure un millimetro; eppure per me, qui, ora, è tutto.*

Le folate di vento più forti paiono un'onda invisibile che cresce e si propaga tra gli alberi spogli, come se passasse un'aquila gigantesca con le sue immense ali. Non c'è nessuno: ho paura di essere quassù, ho paura della mia paura; a volte ciò che più mi terrorizza è il pensiero di non farcela, di non riuscire più a trovare l'armonia con la natura. Allora ho il terrore di disintegrarmi di dentro, come un corpo indifeso nel gelo dello spazio.

10 marzo, 109° giorno

Mattina. Nevischio tra le betulle scure, ancora freddo nel cuore. Ho percorso le ultime anse del fiume e presto ho raggiunto il lago di Gæv'dnjajav'ri (tipico nome in lingua sami). Ennesimo spazio che si cancella nel bianco. Non posso fare altro che continuare la marcia e puntare verso est, in direzione della sponda opposta. La superficie non è per nulla scorrevole e uniforme come avrei sperato. L'abbondante copertura nevosa è stata più volte lavorata e modellata dal vento in innumerevoli crestine, i cosiddetti *sastrugi.* La marcia, su questo tipo di terreno, è tutt'altro che agevole. E anche ora mentre passo, il vento continua i suoi giochi, le sue creazioni. Quando a volte mi fermo per riprendere fiato, occhi chiusi, bastoncini sotto le ascelle, alle mie spalle la traccia che ho appena lasciato si cancella veloce, così come le punte degli sci.

Come sono piccolo qui, e vulnerabile. Anch'io potrei esser spazzato via in questo modo, in un solo istante. È così vasto lo spazio che mi circonda che a tratti mi ci perdo. Per questo cammino e ho pochi pensieri: non voglio distrarmi. Anche se questo vuoto bianco mi attrae e ho fiducia. Devo faticare a lungo sulla neve irregolare prima di raggiungere il punto della sponda opposta presso il quale, almeno secondo la mappa, dovrei trovare l'itinerario più agevole per svalicare quest'altra montagna, quella che mi separa dal lago successivo, l'immenso Altevatn. Ciò che mi *terrorizza* è la vista dei fitti boschi di betulle che ricoprono buona parte del pendio, la neve fonda che tra breve dovrò affrontare. Mi siedo sulla pulka a mangiare prima di lasciare il lago. Guardo a lungo attorno in ogni direzione; ci sono solo grigio e bianco. E ci sono io, un puntino scuro, gli sci piantati nella neve, al mio fianco, la slitta. È tutto ciò che ho e che sono da tempo. Quanto ormai il nostro vivere è *così*? *Essere* ciò che si ha; non *avere* per essere, possedere e poi gettare.

Salgo lentamente attraverso il bosco verso il colle. La neve farinosa mi sfiora le ginocchia mentre la slitta pare inabissarvisi. Devo anche districarmi tra i rami che all'inizio non sembrano davvero lasciarmi passare. Ho messo su le pelli di foca e fatico in silenzio. Gli alberi sono bianchissimi: non mi appaiono più come le solite betulle scure. Assomigliano a piante di un altro pianeta, cristallizzate in vapori d'argento. Come la nebbia fitta che poco più in alto mi accoglie. Ogni albero mi osserva; a volte ho quasi l'impressione di esserne trattenuto. Eppure tutto è immobile mentre con estrema lentezza emergo da questo popolo di creature misteriose.

Passo faticando in silenzio; sono ammantato di brina come gli alberi che mi sussurrano attorno; tento di non disturbare ciò che mi sfugge. La neve si fa sempre più compatta man mano che mi avvicino al passo e attorno ogni forma svanisce. Quando ormai non ci sono altro che le ultime rade betulle mi fermo, stanco ma soddisfatto. E poco più tardi, oltre il colle, non appena il pendio torna a scendere, la nebbia si dissolve e vasto, senza fine, ho di fronte l'Altevatn. Scuoto la testa. Questa terra, più vado avanti, più sembra non dover mai finire; i suoi spazi si amplificano e si espandono nel nulla. Tuttavia, a questo sgomento, si affianca lo stupore, un muto sottile incanto che mi fa sostare a lungo, sulle ginocchia, con lo sguardo verso nord. La linea scura del bosco di betulle nella distanza indecifrabile è tutto quanto contrasta il biancore del paesaggio. Esso divide lo spazio grigio chiaro del lago, da quello grigio opaco delle montagne e del cielo. E io vi passo attraverso. Eccoli dopo ormai quattro mesi, i pendii sommitali della gigantesca montagna. L'aria diviene rarefatta, la visibilità incerta, come il passo; la vista si appanna, la stanchezza è ormai al culmine: non mi resta altro che tenere duro e trascinarmi fino in cima. Anche se è grazie a questa stanchezza che ora riesco a udire, ad ascoltare come mai prima d'ora.

Sul lago di Altevatn, la marcia è un po' meno faticosa ma interminabile. Mi trascino a lungo e la linea scura del bosco non si avvicina mai. Mi fermo spesso, mangio, ascolto. Il grigio assume tonalità via via più scure, ma la notte ormai arriva con lentezza. Mi domando come riuscirò a venir fuori dalla lunga linea di boschi che mi attendono subito oltre. Tenterò di andare da un laghetto e da un torrente all'altro; finire nella neve profonda fra le betulle potrebbe intrappolarmi per giorni. E questo, anche se al momento ho i miei dubbi, non deve accadere; sono troppo stanco. È con l'ultimo grigiore che mi avvicino alla lunghissima costa orientale del lago. Tra poco potrò fermarmi, piantare il campo, rimandare la «lotta» a domani. Ma non posso ancora interrompere la marcia. Non ancora. Sulla carta era segnata con un nome curioso, *Politiodden*, ovvero «Promontorio della Polizia». Uno dei tanti dettagli lungo questa costa, neanche troppo in linea con l'itinerario da me ipotizzato. Eppure è lì che vado: una sottile striscia di terra che crea una piccola baia ben riparata. Chissà, forse ne immagino la tranquillità in una sera estiva, le betulle che frusciano pacate nella brezza tiepida, la superficie dell'acqua increspata appena. Forse è lì che vorrei piantare la tenda, in un posto *protetto* che mi allontani dal vastissimo lago e dal bosco soffocato dalla neve che preme attorno attraverso il quale nei prossimi giorni dovrò stringere i denti; eppure è qui che incrocio la pista. Ormai raggiunto il fondo dell'insenatura, è lì, poco oltre gli alberi, un'ombra diversa dalle altre. Non posso crederci né capire...

La stanchezza svanisce e ora l'unico desiderio è quello di risalire la pista e vedere dove andrà a finire. È una traccia di cani con la slitta seguiti da uomini sugli sci e si inoltra decisa attraverso il bosco scuro. La seguo senza esitazioni; vista la neve faticosissima che c'è tra gli alberi, forse l'avrei fatto comunque anche se fosse andata in una direzione del tutto opposta alla mia. Fatto sta che ora, col buio ormai in arrivo e con quasi trenta difficili chilometri nelle gambe, ho trovato questa momentanea salvezza e, come un falco che piomba sulla sua preda, non ho alcuna intenzione di lasciarmela fuggire. Decido che, fin quando andrà nella mia direzione, la seguirò, dovessi viaggiare tutta la notte e raggiungere le montagne domattina. Ora che ho «rubato» questo dono inatteso, non posso assolutamente rischiare di perderlo fermandomi e trovandolo domattina del tutto ricoperto da un'improvvisa nevicata. *No, fin quando mi terranno le gambe, stasera andrò avanti.*

La luce della frontale fruga la notte per lunghe ore, dà vita ai rami degli alberi con ombre che si svegliano, guizzano, mi seguono e svaniscono al mio passaggio, illumina la strada dei due cani e dei loro padroni, spianata dall'alternarsi degli sci. Silenzio profondo, solo il fruscio leggero del passaggio sulla neve, qualche pensiero ogni tanto e, costante, una speranza: che la pista possa continuare in questa direzione, verso le montagne.

Dal diario del 10 marzo
35 chilometri in 11 ore

Per quanto riesca a ricordare, oggi è stata la giornata più lunga come durata e come distanza. Spazi da Canada, sconfinati, dove è facile perdere la testa se non si è «collegati». Ho sciato fino alle 21.30 alla sola luce della lampada, nel silenzio interrotto solo dallo scivolare degli sci. Nelle ultime ore ho «trovato» una traccia che ho risalito fin quando ho percepito nell'aria l'inconfondibile profumo del fuoco di betulla e poco dopo ho scorto il chiarore tenue e diffuso di una tenda, un lavvu «moderno» illuminato dall'interno. Due sagome nere acciambellate nella neve si sono subito rivelate per i due simpatici cani che hanno aperto la traccia fino a qui. All'interno, tranquilli e rilassati attorno al fuoco, più stupiti di me, due svedesi di mezza età in marcia da Abisko a Kilpisjärvi in Finlandia (dove sono diretto anch'io), per le loro ferie invernali. Le montagne cominciano ad animarsi!

Passo una bella serata nella loro tenda a forma di cono. Stanco come sono, è bello poter parlare con qualcuno. Li ho impressionati parecchio quando ho raccontato del mio viaggio. Avrei preferito non farlo, visto l'orgoglio col quale questi due cinquantenni, che si definiscono come «Sami di città», mi avevano poco prima illustrato la loro avventura. Ma non ci sono problemi, la natura quassù non la si vive per competere: non hanno fatto altro che complimentarsi. Ora sono qui nel Troms, di nuovo in Norvegia... Ma è proprio vero?! Incredibile come dopo ogni tappa simile a quella di oggi, alla fine, quando posso fermarmi e il silenzio e la pace improvvisa mi entrano nel corpo come una dolce carezza, l'immagine che mi torna nella mente, che mi riscalda fino in fondo al cuore è il ricordo della primissima tappa in sci del 27 novembre coi cuccioli. È la luce, il silenzio, l'incanto profondo che continuano a fluirmi dentro ancora dopo ore che ho terminato il cammino, mentre cucino, mentre mangio, fin quando non mi addormento; sono loro due, i loro occhi luminosi nella notte, la loro compagnia silenziosa mentre attendevamo Mattia... Forse, stasera il ricordo si fa più intenso per la presenza di questi due cani.

Ospite dei fratelli Edvin e Nils Gaup, passo una divertente serata gastronomica. «Voi avete gli spaghetti...» aveva sorriso Edvin alludendo alla mia provenienza italiana, al termine del suo lungo lavorio attorno al fuoco, «ma quassù noi mangiamo questa!» e nel completare la frase mi aveva già riempito la scodella fino all'orlo con dei pezzi di carne di renna fumante. «*Bier'go* la chiamiamo nella nostra lingua... Il miglior cibo al mondo!» Fame o non fame (me ne divorai il resto della pentola), la trovai davvero squisita, il che sembrò soddisfare i miei due amici che, mentre mangiavo, mi parlarono delle principali usanze alimentari presso i Sami. Mi spiegarono che il piatto principale è, per l'appunto, la renna, consumata di preferenza bollita, ma che grandi quantità vengono anche essiccate o affumicate assieme al pesce, in previsione, un tempo, delle scorte invernali. Accennarono a un'altra deliziosa specialità costituita dal midollo della tibia e del perone mischiato al fegato della renna; espressero il loro rammarico per il fatto che non ne avevano neanche un po' da farmi assaggiare quella sera. Non feci commenti...

Mi dissero che il pane lo si faceva con il lichene preferito dalla renna (la *Cladonia rangiferina*) e con il *guolmas*, la parte tenera della corteccia di abete e di pino, ma non entrarono nei dettagli; il loro era un inglese già abbastanza stentato. Mi parlarono della «pappa di sangue di renna» i cui particolari avrei preferito ignorare: raccolta l'erba chiamata *juobmo*, vale a dire l'acetosa, la si bolliva e la si mescolava al latte e al sangue della renna; il tutto veniva poi versato in uno stomaco, sempre di renna (che spesso veniva utilizzato come contenitore alimentare) e veniva infine appeso ad asciugare. Mi dissero ancora che in passato, al posto del caffè di cui ora i Sami sono gran bevitori, c'era il *duovlle*, una bevanda ottenuta seccando e macinando la protuberanza della betulla da cui si ricavava anche la ciotola *kokksi.* Aveva un sapore dolciastro e veniva anche utilizzata per conciare il telo della tenda al quale donava una colorazione sul bianco avorio. Appresi che la pianta dell'Angelica, da loro chiamata *kvanne*, era il dolce dei Sami. Bisognava raccoglierla in primavera, mi spiegarono, prima della fioritura e prima che il lungo e setoso gambo seccasse; quest'ultimo poi, pelato ed essiccato, aveva un sapore aspro, pungente, quasi di menta.

« Una volta, tutto quello che si mangiava, veniva dalla renna » concluse Edvin. « Ne mangiavamo la carne, ne bevevamo il sangue certi, a questo modo, di ereditare la resistenza dell'animale, e soprattutto, ne bevevamo il preziosissimo latte; anche se dalla renna se ne ricava non più di una tazza, esso è molto grasso e ricco di proteine. Ricordo che da bambini, per dissetarci, ci attaccavamo direttamente alle mammelle della renna... » sorrise volgendosi al fratello. « Il latte veniva anche conservato all'interno dello stomaco capovolto della renna » continuò lui, « o veniva seccato, in modo da aggiungere altre provviste alle scorte invernali. Anche il grasso e il sangue della renna si conservavano, addirittura per anni, all'interno di esso. » « Già... » commentò il silenzioso Nils, « e il grasso bollito lo si dava da succhiare ai neonati. »

Per alcuni istanti, riportati indietro nel tempo, i due Sami rimasero silenziosi, trasportati dai ricordi. Poi, aggiunta legna alla stufa, Edvin volle sapere di me. Entrambi, anche se fino a quel momento non l'avevano dato a vedere, erano assai interessati ai particolari della mia traversata. Il mio racconto li aveva lasciati sorpresi, avevano commentato che sarei stato un ottimo pastore di renne; alla fine mi chiesero cosa portassi con me nella pulka da mangiare; vollero sapere se per caso mi procurassi il cibo andando a caccia. Io risposi che non avrei saputo neppure da dove cominciare. Alla fine, decido di contraccambiare la carne di renna che loro mi hanno offerto, con un assaggio dei cibi super tecnologici che mi porto dietro; una specie di scambio gastronomico culturale. Metto a bollire l'acqua necessaria sopra la stufa e, poco dopo, vi verso dentro il contenuto informe di una bustina dal colore argentato. In pochi istanti, il profumo di un delizioso purè di mela si diffonde nel lavvu... Sorpresi, ma anche deliziati, i due Sami, benché «moderni», tirarono su fino all'ultima cucchiaiata, lasciando la pentola vuota e lucente...

11 marzo, 110° giorno
Øvre Dividals Nasjonal Park, Norvegia

Tipica giornata di marzo, almeno a casa: nubi basse, umido e neve. E la nostalgia si fa sentire. Oggi tra gli alberi ascoltavo il cinguettio di alcuni uccellini... Luce e rumori che tornano; la vita pian piano si risveglia anche quassù, ove fino a poco fa non sorgeva neppure il sole.

Profumo di marzo oggi tra gli inattesi boschi di pino silvestre. Tappa un po' pigra dopo la partenza di Edvin e Nils stamattina. Ho vagato tra le betulle a ridosso delle montagne nel tentativo di raggiungerle. Ma alla fine mi sono ritrovato giù in fondo alla valle a percorrere il fiume nello stretto canyon. Cielo grigio di nubi basse, temperatura di poco al di sotto dello zero. Fatica terribile nel risalire lungo il bosco fin quasi alle montagne. Ma nessuna fretta; le meravigliose conifere mi hanno tenuto compagnia. Non avrei mai pensato di poterle reincontrare così a nord. Il sottobosco è spesso intricato, manca lo spazio per muovermi con gli sci e numerosi tratti devo percorrerli a piedi, altri tirando la pulka con le braccia. Ogni volta mi fermo: oggi è facile sudare.

La tranquillità del bosco che emerge dal lungo e duro inverno mi circonda; ogni tanto qualche cinguettio. Mi innalzo gradualmente sopra la vallata ricoperta dagli alberi. Essa si perde nella lontananza tra nubi e cielo. È un luogo incantevole. Il versante opposto della valle sfuma dolcemente con le sue ultime betulle, verso i pendii bianchissimi che salgono e divengono rilievi antichi, modellati dal tempo e dal vento. Poi, nel grigiore uniforme, i monti svaniscono, come risucchiati dal cielo anch'esso nascosto.

Marzo a casa... Il sapore dell'inverno maturo, la primavera che diviene possibilità ma è ancora lontana. Stagione delle nubi basse, silenziose, impastate ai boschi e alle montagne. Tutto riposa sotto l'intera storia dell'inverno, gelo dopo gelo, nevicata dopo nevicata. Mi fermo presto nel pomeriggio; le montagne incombono. Da domani di nuovo il gelo, di nuovo primavera sarà una parola improbabile e distante. Mi fermo qui ancora tra gli alberi, tra le ultime betulle, su lungo il versante della vallata immensa. Il panorama è straordinario, un balcone su questa natura senza nome che posso osservare dall'ingresso della tenda che ho lasciato aperto. Ascolto il canto del vento tra gli alberi: il suo tocco quasi mite giunge ogni tanto ad accarezzarmi. Ascolto la voce di casa; per stasera voglio illudermi che essa, come la primavera, sia ormai vicina.

12 marzo, 111° giorno

Ho lasciato oggi il belvedere sull'immensa vallata della Dividalen e ho ripreso la via delle montagne in un'altra giornata grigia. Sono rapidamente uscito dagli ultimi boschi di betulle. Ampi spazi, vallate o laghi e qua e là imponenti picchi rocciosi. Ma pian piano ho l'impressione che le montagne si dissolvano sempre più attorno a me, lasciando vedere lo spazio, il «nulla» che è il vero volto di Sàpmi. Mentre avanzo con gli occhi che guardano attorno incantati, l'illusione è che questa vastità non abbia mai fine e a volte vorrei che fosse così, tanta è la magia, certi giorni, di «vagare» quassù, a conclusione di un viaggio che io stesso stento a comprendere. Ma so che non è così, so che queste terre sono la fine non solo del mio lungo sogno, bensì dell'intero continente europeo. La corona finale, il tetto d'Europa. Oltre, c'è solo l'oceano Artico, la rocca di Nordkinn, il punto verso il quale sto marciando da oltre cento giorni.

D'un tratto stamattina, dopo giorni di grigiore, il cielo si è aperto con uno squarcio netto di azzurro intenso tra le nubi bianchissime. È durato poco ma, seduto sulla slitta, non ne ho perso un solo istante. Poi tutto si è richiuso, nubi, vento, montagne spaziose e ancora spazio. L'impressione per un momento è stata quella di essere tornato nell'Hardangervidda. Di nuovo nostalgia dei miei cuccioli, di nuovo il pensiero a casa. Mi sono fermato e mi sono detto: «... casa è dentro di te». Ho chiuso gli occhi, ho creato il silenzio e il vento e lo spazio mi hanno attraversato...

Ho il privilegio di percorrere da solo in questa stagione, queste magiche terre estreme d'Europa e devo farlo al meglio. Certo, la stanchezza è tanta e ogni volta è dura resistere alla nostalgia. Spesso è come se fossi Ulisse legato al palo mentre le sirene lo tentano. Altre volte invece è tutto così incredibile, come stasera con le aurore boreali, che vorrei che quest'avventura non finisse più. Oltre l'illusione, oltre gli attaccamenti, per scoprire davvero che tutto è in me anche nel «nulla» più totale. Allora ogni luogo diverrà casa e di ogni luogo saprò vivere il volto autentico. Ho sciato fino alle diciannove e trenta. Fuori ora il cielo è stellato. Aurore boreali attraversano l'orizzonte, le più belle mai viste. Sono a un nulla dai 69° nord.

13 marzo, 112° giorno
Kuohki (Finlandia), 69° lat. nord

Andare nel silenzio, andare attraverso i boschi senza fine o i vasti spazi bianchi. Andare senza conoscere stanchezza poiché il cuore esulta e il suo incanto è infinito. Andare attraverso il nulla dove il mio mondo è così lontano da sembrare mai esistito e tutto in me tace. Avanzo in un territorio nuovo, inesplorato, senza un riferimento, e dentro cresce il silenzio profondo, lo stupore, la paura. Ma avanzo, non posso farne a meno, non posso tornare indietro: e lo faccio col fiato sospeso quasi in punta di piedi. A tratti è tutto così sconosciuto che pare l'aria stessa sia rarefatta. Non ho nulla cui attaccarmi, devo solo restare in ascolto. E vado, vado senza sosta, vado attraverso il vento furioso che alza la neve e mi punge gli zigomi, vado illuminato dalle aurore del Nord quando il buio è calato ormai da tempo. Ma non sento il ghiaccio che mi corazza la barba o la fatica dopo tante ore di marcia, ignoro la fame e il gelo che mi morde il volto. Ormai sono parte di quassù. Il mio essere è vuoto. Dentro c'è solo l'energia e il grande incanto che mi porta avanti.

Stamattina sono partito con una splendida giornata di sole e subito ho preso una direzione decisa verso nord. Salgo a lungo ripidi pendii, attraverso vasti plateau di alti rilievi avvolti in sottili nebbie improvvise, dove il sole filtra appena; sbuco come un'aquila sopra vallate così vaste da sembrare deserti. Eppure le montagne, vastissime anch'esse, a corona, mi circondano ancora e si camuffano in lontananza nella cortina di sole e nubi trasparenti. Nel velo leggero che il vento teso, rasoterra, crea sollevando la neve, osservo gli ultimi spazi e rilievi della Svezia estendersi ai miei piedi. Poi riprendo la marcia, affronto la ripida discesa sulla neve dura e lavorata dal vento, e continuo per altre ore nella luce che inghiotte tutto. Scavalco altre montagne, discendo altri pendii e nel pomeriggio, per l'ultima volta, entro in Svezia.

Mi fermo qualche minuto, giusto il tempo di preparare un thermos di cioccolata e bermelo con qualche biscotto. Sono ormai le cinque e le nubi in silenzio, cariche di neve, stanno scendendo sulla terra che diviene via via più grigia. Ma riparto comunque. Se ho fortuna, forse entro stasera, dovrei raggiungere i boschi della Finlandia. Di nuovo in marcia, di nuovo su a salire ripidi pendii e a scavalcare montagne; il buio avanza, il giorno come per incanto svanisce nella notte, o son forse io che, senza avvedermene, sono stato inghiottito dalle scure nubi basse e dal nevischio che cala su ogni roccia. Ma avanzo comunque, come non avessi fatto altro per tutta la vita. Come avessi impresso dentro di me l'itinerario da seguire. Anche se, di fronte, a tratti ho la traccia lasciata da Edvin e Nils con i loro cani. Nella neve ventata sono più che altro le impronte di questi ultimi che riesco a scorgere. La pista segue le montagne ormai nel buio. È un su e giù continuo, vallate che si alternano a creste e colli da valicare. Spesso perdo la pista dei cani per reincontrarla poco più in là. Sono contento di non esser così solo stanotte, sotto la neve, tra queste montagne sconosciute. O forse è il semplice ricordo dei due lupi, dei tre mesi passati quassù.

Sono in marcia da stamattina eppure continuo a salire e a scendere sempre allo stesso ritmo. Passo i 69° nord e nel buio fitto mi fermo per alcuni istanti. L'energia che ho dentro è fatta di silenzio, d'incanto, di stupore, un'energia che diviene di giorno in giorno sempre più sinonimo di pace. Sento d'essere me stesso come mai prima d'ora. Come se mi conoscessi o mi riconoscessi sul serio solo adesso.

Mi fermo per alcuni minuti nel buio, nel vento. *Com'è possibile che io mi senta così a casa in quest'istante, a casa in me stesso soprattutto?* Ormai dovrei aver raggiunto l'ultimo colle di questa lunga catena montuosa. Un ultimo tratto in falsopiano e poi giù, la lunga discesa mi attende, la Finlandia. Ma *quel* vento...

Alcune stelle fanno capolino nel cielo color pece. D'un tratto sento quanto sono davvero solo, al buio, tra montagne sconosciute, eppure, non sono... perso. La *voce* di quel vento... È adesso, nel rievocarla, che essa prorompe in silenzio dal mio animo, una voce inscindibile da esso, che mi fa socchiudere gli occhi, quasi vacillare... È la voce della grande terra che ho attraversato, del mio sogno. È quella della grande madre che respira libera e vastissima e non conosce ostacoli. Un vento che non ha attraversato alcuna città, alcun luogo nel quale l'uomo ha distrutto e sporcato. Ascolto ancora per qualche istante quel soffio che mormora, che mi porta il respiro della terra selvaggia. Quella voce me la porto dentro, come l'incanto di quella sera, di quei giorni.

Poco prima di raggiungere Treriksrøysa (il «Punto dei 3 Confini», unico luogo d'incontro tra Svezia, Finlandia e Norvegia), dopo l'ultima lunga discesa che dalle montagne mi riporta giù tra i boschi di betulle nane ricoperti di neve, riesco a trovare una traccia di motoslitta che mi evita la faticaccia di farmi strada nella neve profonda e in breve arrivo a quella che, sin dalla mattina (ma senza crederci troppo), era stata la meta della giornata: una tipica capanna di tronchi finlandese, aperta. Quando si materializza dal buio, finalmente esulto. Per stasera sono arrivato. Mi fermo e batto le mani sui grossi tronchi dell'ingresso. «E vai!» grido. Poi ascolto il silenzio improvviso. La quiete totale dopo dieci ore sugli sci. Ora, come ogni sera da ormai quattro mesi, comincia la melodia dentro di me, da ogni mia cellula da tutto ciò che è stato e ho vissuto, prende vita una nota densa di pace.

Mi addormento dopo la cena veloce osservando il fuoco che si spegne lentamente dentro la grossa stufa. Il silenzio attorno è vasto e possente. Per stanotte non ho bisogno di andar più da nessuna parte. Resterei qui per l'eternità.

Dal diario del 13 marzo
Kuohki, Finlandia
35 chilometri e 500 metri di dislivello in 9 ore
–30°

Ai limiti della purezza assoluta: si può arrivare ovunque, ci si adatta a tutto e si va oltre se stessi. Tappa meravigliosa per quello che attraverso, per come lo faccio: le gambe vanno avanti da sole portate dall'incanto speciale che ogni giorno mi cresce dentro il cuore. Ormai è quasi come se facessi parte del vento, della neve, del silenzio, degli spazi. Col sole o col buio o con la tormenta, continuo ad andare; questo rapporto continuo ed essenziale con la grande natura e con me stesso: una volta preso il via si andrebbe avanti per sempre! Stamattina sono partito fischiettando il motivo di *Balla coi lupi*; finalmente torno anch'io, come tutte le meraviglise popolazioni autoctone del pianeta, a sentirmi «nativo della Terra».

14 marzo, 113° giorno
Kuohki... Mattina

Ormai è «fatta». Fosse finito anche tutto qui, il mio Nirvana è già nell'incanto di queste ultime settimane.

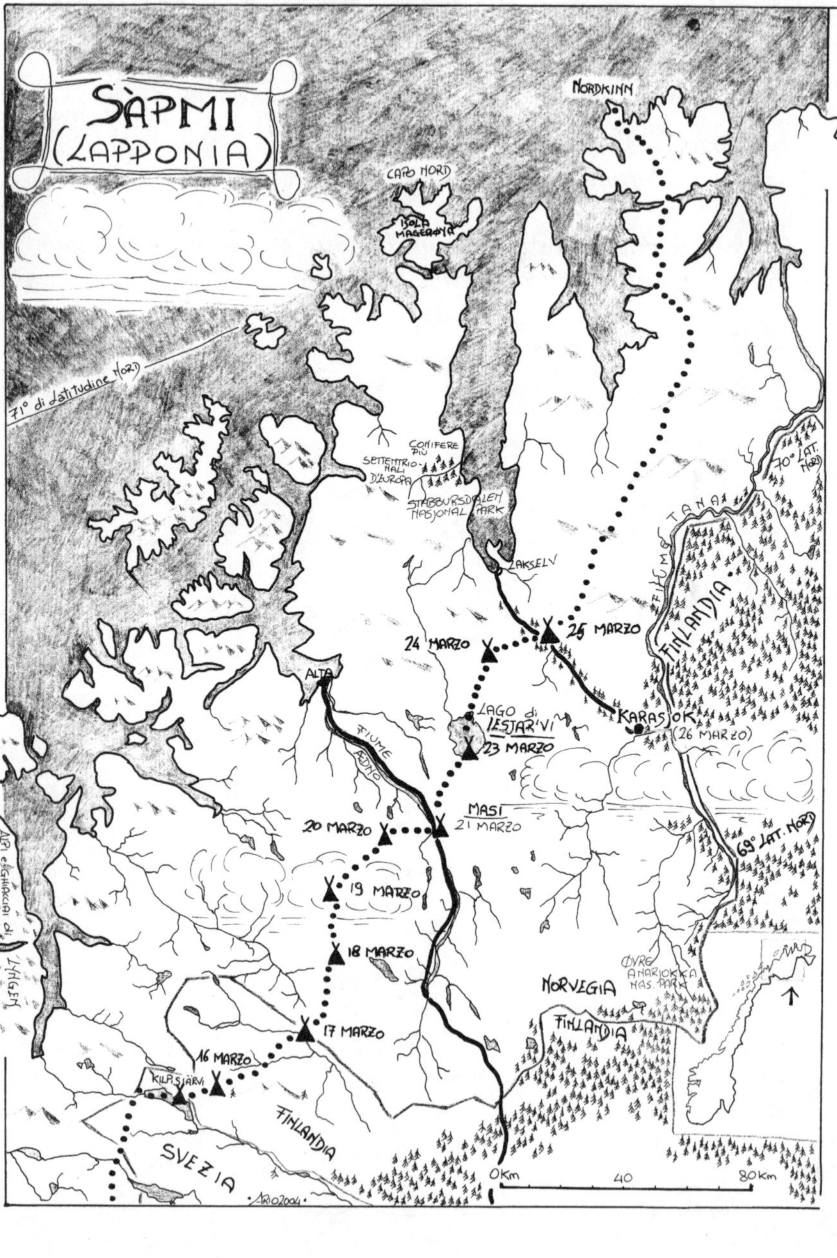

SÀPMI
(LAPPONIA)
CAPO NORD
ISOLA MAGERØYA
NORDKINN
71° di Latitudine Nord
CONIFERE PIÙ SETTENTRIONALI D'EUROPA
STABBURSDALEN NASJONAL PARK
LAKSELV
FIUME TANA
70° LAT. NORD
FINLANDIA
25 MARZO
24 MARZO
ALTA
LAGO di IESJAR'VI
23 MARZO
KARASJOK
(26 MARZO)
FIUME ALTA
MASI
21 MARZO
20 MARZO
69° LAT. NORD
19 MARZO
18 MARZO
ALPI e GHIACCIAI di LYNGEN
ØVRE ANARJOKKA NAS. PARK
NORVEGIA
FINLANDIA
17 MARZO
16 MARZO
KILPISJÄRVI
FINLANDIA
SVEZIA
0Km
40
80Km
ARIO2004

Il Sogno del Lupo

Dove cercherai la bellezza e come la troverai, se non sarà lei stessa
la tua via e la tua guida?
Non è l'immagine che vuoi vedere né la canzone che vuoi udire,
ma piuttosto un'immagine che vedi anche a occhi chiusi e una
canzone che odi anche se ti ripari l'orecchio.
La bellezza è la vita quando la vita svela il suo volto sacro.
Kahlil Gibran, *Il Profeta*

15 marzo, 114° giorno
Villaggio di Kilpisjärvi, Finlandia

Le piccole casette colorate, annidiate presso la riva orientale del lago, sembrano stringersi e proteggersi l'un l'altra tra le betulle nane, al cospetto della magnifica mole del monte Saana, che domina il paesaggio a nord: questo era un *passevare* per gli antichi Sami, vale a dire una montagna sacra. È quanto ho appreso dalle parole di Åke durante questa giornata di riposo trascorsa nella piccola casa di questo allevatore sami. «Sulle montagne sacre si riteneva dimorassero gli spiriti degli sciamani defunti», mi aveva spiegato mentre il sole del tramonto colorava di rosso arancio il monte Saana, oltre i vetri della sua casetta presso il lago. «Gli sciamani infatti, intermediari in vita tra l'uomo e le forze celesti, da morti, come spiriti, abitavano le montagne, simbolo stesso della connessione tra il cielo e la terra... Questi spiriti venivano chiamati *saivo*; dimoravano in una meravigliosa terra all'interno della montagna. Per questo l'acqua che scorreva dalle *passevare* era considerata sacra e particolarmente potente...»

Åke era un allevatore di renne e, benché svedese, trascorreva l'inverno nella sua piccola baita presso il magnifico lago di

Kilpisjärvi, in Finlandia. Su mia richiesta, aveva tentato, durante la mattina, di illustrarmi cosa significhi oggi essere un sami, completando così le parole dei miei amici Nila e Ailo.

«Oggi, solo un sesto dei Sami è impegnato nell'allevamento della renna» spiegò lui. «Ciononostante, essa è sempre considerata fondamentale per l'identità del nostro popolo: la sopravvivenza della renna, infatti, è oggi legata alla sopravvivenza dell'allevamento il quale, a sua volta, è collegato alla possibilità di avere un controllo sulle nostre acque e sulle nostre terre. È per questo che noi Sami siamo ormai in lotta da secoli... La cosa che più spaventa e sorprende è che appena cinque anni fa (nota bene cinque, non cinquecento!), si tenne un 'processo' in tribunale. Vuoi sapere per cosa? Per stabilire in modo ufficiale che le terre ancestrali dei Sami non erano mai state tali! Ancora una volta, quindi, il nostro diritto su di esse fu come fumo nel vento!»

«Il colmo poi fu» aggiunse «che appena due anni più tardi, nel 1998, il governo svedese se ne uscì con delle scuse assurde. Si sentivano molto rattristati, dissero, per il trattamento che era stato riservato a noi Sami nel passato... Ma fu solo una pagliacciata; il punto è che la maggior parte degli svedesi reputa tutto ciò solo come un fatto storico. Qualcuno riesce forse a comprendere che alcune delle peggiori azioni fatte nel passato contro i Sami continuano oggi?! Come potremmo dunque accettare delle scuse se colui che ce le porge è così 'cieco' da continuare a fare ciò per cui si scusa! La verità è sempre la stessa: nessun politico prenderebbe una posizione in nostro favore; sono tutti consapevoli del fatto che questo sarebbe un vero e proprio suicidio! Per questo, pur essendo stato istituito nel 1993 il Sametind, ossia il Parlamento sami, analogo a quello norvegese e a quello finlandese, non si può assolutamente dire che noi abbiamo in alcun modo riacquisito la nostra indipendenza... È stato solo un 'contentino' da parte del governo» sorrise Åke, «nient'altro.»

Passò poi a illustrarmi per sommi capi com'erano scandite oggi le stagioni degli allevatori.

«La renna oggi non è più un essere fraterno, ma un oggetto di investimento. Per questo non ci definiamo più pastori, bensì allevatori e chi oggi vuole vivere di allevamento è obbligato a possedere un gran numero di capi. Ogni anno, però, centinaia di renne vengono uccise dalle auto e dai treni, oppure dai lupi... E non c'è nessuno che ci risarcisca; il governo ci proibisce addirittura di uccidere i lupi che minacciano le nostre mandrie. Alla fine gli ambientalisti fanno passare noi come i responsabili del declino della Lapponia; troppe renne, dicono, distruggono il terreno, così come le motoslitte o le moto o gli elicotteri che siamo costretti a utilizzare per stare al passo con le richieste del mercato. Inoltre, come ti ho detto, lo Stato protegge i lupi, e anche a noi Sami viene fatto divieto di ucciderli quando fanno sparire le nostre renne. E così, per assurdo, siamo ancora noi Sami, oggi, che passiamo per quelli che deturpano la natura e i suoi animali selvaggi. Non pensa forse, quella gente, che se noi dobbiamo fare questa vita è grazie a ciò che hanno combinato loro nel corso dei secoli e che tuttora continuano a fare? E non pensano che se i lupi sono ormai quasi scomparsi dalle montagne svedesi è sempre per lo stesso motivo?

«Per noi Sami era normale difenderci dai lupi» riprese Åke dopo una breve pausa, «se essi sono scomparsi, è per ben altri motivi che quei 'signori' dovrebbero conoscere. Perche non hanno trattato noi Sami come ora vogliono che si tratti il lupo, per esempio?»

Seguì un'altra lunga pausa; alcuni sciatori passarono attraverso il lago, non troppo distante dalle sue rive. In fondo, quasi confuse nella lontananza, scorgo le montagne tra Svezia e Finlandia, quelle attraversate al buio sere prima. «Tutto il nostro lavoro oggi» proseguì Åke, «è svolto in funzione di un unico grande avvenimento: la macellazione, che si tiene in autunno.» Mi spiegò di come non sia facile saper cogliere il momento giusto per effettuarla. Il motivo è che, durante la stagione degli amori, che va da settembre a ottobre, una grande quantità di ormoni viene rilasciata nei maschi: questi danno un sapore cattivo alla carne che quindi non verrebbe comprata; dall'altra parte, non si può macellare troppo presto, perché la stagione degli amori porta al massimo del peso il maschio della renna, fattore vantaggioso per la vendita. Quindi occorre valutare bene l'intervallo.

«Inoltre, la pelle deve essere tolta pochi minuti dopo l'uccisione, per non dare alla carne cattivo sapore. Questo si ovvia con l'uso degli elicotteri che in due minuti portano cinque renne alla volta dal campo di Meekonjärvi fin qui a Kilpisjärvi, dove sono in attesa camion dotati di macchinari speciali per togliere la pelle; le renne vengono poi appese all'interno come abiti in un armadio...» Restai a bocca aperta. «Un tempo, nel macellarle, si teneva tutto da conto e le ossa venivano ripulite e mai rotte, come in occasione dell'antica caccia all'orso: vi era profondo rispetto per l'animale. Oggi, purtroppo, queste macellerie mobili sono ben altra cosa!...»

Per concludere, mi parlò delle altre fasi nelle quali gli allevatori vengono coinvolti durante l'anno. «Sono le fasi che in un certo modo rispecchiano un po' di più il passato, il nostro rapporto di un tempo con la renna...» commentò. Uno degli appuntamenti più importanti dell'anno è il parto, che avviene in maggio, un mese dopo si ha la marchiatura, quando ogni pastore imprime a fuoco il proprio segno personale sull'orecchio destro del nuovo nato. «Bisogna affrettarsi a farlo finché il vitellino resta vicino alla madre!» disse Åke, «altrimenti, se è troppo cresciuto e si allontana, sarà impossibile identificarne il proprietario.» Infine, dopo la macellazione di autunno, c'è la separazione. «Si tratta di un grande momento per tutti i Sami...» sorrise soddisfatto Åke, stirandosi sulle pelli della sua poltrona, «dovresti venire una volta ad assistere. Qui nel gelo di fine novembre o di dicembre, all'interno di un grande recinto, ogni allevatore è impegnato a ritrovare le proprie renne: dopo la lunga estate e dopo le vicende della macellazione, infatti, tutte le mandrie si sono mescolate! Ognuno quindi catturerà al lazo, una a una le proprie renne... Una grande confusione!»

«Pochi di noi ancora vivono così» continuò Åke, «circa novecento allevatori, tremila con le rispettive famiglie, sui 17.000 Sami attualmente esistenti. Come avrai compreso, è diventata una vita difficile e, nonostante le tecnologie, sempre più dura. Come un tempo, infatti, noi continuiamo a migrare con le renne, ma i ritmi e le modalità sono ben diversi. Oggi si compie l'intero tragitto in motoslitta, le renne vengono lasciate da sole sulle montagne durante l'intera estate e poi, sempre con la motoslitta, torniamo a radunarle, spesso anche in autunno inoltrato, se il ghiaccio e la neve per le motoslitte hanno tardato a venire. Tutto dunque è stato sconvolto, e per noi che vogliamo continuare non è più la stessa cosa» continuò Åke, «solo il vento e lo spazio sono gli stessi, ma è una magra consolazione.»

Attese un attimo poi, fissandomi intensamente aggiunse: «Forse, però, c'è di più...» socchiuse gli occhi per trovare bene le parole. «Come ti ho detto, la renna è considerata un elemento fondamentale per la sopravvivenza della cultura del nostro popolo. Si ha l'impressione che se essa dovesse scomparire, anche della nostra identità non resterebbe più nulla; è lei che continua a tenerla viva e a tenerci uniti.»

«In questo senso» aggiunse con un lieve sorriso sulle labbra screpolate dal gelo, «noi allevatori Sami, per quanto pochi, possiamo dirci fortunati rispetto ai numerosi fratelli nativi di tutto il mondo. Se si pensa che solo cinquant'anni fa l'opinione era che la cultura sami sarebbe scomparsa con la sua lingua e le sue usanze, oggi, nel ricredermi, posso azzardare un timido sorriso di speranza.»

La mattina seguente, lascio le poche case di Kilpisjärvi e risalgo per un po' una pista da sci di fondo aperta pochi giorni prima. La giornata è nuovamente perfetta, e io un po' appesantito sia di pulka che di stomaco, come dopo il passaggio attraverso ogni paese. Trovo una traccia di motoslitta che punta decisa nella mia direzione e la seguo. Oggi e domani tappa completamente verso est, fino a rientrare in Norvegia. Il sole è meraviglioso su queste terre ammantate di neve, montagne e colline che cedono sempre di più il posto agli ampi spazi propri della terra dei Sami.

Qualche ora più tardi due motoslitte appaiono all'orizzonte. Stanno tornando indietro sulla stessa pista che io sto risalendo. Quando mi sono ormai vicine, mi fermo. Ho voglia di parlare con qualcuno, mi sento in vena di scambiare qualche bella parola. E resto sorpreso quando i due si fermano spontaneamente con un cordiale cenno di saluto. Il secondo si alza, un omone enorme e paffuto e tutto sorridente mi si avvicina. Vuole sapere dove sono diretto e io che non attendevo altro, glielo

L'incontro

dico subito. «*Nordkapp!*» (*Nordkinn* richederebbe troppe spiegazioni...). Ma l'espressione che gli leggo negli occhi, come se fosse stato contraddetto, mi mette in guardia. Per di più ho subito notato la divisa verde di entrambi con un distintivo sul quale più o meno è scritto «Polizia di Frontiera». «Ma Capo Nord è di là!...» mi fa lui indicando col braccio una direzione quasi opposta a quella che sto seguendo. Io sorrido dentro di me e in silenzio gli rispondo che non ho un aereo che può andare dritto alla meta. Ma poi salta fuori ciò che l'ha turbato. Mi chiede infatti dov'è che intendo lasciare la Finlandia per rientrare in Norvegia e io, indicandoglielo sulla carta che porto al collo, gli faccio: «Qui, a Tenomuokta, dopodomani spero!»

Il suo volto bonaccione si rabbuia. Si siede sulla motoslitta e tira fuori la sua di carta, quella finlandese. «Non puoi passare per di là, vedi?» e così dicendo mi indica dei segni rossi lungo il confine tra Finlandia e Norvegia. «Solo qui, lungo questi tratti rossi puoi passare. Ma non a Tenomuokta!» In effetti Tenomuokta non è compresa nei segni rossi, anzi, si trova parecchio più a sud di quello più vicino, una buona cinquantina di chilometri. Mi viene da pensare che il tipo mi stia prendendo in giro, che abbia solo voglia di scherzare. Ma il suo sguardo serio non lascia spazio a dubbi. Ma io come potevo saperlo? Sono mesi che, incontrando solo alberi e rocce, valico confini senza alcun problema o distinzione...

Inizio a maledire quell'incontro. Se ho scelto di passare lì a Tenomuokta, ho le mie buone ragioni, in sostanza è l'itinerario migliore e quindi il più breve per rientrare in Norvegia e proseguire poi verso Nordkinn. Senza parlare del fatto che già dal punto nel quale io e il mio *amico* parliamo, se volessi raggiungere il tratto rosso più vicino, mi ci vorrebbero tre giorni in più di cammino e io non ho mica la motoslitta. In più mi troverei del tutto fuori rotta. Insomma, non se ne parla! Ma tutto questo non sto a spiegarlo al bravo doganiere, non lo capirebbe, ma soprattutto, decido che è meglio non fargli comprendere quanto per me sia importante passare proprio di là. È lui stesso che mi viene incontro: « Del resto non vedo perché tu abbia scelto di passare a Tenomuokta; se vai qui, dove è consentito, ti trovi per di più sulla strada giusta per Capo Nord! »

Mi fingo interessato e illuminato da questa rivelazione e lui pare soddisfatto. Poi mi spiega che dal 25 marzo (ovvero da lì a dieci giorni), sarà possibile passare ovunque, poiché si sta per firmare un trattato e così via... Bla, bla, bla, cosa vuoi che me ne importi di leggi e trattati dopo quattro mesi a contatto con la natura? Io gli rispondo con una battuta: « 25 marzo? Be', allora potrei accamparmi lì e attendere, ormai ci siamo. In più è proprio il giorno del mio compleanno! » Lui sorride, sembra che la cosa sia risolta. Avevo temuto il peggio, « permesso a Helsinki », aveva detto e già mi ero visto bloccato in uno squallido ufficio ad attendere. Ma, al momento di salutarci, aggiunge: « Mi raccomando, ora lo sai. Tenomuokta no! Uomo avvisato... »

Finalmente sono di nuovo solo. Svanito il frastuono dei loro motori, il silenzio e lo spazio profondo tornano a circondarmi. L'incontro mi pare per un attimo un sogno, qualcosa di impossibile e ridicolo. Poi però mi provoca un po' d'ansia... Ho un giorno e mezzo di cammino ancora per Tenomuokta, penso, altri cinquanta chilometri circa. E se mi imbattessi davvero nel doganiere, poco prima di sconfinare, dopodomani mattina?

Dovrò risalire fino alla *zona rossa*, altri cinquanta chilometri! È tutto così assurdo. Da una parte non posso credere che incontrerò qualcuno laggiù in piena Lapponia lungo il confine con la Norvegia, ma dall'altra resta il dubbio per quella piccola percentuale di possibilità. Ciononostante, decido di tentare la sorte e continuare per la mia strada: Tenomuokta dunque, direzione est. Tenomuokta, un'altra baita di tronchi finlandese, aperta, a cinquecento metri dal confine con la Norvegia. Un passaggio perfetto, esattamente in linea con la continuazione della traversata. Ma ora so che domani sera, raggiunta la baita, passerò la notte con i sensi all'erta pronto a captare il primo accenno di una motoslitta in avvicinamento.

Mentre riprendo la marcia, mi immagino invece di arrivare alla baita ormai al buio e stanco come sempre per la tappa di quasi quaranta chilometri, di scorgere d'un tratto, tra i rami spogli delle betulle, l'esile luce delle candele uscire dai vetri della finestra, le motoslitte parcheggiate fuori, e io che devo continuare in silenzio tentando di passare il confine in piena notte... è assurdo, non posso crederci! *Che mi sia immaginato ogni cosa?* Arrivo ancora con la luce, alla baita in tronchi di Terbmisjärvi. Lì passerò la notte. La penultima, spero, in Finlandia.

La mattina dopo, altra giornata perfetta. Continuo a seguire la stessa pista di ieri, decisa verso est anche se questa si sposta un po' troppo in direzione sud: sempre meglio che avventurarmi nella neve poco lavorata dal vento e quindi profonda che c'è tra le rade betulle nane che ho attorno. Mi trovo infatti a una bassa quota e so che se non avessi trovato questa pista, mi sarei tenuto ben più alto come deciso sulla carta prima di partire, sulla vaga linea di colline dirette a est che ora sono invece a nord rispetto a me. Ho infatti imparato a considerare le zone boscose tra le betulle vere e proprie trappole e tento quindi il più possibile di tenermici alla larga. Quel che mi preoccupa invece è Tenomuokta e non solo per il fatto dei doganieri. Sulla carta la baita è segnata lungo il fiume che costeggia tutto il confine e il fiume è a meno di trecento metri di quota e quindi circondato dal bosco. So che se le condizioni sono come al solito, sarà una vera lotta. E purtroppo non c'è passaggio migliore, almeno stando allo studio delle carte.

A fine giornata la pista mi porta in vista di alcune capanne colorate che sorgono qua e là sparse lungo il fiume che in questo tratto è pieno di anse e curve a gomito. C'è un profondo silenzio e tutto pare tranquillo e disabitato. Eppure so che c'è gente. È il campo sami di Raittijärvi e in giro è tutto un via vai di tracce di motoslitta. Mi avvicino con cautela. Avanzo come un animale all'erta. Alcune baite hanno delle enormi antenne radio; *forse sarebbe meglio non farmi vedere*, penso tra me. Ma mi rendo conto che lasciare la pista avventurandomi tra le betulle nella neve fresca vorrebbe dire allungare la marcia di ore. Continuo col fiato sospeso. C'è solo, impercettibile, lo scivolare degli sci. Case con pelli di renna attaccate fuori e tende lavvu tenute su da pali di legno altissimi, appaiono e scompaiono tra i rami man mano che avanzo tra le anse del fiume. Scorgo un uomo che ripara la sua motoslitta. Più in là, un altro con la camicia di lana e con le classiche scarpe di renna con la punta all'insù è intento a sistemare la legna sul retro di casa. Dal camino si alza il fumo nell'aria gelida contro il cielo perfetto e color arancio della sera.

Tutto sembra tranquillo. C'è quella pace da nativi, quel silenzio senza tempo quando la vita scorre senza fretta, dove regna il grande «*Wrrrr*» e la gente ne è intrisa fino alle ossa. Potrei fermarmi qui e viverci il resto della mia vita. L'energia è formidabile... e c'è «solo» silenzio e spazio. Assomiglia a un piccolo insediamento indiano come ce ne sono tanti tra i nativi dell'Alaska, gli Athapasca; potrei trovarmi presso il Koyukuk River o qualche altro... Un cane nero mi corre incontro senza abbaiare. Sembra sorpreso di vedermi e subito mi invita al gioco. Prende un pezzo di betulla e me lo porta. Vuole che glielo lanci. Il gioco va avanti per un bel pezzo, io tiro e lui corre come un matto nella neve fonda e torna col suo trofeo tra i denti gettandomelo davanti. Sono divertito e contento di questa improvvisa amicizia silenziosa. È incredibile quanto si amplifichi ogni sfera del nostro sentire in certe circostanze, quando, conducendo una vita di estrema essenzialità, le cose più semplici e normalmente ignorate diventano tutto. Proseguo infine verso l'uomo con la maglia a scacchi che è rimasto a osservarmi con discrezione. La pista si esaurisce proprio di fronte a casa sua. Dentro scorgo la moglie. Alzo la mano in segno di saluto e lui mi viene incontro. Non c'è fretta nei suoi gesti e nello sguardo e nel parlare c'è riflessa solo la pace che ci circonda. Sorridiamo. Comprendo che parla solo Sàbmegiella e alla fine gli chiedo, indicando verso est: «Tenomuokta?...» Lui mi corregge indicando a nord-est. Sembra compiaciuto del fatto che io sia lì, come un nomade.

Mi domando quanto i Sami di oggi siano soddisfatti della loro relativa «forzata» sedentarizzazione; rammento quel loro detto che recita: «*Buoret lea jodu go oru*», vale a dire «meglio nomade che vivere in un solo posto»... «Oggi chi ancora vuole sopravvivere con le renne, restando in qualche modo vicino alla vita dei propri antenati nomadi, non ha vita facile» mi aveva anche spiegato Åke. «Anche se, apparentemente, i cambiamenti introdotti a partire dagli anni Sessanta, tra cui la radio, la moto, gli aerei e le motoslitte, hanno reso molto più semplice il duro lavoro di un tempo, il pastore di renne, per contro, ha iniziato a dipendere dalla quantità di soldi che il suo branco produceva al fine di potersi permettere tutta questa tecnologia... Ricordo quando comprammo le prime auto...» aveva sorriso improvvisamente Åke, «a ogni curva, scendevamo per correre a vedere se arrivava qualcuno! Tale situazione, però» aveva continuato lui, «ha causato la diminuzione dei pastori. Oggi, chi vuole vivere solo di allevamento, deve possedere almeno quattrocento renne. Però, averne troppe è dannoso per il terreno.» Dunque i nomadi di oggi... Forse lo sono più io ora, penso tra me osservando l'anziano sami che mi sta di fronte; per lo meno, però, essi vivono ancora quassù, in questi spazi...

Condividiamo ancora qualche istante di silenzio. Come accade ogni volta, con un nativo non c'è mai fretta. Non ti senti costretto a dover parlare magari a vanvera come succede di solito nel *nostro* mondo, né ti senti in imbarazzo di fronte al suo silenzio prolungato. Poiché è un silenzio che racconta tutto, che fa parte del bosco. Ricordo una volta al fianco di un Athapasca, tra le Brooks Mountains in Alaska. Mentre passavo era stato lui con un cenno della mano a invitarmi. Senza un sorriso, appena mi ero avvicinato, mi aveva fissato per un attimo e poi aveva scosso la testa come in cenno di assenso. Quindi era tornato a fissare lontano. Io mi ero seduto al suo fianco, all'inizio imbarazzato e nel disperato tentativo di trovare qualcosa da poter dire. Una tensione insopportabile. Quando infine era tornato a fissarmi, mi aveva detto: «Tra breve passeranno i caribù. Oggi erano a Old John Lake». Io annuisco, ma lui già fissa di fronte a sé. E in quell'istante mi ha trasmesso l'amore e il rispetto ancestrale, il suo legame profondo con quell'animale così come con l'immensa terra selvaggia che ci circonda. Non sono più sorpreso che non m'abbia chiesto nulla. È la prima volta che ci incontravamo, non m'ha chiesto da dove vengo, cosa ci faccio lì, no, e d'un tratto l'imbarazzo e la tensione svaniscono. E anch'io riesco a fissare lontano, a tacere e ad ascoltare. Aveva i capelli scuri, lunghi e lisci, con una fascia attorno alla fronte. Come nei film!

Saluto il mio amico sami e riprendo la strada. Ora non ho più piste da seguire e sono felice che la direzione che mi ha indicato punti dritta a un'ampia collina senza vegetazione. La neve infatti è perfetta e i colori, col sole che tocca ormai l'orizzonte, sono fantastici. Tutto riluce di arancione e rosso fuoco. È così bello che una mezz'ora dopo, quando ormai sono salito di un po' e il «villaggio» è ormai lontano, mi fermo e, seduto sulla pulka, mangio qualcosa godendomi l'incanto.

Dopo quasi trentacinque chilometri Tenomuokta è ormai vicina. Scio per le ultime ore, ormai con la luce del cielo e delle stelle che si accendono una a una. Tutto si confonde in questo chiarore lattiginoso quando infine scorgo l'ombra scura delle betulle che ricoprono la vallata. È lì che passa il fiume e lì da qualche parte c'è la baita. Di fronte a me di nuovo la Norvegia. Torna la fiducia: sono ore ormai che non incontro più tracce di motoslitte. Metto la lampada sulla fronte e aggiro l'ultimo colle. Il bosco è ora lì di fronte a me, in basso. Sembra quasi in attesa. Cerco la strada migliore per scendere al fiume.

È ormai buio e il freddo congela il mio respiro quando affondo per la prima volta fino alla pancia. *No, non è possibile!* Mi fermo, mi sposto, provo più in là. *Sì, qui sembra andare meglio*. Le betulle mi circondano immobili e le stelle fanno capolino... *Non poteva esser così, ci avrei messo...* Ma ecco che di nuovo la terra non tiene più il mio peso e affondo ancora come se camminassi su un tappeto di piume. Solo che ora è tutto così. Non riesco più ad avanzare, ovunque provo, gli sci vengono risucchiati. Il bosco improvvisamente mi circonda e m'attende come per inghiottirmi. Sono in trappola; in mezz'ora riesco a percorrere sì e no una cinquantina di metri. È come essere invischiato in una materia densa che vuole trattenere ogni mio tentativo di proseguire. È la slitta che mi tiro dietro il problema principale. Non riesce a restare a galla nella traccia che apro a fatica e ogni passo è come spostare l'intero bosco.

Improvvisamente, sento il gelo che ho attorno. Sento anche tutta la fatica accumulata. Ma non sono né il freddo né la spossatezza a terrorizzarmi, è la sensazione di sentirmi in trappola. Di non riuscire a muovermi, è l'angoscia di dover affrontare le centinaia di chilometri che ho di fronte prima del villaggio successivo, di doverle affrontare in queste condizioni... *E se resto bloccato di nuovo in questo modo più in là in piena wilderness e se, peggio, nevica ancora, come ne vengo fuori?* D'un tratto tutto quanto mi circonda mi schiaccia, mi sento vulnerabile e insignificante. Come vengo fuori da qui intanto? Stringo i denti fino a raggiungere il fiume, dove spero di trovare neve un po' più ventata. Ma la sorpresa è amara. Qui si affonda ancora di più e, quel che è peggio, a tratti il fondo è acquoso e lo sci si corazza di ghiaccio che è un piacere. Mi fermo sulle rive del fiume.

Sono appena emerso dal bosco denso e immobile. Come ne fossi stato espulso. Seduto sulla slitta, ascolto il cuore. Sono esausto, sono oltre la stanchezza, ormai non mi importa più nulla di nulla. *Andrò avanti fino a quando le ginocchia non mi terranno più, ma andrò avanti, pur di tirarmi fuori da qui.* Decido di lasciare la slitta e andare in cerca della baita creando al contempo una traccia per quando tornerò a prenderla. Sono sorpreso dall'inconsistenza della neve e anche senza slitta far la traccia è massacrante. Ormai sono un fantasma, l'ombra di me stesso. Sento il gelo che mi serra la barba e la bocca, sento che non son più un essere umano fatto di muscoli e testa, sono un istinto animalesco, sono l'energia del grande spazio, quella di un lupo che deve sopravvivere e che non cederà fino a quando non si sarà messo al sicuro.

Avanzo mentre il corpo soffre per la fatica e la mente per la paura. Ma io sono qualcos'altro. Scruto le anse del fiume, mi invento una luce nel cielo scuro contro la quale far risaltare le forme degli alberi e quelle della capanna che sto cercando. Ogni tanto mi rendo conto che a ogni passo la neve mi arriva alle cosce e che sto avanzando con estrema lentezza. Anche le punte degli sci sono sparite. Infine la riconosco senza esitazioni. Purtroppo, benché non ci sia nessuno, attorno è tutta una traccia di motoslitte. Ma ora non mi importa più di nulla. Figuriamoci dei doganieri. Voglio solo stendermi e dormire. *Sto tentando di far calore dentro me stesso...* riesco appena a scrivere. *Ciò che mi circonda rischia di schiacciarmi. Sono scollegato, come a volte certi GPS prima di tararsi grazie a qualche satellite. Io non ho alcun satellite a cui rivolgermi. Sono solo ed è dentro di me che devo trovare un riferimento, un po' di calore e conforto per non restare schiacciato.* Non riesco a finire la cena perché quasi mi addormento tra un boccone e l'altro. *E stasera, dove sono?*

Mi addormento nel sacco a pelo sulla branda di legno. E subito sogno di essere finito in una valle immersa nella colla e non riesco a venirne fuori. Sono bloccato e mi sento sprofondare sempre di più... Poi c'è Liv, sono tornato a casa, il viaggio è finito e non riesco ancora a crederci. Voglio farle una sorpresa e mi avvicino silenziosamente. Lei è in una specie di palestra che gioca a ping pong. Appena mi intravede è subito certa che sia io. Mi corre incontro e mi salta al collo abbracciandomi fortissimo e io la bacio e sento il suo respiro, il suo sorriso...

Mi sveglio alle sei e trenta. C'è già luce. Fuori è grigio e non riesco più a dormire. Il cuore batte forte, non riesco a calmarlo, così mi preparo e parto verso le otto. Alla luce del giorno scorgo subito di fronte a me oltre il fiume, lo steccato di filo di ferro che segna il confine. È il primo che vedo in tutta la traversata ed è lì che si dirigono le tracce delle motoslitte. Dentro il *terrore* continua, sono fuori centro, ho dormito poco e male e il sogno interrottosi all'alba è vivissimo in me anche se tento di cacciarlo, di tenerlo il più lontano possibile. Quel che temevo si sta avverando: la natura mi sta schiacciando, sono troppo piccolo e vulnerabile.

Seguo la pista per un po'. Sarebbe davvero il colmo incontrare di nuovo il doganiere... Ma forse ne sarei contento. *Non ce la faccio più*, direi loro, mi rendo conto che continuare così al limite è pericoloso. Chiederei un passaggio, chiederei di portarmi via da qui. La pista costeggia il recinto. È chiaro che non passerà mai dall'altra parte e così mi decido a farlo io... Inutile dire che appena entro nel bosco affondo immediatamente nella neve. Risalgo un pendio di circa dieci metri dopo averlo prima percorso senza la slitta. Lentamente prendo a costeggiare il recinto;

sto tornando a salire. So che sul versante norvegese poco più in alto, le betulle finiscono e la neve tornerà sciabile. Per scavalcare la rete devo togliermi gli sci e poi spingerli di là assieme alla pulka tra le maglie più larghe. Infine passo io. Dall'alto si nota tutta la striscia bianca che taglia il bosco tra Norvegia e Finlandia: *ce l'ho fatta!* Salto dall'altra parte e senza sci affondo fino alle costole! Quasi mi metto a ridere. In un modo o nell'altro, per lo meno sono di nuovo in Norvegia e vi resterò fino alla fine. Ma sono «scollegatissimo», condizione che trasforma il grande «WRrrr» in una specie di ghigno pronto a staccarmi l'anima, a carpirmi quel poco di calore e lucidità che ancora mi resta.

Mi fermo un attimo non appena raggiungo la neve buona al termine del bosco. Il ricordo del sogno quasi mi fa piangere, e poi sento di non essere a posto fisicamente. Mi rimetto in marcia circondato dal bianco e dal cielo grigio. A tratti mi sento allucinato, come se non fossi io a vivere in questo momento. Mi trascino traballante, mi sembra di essere ubriaco e so che se solo cedessi al desiderio di fermarmi e di sedermi, potrei addormentarmi sul colpo, forse anche morire. Proseguo fino a un lago. Ora nell'aria c'è qualche fiocco di neve, o tutto quanto è solo un sogno? *Dove sono, perché son qui? Quella casa non è segnata sulla carta, che sia un miraggio, che cominci a soffrire di allucinazioni?*

Intanto sono di fronte alla porta. Non so perché. Case così, ormai lo so bene, in Norvegia sono sempre chiuse durante l'inverno. Ci viene la gente d'estate per pescare e starsene in pace mentre la notte non conosce buio. Eppure io son lì di fronte all'ingresso. Poggio la mano sulla maniglia e con una piccola spinta la porta si apre... Sono le undici e trenta, mi faccio biscotti, cioccolato e spaghetti che mangio nel letto sotto il piumone. Mi addormento per due ore! Di nuovo la *forza* è con me. Come ogni volta che ho davvero avuto bisogno di qualcosa, quella puntualmente è arrivata. Il nevischio della mattina è svanito e ora c'è il sole! Mi sono riposato anche se avrei bisogno di ben altro per rimettermi. È pomeriggio, non resterà luce per molto, ma riprendo la marcia comunque, vincendo la tentazione di fermarmi qui anche per la notte. So che dovrò stare attentissimo nell'intuire l'itinerario migliore. Tra il grande lago di Raisjav'ri che vorrei raggiungere entro sera e i rilievi sui quali mi trovo, so che dovrò scendere di quota e che incontrerò un'ampia vallata ricoperta di betulle. Se succede come ieri sera, oggi sono morto.

Ho rilevato sulla carta una serie di piccoli laghi. Vorrei andare da uno all'altro per raggiungere infine quello più grande ma, per l'appunto, come sarà la neve tra uno e l'altro? Per ora vado di buon passo. Sono salito di un bel po' da quando ho lasciato la casa e ora posso vedere per centinaia di chilometri verso sud sotto di me. L'immensa Sàpmi, più che altro una distesa scura di betulle spoglie che si perde fino all'orizzonte. Rabbrividisco al pensiero di potermi trovare là in mezzo con gli sci e la pulka. Benché spesso interrotta da montagne tuttaltro che banali, esiste un motivo ben preciso per il quale la Lapponia è così « piatta ». Come spiega Walter Marsden nel suo *Lapponia*: « La causa di tutto è un fenomeno chiamato *soliflusso*; ha luogo durante la primavera quando il rialzo termico fa scivolare lentamente, lungo il sottosuolo ancora gelato, il soprassuolo saturo d'acqua di fusione. Questa fanghiglia mobile scende verso il basso anche se la pendenza è minima (di tre o quattro gradi appena) e si accumula ai piedi dei dossi e delle piccole alture. Nel succedersi delle stagioni, il processo si ripete, colmando via via le depressioni e rendendo il paesaggio sempre più piatto... »

Le luci sono meravigliose. Più si avvicina la sera più i colori del sole si fanno intensi, dal giallo all'arancio, fino a restare ancora per un attimo sulle cime dei rilievi più alti con un rosso fuoco da brivido. Quando svalico dall'altra parte, il sole mi colpisce in volto come per un ultimo saluto. D'improvviso appare la discesa che m'attende: l'immensa piana ricoperta di betulle. Il cuore si stringe nel petto. *E dove..., come passo in quel caos?!* Come al solito lo studio della carta non è stato di alcuna utilità poiché lì le macchie di verde parevano molto più rade. Del resto sono giorni ormai che non mi fido più tanto delle carte e, se sto per scendere là dentro, vuol dire proprio che non ho trovato di meglio. Mi faccio coraggio pensando che i piccoli laghi e i torrenti che li uniscono dovrebbero aiutarmi, da qui non li vedo ma di certo ce ne sono nascosti là in mezzo. A metà discesa un recinto per le renne corre nella mia direzione. Lo seguo per un bel tratto. Dev'essere lungo decine di chilometri: per quanto tenti, non mi riesce di scorgerne la fine.

L'ultima macchia rossa del sole si è spenta sui rilievi che mi circondano. Ora il mondo piomba nel gelo ancora più intenso e il cielo dal grigio-azzurro comincia la sua metamorfosi, uno spettacolo al quale dopo mesi sono ormai abituato. Rosa, verde, blu, violetto, fin quando solo l'orizzonte sembra infiammarsi di una luce che tarda a morire mentre altrove già regnano le stelle. Il recinto mi sta portando ora troppo fuori rotta. Se voglio trovare la serie dei laghetti è meglio abbandonarlo e scendere tra gli alberi. Mentre volgo gli sci verso nord-est la paura mi accompagna silenziosa, provo ansia nel ricordare ieri sera e ho il timore di restare nuovamente intrappolato e magari in modo molto più serio. È uno stato d'allerta che fa parte di me, come un lupo sulle tracce della preda. Ciò che devo tentare di cogliere io con ogni senso, *annusando* il terreno e la neve che ho attorno, è un itinerario il più possibile lontano dalle betulle. Una tensione che permea ogni singolo passo mentre nel poggiare lo sci in avanti prego che questo tenga, che non mi riveli, ancora una volta, un tratto di neve inconsistente come polvere.

Le betulle nane sono rade per adesso mentre scendo verso il primo dei laghi che ho intravisto poco più in avanti. Sembrano sorvegliarmi, ammonirmi. Raggiungo il primo lago, una lunga macchia bianca sulla quale la neve è già più compatta. Scivolo veloce adesso mentre mi avvicino al suo lato settentrionale. Il fiato mi esce in dense nubi. Fa molto freddo e le palpebre sbattono in continuazione per mantenere gli occhi caldi. I miei occhi guizzano come creature del bosco fisse su quelle betulle che mi attendono, tra le quali dovrò cercare la strada migliore per passare, se mai ce ne sarà una.

Raggiungo la fine del lago. Il torrente, come temevo, è cosa inesistente. Sono costretto a entrare tra le piante, ma dopo i primi passi sono già invischiato nella neve polverosa quasi fossi nelle sabbie mobili. Devo prenderla con calma, del resto fino alla fine del lago..., *cosa saranno, tre, quattrocento metri?* So che sono un'enormità in queste condizioni, ma non posso far altro che affrontare con pazienza ciò che mi aspetta. Poco dopo il terreno si fa ancor più terribile. Massi erratici ricoperti dalla neve si frammezzano all'intricato dedalo di rami e tronchi delle piccole betulle. *Come si può procedere qua dentro? E una volta raggiunto quell'altro lago, come riuscirò a percorrere il tratto di bosco successivo, quello più ampio?!*

Nel gelo opprimente, ormai al buio, mi sento nuovamente esausto e disperso, un naufrago in balia dell'oceano dove ogni movimento, pur costandomi sforzi immensi, non produce il minimo risultato. Il cielo ora è acceso di stelle. Verso il tramonto a ovest, all'orizzonte si vede ancora un poco di luce. Poco più in su, ormai siamo amici, quel pianeta luminosissimo... *Quanti tramonti ho visto da quando sono partito...?* Momenti che nel pieno dell'inverno vivevo spesso con angoscia e smarrimento perché alle tre del pomeriggio era già buio. In un attimo il giorno era già finito e io mi ritrovavo da solo nel gelo a vagare tra montagne sconosciute senza quasi essere riuscito a vedere il sole. L'*angoscia* ora risiede in qualcosa di diverso; è nel procedere ogni giorno senza sapere cosa m'attenderà, se riuscirò a passare, senza esser certo del passo successivo.

Fisso il pianeta che sovrasta il tramonto e riprendo fiato. Dall'ultimo lago penso di esser avanzato per una buona mez-z'ora. Una marcia penosa che ha richiesto le mie ultime energie. Forse ora ne sono fuori. Intravedo poco più avanti oltre le betulle quello che potrebbe essere il penultimo lago. Non oso pensare al tratto di bosco successivo. È già qualcosa essere riuscito ad arrivare qui viste le condizioni. Sbuco lentamente dal bosco, le gambe ancora invischiate tra i rami e la neve, quasi mi trascinassi dietro l'intera Lapponia, ma non ci faccio caso. Come ormai ho imparato, lascio alle gambe l'onere della fatica mentre con l'attenzione mi focalizzo su qualcosa d'altro. A volte possono essere le aurore o un masso che mi sono prefissato come meta temporanea, altre è il cielo con le sue stelle, spesso è il silenzio, la lampada frontale che illumina il denso fumo del fiato, il mio cuore che batte e che più di una volta mi ha aiutato a capire che... *no, non ero in un sogno.* Ora ciò che fisso è qualcosa oltre il bosco che non riesco ancora a definire. Lo fisso poiché non è nulla di ciò che potrebbe essere, il biancore di un lago, una piccola fessura nella neve ove scorre acqua libera, una macchia di vegetazione... Mi avvicino spostando di forza la neve che mi sfiora le ginocchia e scavalcando alla rinfusa alcuni rami: è una linea che attraversa il lago, e mentre emergo dalle ultime betulle ho quasi le lacrime agli occhi. Di certo, quegli occhi che poco prima guizzavano come folletti nella disperata ricerca di un itinerario sicuro, ora rilucono di gioia, di stanchezza: la traccia della motoslitta esce dal bosco poco più a sinistra di dove mi trovo e corre dritta in mezzo al lago. Mi chino per osservarla meglio. È recentissima, la sfioro con le dita e sorrido... *Proprio come durante le scalate dei miei primi anni, sì, si può gioire come fanciulli per cose come queste, per l'aver d'un tratto intravisto il termine della scalata dopo due giorni di lotta, per il primo rivolo d'acqua che incontri dopo giorni che patisci la sete...*

Sulla pista scivolo che è un piacere. Mi torna l'energia nelle gambe e finalmente posso anche concedermi il lusso, dopo una decina di minuti, di fermarmi ormai al buio e di sedermi sulla pulka in pieno lago per bere un sorso di tè con qualche biscotto. Sono quasi le otto di sera e la luce all'orizzonte non si è ancora spenta. Il pianeta luminoso mi fa compagnia mentre mangio e ascolto il silenzio. La pista mi conduce attraverso il lago e quindi, agevolmente, nella neve farinosa dell'ultimo tratto di betulle. È buio pesto quando scivolo di nuovo in un ampio spazio chiaro. Ai lati, alla mia destra e alla mia sinistra, scorgo a una certa distanza la ben nota macchia scura dei boschi che svanisce presto verso nord-est, lì ove questo immenso spazio chiaro sul quale ora mi trovo si fonde alla notte e a vaghe forme che toccano le stelle, molti chilometri più in là. Sono infine arrivato sul lago di Raisjav'ri e quelli che vedo in fondo devono essere i rilievi del Gœđaščak'ka, alla base del quale vorrei arrivare stasera.

Sono sul lago ormai da un'ora buona e da tempo ho abbandonato la traccia della motoslitta che volgeva altrove. Ho tenuto un'andatura abbastanza veloce e ora nel cielo cominciano a crearsi le prime aurore. Mentre cammino in questo nulla fatto di buio e di spazio l'unico riferimento sono loro, oppure le stelle. Quando mi fermo per ascoltare l'incanto e il silenzio che mi circonda, spengo la frontale e allora ho l'impressione di trovarmi nel bel mezzo del cosmo in marcia attraverso le stelle. Poiché non vedo altro. Poiché sono loro il mio unico riferimento visivo. E quando posso, come ora che mi trovo su questo lago, al momento di ripartire evito di riaccendere la lampada. La sensazione è meravigliosa. Sento questo buio denso che mi avvolge, gli sci che vanno sulla superficie perfetta e le stelle tutto attorno, quasi pare di toccarle... Mi fermo. Nel cielo la luce verde violetta si allunga da un capo all'altro dell'orizzonte con movimenti densi di grazia, in una danza impercettibile. *Quanti hanno il privilegio di poter vagare così al buio sotto un gelido cielo di stelle e aurore boreali, dalla mattina alla sera, ininterrottamente, coi sensi desti e nessun pensiero che ti attraversa la testa? Cosa c'è di più bello del potermi inventare la vita secondo me stesso ogni giorno, a ogni istante?!*

Infine scorgo una luce. Mi pare lontanissima, ma non ho dubbi: la montagna ora è alla mia destra e la costa corre dritta fino a quel lumino. *Accidenti però quant'è distante.* So che non c'è nessuno laggiù, so che è solo una casetta con una luce e basta. In Norvegia è così, l'elettricità non costa nulla. Ed è lì che vorrei arrivare stasera, potrei trovarla aperta come quella di stamattina. Mi sembrano secoli che arrivavo nella neve terribile di Tenomuokta e anni da quando stamattina, affondando fino alle cosce, ho valicato il confine con la Finlandia. Ma ora ci sono quasi. Sento di essere veramente stanco e mi concentro su quella luce là in fondo. Lei sembra immobile, ma le betulle alla mia destra scorrono lentamente, quindi mi sto muovendo. Poi mi chiedo se non sia un miraggio. A tratti sembra sparire, spegnersi, nascondersi nel buio...

Sono così stanco da avere le allucinazioni? Molto spesso mi è capitato di portare a termine una tappa trasportato nell'ultima mezz'ora semplicemente dalle gambe, mentre il resto del corpo e la mente si trovavano in una specie di trance. A volte ho anche imparato a camminare a occhi chiusi per riposarmi il più possibile mentre le gambe pensavano ad andare. Altre volte bastava una sosta, i bastoncini sotto le ascelle a sorreggermi e subito riuscivo a addormentarmi e a sognare con incredibile intensità. E senza cascare per terra!

Quella sera non ero solo stanco. Come avevo intuito già dalla mattina, forse c'era anche qualcos'altro, probabilmente un po' di febbre dovuta agli strapazzi degli ultimi giorni. L'ultima mezz'ora dunque sono un'ombra che scivola portata dagli sci; la lucina là in fondo che va e viene a tratti mi tiene sveglio. Ma è una visione così lontana: attorno a me c'è sempre e solamente la notte, il gelo e tutto pare immobile e sempre quel *tic tac, tic tac*, il ritmo regolare degli sci e delle racchette che ho tra le mani. *Che incanto però, che pace... Quant'è vasto questo lago?*

Poi la luce mi fa socchiudere gli occhi, come se fosse esplosa. Devo abbassare lo sguardo, ma infine ecco è lì a una cinquantina di metri da me, sto entrando in una specie di insenatura come una piccola baia e gli alberi scivolano lentamente di fronte a essa. Mi pare di essere un vascello che arriva in porto dopo una traversata lunghissima; quando metto piede a terra e il ritmo cambia, mi rendo conto d'essere davvero arrivato. Tra un boccone e l'altro poco più tardi mi addormento come un bimbo. La luce delle aurore illumina a giorno, un giorno di sogno in questa terra spersa nell'universo.

19 marzo, 118° giorno

Dormo a lungo la mattina nonostante il sole nel cielo limpido. Quando mi decido a partire, so di non essere riuscito a recuperare del tutto le forze. Come ieri sera, mi sento ancora un po' rintronato. Ben altra tregua mi ci vorrebbe, ma quella arriverà solo in cima! Salgo coi colori di un sole che dà l'impressione di scaldare. Salgo gli ampi pendii di questa strana montagna (l'unica altura della Lapponia l'ho trovata io!) e non so se lo faccio più per la tattica *anti*-betulle (viaggiare più in alto possibile) oppure per il semplice fatto che salire, *sentire* il ripido opporsi ai muscoli delle gambe, mi fa sentire a casa.

Guadagno velocemente quota. Ora sono circondato dall'intera terra di Sàpmi, una distesa scura e piattissima formata da boschi di betulla nana che verso sud si perdono nel cielo azzurro chiaro. Una vista, quella degli alberi, che mi chiude la bocca dello stomaco. Devo stare attento, mai mollare la guardia: non posso più permettermi di finirci in mezzo. Non ne uscirei più, ne finirei risucchiato. Osservo lo spazio uniforme, la terra dei Sami, mi perdo nell'oceano che tento di navigare «saltando» da un isolotto all'altro (questi modesti rilievi che loro chiamano *varri o cokka*, montagne), come se i tratti ricoperti dalle betulle fossero infestati dagli squali! Immagino la penombra invernale avvolgere le terre che ora rilucono nel sole appena rinato... È così in contrasto tutta questa luce ora coi lunghi mesi di gelido buio. Ormai anche quassù la primavera si avvicina o per lo meno l'inverno cambia il suo volto: appare stanco sotto questo sole colore del latte riflesso sulla terra bianchissima. Ma il gelo non cede. Un po' come me. Ormai esausto, mi trascino, ma *tirerò* fino in cima!

In alto scivolo senza peso su neve come polvere che poggia su strati duri come cemento. Se non udissi il lieve passare degli sci sui cristalli delicati che il sole sempre più basso tinge ora d'arancio, ora di viola, sarei certo di essere in volo, di percorrere la terra come un'aquila silenziosa; unico rumore, la carezza del vento che sussurra e non mi lascia mai. L'altopiano è vasto, senza interruzione, poi pian piano prende a scendere. Attorno la neve cambia tonalità in continuazione via via che il tramonto si fa più intenso e poi, sceso il sole, diviene azzurra, viola, profonda come il cielo. Mi fermo di continuo; guardo alle mie spalle la traccia perfetta che mi segue e che resterà fino al prossimo colpo di vento e di fronte, fin dove i rilievi ondulati incontrano le prime stelle; c'è solo una parola che viene su dal cuore e che ancora non basta per decifrare e per saziarmi di tutto questo: *purezza.* La vallata, il fiume... Inizio a scendere in modo più deciso, spesso scivolo veloce ma intanto osservo, tento di decifrare: *dove passerò?* Punto al tratto che sulla carta risulta sgombro dalle betulle, eppure ora ne è ricoperto. Ancora una volta, dovrò fidarmi solo del mio intuito.

La bruma viola-azzurro della sera scende dal cielo, sulle montagne, sulle punte degli sci. E porta con sé il freddo che cresce, che mi gela di bianco la barba, che mi fa indossare tutto quello che ho. Non mi si presentano comunque alternative: devo arrivare al fiume, devo passare oltre. Anche se poi non sono più assolutamente convinto di seguire l'itinerario stabilito ieri sulla carta. Anche la sponda opposta, infatti, è ricoperta di betulle nane che si estendono pigre verso i rilievi, allentando la loro maglia solo molto più in alto, prima di svanire del tutto. E così, inevitabilmente, ancora una volta sto scendendo verso le piante, verso il fiume..., verso *quella* neve, sempre con l'ultima luce, quasi come a Tenomuokta.

Stavolta affondo prima del previsto. La neve sbuffa, mi arriva alle cosce, gli sci spariscono a ogni passo ed è la solita lotta tirarli fuori, così come farmi seguire dalla slitta. *Quanti tratti di betulle mi attendono ancora da qui a Nordkinn? Come posso divenire aquila e capire con esattezza ove poter passare senza questa fatica massacrante? Come posso, restando a terra , riuscire a decifrare e intuire questo territorio vastissimo?* La striscia bianca del fiume è poco oltre attraverso i rami intrecciati. *Cosa farebbe un animale, una renna? Com'è che non incontro mai tracce in questi luoghi dove solo io finisco con l'impantanarmi?* Ascoltare, respirare, decifrare. Lotto con gli ultimi cespugli e poi, con un piccolo saltino, sono giù sull'ampio fiume. E lì sul fiume, corre la pista di una migrazione, mi attende la traccia lasciata da un'immenso branco di renne. *Ecco dove passano gli animali!*

Ben presto l'idea di seguire l'itinerario originario viene messa da parte. Seguirò il fiume verso le montagne, su lungo la pista delle renne, anche se ciò allungherà la distanza da percorrere. Ma questo, ormai l'ho imparato da me, è l'insegnamento del Nord, quello che ben conoscono i nativi o gli animali: aver pazienza. Quasi mai la via apparentemente più corta si rivela anche essere quella più rapida; quante volte l'ho sperimentato durante queste lunghe settimane! In altre parole, mai avere fretta; occorre ascoltare, sentire, interpretare la terra. È questa la pazienza di chi vive quassù, di un Sami che attende il ritorno del giorno per tutta una notte, lunga un inverno intero.

Risalgo il fiume per diverso tempo. La traccia irregolare è piena di buchi dove le zampe di questo splendido animale non sono riuscite a «galleggiare» sulla neve, ma per me è sempre meglio che combattere con la polvere tra i boschi. Devo andare con la Natura, non contro di essa, cercare di *interpretare.* Lasciarmi andare ovvero non essere io a decidere. Se si ascolta, la natura ci fornirà ogni elemento necessario, se si tace, tutto ciò di cui abbiamo bisogno, sorgerà dal nostro animo, così come una bolla d'aria in una pozza d'acqua. D'un tratto, sullo sfondo di rami contorti delle betulle, ombre indistinte contro l'ultima luce nel cielo turchino, al mio fianco, poco oltre la riva, scorgo qualcosa: meraviglia! Si tratta di un piccolo ricovero a forma di kohte fatto con fango pressato ed erba secca. Resto in silenzio per la sorpresa. L'aria è immobile nel gelo intenso mentre osservo e ascolto questo luogo. *Chi è che lo abita?* Provo a immaginarmelo in una sera d'estate, senza buio, col verde intenso delle betulle e il fiume che scorre senza fretta pochi metri più in là. Ne immagino e ne sento la pace dolcissima, la magia di non dover andare da nessuna parte. Di essere lì, seduti nel potente «Wrrrr».

Lascio la slitta sul fiume e mi arrampico oltre l'argine. All'interno due brandine, una piccola stufa così invasa dalla ruggine da essere ormai trasparente, una finestrella attraverso la quale filtra la luce viola e azzurra della notte vicina, rami di betulla a tappezzare le pareti interne; mi fermerei qui, e non solo per stasera, ma a lungo, forse anche per sempre. Esco. La slitta è lì che mi attende. Potrei fermarmi ma forse, poi, non riuscirei più a partire. Il gelo mi scuote mentre aspiro l'aria come un animale.

Quanti tramonti come questo ho visto accendersi di fronte ai miei occhi in questi quattro mesi... E quali prime visioni continue ogni sera scaturivano dall'immenso cinema inesplorato del mio animo, proiettato sul vasto schermo del cielo trapuntato di stelle... Questo ultimo chiarore turchino scolpito tra l'orizzonte e la silhouette della terra: una purezza ineguagliabile! È stato bello aver vissuto per tanti mesi a tu per tu con ogni manifestazione di questa grande natura... ed esser divenuto giorno dopo giorno un pochino più semplice, un pochino più me stesso.

Mi rimetto in marcia e continuo a risalire il fiume. Poco più tardi, come la pista esce oltre la sponda destra e prende a percorrere una lunga serie di piccoli laghi, su in alto nel cielo che non ha ancora le tinte della notte, vaghe strisce sottili di verde e di viola iniziano a tessere il loro gioco misterioso. Sono le prime aurore boreali; non mi era mai capitato di vederle nascere prima del buio: di sicuro stasera ci sarà gran festa!

Dal diario del 19 marzo
Nijv'lo
–20/–30°

Altra giornata senza una nube, quindi gran freddo, ma quanto «riscalda» anche solo poter vedere il sole per tutto il giorno! Colori meravigliosi fino al rosso intenso del lunghissimo tramonto e poi, per la prima volta con il cielo ancora chiaro, le aurore boreali si sono accese impazienti. Ho montato la tenda sotto le luci più intense e grandi che mi sia mai capitato di vedere, alcune erano addirittura rosse, una vera festa che si rifletteva sulla neve! Poi, subito dentro il sacco a pelo, una bella cenetta e ora il termometro scende lento: –29, –30..., ora –31°. Sarà fresca stanotte!

Ho appena spento il fornello; tra breve la temperatura qui dentro eguaglierà quella esterna (non nel sacco a pelo però, dove, sopra la pelle di renna, me ne sto bello caldo!). Adesso fuori –32° e tra due giorni è primavera!

20 marzo, 119° giorno

Mattino nel cuore della terra dei Sami. Il termometro segna –30° e la luce del sole, filtrata da una leggera nebbia, illumina il telo chiaro della tenda. Una condensa spessa qualche centimetro mi fissa immobile, pronta a nevicarmi addosso, non appena comincerò a muovermi e quindi a gocciolare su ogni cosa non appena accenderò il fornello. Ma non è questa la parte più disagevole del risveglio, bensì il riuscire a emergere dal tepore del sacco a pelo, col freddo che c'è fuori. Per questo indugio a lungo e poi lentamente tento di vestirmi il più possibile al suo interno. Infine, una volta fuori, per evitare la «doccia», mi impegno in una meticolosa opera di raccolta della condensa ghiacciata all'interno della mia ciotola di plastica. Ma tutto questo, quella mattina, attende più del solito. Attorno a me, al di fuori della tenda, il silenzio e l'immobilità sono impressionanti. Lo spirito del luogo, che ho raggiunto ieri sera al buio, continua a celarsi. Comunque, ormai, non ho più bisogno di *vedere*, di accertarmi... Percepisco la terra sulla quale ho dormito, giaciglio immenso che affonda le sue radici nel cosmo intero e nel cui silenzio spaventoso e meraviglioso affondo durante la notte, come una stella, un frammento vagante; che è quanto sono e siamo, quanto è in ognuno di noi.

La mattina mi circonda immobile. La terra pulita e leggera poiché è la terra dell'*Uomo Nativo* che la attraversa senza farle del male, è la terra degli animali che annusano l'aria senza far rumore. E qui, ora, ci sono solo io. Più tardi, nella nebbiolina gelida oltre la quale si intuisce un'altra giornata perfetta, smonto il campo un pezzo alla volta, goffamente poiché i guantoni mi limitano nei movimenti, ma con metodo. Ormai potrei farlo a occhi chiusi. Stamattina tutto scrocchia come la neve sotto gli scarponi che paiono dotati di un potente amplificatore stereo. Il telo della tenda, il sacco a pelo orlato di ghiaccio all'altezza del volto, la copertura della pulka, tutto. Il gelo della notte stenta a raddolcirsi. Non vedo l'ora di uscire da questa cortina trasparente.

Sistemo al meglio ogni pezzo dell'equipaggiamento all'interno della slitta. In fondo, o meglio a «poppa», metto il sacco a pelo bello pressato nella sua custodia nera. Anche così, però, occupa un bel po' di spazio. Poi viene la tenda, la busta con le carte e il diario, di lato gli oggetti più delicati e lunghi, in punta il cibo e sopra le due pentole, il combustibile per il fornello e gli oggetti di prima necessità. Chiudo tutto con un sistema a elastici incrociati e infine, fuori, fisso per bene il materassino e la pelle di renna. Così, dopo tanti mesi la slitta ha l'aria di appartenere a un vero Nomade Nativo! Per quel che riguarda me, invece, non conosco più il mio aspetto, i capelli lunghi come la barba che pian piano sta assumendo il colore del sole. Così è per il volto scottato dal gelo e ora dai raggi di sole a lungo desiderati. Penso di essere dimagrito ma non importa. Ciò che conta è la luce che ho negli occhi, quanto mi sta accadendo dentro.

Ancora fatico nel lasciare la vallata del fiume. Per un attimo mi son distratto, ho voluto «tagliare», per far prima. Ho lasciato la traccia delle mie amiche renne e per una buona ora mi sono ritrovato a sudare (!) nella neve alta tra le betulle rade. Il tutto per tornare a ricollegarmi alla pista. Se l'avessi seguita ci avrei messo non più di venti minuti. *Avere pazienza, avere pazienza...*

La nebbia si è dissolta. Il sole acceca la terra bianca, non c'è un frammento di roccia o altro che interrompa questo scenario. Salgo un vasto altopiano e raggiungo un lago ancora più vasto. Nel bel mezzo devo fermarmi, sganciarmi dalla pulka, guardarmi attorno, girare su me stesso per diverse volte. *Stupendo, stupendo... ma stanco, stanco!* Più tardi, altri laghi e, in lontananza, tratti scuri, betulle. Continuo a «fiutare» l'itinerario. Nel tardo pomeriggio, il sole basso, una linea di nebbia attraversa l'aria tagliandola a metà. Le montagne restano nascoste ma, come squarci di un raggio laser, qua e là la luce tenue del sole crea effetti magici. Sono di nuovo su di un vasto lago, a tratti lo confondo con il serpeggiare dell'ampio fiume dal quale non sono ben certo di essere uscito.

Devo tornare a salire!... Ma come faccio ora che la nebbia è scesa del tutto e le forme sono tutt'uno col cielo? Un taglio vago tra le rade betulle imbiancate: seguirò questo, lungo il pendio ripido. Poi navigo alla cieca tra la montagna segnata alla mia sinistra e il lago più a destra che prima o poi dovrei raggiungere. *Così va bene, non dovrei sbagliarmi.* La nebbia grigia si tramuta in notte e io sono ancora in marcia. Ho attraversato il lago sconfinato senza neppure esser riuscito a vederlo. La nebbia si dissolve e una montagna a doppia punta mi guida, stagliata nel cielo stellato. Ora sono tranquillo. Il bosco è in basso, lontano, e io sono quassù, alto sotto il cielo. Potrei fermarmi ovunque, ogni posto andrà bene.

Ancora un po' stasera, ancora un po' in questo buio che mi avvolge da quattro mesi, ancora un po' attraverso le stelle e i pianeti nel silenzio sublime, poiché poi tutto sarà finito e io già ora vorrei andare avanti per sempre e non conoscere altro. Ancora un po' così, lungo la pista.

Dal diario del 20 marzo, Råg'gejav'ri

Vigilia di primavera tutta lappone con minima stanotte di –32°! Di nuovo oggi ho montato la tenda con un gran freddo: pareva accentuato dalle magnifiche aurore boreali. Oggi creavano forme che davano l'idea di un'esplosione di luce verde e azzurra. Quanta ansia, nata dalla stanchezza, metto spesso in questi giorni nel fiutare l'itinerario migliore, tensione animalesca con la quale tento di decifrare al meglio il territorio che attraverso, conscio di quale trappola siano le zone boscose dove la neve inconsistente sembra risucchiarmi. Anche se per ora devo dire che, tranne brevi impantanamenti come stamattina, me la sto cavando abbastanza bene.

Oggi altra giornata di sole con frequenti zone di nebbia leggera. Giochi di luce incredibili. E indescrivibile quanto mi circonda, quanto sto vivendo... A volte stento a credere di essere qui. Non posso, non riesco a parlarne...

Stasera, finito di montare la tenda alta sulle vallate (per evitare la neve troppo farinosa), sulle alture che qui chiamano «montagne», mi sono allontanato di circa trenta passi: una piccola macchia nella notte illuminata dalla fioca luce delle candele, sotto le stelle e le aurore del Nord. In tanta vastità e silenzio, questo ora è il mio angolo di paradiso.

21 marzo, 120° giorno
Masi, Sàpmi
–20°

« Buongiorno primavera » ho gridato stamattina nella cella frigorifera che è la mia tenda a ogni risveglio. Non c'era il sole oggi ad accogliermi, ma un cielo velato che si impastava alla terra grigia. Ho rapidamente scavalcato la montagna con la doppia punta e poi è iniziata la lunga discesa fino a Masi, piccolo insediamento sami presso le rive del fiume Ædno che corre verso la città di Alta... Si tratta della penultima discesa a valle della traversata! Panorama non proprio esaltante dall'alto, betulle e betulle all'infinito, in attesa dei miei sci. Stanchezza e grigiore assoluto... Finirà mai questa terra? Quando potrò davvero iniziare a credere di avercela fatta, il penultimo giorno, forse?

Scendo gli ultimi pendii, i primi alberi tornano a fiancheggiarmi; povere betulle, così belle nel loro verde manto estivo e ancor più quando l'autunno le riveste di quel giallo oro che freme denso di pace al vento leggero. Non si meritano tutto questo mio odio! Del resto, gli animali stessi mi hanno insegnato a evitarle.

La tensione di questa incredibile settimana mi accompagna

fino all'ultimo. Poi, come per incanto, sbuco sulla traccia di una motoslitta, proprio nel luogo dove avevo deciso di scendere, la tensione si allenta, cede e, come qualcuno che abbia compiuto il proprio dovere fino in fondo e oltre, mi lascia: tutta la stanchezza mi piomba addosso in pochi istanti. Percorro poche centinaia di metri lungo la pista che senza dubbio conduce a Masi, ma poi non riesco più a stare in piedi. *Mancano tre chilometri alla strada e adesso mi trascinerò.* Sogno un letto, il più presto possibile! Son seduto sulla slitta, esausto. Incredibile come non si sia mai soli, quanto dentro di noi esistano risorse di cui neanche abbiamo idea, in grado di sostenerci, di farci andare oltre. Solo ora che mi son tratto in «salvo», questo angelo custode, o «Spirito Guardiano» come lo definivano i nativi d'America o i Sami, si ritira e tutta la stanchezza che altrimenti mi sarebbe stata di impedimento fino a poco fa, mi schiaccia. Sorrido e penso che non sarebbe stato male se avesse potuto accompagnarmi ancora per questi ultimissimi chilometri.

Il sole è un alone pallido alle mie spalle, oltre il popolo ramificato delle amiche betulle: assomigliano a una parata di renne che mi osservano immobili con le loro gigantesche corna stagliate contro il cielo pallido. Si conclude una delle settimane più dure di tutta la traversata. Giorni speciali, a volte così allucinati, che mi pareva di sognarli, di non essere io lì a viverli. Ma quanto intensi! Ora, se solo chiudo gli occhi, rivedo tutto quello che è stato dalla sera terribile di Tenomuokta. Momenti di ansia e smarrimento; alternarsi di gioia e terrore. Tensione continua per sopravvivere, per uscirne. Quasi mi addormento mentre ripercorro ogni tratto fino a oggi.

Mi trascino pesantemente fin dove la pista prende a scendere. Scivolo veloce e raggiungo la strada con la slitta che mi sobbalza dietro. Mi fermo e di fronte c'è il cartello con su scritto: «ALTA 70 km». Che è come dire oceano Artico! Scendo giù verso il fiume tra numerose case sparse. Trovo subito da affittare una piccola baita. Prima di crollare, interrogo il ragazzo che mi ha aperto la porta. A quanto pare, per uscire di nuovo dai boschi che avvolgono la valle, c'è una pista di motoslitte che collega Masi con la vallata successiva, l'ultima che dovrò attraversare. Qualcosa dentro di me esulta: *è fatta!* Risolti questi ultimi due tratti di bosco, poi è tutto altopiano, fino in cima.

Non posso star lì a pensare che tutto questo è contro ogni mia *etica*; odio le motoslitte, soprattutto quando attraversano la terra selvaggia, così come odio ogni mezzo meccanico. Ancor più mi rattrista vedere il nobile popolo dei Sami diventare sempre più dipendente di questa macchina... Figuriamoci il pensiero di utilizzarne le piste per concludere la traversata! Ma in quell'istante non sento ragioni. Del resto, dopo tutto quello che ho passato è più che lecito sentirmi a pezzi. Con l'energia che non ho più, adesso, fino in cima, posso solo trascinarmi sulla neve perfetta delle montagne o sulle piste delle motoslitte. Non ne ho più per altro. Pochi minuti dopo, dormo come un bambino.

22 marzo, 121° giorno

Mi sveglio o meglio, vengo svegliato il pomeriggio seguente. Due ragazzi norvegesi in evidente «assetto» da traversata sono di fronte alla porta. Dal modo in cui sorridono sembrano conoscermi da tempo. In un istante, pur non avendoli mai visti prima d'ora, anch'io ho l'impressione di fissare vecchi amici. In una terra così vasta, può sembrare strano, non restano molte alternative: proveniamo *per forza* tutti e tre dalle stesse montagne. Li faccio accomodare e mi raccontano di essere partiti da Abisko il 10 di questo mese, esattamente un giorno dopo di me! Guarda caso, avevano progettato un itinerario pressoché identico e così, imbattutisi nella mia traccia sul pendio dopo il secondo lago, si erano reputati assai fortunati e avevano deciso, viste le condizioni faticose della neve, di non abbandonarla più. Sorrido mentre ripercorrono ogni tratto di strada fino a qui. Rivedo ogni momento, ogni dosso, ogni albero, ogni tratto di lago o di quelle massacranti salite nella neve profonda. Mi raccontano di come giorno dopo giorno, la loro curiosità sulla mia identità fosse aumentata, e di come più di una volta la mia traccia, decisa e dritta su per impossibili pendii sepolti di neve, avesse loro strappato apprezzamenti nei confronti di questo misterioso pulkista solitario.

E alla fine, siete riusciti a raggiungermi! I due ragazzi sorridono e mi propongono di compiere assieme le tappe successive. Loro sono diretti a Capo Nord e questo mi fa tirare un profondo sospiro di sollievo. Non avrei mai sopportato di dividere con altri l'arrivo in cima al mio grande sogno. Però, una o due tappe assieme, fin quando le nostre strade dovranno per forza dividersi, questo sì, si può fare. Vogliono capire le ragioni per le quali ho deciso di raggiungere Nordkinn (più distante poiché più a est), piuttosto che Nordkapp, il «famoso» punto più a nord d'Europa. Le mie motivazioni non sembrano convincerli...

A Capo Nord arriva una strada, dico loro, vi sono insediamenti turistici e così via; inoltre, trovandosi su un'isola, non è il punto estremo del nostro continente, cosa comunque marginale per quel che mi riguarda: il punto più a nord si trova a Nordkinn, una rocca isolata sull'oceano, nessuna strada, grande silenzio, una vetta *vera.* Mi fanno notare che ora l'isola di Capo Nord, la Magerøya, non è più tale *grazie* a una galleria sotterranea che la collega alla costa. *Questa poi!* Dunque abbiamo vedute alquanto divergenti e non sto lì a insistere. Una cosa è certa, dopodomani, sull'immenso lago di Iesjar'vi, le nostre strade si separeranno. Loro continueranno dritti a nord. Io piegherò a est per alcuni giorni, prima di volgere deciso i miei «ultimi» passi verso nord.

La mattina dopo un variopinto terzetto risale l'ampio fiume gelato. L'Ædno, o Kautokeinoelva, in norvegese, passa come un'ampia pista bianca tra le case di Masi disseminate qua e là per diversi chilometri tra i fitti boschi di betulle. I due inattesi compagni di viaggio non usano la slitta, fatto che, essendo norvegesi, mi lascia assai sorpreso. Due mostruosi zaini gravano sulle loro spalle e il solo vederli mi fa star male. Sono convinti che la slitta possa limitare i movimenti, il che è di sicuro vero se ci si trovasse sulle Alpi. Ne ho fatta la dura esperienza sulle montagne dello Jotunheimen mesi fa! Ma su un terreno così vasto e quasi sempre piatto come la Lapponia, la loro scelta appare quanto mai priva di senso.

Poco prima di abbandonare il fiume una motoslitta ci raggiunge. Sono due ragazzi sui quattordici anni, tratti tipicamente sami, zigomi larghi, naso piccolo, occhi stretti, volti meravigliosi da nativi. Spengono il loro mezzo e si fermano a parlare. Conoscono l'altopiano qua sopra come le loro tasche (la *vidda* come dicono in norvegese), eppure non hanno mai messo un paio di sci ai piedi! Questo mi sorprende e mi rattrista: « Davvero? » chiedo, « neanche una volta? » « Be' sì, una o due volte », mi fa il guidatore e con un sorriso compiaciuto, toglie la mano dal manubrio, sfila il pesante guantone e batte affettuosamente il palmo sulla sua motoslitta. Eccoli i ragazzi sami...; sarebbe assurdo star lì a fare il moralista: siamo noi con la nostra « cultura » che abbiamo portato a questo. Mi domando se tale veloce processo di distruzione potrà mai avere fine. Mi sento impotente e in preda allo sconforto più nero ogni volta che mi rendo conto di quanto potente e invincibile sia ormai questa mostruosa e livellatrice macchina del « progresso », del « benessere economico ». Questa macchina che divora e consuma e non ci fa più *appartenere* a nulla!

Osservando i ragazzi mi tornano alla mente alcune frasi... « Non tanto tempo fa migravamo ancora con le renne, non c'era altro trasporto » scrisse decenni fa il celebre pastore sami Iver Valkeapää, « poi, la motoslitta fece in poche ore ciò che per centinaia di anni aveva richiesto settimane di marcia. Prima si conosceva e 'parlava' la neve in tutti i suoi diversi aspetti: avevamo quasi cento modi diversi per nominarla; da essi dipendevano gli spostamenti e la sopravvivenza delle mandrie. Ora, sono quasi del tutto scomparsi, non servono più; con la motoslitta basta conoscere tre o quattro tipi di neve, il resto l'abbiamo dimenticato... » Sorrido, ma questo incontro mi ha rattristato; *a cosa appartengono ora questi Sami*, penso tra me, *se neppure conoscono più la propria neve?*

Ci allontaniamo e i ragazzi restano in silenzio a guardarci. Hanno fatto battute sul fatto che non farebbero mai una « cosa » così faticosa. Eppure i loro antenati, come ci ricorda il pastore Valkeapää, i loro stessi genitori, fino a pochi anni fa, non conobbero altro modo di muoversi attraverso la *vidda.* Spero, col nostro esempio, di averli fatti riflettere. Quel che è certo, è che sono rimasti a lungo a osservarci...

Corriamo come matti in una giornata perfetta. I miei due amici norvegesi sembrano volermi mettere alla prova, forse dimostrare la validità della loro teoria sulla pulka (soprattutto in salita), forse la loro superiorità (ahimè, purtroppo è questo il guaio principale di questo popolo..., oltre a quello di voler sparare a tutto ciò che si muove a quattro zampe!) come sciatori (e non solo). E questo fatto mi infastidisce come i discorsi su Capo Nord di ieri. Per oggi starò al gioco, ma non vedo l'ora domattina di potermi ritrovare da solo. E così andiamo a un passo più che sostenuto. Sono sorpreso nel vederli marciare così velocemente con gli zaini che hanno in spalla ma, mentre li seguo senza alcun problema su per la lunga salita che da Masi porta all'altopiano, penso che la sorpresa sia più loro che mia.

Sbuchiamo su in alto e uno spazio senza pari ci si apre attorno, oceano senza fondo che il sole colora di bianco pastello, rosa tenue. Ma loro vanno come fossero braccati, sembrano avere fretta di arrivare in cima (e sì che hanno ancora tanti giorni di ferie!). Come si può attraversare questo splendore senza neppure alzare gli occhi dai propri sci? Già il semplice fatto di *attraversare* è una specie di profanazione. Solo restando immobili e ascoltando si può riuscire a cogliere qualcosa di quanto si ha attorno. La presunzione e la fretta sono in netto contrasto con questa terra bianca!

Più tardi, dopo aver percorso oltre trenta chilometri in sei ore (!), con l'ultima luce ci fermiamo per montare il campo. Il freddo è intenso e mentre i due norvegesi si danno da fare con metodo attorno alla loro tenda, io li osservo quasi stupito, mentre nel cielo si accendono le *Guovsahas*, che è come i Sami chiamano le magiche luci del Nord: per la prima volta da quando sono partito, qualcuno prepara il campo assieme a me: è un'idea così curiosa che resto a lungo a fissarli, divertito. Più tardi, mi invitano all'interno della loro tenda. È bello e strano aver compagnia dopo quattro mesi da solo, ancor più quando questa giunge così inattesa. Tra due giorni è il mio compleanno e stasera è come se lo festeggiassi in anticipo!

Dal diario del 23 marzo, 122° giorno
Lago di Iesjar'vi, Lapponia
–30°

Altra serata gelida fuori della tenda. Il cielo è pieno di aurore boreali, non c'è uno spazio libero... Che incanto! Paesaggio sempre più piatto oggi fino all'immenso lago di Iesjar'vi (uno tra i più vasti in Scandinavia) che attraverserò domani; infine, dunque, rieccomi qua: e i pensieri tornano a Pekka! Ieri erano quattro mesi dalla partenza da Lindesnes. Partii toccando le acque gelide del mare di Danimarca sapendo che avrei rivisto il mare solo raggiungendo Nordkinn. Quel mare, l'oceano Artico, ora è a un passo da me. Sto sognando? Sono davvero così vicino al termine del mio viaggio?

24 marzo, 123° giorno

Sul lago di Iesjar'vi. È la distesa bianca più piatta e sconfinata ch'io abbia mai attraversato. D'un tratto un puntino scuro in lontananza come un ronzio d'insetto. Ci fermiamo io e i due norvegesi e attendiamo. Il silenzio è ancora possente sullo spazio illuminato dal sole. Poi il ronzio cresce e il puntino si fa

«I due corridori»

sempre più esteso. Sembra, anzi è una motoslitta... o forse due. Restiamo come storditi quando, dal denso pulviscolo di neve sollevato nell'aria, prendono a materializzarsi dapprima le luci e poi le forme scure non di una né di due ma di decine e decine di motoslitte.

Come un'orda aliena avanzano a passo regolare a venti metri l'una dall'altra, una processione infinita, saranno forse un centinaio. L'aria si riempie di un frastuono ossessivo e per comunicare il nostro stupore e la nostra costernazione siamo costretti a urlare. Non avevo mai assistito a nulla del genere né sarei mai stato in grado di immaginarmi una scena come questa.

Iesjar'vi, immenso spazio bianco latte, il cielo sereno, il sole. Sagome lontane di rilievi più o meno grandi si innalzano all'orizzonte settentrionale. Sono le montagne della costa... Il silenzio è tornato. La neve è perfetta, sento solo il fruscio degli sci. Ho da poco salutato i due ragazzi. Più o meno in mezzo al grande lago, le nostre tracce si sono divise. Li osservo ogni tanto allontanarsi verso nord, continuano ad avere fretta: vanno come treni, a testa bassa. *Hanno percorso a questo modo l'intero percorso da Abisko fino a qui? O rallenteranno la loro marcia forsennata non appena il primo dosso li farà sparire alla mia vista?*

Sono seduto sulla pulka e torno a respirare nel vasto incanto. *Che posto è questo? Certamente molto simile all'Antartide o al paradiso!* La luce del sole è così intensa, riflessa sullo spazio bianco, che la differenza tra il cielo e il lago è davvero minima.

Marcio con gli occhi che guardano attorno insaziabili e mi fermo spesso per osservare ancora meglio. *Sto davvero viaggiando sul tetto della Scandinavia?! Quando vedrò il mare?*

Il mare? Il mare hai detto!? È sera, lo spazio di Iesjar'vi è alle mie spalle; venti chilometri di lago non sono niente male. Ora salgo tra lievi altopiani verso montagne isolate nel nulla. Il sole è sceso e il cielo tinge di color pastello la neve lontana e vicina che avvolge ogni cosa. *Il mare...* e sono fermo. Si alza il vento, si fa sempre più teso... *Il mare...* L'emozione è improvvisa, violenta. Chiudo gli occhi e in pochi istanti rivedo tutto... Sto faticando sulle dure salite dello Jotunheimen a metà dicembre; sto risalendo i fiumi tra le foreste di abeti con poca neve; sto osservando il mio sci appena spezzatosi in due e non so cosa pensare, non riesco neppure a urlare; attendo la neve presso il fiume Rotla e sbuco improvviso, alto, sopra l'ultimo dei Grandi Laghi: le acque scure, niente ghiaccio; i miei lupi ululano mentre volano via, osservo immobile la luce sparire nella notte...

Il mare, solo un'utopia, irraggiungibile in quei momenti: *è proprio questo ciò che hai sognato per tutti questi lunghi mesi e anni, giungere a scorgere l'oceano Artico?* Piango per un attimo, una gioia selvaggia mi scuote come mai prima in vita mia. Il vento si fa sempre più forte. Mi guardo attorno con gli occhi umidi e ascolto questo vento che è la voce dell'oceano. Volo senza peso ancora per un po' sui miei sci. Le montagne che ho di fronte e alla sinistra, ora sono viola come il cielo e le poche nubi che corrono in esso. Giù in fondo, sulla destra, già intravedo la profonda valle dove dovrò scendere, l'ultima prima di Nordkinn. Sarei tentato di fiondarmi giù, di raggiungerla già entro stasera. Ma qualcosa mi trattiene quassù.

Niente fretta, niente fretta, stai calmo! E allora resto alto e costeggio a lungo il monte Vuor'ji, una perfetta forma conoidale infiammata da colori incredibili che la sera continua a creare nonostante in cielo vi siano già le stelle. La costeggio verso lo stretto lago racchiuso nel suo anfiteatro orientale. Ciò mi allontana dalla mia discesa a valle, ma non me ne importa proprio nulla! Questo vento selvaggio che si è alzato come un felino rimasto a lungo in agguato pare festeggiarmi, l'oceano è vicino e domani, come se questo non bastasse, è il mio compleanno. Per nulla al mondo scenderei da quassù stasera perdendomi queste luci selvagge, queste montagne ripide e inattese, questo vento che solleva la neve fino alle caviglie. Ormai sono parte di quassù, io, la slitta, gli sci, i miei abiti sporchi, questo vento..., non ci sono più distinzioni. Ogni sera come stasera, continuerei la marcia all'infinito: ciò che mi porta avanti è l'incanto che mi cresce dentro senza più argini.

Termino di costeggiare la montagna, oltrepasso il canyon appena accennato che scende dal lago e d'un tratto mi appare la costruzione grigia. È piccola, bassa, assomiglia a un bunker e non era segnata sulla carta. E già so quand'ancora è un puntino lontano, che ho deviato la mia marcia *grazie* a quel ricovero. Lo raggiungo. Sono di fronte al lago dove il vento corre veloce e crea mille disegni. Montagne imponenti mi circondano a ferro di cavallo e mi fanno ricredere sulla proverbiale piattezza della terra di Sàpmi. Mi avvicino, provo... sì! La porta è aperta. Caccio un urlo di gioia: gran regalo di compleanno! Mi stacco dalla slitta ricoperta di neve ventata e traffico a lungo prima di riuscire a liberare gli scarponi: dopo nove ore di cammino, neanche gli sci si levano più!

Dal diario del 24 marzo, 35 chilometri

I 70° nord sono a un soffio da me stasera, così come il mare, l'oceano Artico del quale il forte vento che si è alzato durante le ultime ore di marcia, sembra il messaggero. Sentivo aria di vetta oggi. A tratti un'emozione indicibile mi prendeva violenta al pensiero di dov'ero, di ciò che ho fatto. Tra un po' non ci sarà più terra davanti a me; ancora non riesco a crederci. Mentre sono in marcia attraverso gli spazi senza fine illuminati dal sole artico di questi giorni, sento che potrei andare avanti all'infinito, sento che non vorrei essere così vicino alla fine. Domani scendo a valle per l'ultima volta. Poi, ancora una settimana: sarà l'« assalto » finale, una tirata unica fino in vetta.

25 marzo, 124° giorno

Mi vesto lentamente mentre il vento continua a soffiare attorno al piccolo ricovero nel quale ho trascorso la notte. Una certa emozione, oggi, accompagna ogni mio gesto, ogni pensiero. È l'ultima discesa, certo, già questo basterebbe. Ma sento che qualcosa mi attende giù a valle, una sensazione familiare che ho conosciuto tanti anni fa... A meno che non mi stia sbagliando e la certezza di aver avvisato Mattia per telefono, poco prima di aver lasciato Masi giorni fa, non sia una mia pura immaginazione. Poco importa... Voglio dire, sto vivendo un momento così importante che preferirei non veder nessuno e continuare senza interruzione, fino alla fine. Esco nel vento teso in un'altra giornata limpida. La neve corre rasoterra su per i pendii verso la luce del sole: la terra sembra fumare e ben presto arrivo a scorgere la profonda valle giù in fondo. Ecco che alla fine ho raggiunto il punto dove Mattia ha passato l'intero inverno: Karasjok, la « capitale » del popolo dei Sami si trova quaranta chilometri più a sud lungo la strada che sto per attraversare. Mesi fa era ridicolo pensare di poter arrivare fin qui, e sconfortante; ora invece l'ho addirittura superata!

La discesa è sempre più ripida e mi consente di andare veloce. Più tardi, poco prima di entrare tra i primi alberi, incontro gente che sale in motoslitta. Si sono fermati. Ho detto loro che andavo a Nordkinn. *Qual è l'itinerario migliore?* Ma la mia domanda sembra rimasta nel vento poiché subito vogliono sapere da dov'è che arrivo. «Dal Lævnas Jav'ri, il lago presso il quale ho passato la notte» rispondo. Ma questo non sembra accontentarli. «Lindesnes!» aggiungo.

Ogni volta è divertente notare le diverse reazioni della gente che incontro. Stavolta ho suscitato estrema sorpresa e se una parte di me sa di aver portato a termine qualcosa di più di una semplice *gita* (come spesso chiamo la mia avventura) e quindi accoglie di buon grado i vari complimenti che ricevo, l'altra, ed è quella dominante, stenta a comprendere o, meglio, a credere, a rendersi conto. La traccia di motoslitta attraverso il bosco ripidissimo mi fa sfrecciare pericolosamente giù verso valle. Poi, inevitabilmente, mi ritrovo a gambe all'aria nella neve fresca. *Era nell'aria*, dico tra me.

Mi rialzo e riprendo la corsa urlando baldanzoso e inserendo di tanto in tanto qualche «*Ooohh*» oppure «*Uuuhh*», ogniqualvolta ho mancato di poco il disastroso impatto con un albero o quando i continui dossi rischiano di farmi finire di nuovo a gambe in su. La folle corsa si ferma di botto dove il bosco spiana d'improvviso. Tutto d'un tratto torna il silenzio, non prima però di aver tirato un ultimo sonoro sospiro. Quando mi giro, a venti metri da me mi accorgo del gruppetto di persone intente a prendere il sole che ha osservato e ascoltato in silenzio tutta la scena dall'inizio della mia lunga discesa. La sorpresa mi fa uscire un sorriso di saluto un po' imbarazzato. Poi, come nulla fosse, mi risistemo e mi allontano. Sono rimasti tutti impassibili, eppure giurerei che un lieve malcelato sorriso è apparso tra le labbra di quei giovani.

Venti minuti dopo ho raggiunto il fondo della vallata. Sono a sessanta metri di quota, per questo attorno a me ho i pini silvestri... Il sussurro pacato mi ha raggiunto e mi sono fermato. Il vento tra gli alberi è una melodia. Come se dopo oltre quattro mesi di gelo, neve, spazio e biancore, solo ora ne riconoscessi la voce. Resto fermo e ascolto. La pace mi entra dritta nel cuore; è il mio viaggio che sta giungendo al suo termine, la pace che mi attende a casa, quella della primavera, quella di tutto ciò che ho attraversato e che ora mi riluce dentro.

Una folla variopinta mi circonda, mi domanda, mi dà informazioni utili su come uscire da questa vallata, l'ultimo tratto di boschi prima della mia meta. Già parecchi chilometri più indietro, sbucando sull'altro lato del lago, avevo notato fermento, macchie scure tra gli alberi e sulle rive, forme che avevano acquisito colori e quindi volti diversi man mano che m'ero avvicinato attraverso il lago solcato da numerose tracce di sciatori. Solo alla fine mi rendo conto che oggi è domenica. Ecco perché tutta questa gente sin da stamattina. E in una domenica di sole come questa dopo i lunghi mesi di buio appena trascorsi, sarebbe stato strano non incontrare nessuno.

Mi avvicino alla sponda illuminata dal verde tenue dei pini silvestri. Sembra davvero che io sia capitato nel bel mezzo di una qualche festa. C'è gente dappertutto, sulle rive, sul lago, tra gli alberi e, poco oltre, tra alcune case di legno. Sembra quello il centro di tutte le attività. Inizio a risalire su per l'argine verso le case. Incontro i primi sguardi, scambio alcuni sorrisi. Attraverso con noncuranza i primi gruppetti sparsi di persone, nella vana speranza che i miei abiti sporchi, il volto abbronzato e la mia slitta graffiata e scolorita riescano a farmi passare inosservato. Ma è questione di pochi minuti, e divengo il centro dell'attenzione di questo bel campo festoso. Ci sono persone di tutte le età e numerosi ragazzi. È la festa di Lakselv, paese situato pochi chilometri più a nord, sul fiordo di Capo Nord.

Esco da un sogno e ascolto queste frasi da sogno. Ed è un sogno trovarmi in mezzo a tutta questa gente semplice e cordiale. Come il monaco che ha meditato per mesi nella solitudine delle montagne ritrova il calore dei suoi simili, ecco che anch'io sono infine ridisceso, anche se solo momentaneamente. Ma prima o poi, ormai è questione di giorni, lo farò e tornerò a casa. L'importante è tornare, ridiscendere, raccontare e condividere quanto si è vissuto. Ritrovare la semplicità nella vita di ogni giorno, nei sorrisi luminosi di questi bimbi che mi circondano e mi domandano e toccano ogni pezzo della mia slitta con curiosità e rispetto. Dalla serietà che leggo nei loro occhi, so che loro *capiscono*.

Ascolto ogni dettaglio che alcuni uomini mi forniscono. L'ultima preoccupazione, da qui a Nordkinn, svanisce nel nulla: anche da qui una pista di motoslitte attraversa quest'ultimo denso tratto di boschi attraverso il quale, sfinito come sono, nella neve inconsistente e profonda, non avrei più la forza di salire. *È fatta*, penso, ma non c'è particolare gioia, è più che altro una semplice constatazione. Credere che possa essere vero infatti è ancora troppo difficile per me. Per ora, dunque, sono qui, attorniato dalla gente. Decine di volti diversi, mille domande uguali, inviti continui a fermarmi per la sera, per lo meno a mangiare.

Lo sguardo mi raggiunge. Ne sono catturato, attirato tra i numerosi volti come non vi fosse che quello. Alzo gli occhi, attraverso per un istante i molti che mi osservano, poi piombo nello sguardo di Petra. Il cuore mi si accende veloce nel petto. La mente galoppa, si domanda, dubita, esita... Ma il cuore già sa, lo sa sin da prima del primo istante: sì, è lei. È lì la *mia* dolce Petra, è lì quella ragazza dai capelli biondi e dagli occhi profondi, corpicino esile, eppure quanta forza, quanta volontà! Mi avvicino e sono imbarazzato, sorpreso, confuso.

Ecco l'emozione di stamattina. Ecco quella *voce*, la stessa di sette anni fa... I nostri occhi si incontrano, le nostre dita... per un attimo è come se avessi compiuto tutto il mio viaggio fin quassù per tornare da lei, qui dove vive da qualche anno. Un abbraccio, il suo sorriso lieve, leggero, appena accennato. Quello di sempre, ma forse ora, tra i nativi Sami che sono divenuti tutta la sua vita, la sua discrezione e il suo silenzio si rivelano per la prima volta nella loro luce più autentica. In un istante comprendo che quassù, tra di loro, lei è a casa. E io, troverò mai *casa*?

Nei suoi occhi grigi e azzurri come il cielo che abbiamo attorno si rispecchia il suo *appartenere* a questa terra. Non ero pronto a questo incontro. Forse l'avevo sognato nel segreto del mio essere mentre avanzavo passo dopo passo nei lontani mesi iniziali e fantasticavo e mai la Lapponia e lei mi erano apparse tanto remote e irraggiungibili. *Tutto è un sogno, tutto ancora un sogno, e io devo ancora arrivare in cima alla mia vetta.* Eppure come mai prima d'ora, negli occhi di Petra, mi rispecchio e mi ritrovo. In essi, sopra ogni altra cosa, torno a incontrare la persona che ho amato a lungo, ed è come se il tempo non fosse mai trascorso.

Raggiungiamo in auto Karasjok e casa sua in compagnia di Mattia e Sara, che non si erano dimenticati! Se può esistere un regalo di compleanno più bello di quello che ho vissuto oggi, non lo so. Di certo, questa giornata non la dimenticherò più.

26 marzo, 125° giorno

Pekka discende il sentiero nella neve. La sua figura bassa e robusta, tipica dei Sami, si confonde dietro il grosso sacco ripieno di licheni che stringe tra le braccia. Il sole del mattino, ormai levatosi da tempo, investe di sbieco coi suoi raggi color arancio le punte più alte dei pini silvestri. Osservo questa luce rinata che accarezza la terra e penso al lungo buio invernale dal quale è da poco emersa. Rivedo il cielo nero infiammato dalle aurore boreali; questo ora emana un azzurro vivo, chiaro, quasi pulsante.

Pekka raggiunge lo steccato dove un cucciolo di renna lo attende coi grandi occhi neri spalancati, entra nel recinto e scarica il suo pesante fardello. L'animale si avvicina lentamente e con delicatezza annusa la sua prima colazione. È un *caermak*, vale a dire una «cucciolo» di un anno, eppure è già grande quasi quanto un adulto. Le sue piccole corna, sottili e affilate come frecce, diverranno presto ampie e ramificate come quelle delle numerose renne incontrate sulle montagne. Pekka è in ginocchio di fronte alla renna, pare quasi parlarle; dopo *millenni* di convivenza, sembrano comprendersi. Dalla piccola tenda formata da tronchi di legno incrociati e ricoperta con pelli conciate, osservo in silenzio.

Sono ancora nel sacco a pelo. Sono stato io ieri sera a insistere per voler dormire qui. Dopo tanti mesi a contatto con la terra e al freddo, non riesco più a dormire bene su un letto comodo. Pekka ha compreso subito e non ha insistito. La verità però è che per nulla al mondo avrei potuto rinunciare a trascorrere un'altra notte in una tenda dei Sami. Osservo i tronchi intrecciati ad arte sopra di me e respiro a fondo. La pace e la serenità con la quale ho aperto gli occhi stamattina, aleggiano ancora attraverso ogni cellula del mio corpo. Per questo indugio a lungo. Osservo il volto di Pekka in cui pare scolpito ogni singolo inverno e nei cui occhi riposa la pacata luce del sole che, prima o poi, tornerà. Ho di fronte a me un nativo, ovvero ciò che è l'uomo quando continua ad « appartenere » e a essere. Lo osservo come si osserva una divinità, mi sento così piccolo e tutto vorrei apprendere da una persona così. Anche se ho at-

Pekka

traversato la *sua* terra e ho vissuto il *suo* inverno, mi sento ancora lontano dal riconoscere in me il silenzio di quest'uomo, dal percepire nella quotidianità del mio essere, ciò che emana da lui: è qualcosa di selvaggio e di animalesco, un'energia muta e invisibile che a tratti si rivela quando ho l'impressione che tra il suo corpo o il suo sguardo e la natura che ci circonda, non esistano distinzioni, quasi lo vedessi in trasparenza.

E i suoi occhi, piccoli, azzurri, vigili, non ho mai visto in una persona occhi come questi, forse perché ancora non avevo incontrato un uomo così. Occhi di un animale che ascolta e percepisce il duro mondo che ha attorno, al quale appartiene in ogni cellula. Gli occhi di un lupo forse, che attraversano il buio della notte artica e ascoltano il silenzio siderale di una terra percorsa solo dal vento e dalle stelle.

Pekka mi fissa accovacciato sui polpacci, di fronte alla tenda. Da ieri sera, quando siamo tornati a incontrarci, avrà pronunciato non più di una decina di parole, ma io ho l'impressione di aver *comunicato* con lui per tutti questi anni, o meglio, di aver semplicemente appreso dal suo silenzio; e forse è proprio così. Per questo resto sorpreso quando all'improvviso mi guarda dritto negli occhi e mi dice: «Hai conosciuto il lungo inverno...» «Sì...» annuisco, «... e ho ritrovato il silenzio...» Lui accenna un lieve sorriso; ha negli occhi un guizzo, una luce come l'ho vista solo nei miei lupi. Non ho più dubbi ora, che qui, di fronte a me questo piccolo uomo è Pekka, il Noaj'de del popolo dei Sami. Non aggiunge altro ma ho compreso, in quell'istante, poiché le cose essenziali si «sanno» proprio senza parole, che egli, dopo quattordici anni, aveva infine risposto alla mia domanda: «*Ecco, è questo il Sogno del Lupo...*»

OCEANO ARTICO
Isola di CAPO NORD
71° LATITUDINE NORD
3 APRILE · NORDKINN
2 APRILE 2001 : ROREN
MEHAMN
PENISOLA di SVÆRHOLT
1° APRILE 2001
HOPSEIDET
31 MARZO
30 MARZO
29 MARZO
28 MARZO
27 MARZO 2001
70° LAT. NORD
PENISOLA di NORDKINN
FIUME TANA
0 Km 10 20 30 Km
ARIO 2004

Penisola di Nordkinn

Avevamo lacerato la superficie delle cose esterne. Avevamo sofferto, patito la fame e trionfato, eravamo diventati grandi nella grandezza del tutto. Avevamo visto Dio nel suo splendore, udito il testo che la natura traduce. Avevamo raggiunto l'anima nuda dell'uomo.
Ernest Schackleton

27 marzo, 126° giorno

Ho salutato Pekka, ho baciato Petra, sua moglie da qualche anno; curioso come questo fatto non mi abbia in alcun modo lasciato sorpreso. Del resto, forse sotto sotto me l'aspettavo. Tutto, sin dall'inizio, è sempre stato legato assieme, come una storia già scritta. Li saluto con la mano per un'ultima volta, prima di salire in auto: mi domando quando torneremo a incontrarci. Mattia e Sara mi hanno riportato al luogo ove l'altro ieri ero sbucato tra la gente in festa. Ora non c'è nessuno, tutto è deserto, sembrano trascorsi anni. Tutto ciò che è vivo e presente come mai fino a ora, è il mio viaggio, gli ultimi giorni del mio sogno. Ho salutato Mattia che è rimasto a lungo in fondo alla stradina, l'emozione nascosta dietro la telecamera. Di nuovo solo... forse per altri sette giorni.

La stradina innevata attraversa il fitto bosco di pini silvestri fino a esaurirsi di fronte a un piccolo lago. La luce tenue del sole si impasta agli alberi e alla neve. Presso il termine del lago, poco prima di tornare nel bosco, una splendida ragazza dai capelli biondi mi raggiunge sui suoi veloci sci da fondo. È in compagnia di un grosso terranova che subito mi riporta alla mente Chinook e Mohawk. Ci scambiamo alcune parole e poi lei mi dice: «Devi essere davvero fiero di ciò che hai fatto...» Io esito un po' come per trovare le parole migliori per descrivere ciò che sento. «Più che altro sono contento di aver vissuto intensamente ogni singolo istante...» Lei annuisce e comprende che non ho voluto stabilire alcun record da «No Limits Man», o dimostrare qualcosa agli altri. Solo in questa ottica di viaggio interiore la mia avventura sembra ricevere il suo consenso. Ci salutiamo e io continuo tranquillo su per i boschi sempre più ripidi lungo la pista ben battuta. Verso la fine questa si impenna così tanto da costringermi a proseguire a piedi con gli sci in mano.

Poi sono in cima, alto sopra l'ultima valle e gli ultimi boschi del mio viaggio. Di nuovo sulle montagne, colori pastello dalle tinte delicate. Il cielo celeste è quasi trasparente. Altopiani ondulati e puntellati da laghi s'insinuano tra rilievi lavorati dal tempo: paiono isole nell'oceano viola e azzurro puro che diviene gradualmente il cielo. Un pozzo improvviso appena oltre la linea d'orizzonte, un orlo dal quale il cosmo attende, nel quale ogni forma attorno a me sembra precipitare. Sceso il sole la temperatura si avvicina ai venti gradi sotto zero. Poi continua a calare. Il cielo orla le montagne col suo incredibile manto cromatico. È quanto accade di fronte ai miei occhi da parecchi mesi eppure non riesco a saziarmi, non riesco a volgere lo sguardo altrove poiché a ogni tramonto è come fossi qui per la prima volta. Man mano che si procede verso le stelle si passa dal rosa, all'arancio, al viola e quindi alle infinite varianti dell'azzurro fino al blu notte. Stasera c'è la luna in cielo e la luce del giorno si prolunga senza fretta.

Dopo un ampio tratto pianeggiante, salgo il ripido pendio di un rilievo che si estende nella direzione del mio senso di marcia. Lo risalgo fin circa a metà dove un'ampia cengia simile a una terrazza circolare corre in mezzacosta verso est, offrendomi una specie di «balcone» per passare alla vallata successiva. Da lì, ormai nei colori della notte, osservo il mondo vasto che mi lascio alle spalle e, soprattutto, che continua a circondarmi: la neve assorbe e riflette l'ultima luce viola e azzurra. Il territorio attorno sembra voler ricreare o quantomeno, prolungare il chiarore del giorno.

Inizio a scendere verso un lago, ma d'un tratto il silenzio viene interrotto. Due motoslitte sbucano dal nulla e mi vengono incontro. Arrancano a velocità ridotta con le luci accese su per la salita. Nell'ultimo chiarore i due norvegesi si fermano di fronte a me, spengono il motore e mi si avvicinano interessati. Stanno tornando da cinque giorni di pesca nella solitudine delle montagne. Parliamo a lungo nella loro lingua; i loro occhi e il loro sorriso esprimono l'entusiasmo e la curiosità dei fanciulli. Per questo, nonostante il freddo e il mio leggero abbigliamento da *marcia*, indugio di buon grado. Sono molto ammirati dal mio viaggio, dalla lunga scia che ho appena lasciato alle mie spalle e che «se la volessero seguire, li porterà dritti a... Lindesnes!» Sorridono, ci capiamo bene. Io parlo dal profondo del mio essere e della mia gioia. Comunico attraverso gli occhi e i silenzi luminosi piuttosto che con le parole e nei loro sguardi comprendo che *sentono* e che forse vorrebbero abbracciarmi per aver voluto portare fino in fondo questo bisogno di semplicità. Quando infine è ora di lasciarci, li saluto con un'ultima frase: «*Det var godt å treffe folk!*», «È stato bello aver incontrato qualcuno!»

Indugiamo ancora, è come se non riuscissimo a staccarci. Alla fine, uno dei due, più come affermazione che altro, mi fa: «*Nordkinn, fire dage?*», «Nordkinn, ancora quattro giorni?» Io resto di pietra. Lo fisso come folgorato da qualcosa a cui fino a quel momento mi ero rifiutato di credere... Ma ora, sentirmelo dire da qualcun altro... Lo guardo come a domandargli sorpreso: *Ma davvero?!...* Poi un ultimo saluto e volo via. Devo farlo. Pochi istanti più tardi sono fermo sulle ginocchia. Le lacrime mi si gelano sul volto, i singhiozzi per un istante mi tolgono il respiro.

28 marzo, 127° giorno

La neve corre nella luce azzurra del sole che ormai scende alle cinque: che lusso! La neve corre compatta, rasoterra, un pòpolo in migrazione. La slitta, gli sci, neppure questi sembrano più un ostacolo. I cristalli turbinano tutt'attorno impastandosi alla pelle di renna, al telo rosso che racchiude le mie poche cose. Il vento corre rasoterra, potrei restare qui a fissarlo per interi giorni. Giunge dall'oceano. Chissà quanti altri spazi ha attraversato per arrivare fino a me. Un po' come la mia traccia che sbuca dal nulla e che ricopre questa terra vastissima. Anch'io giungo da spazi e profondità che non avrei mai pensato di sondare.

Osservo il vento cancellare la scia della slitta. Eppure ora sono quassù come un nomade e ciò che ho raggiunto è semplicemente quanto da sempre era dentro di me. Tanta strada per raggiungere un luogo così vicino... *Un luogo che sono io stesso.* Per questo, ora, resterei qui nel vento.

La mia traccia scompare rapida sotto le sue raffiche: tagliare ogni ponte, ogni attaccamento. Come un nomade nativo per l'appunto, a casa in se stesso, a casa nella grande Madre Terra.

Oggi, al termine di un'altra giornata di sole, ho raggiunto un altopiano così vasto e piatto da sembrare un lago. Montagne arrotondate, alte e imponenti nel loro isolamento, ne orlavano il margine da ogni lato. Il vento mi accompagna costantemente; ormai, se per qualche strano motivo esso tace, ne resto sorpreso e il silenzio di questo luogo cade come un sasso in fondo al mio

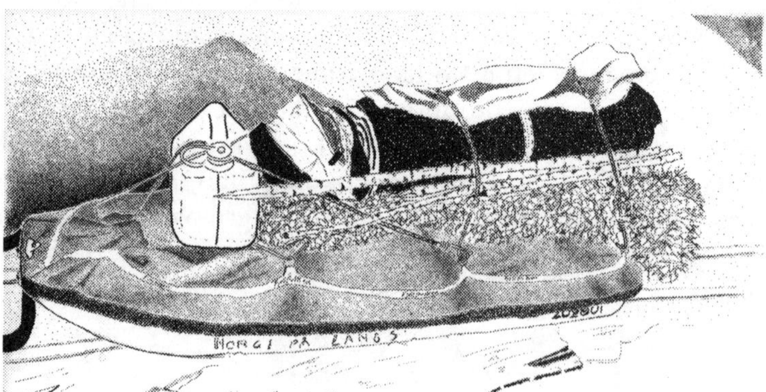

La mia fedele compagna di viaggio

essere. La neve corre con esso sullo spazio; mi fermo ad ascoltare nella luce azzurra della sera. È la vetta, sono i pendii finali; questo è il loro silenzio. L'altopiano che percorro verso est oggi mi stordisce. È proprio il fatto che posso andare in ogni direzione, e ognuna di quelle che mi si prospettano andrà bene, a far sì che non riesca a decidere in che punto attraversare l'ampio crinale. Ma poi mi rendo conto di essere semplicemente stanco. Quando infine lo raggiungo, inizio a salirne i pendii inaspettatamente ripidi mentre il vento incrementa la sua forza man mano che guadagno quota. Poi, quando ormai non c'è più che cielo azzurro scuro e in esso già si accendono le stelle, mi accorgo dell'errore. Di tornare giù però, dove sarei più protetto, non ho alcuna intenzione e così, alto sulla pianura sconfinata, inizio a montare la tenda.

Il cielo a occidente è una linea arancione e rossa che infuoca il filo della terra. Ancora alle otto di sera quel chiarore non si è spento. Il vento tenta di strapparmi il telo dalle mani: non posso distrarmi un solo istante. Poco prima di chiudermi nella tenda, do un'ultima occhiata al cielo. A ovest, l'orizzonte continua a orlare la notte di rosso. Più a sud, un fronte di nubi si avvicina minaccioso. *Il tempo non promette nulla di buono stasera* scrivo sul diario. *Speriamo bene... Si avvicina un fronte da sud-ovest, uno dei peggiori!* Poi più tardi aggiungo: *Passati nel pomeriggio i 70° di latitudine nord. E il benvenuto è la bufera che ora fa tremare la tenda, una bufera di quelle che sembrano riuscire a strapparla via! Come a ricordarmi che fino all'ultimo passo non devo abbassare la guardia! A non più di duecento chilometri dalla meta è come essere sotto la vetta di questa immensa montagna che ho salito. Tener duro ancora un poco, nulla può più fermarmi!*

Il vento si trasforma in un uragano. Trascorro l'intera nottata contro le pareti strapazzate della tenda. Le raffiche più forti premono a tal punto che spesso riescono a spostarmi di peso con strattoni improvvisi. I teli tremano da far paura, la paleria si contorce e si deforma. So di aver sbagliato tutto oggi. E il motivo, del tutto imputabile alla stanchezza, non è assolutamente perdonabile. Come un sonnambulo ho risalito questo ripido ed esposto pendio e mi son dato in pasto ai venti. Per di più, i tiranti della tenda non sono stati tesi come dovuto, non c'era neve sufficiente per piantare gli sci, né sassi da poter usare come zavorre e così mi sono arrangiato come ho potuto. Ciò che più mi sorprende è la totale indifferenza rispetto a queste mie incredibili negligenze. Sono forse ormai troppo sicuro di avercela fatta? Dove è andata a finire la mia regola numero uno in fatto di scalate, vale a dire raddoppiare l'attenzione quando si è sotto la vetta e quadruplicarla durante la discesa? Probabilmente, questa mancanza di paura e di tensione è infine tutto quanto mi occorre *sapere*. Ascoltare e ascoltarmi è ciò che ho appreso in questi mesi. E ora, *dentro*, sono tranquillo. Solo a livello cosciente la paura si affaccia nella mia mente come una nebbiolina che va e viene.

Riesco a cucinare qualcosa nell'alternarsi delle folate. Ogni volta che apro la cerniera per raccogliere un po' di neve, do un'occhiata al cielo sorprendentemente sereno, e osservo la luna. È la quinta della mia traversata: non posso credere che probabilmente la vedrò piena a casa... Una sventagliata di cristalli bianchi irrompe attraverso la cerniera semiaperta, investendomi in pieno e infilandosi ovunque. Mi affretto a richiudere la zip. Più tardi, un'ondata di vento che assomiglia a un boato mi sveglia di soprassalto. Devo aver dormito per almeno venti minuti: sono tranquillo, non mi sento più esposto e braccato dalle forze scatenate di questo luogo estremo che proprio all'ultimo sembrano negarmi la meta così a lungo agognata. Nella tormenta buia che mi avvolge e quasi mi porta con sé, io sono qui, le appartengo. Mai in passato avevo percepito un legame così intenso con la Madre Terra. La parete preme contro la mia schiena come se qualcuno bussasse là fuori. Mi risistemo la lampada sulla fronte. Poi apro la zip e osservo fuori nell'abside. La mia ciotola rossa ricolma di cibo mi fissa con un'aria sconsolata e piuttosto congelata: la stanchezza è tale che mi sono dimenticato la cena messa fuori a raffreddare e mi sono addormentato.

Lo struscio della neve sulla tenda mi accompagna nel dormiveglia. Il vento accumula la neve che ora circonda il mio fragile ricovero e che preme sempre più contro le pareti. Quando riapro gli occhi nella luce del mattino il fruscio si è fatto più distante, come attutito: ma so che la bufera non si è placata. È solo che ora sono sepolto quasi del tutto nella coltre bianca. La parete alla mia sinistra, rigonfia di neve, quasi mi sfiora il viso. Tutta la tenda sembra prossima a crollarmi addosso. Eppure tiene, so che terrà... Indugio per un bel po' nel sacco a pelo ascoltando il fragore lontano. La prospettiva di dover passare l'intera giornata chiuso in tenda non mi esalta, così come il pensiero di dover uscire dal mio caldo «letto» per prepararmi. In ogni caso, però, dovrò muovermi non fosse altro che per uscire a disseppellire il mio rifugio.

Più tardi, decido di partire. Il vento non accenna a diminuire ma la visibilità è buona: si vede addirittura il sole attraverso il cielo lievemente velato. Mi vesto, come un guerriero che si prepara alla battaglia. Poi, una volta fuori, impiego quasi un'ora a prepararmi. La tenda, pietosamente schiacciata, assomiglia a un rudere. Smonto tutto in un groviglio di neve, vento, teli, pelle di renna, paleria danneggiata: tutto cede sotto la vetta! Ogni oggetto deve essere assicurato per evitare che il vento se lo porti via. È qui che non attende altro e tutto ciò che una mia disattenzione potrebbe concedergli sarebbe perduto per sempre. Quando infine la slitta è pronta al mio fianco, rigonfia e ben legata, faccio un bel respiro e parto.

Vento teso, sempre vento. Un altopiano senza fine in costante ascesa, pulviscolo di neve. Questa è stata la giornata di oggi. Infine sono sceso verso una vallata poco accennata nella quale il corso di un fiume ha scavato un profondo canyon. Con l'ultima luce l'ho costeggiato fin quando sono riuscito a trovare un pendio meno ripido per raggiungerne il fondo. Dieci, quindici metri in tutto sono bastati per togliermi dalla furia del vento, che soffia alto sopra di me mentre scrivo il diario, ma per lo meno oggi la sua furia è come un canto lontano.

Dal diario del 29 marzo, 128° giorno

Passati oggi i 2800 chilometri di traversata; Nordkinn è davvero sempre più vicina. Ma ancora devo «lottare». Stanotte la bufera di vento ha danneggiato lievemente la paleria della tenda e stamattina ho atteso che si placasse un poco prima di muovermi. Sono proprio sotto la vetta e, come su ogni grande montagna, gli ultimi passi sono sempre i più duri. C'è la stanchezza di tutta la salita, l'ambiente è estremo ma la gioia e qualcos'altro dentro sono al culmine! Continuo a temere che qualcosa possa ancora andare storto, la tenda, il fornello, una nevicata, una rottura agli sci: vorrei «uscire» al più presto ma allo stesso tempo sono contento di «soffrire», di lottare ancora.

Sono anni che sogno e che provo quest'avventura al punto tale che essa era divenuta una specie di miraggio irrealizzabile. Poi quest'autunno sono partito per il quarto tentativo ed è stata durissima fin dall'inizio, soprattutto a causa delle anomale condizioni dell'inverno; tutto mi ha impegnato oltre ogni più nera aspettativa (soprattutto mentalmente), così che ancora una volta il mio sogno tornava a sembrarmi un miraggio, e sempre più irraggiungibile. Per questo, anche ora, così prossimo alla meta, la paura di non farcela non è del tutto svanita. E c'è pure l'incredulità per avercela quasi fatta. Una combinazione di sensazioni che non mi ha mai accompagnato in nessun'altra avventura.

30 marzo, 129° giorno

Apro la zip semicongelata della tenda. Il cielo è azzurro oltre l'orlo del canyon e già il sole investe della sua luce le montagne attorno. Qui in fondo, invece, ancora all'ombra, è come trovarmi in una cella frigorifera. Ciò che conta comunque è essere rimasto al riparo dal forte vento che ha continuato a soffiare su in alto per tutta la notte; tuttora ne sento il fragore in lontananza. Mentre faccio colazione e mi vesto, alcune folate, infilandosi giù per il canyon, corrono vorticose fino alla tenda, scuotendone appena i teli. Smontarla non è facile col freddo intenso e coi guantoni che ostacolano i movimenti. In alto il bordo di questa gola è orlato da piccole cornici di neve farinosa. Lassù i cristalli bianchi turbinano in continuazione nella luce del sole. È come se la tenda avesse messo radici nel terreno: devo utilizzare la pala per liberarla dalla neve ventata che, compattissima, la cinge con le sue meravigliose forme scolpite dal vento.

Oggi è il 30 marzo; dove arriverò stasera? Forse già all'inizio della penisola di Nordkinn? Forse riuscirò già a scorgere l'oceano?

In viaggio. Appena risalito il canyon, in compagnia del vento volo veloce sulla superficie che irradia luce, sotto il cielo trasparente: devo raggiungere il fondo della valle e poi, dove il fiume volge deciso a sinistra, tornare a risalire in direzione nord-est, e scavalcare quest'ennesima «montagna», un lungo altopiano in ascesa. Sono i pendii dell'Ul'lugai'sa (questi nomi dei Sami sono incredibili!). Raggiungo il lago di Gai'sabågejav'-ri, una sorta di passo prima della ripida discesa sul versante opposto. Qui la neve non è sempre facile. A causa del forte vento è tutta una serie di piccoli e durissimi *sastrugi* tra i quali gli sci si flettono mentre la slitta è tutta un sobbalzo.

Quando più tardi mi affaccio alto sul pendio che precipita

improvviso per circa trecento metri sulla valle sottostante resto senza fiato. Ciò che vedo sono terre senza fine, anche se questa volta so che subito dietro c'è il mare! Vedo con l'occhio dell'aquila o del corvo, credo di intuire ciò che *prova* una di queste grandi creature del cielo. Comprendo come ormai il mio modo di vivere si sia sempre più avvicinato al loro. Ogni giorno mi si profilano innanzi nuove terre e situazioni differenti; ogni giorno sono io che, uccello padrone del cielo, devo inventarmi la strada. E questa è una sensazione che riempie di energia e di forza i miei polmoni, tutto il mio essere, perché lo faccio secondo me stesso, in base a quanto intuisco e decifro, in base a quanto *sono*! Mi rendo conto che tutto ciò che per me quassù è diventato routine, nel nostro mondo urbanizzato e *supersicuro* non esiste più; ogni incertezza o *buco* in esso è accuratamente tappato.

Non ho affrontato questa lunga traversata per voler stabilire un record o per enfatizzare ancora una volta il dominio dell'uomo « No Limits » sulla montagna e sulla natura, né ho intrapreso la successiva fatica di scrivere questo mio racconto per parlare di bei paesaggi o di cosa mangiassi ogni giorno o quale attrezzatura ultratecnologica abbia « reso possibile » la mia traversata. Se sono partito e se poi ho voluto raccontare è stato solo per il bisogno di essere me stesso, di ritrovarmi nella semplicità e nell'essenzialità dell'*andare.* Per questo non mi stancherò mai di ripetere quanto sia importante tornare ad ascoltarsi, mettendo da parte ogni obiettivo materiale e puntando al grande tesoro che ciascuno di noi è. Forse si arriverebbe a capire come davvero non c'è bisogno di altro. Faremmo a meno di mille idiozie e, magari, torneremmo a far respirare il nostro pianeta.

Osservo la terra dal vasto orizzonte: *dove sono finiti i nativi, i suoi figli veri? Li abbiamo davvero sterminati tutti e i pochi che restano sono ormai per sempre contaminati? O c'è ancora speranza? Come ogni nuovo bimbo che nasce e porta tra di noi l'incredibile possibilità di tornare ad apprendere e a riconoscere la vera unica luce? Se solo ce ne rendessimo conto!* Eccolo il canto di Mari Boine, una donna e cantante Sami:

Ascolta fratello, ascolta sorella, ascolta la voce degli Antenati,
Ascolta,
Ti chiedono
Perché lasci la Terra
Inquinata, velenosa, esausta?

Ascolta fratello, ascolta sorella,
Ascolta la voce degli Antenati
Essi ti ricordano da dove vieni
Li ascolti?
Hai dimenticato da dove vieni?
Ti ricordano che la Terra è nostra Madre
Se le prendiamo la vita, moriamo con essa.

La discesa mi sbalordisce. In piena Lapponia mi trovo la via sbarrata da una complessa parete rocciosa. Canali e tratti innevati si alternano in essa e trovare la via migliore non è semplice. Non mi aspettavo nulla del genere e di nuovo, nell'euforia che a tratti mi distrae, stavo per commettere un errore fatale. Una valletta strettissima: il lato destro roccioso di una quindicina di metri, quello sinistro completamente innevato e orlato, venti metri più in su, da grosse cornici. Ho intuito la trappola all'ultimo secondo, quando ormai la punta dello sci aveva già toccato e scaricato il suo peso all'interno della stretta valle. Nell'istante in cui lo ritraggo, il pendio nevoso esplode e l'intero lastrone collassa rumorosamente e con violenza.

L'istante successivo tutto è di nuovo silenzioso, ma la valletta nella quale stavo per addentrarmi ora non c'è più. Tutto troppo improvviso per avere il tempo di spaventarmi, risalgo a fatica il

Faccio scorrere la terra fra le dita

ripido pendio roccioso alla mia destra. Penso tra me che sarebbe davvero stato ironico finire sepolto da una valanga proprio in piena terra di Sàpmi. Ma il messaggio deve essere più chiaro: troppi incidenti sono accaduti negli ultimi giorni, quasi uno dietro l'altro, tutti nati da situazioni banali ed evitabili e ognuno di essi avrebbe potuto avere conseguenze fatali. Mi impongo un'attenzione continua e assoluta da ora fino a quando non sarò tornato a casa. In alto, siedo sulla cresta rocciosa. Respiro a fondo e mi concentro. *Mai più idiozie!*

Ora mi trovo su un vero e proprio terreno di misto e non è il massimo affrontarlo con la slitta. Piano piano riesco a scendere e raggiungo l'ampia vallata. Mezz'ora dopo ho la sorpresa di camminare su un tratto di terreno dal quale la neve è sparita del tutto. È bastato scendere di trecento metri per trovare i primi segni di disgelo. E che gioia! Mi sfilo gli sci e liberatomi della pulka vado per un po' a zonzo su questo terriccio roccioso, piccoli sassolini che offrono tutte le tonalità del marrone, perfino un po' di sabbia color ocra tra di essi. Mi pare di osservare la terra per la prima volta in vita mia, e quanto è bella. Oltre quattro mesi di neve e gelo e buio e finalmente il sole, la terra, il «caldo». Mi lascio cadere come un bimbo che gioca e mi rotolo di schiena sui sassolini su ciò che comunemente verrebbe definito «fango». Resto a lungo disteso sotto il cielo azzurro.

Poi mi giro su un fianco e, come se carezzassi una creatura delicata, prendo la terra tra le dita, la faccio ricadere, ne raccolgo una nuova manciata, la osservo da vicino, ne aspiro a fondo il profumo.

Come si torna ad apprezzare tutto, quando da tempo non si ha più «nulla». Di quanta luce è capace l'essere umano quando lo si lascia risplendere. Osservo la slitta a pochi metri da me; *ne sappiamo qualcosa noi due, non è vero?* Lei sembra sorridermi; è tutta un graffio, il telo, rosso un tempo, è consunto, liso in più punti, scolorito. Tutto ciò che vi è dentro e tutto ciò che vi è sapientemente sistemato fuori, la pelle di renna, i rami di betulla per piantare bene la tenda: ecco il mio mondo. Un buon tratto della valle è privo di neve. Ma ormai non mi importa più di nulla, tutto va bene così com'è. Arriverò anche portandomela in spalla questa slitta! Fortunatamente, tra un tratto ghiaioso e l'altro, riesco a sfruttare brevi lingue di neve o nastri di ghiaccio grigio, liscio come il vetro. Solo un'ora dopo, risalito di poco, la neve, come per magia, torna a ricoprire tutto col suo manto bianchissimo. Mi domando se i sassolini di poco fa, nella condizione di profonda stanchezza nella quale mi trovo, non siano stati che un semplice miraggio.

Un lungo lago mi impegna per parte del pomeriggio. Il mio ritmo è costante, sostenuto, non un gesto, una spinta, un passo fuori posto. Sembro una macchina che va, qualsiasi sia il terreno o il tipo di neve, instancabile. Ma una macchina non proverebbe pari incanto e questo andare, questo stare in «oga», come lo definisco, è la semplice espressione fisica della mia gioia, della comunione totale col mondo circostante, dei miei occhi insaziabili... «Stare in oga», ovvero il mio corpo che si adatta per ore infinite al territorio, passo dopo passo, dosso dopo dosso, che *ascolta* la neve nei suoi molteplici linguaggi. Vuol dire *non conoscere altro* sotto l'alternarsi di sole e nubi nel cielo, di vento e tramonti, significa fiutare e penetrare il mondo, viverlo con ogni mio poro, con ogni mio senso. A tutto ciò si unisce la tensione selvaggia che mi fa sopravvivere in queste terre e condizioni estreme, che tiene desta la mia attenzione a ogni istante. Ma in questa sera luminosa, c'è di più...

So che da un momento all'altro riuscirò a vedere il mare: per questo non riesco a fermarmi. Abbandonato il lago, ho ripreso a salire, dapprima verso est e quindi in direzione nord. Il cielo blu puro si tinge di arancio e di rosso, riflettendosi sulla neve perfetta che corre compatta sulla superficie ondulata di rilievi e altopiani. Un oceano infinito che si perde in ogni direzione e che corre sotto i miei sci. Salgo gradualmente lungo una valle poco accennata. D'un tratto mi fermo. La neve di fronte a me ancora intatta luccica di cristalli rosa. La mia ombra si stende lunga. Alle mie spalle c'è il sole, una palla arancione che sfiora l'orizzonte. Guardo verso sud dove la terra sfuma nel nulla: *ho tutta la Scandinavia ai miei piedi; non posso crederci!*

Riprendo a salire nell'arancio sempre più rosso, involucro di gioia che percorre la terra senza rumore, senza farle del male. Solo il rumore regolare degli sci, il fruscio sui tratti piani, il procedere a punte divaricate sui tratti ripidi, sempre la stessa andatura, *tic tac, tic tac*, e il silenzio. Questa sera io sono la gioia. Uno stato puro e luminoso come il cielo che ora si fa viola, turchino, vuoto. Le luci si spengono, compaiono le prime stelle e io sono sempre lì che salgo, regolare. *Ancora un po', ancora un po'... Forse da lassù, oltre quella collina, dovrei riuscire a scorgere l'oceano...*

Arrivato in alto, non riesco a vederlo; nubi e vento giungono da nord-ovest e portano l'oscurità. Eppure lo sento, è qui, è già in me. Sono alto sopra la terra, una terrazza che si affaccia sull'intera Norvegia. Mi fermerei qui per la notte, ma poi ripenso alla tormenta di vento di giorni fa. Meglio scendere e andare avanti, ancora un po'. *E se continuassi per l'intera notte? Oltre quella vasta collina laggiù in fondo, irresistibilmente attratto ormai da ciò che si cela al di là di tutto, alla fine del mio viaggio. Cosa troverò, un altro me o forse nulla?* È ora di fermarmi; a stento riesco a trattenermi. Nella tenda, mentre scrivo il diario o preparo la cena, la marcia continua, la luce del mondo mi attraversa irradiando calore. Sono ancora lì fuori, sono tutto quanto mi circonda.

Dal diario del 30 marzo
Penisola di Nordkinn
30 chilometri in 8 ore

Stasera sarei andato avanti all'infinito. Fantastico stare in «oga» attraverso questi spazi di luce... Non fosse per il buio che arriva (ma sempre più tardi), andrei avanti senza sosta nell'incanto che mi pulsa dentro. L'oceano si avvicina e il suo effetto si fa sentire nella temperatura sempre più mite. Presto riuscirò a scorgerlo. Stasera fuori –9°. Penso, dopo oltre quattro mesi, di poter valutare l'arrivo a Nordkinn entro pochi giorni.

Commosso

31 marzo, 130° giorno
Penisola di Nordkinn
35 chilometri in 8 ore

Giornata che ricorderò per tutta la vita... Vento forte e teso, odore di mare nell'aria umida, nelle nubi scure: pareva di essere di nuovo a Lindesnes... Sono entrato nella penisola di Nordkinn; ancora ottanta chilometri al punto più settentrionale d'Europa. Oggi, improvvisamente, ho pianto.

Nella quiete della mattina, seduto sul sacco a pelo, riparo le ghette ormai scucite in più punti. *Tutto si rompe, tutto cede, tutto è sporco*, penso tra me, *ma la meraviglia è proprio questa, viversi fino in fondo!* Il vento è leggero intorno alla tenda, ne intuisco la voce sulle creste più alte, quelle dalle quali sono sceso ieri sera. Lassù sembra più teso, ma attorno a me appare distante, un sussurro presente eppure inafferrabile, vasto e muto come la terra e l'oceano. «Hai mai sentito il respiro del vento? O come cantano i ghiacci? Non li hai mai sentiti, ma cantano, sai, cantano...» recita un antico adagio dei Sami; «succede talvolta in primavera o nelle tenebre della lunga notte nordica; ma non a tutti è dato di udire...»

Ascolto la melodia pacata. Sorrido ed esco sotto il cielo. L'altopiano, e una distesa senza fine di rilievi ondulati, laghi e ancora laghi, vallate e contorni, forme appena percettibili. Dov'è la *strada* in questo bianco? Non c'è più; è *lei* ormai che mi conduce. Il vento teso corre da nord-ovest, porta nubi scure sempre più spesse che si abbassano sulla terra e nascondono tutto. Non c'è più nulla da scorgere. È come se ogni frammento di territorio e di quel che *resta* di me vibrasse all'unisono con la Terra. Ho dentro tutto quanto serve. La risposta è qui, ovunque.

Ora vado da un lago all'altro nel grigio assoluto, nel vento che turbina e solleva la neve. Forse nevica pure. È tutto così bianco e non riesco a sollevare gli occhi; i cristalli pungono, accecano...

E il *calore* s'allarga, scaturisce tra i polmoni, irradia luce... Per un istante mi perdo, gli occhi fissi sulle punte degli sci che avanzano nel nulla; queste nubi basse, questa temperatura umida, questi altopiani sfuggenti come un rollio di onde giganti divenute terra, il silenzio profondo, il vento dell'altopiano...: *sono di nuovo a fine novembre nell'Hardangervidda?* La *luce* insiste, preme nel petto. Son salito di un po', un ennesimo lago, più grande degli altri, una piccola isoletta nel mezzo, un'ultima salita, una specie di vasto colle, aperto; qui il vento alza le nubi, qui vedo a nord, nel grigio che avvolge tutto, ma *vedo*. E d'un tratto *so*...: in questo punto, adesso, comincia la penisola di Nordkinn, da qui essa entra attraverso l'oceano. *Qui, sotto i miei sci.* La *luce* emerge e mi inonda. Resto senza respiro. Piango con dolore tanto è profonda questa gioia, quest'incapacità di credere, quest'emozione che è oltre ogni mia comprensione. Crollo sulle ginocchia: mi appoggio alla slitta. La osservo impastata di neve, quasi cancellata e mi guardo attorno e non posso capacitarmi di essere io qua a vivere questi momenti; per la prima volta in vita mia, sono stato *davvero* me stesso, mi sono ascoltato e seguito fino in fondo...

Resto immobile nel vento che mi carezza, amico ormai inseparabile di questi mesi, gli occhi chiusi. Resto un'eternità. Piango in silenzio. Vorrei accarezzare ogni tratto di terra, abbracciarlo... *Questo vento, questo vento, questo silenzio che mi attraversa. Poterlo ascoltare, poter essere in esso...*

Riprendo la marcia verso il lago e il passo di Ifjord, inizio « ufficiale » della penisola di Nordkinn. Sono curioso di vedere se la strada, chiusa durante il periodo invernale è già stata aperta. Ora nevica di nuovo e, attraverso altopiani che si perdono nel cielo scuro, sono sceso su un piccolo laghetto.

Aggiro sulla destra una ripida collina, alcuni steccati per recintare le renne in estate, una piccola valle, qualche betulla qua e là. Infine il lago che porta al passo di Ifjord. Mi fermo: *forse sto andando troppo veloce.* Mangio qualcosa nella neve che scende pigra. Un paio di chilometri più a nord, nel biancore della nebbia, distinguo la strada, o meglio, i paletti che la delimitano e un paio di casette sparse... Guardo la carta. Sono quasi a 71° di latitudine nord. La strada è aperta e attraversandola non mi è difficile intuire che lo spazzaneve dev'essere passato da pochissimi giorni, forse addirittura ieri. Ma l'inverno non sembra ancora intenzionato a lasciare libero questo sottile nastro d'asfalto: il vento torna a ricoprirlo, soffiandovi sopra grossi cumuli di neve.

Non passa nessuno. Salgo in direzione di una piccola costruzione in legno, un lungo rettangolo dotato di una porta pressoché identica a quella incontrata il 10 dicembre scendendo da giorni di solitudine e di maltempo su tra le montagne di Fillefjell poco prima dello Jotunheimen... Quella strada era apparsa dall'alto nell'ultima luce del crepuscolo precoce, alcune luci e Chinook e Mohawk che osservavano incuriositi. Quanto tempo... *come sarebbe stato terminare questa avventura assieme a loro?* La porta è aperta, entro e crollo sul letto. Tutt'attorno c'è un caos incredibile. *Chi usa questo ricovero?* Qualche pastore sami durante l'estate, qui attorno è tutto un recinto per le renne. Mi addormento per qualche minuto e sogno. Purtroppo non ricordo più cosa; quando riapro gli occhi, il canto del vento è subito lì a farmi compagnia.

Stento a rialzarmi, ad allontanare il mio corpo esausto dalla beatitudine del riposo, di un letto vero... Sarei quasi tentato di fermarmi qui per la notte, una parte di me lo vorrebbe e non solo perché si tratta di un lusso che da qui a Nordkinn non ritroverò più; ma anche perché non vorrei strafare, andare troppo di fretta, continuare a correre. Ma il mio corpo *sa* ciò che vuole. Semplicemente non posso fermarmi; sono come il vento adesso che non può far altro che andare. Osservo il cielo fuori della finestra: le nubi si stanno alzando e il sole, la cui luce appare a tratti, non sembra ancora così basso. Dopo una cioccolata calda e qualche biscotto, richiudo la porta con cura e riparto. Stasera, se mi tengono le gambe, dormirò presso l'oceano.

Il vento mi corre incontro rasoterra. Nubi come piombo su cui si riflettono nitide montagne color oro nella luce del sole che va e viene. Scavalco due grossi rilievi mettendo le pelli di foca. Più tardi esce il sole e resta a lungo nel cielo. Il vento cresce di intensità e spazza via tutto. La neve corre al suolo, veloce, potente. La stanchezza mi morde le gambe ma l'entusiasmo selvaggio mi porta avanti, instancabile. Svalico altre montagne. Scio senza pensarci. Che meraviglia essere in movimento, *appartenere alla pista* e continuare ad andare! Vado senza esitazioni, senza conoscere ostacoli e ho l'impressione di volare sulla terra, o di percorrerla leggero come una renna. Non mi sento padrone ma parte di essa. Queste colline infinite che cavalco, questo vento che soffia con me; *appartengo*, e dentro, è come una forza carica di luce.

La sera comincia ad avvolgermi. Una vallata ampia che scende lontano verso nord-est ormai nell'azzurro scuro della sera, delle betulle lontane... e del mare? Scio ancora a lungo nella notte non ancora buia. Ogni tanto mi fermo per guardare meglio, ma ormai tutto si confonde e continuo ad andare. *Chi sono io quassù? Ancora un uomo «separato» o, nel crepuscolo che mi avvolge, torno a far parte di tutto, liberato e sfibrato, trasparente, vero?* Entro tra le betulle dove passa sommesso il vento. Una vaga pista di motoslitta mi porta verso la costa, poi si perde nella neve ventata.

Ultimi chilometri tra gli alberi, nella neve profonda: *ma dove trovo ancora la forza?* Ultimi trecento metri, una casa solitaria. Mi avvicino alla luce che va e viene tra i rami. Se qualcuno uscirà, potrò scherzare ancora sul fatto che la traccia profonda che mi lascio dietro e che sbuca nel cortile di fronte all'ingresso conduce dritta a Lindesnes! Sono esausto. Il mare è a poche centinaia di metri... domattina.

Ora busso e questa giornata incredibile finisce. Resto ospite di questa famiglia con numerosi bimbi. Il mio viaggio li lascia sorpresi, io stesso stento a credere alle mie parole. Più tardi, sul diario aggiungo: *Giorni durissimi, le gambe non reggono più ma vado avanti in ogni condizione con un ritmo mai tenuto prima! Oggi è stato il giorno più bello della mia vita.*

1° aprile, 131° giorno

Stamattina, domenica, tutti i bimbi erano fuori a salutarmi. I più grandicelli mi hanno accompagnato fino in fondo al viale innevato che conduce alla loro abitazione. Abitano una terra estrema, così isolati e con un inverno lungo come un'unica notte, eppure, nel loro sorriso, c'è qualcosa di luminoso e pulito, di *autentico.* Una luce che stento a scorgere tra i bambini delle nostre metropoli dove *non manca nulla.* Saluto Erik, il più grande. È arrivato fino alla strada principale e ora mi porge un pacchettino bianco. Rispondo al suo sguardo intenso e gli passo le dita tra i capelli biondi. Lui sorride e poi, correndo, torna verso i suoi fratelli. Avvolto nella carta oleata c'è il pranzo per oggi: quattro panini imburrati e ripieni di salmone e formaggio, un paio di mele e una fotografia di sei micini con sul retro le loro firme e una dedica: «*Likke til videre på turen*», «Buona fortuna per la tua avventura!» Alzo gli occhi. Sono ancora tutti lì. Li saluto con la mano e mi allontano.

Dal diario del 1° aprile
Hopseidet
70° 48' lat. nord
45 chilometri in 10 ore

Ho volato oggi sulla neve fantastica della penisola di Nordkinn. Il mare a tratti da una parte e dall'altra. Spazi sconfinati anche quassù, attraverso questa «sottile» lingua di terra che si tuffa nell'oceano. Giochi di nubi e di ombre nettissime tra le nubi scure e compatte e la neve luminosa, quasi blu, viola. Ho abbandonato la strada dopo i primi cinque chilometri e ho continuato tra i laghi e gli altopiani. La neve perfetta, uniforme, compatta. Ho riconosciuto il lago dove mi fermai nel giugno del 1990, poco sopra lo stretto di Hopseidet. Qui avevo deciso che non sarei mai stato in grado di affrontare tanti mesi in solitudine. Già in quel momento, dopo appena due giorni di cammino da Nordkinn, ne ero rimasto schiacciato.

Scendo verso Hopseidet con le ultime luci. Ora il mare è davvero qui al mio fianco. Quanto sono esausto, ma non me ne importa nulla! Pianto la tenda proprio sulla stretta striscia di terra. Da una parte e dall'altra, vedo il mare scuro e profondo. Un nulla e la vasta terra che si estende ancora a nord sarebbe un'isola! Un grosso cartello raffigura geograficamente questo luogo. A grandi lettere, sulla parte alta, sta scritto: « We welcome you to the northernmost community on the european mainland », ossia: « Benvenuti nella comunità più settentrionale della terraferma europea ».

Undici anni fa, pivellino dell'Artide, avevo lottato a lungo « contro » il sole di mezzanotte che faceva diventare la mia tenda come una fornace. Il problema era che, non potendola tenere aperta a causa delle terribili zanzare, dovevo assolutamente trovare un posto all'ombra. Avevo vagato a lungo in piena notte alla ricerca di un masso, un anfratto... Poi, ricordo, mi ero accontentato di un piccolo canyon poco più in alto rispetto a dove mi trovo ora, lungo il corso del torrente Pakkhusdalelva. Che strano essere di nuovo qui ora alla fine della tappa più lunga in assoluto della traversata, forse la penultima.

Stasera mancano quaranta chilometri a Nordkinn.

Nelle profondità dell'inverno,
ho infine scoperto che dentro di me vive un'estate senza fine.
Albert Camus

Roren
2 aprile, 132° giorno

Verso mezzogiorno abbandono la strada. Torno coi miei sci sulla neve perfetta, volgendo definitivamente in direzione di Nordkinn. Un momento impercettibile, come ne ho compiuti a migliaia negli ultimi mesi. Eppure, questo, è come se lo vivessi al rallentatore. Osservo le punte degli sci che girano gradualmente lasciando la superficie liscia della strada e volgono nuovamente verso le montagne. Osservo quelle due punte come prue di velieri ormai giunti a destinazione: destinazione finale, oceano Artico, un momento che si imprime per sempre nella mia memoria.

Più in là, sulla neve, come a volermene dare conferma scrivo: *Nordkinn, 20 km.* Una freccia indica verso nord. La superficie sulla quale scivolo è perfetta, pari solo a quella della prima tappa in sci attraverso l'Hardangervidda; non è curioso? Più tardi scorgo l'oceano, una linea grigio scura sotto il cielo grigio piombo. Vedo la rocca di Nordkinn, un promontorio che si addentra deciso nel mare, ultimo lembo di terra, ma sembra ancora così lontano e la visibilità peggiora a ogni minuto.

Ore 14.00
Nel biancore assoluto, anche se non è nebbia, ho un po' perso l'orientamento. Penso di aver scambiato un promontorio con un altro; non male dopo cinque mesi di traversata! Ma la visibilità priva di ombre che annulla ogni rilievo, il territorio caratterizzato da numerose colline, piccole vallate e laghetti, nonché una certa dose di euforia, hanno fatto sì che per una buona mezz'ora me ne sia andato a zonzo, senza più sapere dove mi trovassi. Ho fatto anche un bel volo, un salto improvviso che chiaramente non sono riuscito a vedere. Sciavo e l'istante dopo ero con la testa conficcata nella neve nel solito groviglio di pulka e sci. Non potevo crederci! Per un istante ho avuto l'impressione di essere tornato ai «vecchi tempi»! Mi rialzo, quasi convinto di aver nuovamente spezzato lo sci, ma tutto è a posto. Nella neve che comincia a scendere lenta, constato però che si è rotto il traino della pulka, ed è il terzo! *Riuscirò ad arrivare alla fine senza altri incidenti?*

Siedo sulla slitta sorseggiando del tè. Il traino, riparato con alcune fettucce, dovrebbe resistere per questi ultimi chilometri. Silenzio pesante, tutto grigio o bianco, qualche fiocco di neve scende lento. Apro con cura il velcro del portacarte verde che ho al collo. Come in un rito solenne, ne estraggo l'ultima carta della traversata, l'ottantesima. La apro, come fosse un libro antico, la sfioro con le dita che sbucano dai guanti logori. La osservo: c'è quest'ultimo tratto di terra poi solo l'azzurro chiaro dell'oceano; sono *qui*. Quando riparto, quasi non vedo più nulla.

Ore 17.00
Primo avvistamento della baia di Nordkinn. Il disco pallido e remoto del sole appare per pochi minuti oltre la spessa coltre grigia. Poco prima, nel vento teso e nella nebbia, ho scavalcato la cima del Björnviktuva. Quindi, alla cieca, una lunga discesa fino a qui, un lago, un accenno di vallata con altri laghi. E ora che son fermo a circa duecento metri di dislivello sopra il mare, il vento sembra volermi risparmiare. Sento comunque il suo fragore lontano che infuria in alto sul promontorio che termina

con la punta di Nordkinn. Non penso che sarò in grado di raggiungerla entro stasera con questo tempo, anche se sarebbe il modo più *giusto* per concludere questo viaggio. L'importante è arrivare alla spiaggia. Da lì alla punta, domani, sarà meno di un'ora. Ultima discesa.

Ho l'oceano di fronte a me; più che altro, una densa coltre grigia che si impasta al cielo. Un baratro bianco che nasconde l'abisso, il nulla dell'oceano Artico. Mezz'ora dopo sento il fragore delle onde. Come raggiungo l'orlo della spiaggia, appena aggirato un piccolo dosso, la tormenta mi investe feroce. Ora, dell'oceano, percepisco la forza immane, questa violenza inaudita. Il vento come un uragano giunge diretto dal mare carico di neve che mi acceca. Tento di guardare di fronte a me, di capire come scendere fino alla spiaggia. Ma è impossibile. Quando apro gli occhi in quella direzione, devo richiuderli all'istante. Questo è il benvenuto della baia di Sandfjorden!

In base alla carta, non dovrei aver alcun ulteriore dislivello a sbarrarmi la strada. Eppure, in un lampo fugace attraverso le raffiche, riesco a intuire un salto verticale di circa dieci metri tra me e la spiaggia vera e propria. Non mi resta altro da fare che costeggiare interamente quest'orlo che cinge la spiaggia, orlo che, constaterò più tardi, altro non è che un immenso accumulo di neve creato dalla ferocia delle tormente. Per forza non era segnato sulla carta! Costeggio a lungo verso ovest, allontanandomi da Nordkinn. La tormenta, a questo modo, mi investe di lato e riesco per un momento a respirare. Solo presso la punta occidentale della baia il pendio si addolcisce quel tanto da consentirmi la discesa.

Ora che sono all'altezza del mare, protetto da una piccola collina, posso fermarmi, posso fissarlo: l'oceano, le onde che corrono scure verso la spiaggia innevata. Scogliere altissime orlano questo angolo di mondo: *ne è la fine?* mi domando. Qui finisce e qui comincia lo spazio vuoto. Le profondità dalle quali giungono le sue onde sono qui di fronte a me. Osservo in silenzio tra le raffiche di vento: la neve corre orizzontale, tutto è scuro, il sole ancora mai sorto. Non ho più alcuna forza dentro di me, nulla più da opporre, ho dato tutto: vuoto come sono, mi sento attratto da quelle onde, da questi abissi che le nubi nascondono; terrore e pace profonda, la punta estrema della terra, la punta estrema di me stesso. Raggiungo la spiaggia e, costeggiando le onde schiumose, ritorno verso il limite orientale della baia di Sandfjorden. Ecco la mia vetta, ecco l'aria rarefatta di questa montagna gigantesca. Tutto è pronto a carpire l'esile fiammella di vita che ancora mi sostiene sulle gambe; oppure tutto è pronto a cancellarmi *grazie* al grande vuoto che regna nel mio essere, profondo come una luce irradiante calore. Ecco ciò che sono diventato.

Ore 18.20
Tocco l'acqua sulla spiaggia di cui ho raggiunto il confine orientale. Qui le scogliere che corrono dritte verso nord fino alla rocca di Nordkinn riescono a smorzare la violenza del vento, ma anche così è ancora troppo violento per poter piantare la tenda. Danneggiata com'è, avrebbe davvero poche possibilità di resistere. E io con lei. Inoltre la neve è troppo dura per scavarmi un buco. *Dove passerò la notte? Quando potrò infine riposare, solo riposare...?* Sono fermo di fronte all'oceano. Le punte degli sci toccano l'acqua, così come mi ero promesso... *Quando? Entrando nelle montagne dello Jotunheimen, durante la tappa del 12 dicembre? Sì, forse.*

Le onde mi corrono incontro. *E oltre quel nulla, cosa c'è? Può mai terminare questo cercare, o non è forse semplicemente tutto essere, esserci?* Torno indietro e sulla spiaggia chiazzata di neve scrivo la data di oggi. Quando riparto, non so ancora se riuscirò o meno a passare lungo la striscia di terra stretta tra l'oceano infuriato contro le scogliere alla mia sinistra e i ripidissimi pendii innevati alla mia destra. In quella direzione è Nordkinn. In quella direzione dovrò cercare Roren, il vecchio capanno di pesca del 1930. Solo lì forse riuscirò a sopravvivere stanotte e a dichiarare conclusa la mia *lotta. Ma lo troverò?*

Sulla carta è ancora segnato, ma quante volte ciò che veniva indicato non era altro che un rudere? *Sarà ancora in piedi?* So che c'era, almeno fino a undici anni fa quando vi passai nel secondo giorno di un mio tentativo di raggiungere Lindesnes.

Nelle folate di neve che si alzano come veli, fantasmi illuminati dalla mia lampada, scio col cuore in gola. Sono schiacciato tra forze immani e oso sfidarle senza più la minima energia. Sono un soffio di vita e questo luogo estremo mi sta già portando via. Un soffio di vita in cui sola e immensa risplende una gioia trasparente.

L'oceano infuria da una parte, pendii spaventosi ricolmi di neve incombono dall'altra. Mai in vita mia mi era capitato di sciare al buio col mare vicino e con la paura di venir spazzato via da una valanga. Ma non posso far altro che andare, proseguire, trovare la capanna o crollare sulla neve. So che se solo mi fermassi ora, non saprei più risollevarmi. Avanzo, come un arco che non smette di tendersi...

Poi lo vedo: e mesi di paure svaniscono, mesi di terrore, angoscia sconosciuta, gioia e stupore che mi hanno trapassato l'animo. In quell'istante la piena del mio essere dilaga, mi scuote, mi prosciuga fin quando sono come un immenso cielo sereno. La pace che resta, così assoluta, cristallina, pulsa e mi fa male dentro il petto. *Questo è dunque rinascere? Essere stato me stesso come non mai prima? Essermi spogliato prova dopo prova di ogni inutilità, di ogni corazza accumulata con gli anni, per arrivare qui, ora, vuoto e luminoso come un fanciullo?*

Nella notte, mentre il fuoco brucia nella stufa arrugginita e poi mentre mi addormento col petto che si espande, il vento mi avvolge, mi culla, mi sorride come tutto, come ogni volta un po' di più in questi lunghi mesi. Riposo sull'orlo della terra, in bilico sopra gli abissi dell'Artide. Sono a casa qui, a casa dentro di me. Non c'è altro. Le onde si uniscono al vento. Anch'esse, infrangendosi sugli scogli, hanno raggiunto la meta e riposano... Ora, potrò farlo anch'io.

Il miracolo più grande è questo:
quella tranquilla vastità che consente all'universo di esistere,
non è soltanto là fuori nello spazio, è anche qui, dentro di noi.
Eckhart Tolle, *Il potere di Adesso*

3 aprile, 133° giorno
Kinnarodden (rocca di Nordkinn), 71° 08' nord

L'ultima montagna mi sta di fronte; azzurra, bianca e scura, nell'alternarsi del cielo con burrasche improvvise che tutto ricoprono. Attendo nel mio piccolo ricovero. Con le sue assi antiche ha l'aria di una vecchia scialuppa arenata sulla spiaggia. Ascolto e riposo come ho fatto per l'intera mattina, scivolando da una notte di somma pace a un dormiveglia cullato dal vento forte e dalle onde. Sentivo la luce in mezzo al petto.

Resto immobile il più a lungo possibile; non ho assolutamente bisogno d'altro, potrei anzi restar qui per sempre e continuare a bearmi della ricchezza più grande che un essere umano possa tornare a scoprire: se stesso, ciò che palpita in noi quando abbiamo allontanato ogni idiozia, ciò che riluce istante dopo istante dal nostro semplice meraviglioso *essere umani.* Ascolto le onde e il vento, una risacca incessante che lambisce ogni mio senso e mi porta la vastità dell'oceano Artico. Una voce, un fragore costante. La terra stessa pare tremare. Occhi chiusi, *ascolto* fino in fondo. Questo rombo di potenza, di dolcezza primordiale, questo silenzio... non conosco altro.

Ore 14.45
L'intensità e la frequenza delle tormente accennano a diminuire. È il momento di partire, di raggiungere la vetta finale. Salgo velocemente il pendio ripidissimo che conduce alla Nordavindskardet, ovvero alla «Sella dei Venti del Nord», l'ultima del continente europeo. Presto sono alto sopra la capanna, sopra l'ampia baia, sopra il mare scuro che pare respirare. Il sole che esce a tratti tra le nubi sopra il promontorio dell'isola di Capo Nord, un centinaio di chilometri più a ovest, si riflette sull'oceano nero.

Nubi immense, scolpite contro il cielo, corrono veloci su di esso, portando con sé intensi rovesci di neve, cortine grigio chiaro, quasi trasparenti che si immergono direttamente nelle acque. Stento a distinguere dove cessino le nubi e cominci il chiarore della neve: ho l'impressione che questi giganteschi monumenti nuvolosi, possenti come montagne, traggano origine dalle profondità del mare, affondino le loro radici nelle sue acque gelide. Oppure, proprio poiché in continuo movimento,

La mia pulka di fronte all'oceano Artico

assomigliano ad iceberg ciclopici la cui massa visibile non è nulla in confronto a quanto si cela allo sguardo.

Salgo gli ultimi metri del pendio mentre la neve mi turbina attorno e per brevi istanti cancella ogni riferimento. Raggiungo l'ampia sella Nordavindskardet e mi fermo alcuni minuti presso il suo lato meridionale. Definirla sella, ora che posso vedere coi miei occhi questo altopiano battuto dai venti in cima al mondo, è assai riduttivo. Si tratta piuttosto di un'ampia vallata che taglia in due l'estrema punta della penisola di Nordkinn, collegando il mare della baia di Sandfjorden, dove si trova la capanna di Roren, con quella dell'insenatura di Kinnaroddvika. È proprio questa sua disposizione da sud a nord che consente l'ingresso, in tutta la loro furia, ai feroci venti che giungono direttamente dall'oceano Artico. Per questo, il nome Nordavindskardet non poteva essere più appropriato.

Da quassù, ora, la baia di Sandfjorden, ovvero, di *Sadduvuodna*, in lingua sami, mi appare in tutta la sua spietata bellezza. Mi tornano in mente gli amici Sami che svernarono qui oltre 5000 anni fa: sono loro che mi hanno aiutato a raggiungere questo luogo. Ripenso a quelle antiche genti, oltre che ai miei due angeli... Ora, l'ho raggiunta anch'io questa costa che circonda bianchissima la baia di Sadduvuodna; scorgo in lontananza la spiaggia e il lungo orlo che la cinge a corona, quello che ha prolungato il mio cammino ieri sera nella bufera. Oltre la baia, l'intera costa a me visibile, per miglia e miglia fino appunto alle lontane scogliere di Capo Nord, è formata da pareti scure e verticali. Alte come barriere di fronte all'ignoto, paiono le ultime mura del mondo, entro le quali si riparano le certezze dell'uomo, contro le quali si scontrano le bufere e i venti dell'Artide e le onde che giungono dai grandi spazi scuri.

Quel vuoto, l'oceano, mi affascina. Laggiù si nasconde il *Polo*. La baia si allontana man mano che riprendo a salire verso Nordkinn, su per la lunga cresta che costeggia da sud a nord la valle della Nordavindskardet. Le nubi, il vento e la neve, tornano via via a inghiottirmi e, prima che il mare giù in fondo sparisca, non posso fare a meno di scorgere un antico veliero, uomini di un lontano passato, tornare ad avvistare terra dopo lunghi anni, prepararsi a gettare l'ancora; la stessa nave di Nansen, la *Fram*, che cent'anni fa passava proprio per di qui, diretta verso l'ignoto, verso i ghiacci dell'oceano Artico.

Salgo dritto nella nebbia, nella neve che scende. La cresta si fa sempre meno ampia e ora, oltre duecentocinquanta metri sopra l'oceano, devo fare attenzione alle insidiose cornici che orlano il baratro. Raggiungo una prima vetta credendo di essere infine arrivato, ma in un rapido squarcio tra le nubi mi accorgo che è quella *sbagliata*. Circa cinquecento metri più a nord c'è un'altra punta. La mia ultima meta. Scendo cautamente all'ampia sella tra le due, per nulla dispiaciuto di questo diversivo che mi consente così di effettuare l'intera traversata della lunga cresta sommitale di Nordkinn.

Ore 15.45

Sono sotto la vetta. Nevica. L'abisso dritto sull'oceano che si apre poco oltre la piccola sella mi fa rabbrividire. Cornici gigantesche orlano senza interruzione queste pareti scure. A tratti mi prende il timore di restare bloccato quassù in questo terreno insidioso, da una delle tante tormente che vagano adesso per l'oceano... Ma ormai non c'è più timore che tenga, voglio *essere* qui, qualsiasi cosa accada. Nei lembi di neve che si alzano nel vento come fantasmi, risalgo l'ultimo ripido pendio, quello oltre il quale non avrò più terra.

Ore 15.53

Ho tolto gli sci per affrontare con maggior sicurezza l'ultimo tratto di salita di massi scoperti dal vento. Non ho voluto lasciarli lì ad attendere: questo viaggio dobbiamo concluderlo assieme. Fanno parte di me, come la slitta che d'un tratto vorrei qui al mio fianco. Come gli scarponi scuciti che osservo muovere gli ultimi passi. È come un sogno: il pendio si attenua, i sassi si fanno più radi e ora la spianata di Nordkinn, col suo ometto gigante, è a meno di trenta metri.

Ore 15.54
Mi fermo. Il terreno è nuovamente innevato: poso lentamente gli sci. Li infilo, richiudo gli attacchi e, quando mi rialzo, il cielo si illumina: la nebbia si è dissolta. Una luce pura e tenue colora il mondo, il cielo, l'oceano, le nubi gigantesche che vi camminano sopra. Sto percorrendo gli ultimi metri...

Ecco, ci sono, alzo lo sguardo per non precipitare e di fronte a me, oltre le punte degli sci che fanno capolino sopra l'abisso, c'è l'azzurro intenso dell'oceano Artico. Mi sono arrestato proprio sull'orlo del baratro che scivola dritto fino agli scogli schiumosi, trecento metri più giù. Ho lanciato un grido selvaggio nel vento teso. Poi sono rimasto in silenzio.

Quanta strada c'è dentro di noi. Non basterebbero esistenze intere che ancora si vorrebbe continuare a capire o semplicemente, come ho appreso questi mesi, ad ascoltare, a essere. È davvero assurdo barattare tutto questo con quanto ha ridotto il mondo a un luogo prossimo al collasso...

I miei occhi sorridono nella luce del sole basso, nei colori intensi del cielo, del mare, della lunga, bianca costa rocciosa. Le nubi sono corpi in movimento che inghiottono l'oceano. Hanno un colore dorato che non avevo mai visto, così come gli

Le punte degli sci alte sull'oceano

scrosci di neve attraverso i quali si incanalano i raggi del sole, colonne di luce che ne accompagnano il lentissimo calare.

Indietreggio di alcuni metri. Il vento è troppo forte e mi strattona pericolosamente. Mi tolgo gli sci e, tenendoli in mano, mi affido alla sua foga, danzo con esso, a tratti mi sostiene mentre gli sci sembrano ali pronte a farmi volare via. Poi mi inginocchio a terra e li infilo uno alla volta nella neve, come un cavaliere con la sua spada dopo la lunga battaglia.

Basta, non c'è altro.

Immobile, con gli occhi chiusi seduto su una roccia, resto in cima a Nordkinn per un paio d'ore. Il sole, il vento, i colori, il nevischio, le nubi ora nettissime sull'ultimo confine del mondo. Sono sceso nell'ignoto più profondo del mio essere, oltre ogni mio limite. *Ma quanto spazio ho ancora dentro?... Come quest'oceano che mi si nasconde innanzi...?*

Epilogo

E singhiozzai e piansi di gioia.
I ghiacci e le lunghe notti polari coi loro patimenti erano ormai un sogno lontano, il sogno d'un altro mondo, sogno sorto e svanito... Ma che varrebbe la vita senza i suoi sogni?
Fridtjof Nansen, *La spedizione polare norvegese*, 1893-96

Sadduvuodna, 71° 06' nord
4 aprile 2001

La sera scende lentissima sulla baia di Nordkinn... Qui, dove d'inverno regna l'oscurità, e dove tra meno di un mese non esisterà più notte. La sera cala lenta e cala sulla mia avventura... Domani raggiungo il villaggio costiero di Mehamn, circa trenta chilometri attraverso le montagne, saranno davvero gli ultimi! Lascerò questo paradiso alla sua pace e silenzio, al suo vento e ai suoi colori e lo farò a malincuore.

Di fronte a me, ora intravedo l'isola di Capo Nord. Come tutte le altre qui attorno, sembra una terra disabitata, inesplorata. Dalla finestrella della capanna che dà su questo mondo estremo ma denso di poesia e dolcezza che è l'Artide, continuo a sentirmi esploratore del passato. Come uno di essi, sarei ora capace di restar qui per tanto, tanto tempo. Svernerei e poi continuerei, sempre verso nord. È ciò che fece il grande esploratore norvegese Fridtjof Nansen cento anni fa, nel tentativo di raggiungere il Polo a piedi dopo essersi fatto portare alla deriva dai ghiacci dell'oceano Artico per oltre due anni, a bordo della sua nave *Fram*. Un'avventura a tutt'oggi insuperata se si considera che Nansen e il suo compagno Johansen, dopo aver abbandonato la nave e l'equipaggio e aver marciato verso il Polo per quasi un mese, tornando indietro e non potendo ritrovare la nave, si erano visti costretti, raggiunto il margine meridionale dei ghiacci, ad affrontare il gelido oceano scuro pagaiando verso sud sulle loro slitte trasformate in fragili e leggeri kayak e a svernare sulle coste di un'isola disabitata e ghiacciata nella vana speranza, la primavera successiva, di poter tornare a casa, riprendendo la via del mare. Si sfamarono con carne d'orso e di foca e col grasso illuminarono e scaldarono gli interminabili mesi di oscurità polare all'interno dell'angusto ricovero in pietra da loro stessi costruito. Quando infine i ghiacci cedettero nuovamente spazio alle acque libere, l'estate successiva, ripartirono costeggiando per diversi giorni la lunga isola verso sud. Solo l'ultimo giorno, ormai giunti in prossimità dell'oceano aperto, presso una baia, avvertirono i latrati di un cane; quale non fu la loro gioia e sorpresa nel riconoscere, aggirato un promontorio, le vele e gli alberi di una baleniera inglese ormeggiata nella baia! Ma la sorpresa fu ancor più grande per il capitano della nave, il quale andando incontro ai due esploratori cenciosi e anneriti dal fumo, stringendo la mano al primo, in tipico humour inglese, disse: «Mister Nansen, suppongo...»

Il colmo fu che la baleniera rientrò a Vardø, piccolo paese sulle estreme coste settentrionali della Norvegia, circa un mese prima del rientro della *Fram* al completo del suo equipaggio!

L'ultima sera della mia avventura sta dunque calando. Con una certa emozione fisso il mare di fronte a me: proprio lungo questa costa veleggiò la *Fram* verso la sua incredibile avventura nell'ignoto. Cosa darei per restar qui ad attendere la notte senza buio, il dissolversi della neve, il ritorno del poco verde... Oggi sono tornato su alla Nordavindskardet. L'ho percorsa per la sua intera lunghezza, fino a scorgere il mare dall'altra parte, in cima a un ripidissimo pendio di neve. Da lassù, quel mattino di giugno di undici anni fa, sembra ieri. Rivedo il prato verde giù in fondo, ove ora, oltre il bianco della neve, ci sono solo le onde che si infrangono schiumose ghiacciando sulle rocce scure. Avevo piantato la mia tendina rossa di fronte all'oceano e di fronte al sole di mezzanotte che non scendeva mai. E prima di partire verso sud, nella speranza di riuscire ad attraversare la Scandinavia durante il periodo estivo, avevo trovato una tavoletta di legno portata dalle onde. Mi aveva colpito per la sua levigatezza e per come il mare l'aveva lavorata. Più tardi con la penna vi avevo scritto alcune frasi e infine l'avevo nascosta sotto un grosso masso lontano dalle onde...

Son sceso giù per il ripido pendio. Sono addirittura riuscito a compiere qualche bella curva in telemark. La speranza di poter ritrovare il masso era minima e ancor più quella tavoletta, dopo tanti anni e sotto la neve, ma la curiosità mi ha spinto comunque a provarci. E d'un tratto ho visto un roccione tra i tanti e ho subito saputo che era lì. Ho scavato nel punto giusto, finché non me la sono vista di fronte; non ci ho creduto: *per tutto questo tempo sei rimasta qui...* Ho atteso alcuni istanti prima di estrarla... Qui, su questa spiaggia, come undici anni fa. Tanto tempo mi ha accompagnato questo sogno, questa visione? Ho riletto ciò che vi avevo scritto:

12 giugno 1990
Parto verso sud.
Non ho che me stesso per essere
Ario.

Ora vi ho inciso: «Norge på Langs: 22/11/2000 – 3/04/2001» e l'ho rimessa al suo posto.

5 aprile, Mehamn

Stamattina, poco dopo aver lasciato la capanna di Roren, mi sono fermato sulla spiaggia e ho raggiunto a piedi le acque del mare. Che contrasto con la burrasca di giorni fa! Oggi col sole, l'acqua limpida e tranquilla è così pulita, che avrei voglia di buttarmici dentro. Ma mi è bastato immergervi un dito per rammentarmi che si tratta dell'oceano Artico. Resto immobile di fronte a esso. Le punte dei miei scarponi vengono appena lambite dalle ondine leggere. La vetta di Nordkinn si staglia al limite settentrionale della baia, tra cielo e nubi azzurre. Mi chino a raccogliere alcune piccole conchiglie bianche che infilo nella tasca della giacca: il mio *regalo* per le persone che amo.

Mezz'ora dopo sono già alto sulla baia. La tormenta mi avvolge improvvisa, così come ha fatto la sera dell'arrivo. Solo che questa è molto più violenta. È in assoluto la più feroce che mi sia mai capitata nel corso di questi centotrentatré giorni. Stento a crederci! Per di più la bufera mi corre proprio incontro quasi a respingermi, non riesco neppure a respirare se tento di fissarla. Procedo così a zigzag contro la furia del vento e sbirciando ogni tanto con gli occhi protetti dalle mani e dal cappuccio della giacca. Per un po' sarei tentato di tornare indietro. Cosa darei ora, per trovarmi al sicuro nella capanna che ho abbandonato con la morte nel cuore stamattina. Ma il solo pensiero di come la baia di *Sadduvuodna* mi ha accolto giorni fa con una tormenta di minor intensità rispetto a questa, mi fa accapponare la pelle. Le onde dell'oceano adesso devono essere alte come navi e probabilmente investono l'intera spiaggia fin quasi all'altezza del grosso cumulo nevoso. La presenza di alghe e tronchi, che ho notato stamattina, non lasciano spazio ad alcun dubbio. Ma so anche che con una furia del genere, non riuscirò mai a raggiungere il villaggio di Mehamn. L'unica cosa *giusta* da fare sarebbe quella di fermarmi. Nessuna tenda però avrebbe la capacità di resistere a una furia del genere, sempre ammesso che si riesca a montarne una! Figuriamoci la mia, malridotta com'è. Di scavarmi un buco, con questo vento, poi, non se ne parla neppure.

Più tardi, quando ormai ho deciso di fermarmi e di chiudermi nel sacco a pelo avvolto tra i teli della tenda a mo' di coperta (unica soluzione possibile in una situazione come questa!), la visibilità sembra impercettibilmente migliorare e pian piano il vento soffiare un po' più rasoterra. A un certo punto, addirittura, mi imbatto nella traccia che ho lasciato il giorno dell'arrivo; è ancora ben impressa nella neve indurita. Decido quindi di continuare.

Svalico nuovamente il Björnviktuva, una ripida collina avvolta dalla nebbia. Il vento è sempre potente, teso, ma per fortuna non c'è più neve che vortica con esso. Così, sceso il versante opposto, sotto ammassi di nubi plumbee e compatte, la visibilità non è più male. Più tardi, guardo la carta per l'ultima volta; alcuni laghetti, poi... *Vedrò Mehamn!!*

Se fino a poco fa disperavo di poter uscire dalla tormenta furiosa, ora mi rendo improvvisamente conto che ciò che resta è davvero l'ultimo tratto di tutta questa mia incredibile avventura. Non posso crederci. È quasi una sensazione di dolore... Tra le nubi esce un po' di sole e il mondo bianchissimo che mi circonda impastato a veli di nebbia, pare luccicare. Poi tutto si richiude. Attraverso gli ultimi laghetti, costeggio un piccolo canyon, scorgo alcuni pali della luce, salgo in cima a un'ultima collina e improvvisa, lontana sull'oceano, come una base lunare di fronte un mare scuro, mi appare il villaggio di Mehamn. Qui finisce tutto.

Osservo i miei sci, la pulka che attende fedele dietro di me con dentro tutto il mio povero, consunto, meraviglioso mondo. Sento me stesso negli abiti logori, nella fatica che ha sfibrato ogni mia cellula, profonda, luminosa. Sento tutto ciò che mi ha portato quassù, ogni respiro che ha accompagnato i miei passi. Tutto questo appartiene a me: è tutto quanto sono e non conosco più altro. *Come sarà tornare a casa? Come sarà tornare nel frastuono, nella banalità, nel mondo che non ascolta più il proprio cuore ma solamente il televisore, il denaro, i preti, i politici... Come sarà raccontare agli altri? Tentare di spiegare senza essere preso per immodesto o semplicemente deriso... Varrà comunque la pena di tentare.*

La neve ha ricoperto i miei sci. Le scarpe da telemark in cuoio scuro sono logore, tutte una ruga, tutte ghiacciate... *Come posso scendere laggiù?* Come un *Nativo*, sono tornato parte della terra. Ciò che sono adesso è il vento che mi ha attraversato, il cielo prima del buio infiammato e puro, le stelle, le aurore magiche del Nord, la neve, il sole basso, inesistente, la paura profonda che mi ha fatto tremare lì dove non sapevo neppure di esistere, così come la gioia, lo stupore, lo sgomento. Sono lo spazio, il silenzio magistrale, la pace che ora mi pulsa dentro.

Mattia è in fondo, presso la strada due puntini piccoli piccoli, lui e Sara che mi attendono vicino alla macchina. Scendo e scivolo veloce giù per il pendio. Salgo un'altra collina e l'auto

Acquerello di Stefano Lucchi

mi appare più vicina. Scendo di nuovo. Poi nel vento che corre sui miei sci, percorro il lungo altopiano in lieve salita che mi separa dai miei amici. Mattia è lì che mi riprende, lo so pur senza vederlo. Anche per lui si conclude una grande esperienza. Avanzo a testa bassa e dentro sono un tumulto di emozioni. Non so se piango, non so se rido. Mi domando cosa stia provando lui mentre mi avvicino. Sono un puntino sempre più grande che emerge dal nulla delle montagne avvolte nel vento e nelle nubi, che emerge da cinque mesi di natura selvaggia e silenzio. Mi avvicino sempre più e tutta la traversata passa nella mia mente. Raggiungo la strada ghiacciata, alzo lo sguardo, il volto incrostato dalla bufera e ci abbracciamo e nessuno sa dir più nulla.

Vi incoraggio a diventare gli artisti supremi del vostro sogno personale.
Fatelo più bello possibile.
Esprimete la vostra bellezza.
Miguel Ruiz, *Oltre la paura*

Oceano Artico
7 aprile 2001
All'alba

Piove a dirotto sul mare scuro mentre attendo il battello postale delle due del mattino. Mattia e Sara hanno cominciato ieri il lungo viaggio di ritorno in auto verso sud. Ora, qui a Mehamn, sono rimasto solo io. Anche il mio viaggio di rientro sarà lungo, volutamente lento. L'acqua picchia violenta sulla piccola grondaia che mi ripara a stento, la neve cede, si dissolve in ampie pozze, si unisce ai rivoli della pioggia. Pare che l'inverno abbia atteso me per poter cedere del tutto. Un giorno in più a Nordkinn, e avrei dovuto lottare con ben altre condizioni. Attendo con le mie poche cose, anche la pulka è rimasta qui. Mi siedo su di essa contro la parete di legno e mi stringo nella giacca umida. Quanto mi sento ricco stasera!

Quand'è che è cominciato questo lungo viaggio? Chiudo gli occhi, ascolto il ticchettio della pioggia e ricordo: ho quindici anni e manca poco a Natale. Sono stanchissimo per l'incredibile salita che ho appena compiuto. Da solo mi sono arrampicato su una vetta incrostata di ghiaccio in una bufera terribile, senza avere la minima idea di dove andassi. Semplicemente, sono salito su dritto, a volte nuotando in canali ricolmi di neve, altre aggrappandomi alle rocce ghiacciate. Seduto sopra il mio zaino contro il muro di una casa, mi stringo forte nella giacca da montagna che mi sono cucito con le mie mani. Ho freddo ma non me ne curo. Al buio, illuminato da un lampione, osservo la neve che scende fitta, fitta, fitta...

Attendo la corriera. La stessa che ho preso da casa stamattina all'alba, invece che andare a scuola. Ho nascosto i libri dietro le scale ove avevo lo zaino già pronto. Mi sono cambiato e sono partito. La neve scende fitta e in me c'è una luce forte, leggera, mi si dilata nel petto. E una sensazione di meraviglia per ciò che ho innanzi e che oggi ho intravisto appena... Riapro gli occhi con un sorriso. Continuo ad ascoltare la pioggia torrenziale.

Ecco, benché già da prima avessi cominciato il mio *cammino*, è da quella sera così lontana eppure sempre presente e viva nel mio cuore, che forse tutto ha preso il via sul serio. Se mai ci sarà un termine non lo so. E non mi interessa saperlo. Poiché non sto cercando di raggiungere alcun luogo, nessun tesoro misterioso, nessuna verità ultima, né religione, né dottrina illuminante. Non c'è nulla. Tutto ciò che *conta*, è qui con me, è in me, è essere in cammino. Semplicemente esistere.

La nave si allontana da Mehamn. Fisso le luci del paese circondato dall'oceano scuro, dal cielo che alle due del mattino, comincia a schiarire. Le montagne e i pendii ondulati ancora sepolti sotto la neve, stanno prendendo il colore del nuovo giorno, un azzurro cremisi ancora avvolto nell'oscurità; se la notte può emanare luce, ecco, allora essa è questa. Usciamo dal fiordo di Mehamn, il Dånjevuodna e attraversiamo quello successivo, il Makkilvuodna: pareti scure a piombo sull'acqua come pece. Le onde aumentano man mano che il battello guadagna il largo. Presto la danza comincia. Sono fermo fuori sul ponte di poppa. Neppure per un solo istante distolgo lo sguardo dalla costa che mi sfila davanti, lentamente.

Le nubi scure e basse, il vento teso, a tratti la pioggia che ora si è tramutata in neve pungente: aspetto...

Appare Nordkinn

Aspetto. Doppiamo una prima punta, il Magneset e quasi subito so che non è ancora *lei.* La luce ora è sufficiente per riuscire a distinguere ogni dettaglio della terra e del mare. Le nubi, così scure e compatte, fanno paura, ma ancor più impressionante è l'oceano con queste onde gigantesche, la barca che va su e giù. Risaliamo la costa scura e bianca ancora per un po'. Poi, forse come apparve a Nansen in viaggio verso il Polo, la riconosco: Nordkinn, non posso sbagliarmi.

La Nordavindskardet che taglia di netto l'estremo promontorio, la punta, la spiaggia della tavoletta. Ancora da lontano riconosco la *mia* Rocca. Imbacuccato nella giacca a vento resto a fissare. Sono grato a questa barca per la lentezza con la quale procede. Impieghiamo un'eternità a raggiungere la punta. Poi, quando ci siamo proprio sotto, a diversi chilometri di distanza, mi appare la parete scura, oltre l'oceano in burrasca.

Vedo la spiaggia, laggiù, da qualche parte, la capanna di Roren..., la sera dell'arrivo, i giorni, le settimane che mi hanno portato qui. La rupe di Nordkinn sfila lenta tra le raffiche impetuose, come una processione. Il fragore delle onde gigantesche contro la nave assomiglia a quello che udivo dalla capanna proveniente dagli scogli ghiacciati, è lo stesso della risacca di Lindesnes, tanti mesi fa.

Non un pensiero... questa luce...

Percepisco appena il rollio della nave sotto i piedi.

Silenzio, solo silenzio.

Le onde vanno verso terra, immense montagne scure che sembrano muoversi al rallentatore, respirare...

La luce dell'alba.

La luce mi respira dentro.

Questo libro è dedicato a

Chinook e Mohawk

La cui vita, dopo aver riempito la mia e quella delle numerose
altre splendide persone che ebbero modo di conoscerli,
venne interrotta nell'estate del 2003 dalla brutalità
e dall'ignoranza dell'*uomo.*

Scritto tra *Johkegaske* («Il Luogo tra i Due Fiumi»)
e il Campo, nell'inverno del 2002 e del 2004.

Indice delle cartine

Indice

Fotocomposizione Editype s.r.l.
Agrate Brianza (Milano)

Finito di stampare
nel mese di settembre 2005
per conto della Casa Editrice Corbaccio S.r.l.
dalla Grafica Veneta S.p.A.,
di Trebaseleghe (PD)
Printed in Italy